在帮助儿童获得知识和能力的过程中——

没有什么比激发兴趣、保护好奇心更重要；

在与儿童交往的过程中——

没有什么比尊重个性、真诚交流更重要；

在陪伴儿童成长的过程中——

没有什么比保护自尊心、自信心更重要；

在促进儿童发展的过程中——

没有什么比养成好习惯、习得好品格更重要。

——吴正宪

数学

中华人民共和国第十二届全国人民代表大会第一次会

为了灾区的孩子们

数学
SHUXUE

CEPA
吴正宪和她的数学团队
——一个名师团队的展示及其成长范式解读专题教研活动

作业展览中的问题
有序思考

Young TEACHER
in Elementary Education
小学青年教师®
月刊 总第282期 2003.6
迎对新课程 追求新目标
《圆明园的毁灭》教学实录
归来吧，逝去的童心
体会和谐对称的美
新一代小学数学教师的成长
《和蔬菜交朋友》教学片断及评析
ISSN 1003-2193

老师莅临指导

甲队:
=32÷4
=8(个)

·教育家成长丛书·

吴正宪
与儿童数学教育

WUZHENGXIAN YU ERTONG SHUXUE JIAOYU

中国教育报刊社·人民教育家研究院 组编
吴正宪 著

北京师范大学出版集团
BEIJING NORMAL UNIVERSITY PUBLISHING GROUP
北京师范大学出版社

图书在版编目（CIP）数据

吴正宪与儿童数学教育/中国教育报刊社人民教育家研究院组编；吴正宪著 .—北京：北京师范大学出版社，2019.8（2025.12 重印）

（教育家成长丛书）

ISBN 978-7-303-22631-3

Ⅰ.①吴… Ⅱ.①中… ②吴… Ⅲ.①儿童－数学教学－教学研究 Ⅳ.①O1-4

中国版本图书馆 CIP 数据核字（2017）第 174966 号

出版发行：北京师范大学出版社 https：//www. bnupg. com
北京市西城区新街口外大街 12-3 号
邮政编码：100088

印　　刷：唐山玺诚印务有限公司
经　　销：全国新华书店
开　　本：787 mm×1092 mm　1/16
印　　张：25.5
字　　数：440 千字
版　　次：2019 年 8 月第 1 版
印　　次：2025 年 12 月第 7 次印刷
定　　价：65.00 元

策划编辑：伊师孟　　责任编辑：鲍红玉
美术编辑：焦　丽　　装帧设计：焦　丽
责任校对：段立超　陶　涛　　责任印制：马　洁

教育家成长丛书

编委会名单

总序

教育是国家发展的基石，教师是基石的奠基者。古人云：“国将兴，必贵师而重傅。”兴国必先强教，强教必先重师。党中央、国务院高度重视教师队伍建设。2013 年教师节，习近平总书记在给全国广大教师的慰问信中指出：“百年大计，教育为本。教师是立教之本、兴教之源，承担着让每个孩子健康成长、办好人民满意教育的重任。”2014 年，在第 30 个教师节前夕，习总书记到北京师范大学视察并发表重要讲话，指出：“一个人遇到好老师是人生的幸运，一个学校拥有好老师是学校的光荣，一个民族源源不断涌现出一批又一批好老师则是民族的希望。”《国家中长期教育改革和发展规划纲要（2010—2020 年）》也明确提出，“有好的教师，才有好的教育”，要“努力造就一支师德高尚、业务精湛、结构合理、充满活力的高素质专业化教师队伍”。“倡导教育家办学”，要创造有利条件，鼓励教师和校长在实践中大胆探索，创新教育思想、教育模式和教育方法，形成教学特色和办学风格，造就一批教育家。“两个一百年”奋斗目标的实现、中华民族伟大复兴中国梦的实现，归根结底要靠人才、靠教育，而支撑起教育光荣梦想的，是千百万的教师。

时代呼唤好老师。有一流的教师，才有一流的教育；有一流的教育，才有一流的国家。出名师、育英才、成伟业，是时代赋予我们教育战线的神圣使命。“所谓大学者，非谓有大楼之谓也，有大师之谓也。”好学校、好教育的最重要标准，就是要有好老师。一所学校、一个地区，乃至一个国家，如果教师有理想、有爱心、有学识、有高超的教育艺术，那么即使硬件设施有些简陋，家长、学生也会心向往之。教师是中国梦的奠基者。教师的重要使命，就是为每个孩子播种梦想、点燃梦想，并帮助他们实现梦想。每一间平凡的教室，每一节朴实的课，都不仅是知识的传递，而且是人类文明精神的接续、人生梦想的起航。正是有亿万个孩子梦想的放飞、绽放，中国梦才更加光彩夺目。如果说中国梦最坚实的土壤是学校，那么教师就是最伟大的"筑梦师"，他们用默默无闻、孜孜不倦的智慧劳动，让每一颗年轻的心灵都与中国梦激情相拥。

倡导教育家办学，造就一批好老师，首先要尊重、珍惜我们的本土智慧、本土创造。教育家不是凭空产生的，而是扎根于自己的民族文化土壤，同时吸收人类文明成果，从而创造出独特而生动的教育实践、教育智慧和教育文明。五千年源远流长的中华文明，不但形成了有我们民族特色的教育理论体系，而且涌现出了千千万万优秀的教育家，有被推崇为"大成至圣先师""万世师表"的孔子，有"匹夫而为百世师，一言而为天下法"的韩愈，有"捧着一颗心来，不带半根草去"的人民教育家陶行知，等等。改革开放40年来，随着教育改革的不断深入，教育战线涌现出了一大批杰出教师。他们痴情于教育事业，坚守理想信念和教育良知，在三尺讲台上默默耕耘、刻苦钻研，同时以敢为天下先的精神大胆创新，不断进取、不断超越，形成了各具特色的教育思想和教学风格。正是他们的成功探索和实践，创造了具有中国风格的教育经验，丰富了具有中国特色的教育理论宝库。原由教育部师范教育司组织编写，现由中国教育报刊社人民教育家研究院组织编写的"教育家成长丛书"，就是要向这些宝贵的本土创造性的教育经验致敬。

当前，教育领域综合改革正在深入推进，考试招生制度改革的大幕已经拉开，立德树人、培育和践行社会主义核心价值观成为大中小学教育的头等任务。可以预见，中国教育将发生深刻的变革，将从"中国制造"向"中国创造"转变。"没有革命的理论，就没有革命的运动。"没有适合中国土壤、具有中国智慧的教育理论，就不可能为未来的中国教育改革提供有效的指导。我们的教育要向"中国创造"飞跃，必然要首先创造属于我们自己的教育理论，而不是“言必称希腊”或者老是贩卖欧美的教育理论。170 多年前，美国思想家、诗人爱默生发表了著名演说《美国学者》，号召美国知识界：“我们依赖旁人的日子，我们师从他国的长期学徒期时代即将结束。在我们周围，有成百上千万的青年正在走向生活，他们不能老是依赖外国学识的残余来获得营养。”由此，美国迈入精神立国阶段。

如今，我们也面临与爱默生同样的情形。随着我国 GDP 已从世界第二向第一迈进，我们要自觉养成强烈的“中国意识”，独立的中国文化品格，并由此去环视世界，去改造本土实践，去创造属于我们自己的精神养料——这在教育界显得尤为紧迫。“教育家成长丛书”，旨在把我们本土教育实践中蕴含的中国智慧提炼出来，从而形成具有时代意义的中国特色的教育话语体系，再以此去观照、引领、改造中国的教育实践，为伟大的教育改革提供经验、理论支持，也为未来的教育家提供丰富、可资借鉴的精神养料。

让我们为中国教育的伟大未来一起努力吧！

2018 年 3 月 9 日

前 言

见证着中国基础教育半个世纪的春华秋实，代表着中国基础教育教学成果的最高成就——“首届基础教育国家级教学成果奖”，闪耀着李吉林、窦桂梅、吴正宪、张思明、洪宗礼、唐江澎、邱学华、于永正、孙双金、薄俊生、龚春燕等一大批优秀教师的名字。而上述这些教师杰出代表恰恰都是《人民教育》“名师人生”栏目中最受读者喜爱的名师，都是“教育家成长丛书”的作者。

“教育家成长丛书”（以下简称“丛书”），是在第20个教师节前夕，为了研究、总结、宣传和推广我国众多优秀中小学教师的先进教育思想和鲜活宝贵的教育教学经验，培养造就一大批德才兼备的优秀教师和杰出的教育家，促进教师队伍整体素质的提高，根据教育部党组安排，由师范教育司组织编写的一套凝聚着一大批教育家成长智慧的大型教育丛书。

“丛书”自2006年问世以来，不但得到国务院和教育部领导同志的高度重视，而且先后印刷多次尚不能满足广大读者的需求。这其中的奥秘何在？

当你翻开“丛书”，每一部著作都讲述着一位教育家成长的故事。这些著作主要从“成长历程”“思想概述”“课堂实录”和“社会反响”等方面全景式反映其教育思想、教育智慧、专业精神和专业人格的形成过程与教学实践过程。这是教育家成长的基本素质所在。

当你沿着教育家成长的足迹走近他们的时候，你会融入这些带有“草根色彩”、扎根中华教育实践大地、充满田野芳香的真实感人的教育故事中。

当你从“丛书”中，从这些当年和自己一样的普通教师，成长为今天受人尊敬的教育家的成长过程中受到启迪，当你触摸着自己的心，把学生的成长和祖国的未来紧紧连在一起的时候，你会真切地感受到教育家离我们并不遥远。

当你用整个身心蘸着自己的生活积累去品味“丛书”中的每一部著作的“成长历程”时，在一位位名师不断学习、不断超越自我、不断超越学科教学的求索足迹中，你会读懂“教育是事业，其意义在于奉献”的丰富内涵。

当你研读“丛书”中的每一部著作的“思想概述”，和每一位名师展开心灵对话的时候，都会深深地感受到，一名教师对教育独立的理解与执着的追求有多么重要。从一名普通的教师成长为受人尊敬的教育家的过程中，你会读懂“教育是科学，其价值在于求真”的深刻含义。透过“丛书”，你会看到一代代教师用爱与智慧塑造民族未来的教育理想。

随着我们从“知识核心时代”走向“核心素养时代”，教师教育教学活动的视野已拓展到人的生存与发展的方方面面。教师要结合自己的教学实践去感悟“教育理念是指导教育行为的思想观念和精神追求”，应该把爱化为自己的教育行为，让爱充盈课堂，触摸到一个个灵动的生命，让爱产生智慧，让爱与智慧在学生心中留下岁月抹不去的美好回忆，让教育者和受教育者都感受到教育的幸福。这是“丛书”给我们的启示，也是每位教师应有的胸怀和视野。

时代呼唤教育家。为了进一步把我们本土教育实践中蕴含的中国智慧提炼出来，从而形成具有时代意义的中国特色的教育话语体系，以此去观照、引领、创新中国的教育实践并在更大范围加以推广，“丛书”将由中国教育报刊社人民教育家研究院继续组织编写，希望能够在更广大教师的心田中播种教育家成长的智慧，从而出更多的名师，育更多的英才，成就中华民族复兴的伟业。这是时代赋予广大教育工作者的神圣使命。如果广大教师能在每位教育家成长、探索教育智慧的过程中受到启迪，形成自己的教育智慧，则实现了我们编辑这套“丛书”的初衷。

“教育家成长丛书”
编 委 会
2018 年 3 月

序 一

面向高峰的攀登者

吴正宪老师是我国著名的数学教育家，在小学数学教育领域里的理论研究与教育实践都取得了重大成果，《吴正宪与小学数学》（此次更名为《吴正宪与儿童数学教育》）的再版是数学教育改革深化的新成就，为我国数学以及各学科教学水平的提高做出了新的贡献。

基础教育的传统数学教学是我国教育的优势之一，为世界许多国家所关注，而基础数学教育的改革与发展，更为我国的数学教育注入了新的活力。吴正宪老师正是这样一位面向高峰坚持不懈的攀登者。

吴正宪的数学教育改革理念，正如在本书中所表述的，体现为“从数学教学到数学教育”“从教育理念到教育艺术”“从平面教师到立体教师”“从儿童教育到教师教育”。

我认为，“从数学教学到数学教育”是正本清源。教学与教育的分割、智育与德育的疏离是基础教育长期以来存在的突出问题。立德树人是教育的根本任务，必须贯穿于全部教学活动，特别是学科教学过程中。数学课的任务不只是教会学生掌握数学的基础知识和基本技能，更是要培养学生的良好品格，启迪智慧、善于合作、勇于创造。因此，从“数学教学到数学教育”是正本清源，进一步明确学校教育中数学学科的地位、任务和作用。吴正宪的数学教育理论在数字与符号的运动过程中，滋润着成长中的儿童的心田，闪烁着人性的光辉。

我认为，“从教育理念到教育艺术”体现了理论与实践的有机结合。先进的教育理念化为成功的教育实践，必须通过良好的教育艺术。而艺术是情感的表达，数学教育的教育艺术源于对数学教育的热爱和对数学教育受教育者的热爱。数学本来是一门让许多学生感到枯燥的学科，甚至不少孩子患有数学恐惧症；但是在吴正宪老师那里，数学课变成学生“好吃又有营养”的美餐。“从教育理念到教育实践”，数学美学在教学实践中扬帆起航，使所有的教学过程都成为一种艺术创造，学生在美的享受的基础上，感受了生活的美好。吴正宪的数学教育实践在一节一节的数学课中，为学生播撒了美的种子，激发了学生对数学学习的热情。

我认为，“从平面教师到立体教师”突显了教师的角色定位。数学教师不同于数学家，吴正宪老师的眼里不仅有数学，更有孩子。而每个孩子由于智能结构不同，在学习过程中的反应和体验也不同，用同一种教法去应对不同的孩子，其结果必然会产生部分数学学习的饥饿者和困难者。因此，要了解孩子，关爱孩子，在重视孩子成长的普遍规律的同时，重视孩子的个性特点。“从平面教师到立体教师”，突显了数学教师的角色定位。她不仅是传送数学知识的平面教师，更是塑造孩子心灵、为儿童可持续发展奠基的设计师。在吴正宪老师的眼里，每一位教师都应该成为能从多个角度进行教学研究和实践的立体的教师，这样才能消除数学教学的片面性。

我认为，“从儿童教育到教师教育”是关键环节。成功的数学教学决定性因素在于教师，因此，从某种意义上说，教师的水平决定教学的水平。要想做好儿童教育，必须首先做好教师教育。特别是在教育改革的进程中，教师教学观念转变的进程和教学实践探索的热情，都需要通过教师教育来引领和激发。陈旧的教学观念和习以为常的教学实践，常常成为教育改革的阻力，而陈旧的教师职前教育和职后培训又常常难以适应教育改革的需求。所以，加强教师教育的研究与改进，就成为教育改革成败的关键。“从儿童教育到教师教育”正是抓住了这一关键环节，引导教师“用心地读懂儿童，智慧地读懂课堂，专业地读懂教材”，这不仅是提高教学水平的举措，也是教师自身专业发展的阶梯。

吴正宪老师多年从事数学教学研究，体现了一位教育家的情怀与勇气、坚守与担当。我衷心祝贺她著作的再版，并祝她在中国基础教育数学研究领域不断取得新的成果。

国家教育咨询委员会委员

联合国教科文组织协会世界联合会荣誉主席

陶西平

序 二

一位名副其实的教育家

吴正宪老师将几十年小学数学教学的经历和经验汇集成《吴正宪与儿童数学教育》一书，本书是吴老师几十年小学数学教学成果的精粹，是她对小学数学教学实践探索和理论思考的结晶，从这本书中我更加明晰了一个印象：吴老师是一位儿童数学教育家。

2007 年 2 月，温家宝同志在视察东北师范大学时说过这样的话："中国得有成千上万的杰出的教育家来办学。"作为师范大学的校长，我认真思考了教育家的含义。我理解这个教育家，不是著书立说的教育家，而是实践真知的教育家。而且，温家宝同志所说的教育家应该具备四个条件：一是真心地热爱教育事业；二是有自己独到的教育理念；三是能够全面把握学科知识和学科思想；四是会反思和会研究。从这个意义上讲，吴老师就是一位名副其实的教育家。

热爱教育事业是一名教育家乃至一名优秀教师的重要前提。热爱教育事业不是停留在口头上，也不是只体现在一时一事上，而是体现在几十年如一日的坚持和追求上。吴老师从事小学数学教学和研究 40 余年，并且她一直把教学工作看作"实现个人生命价值与教师职业生命价值的和谐统一"。

教育理念是根本性的问题。现代的教育理念应该是"以人为本"，而不应该是"以知识为本"。我认为，以人为本的含义主要有两个：一个是学会站在学生的立场上去思考问题，实现尊重的教育；另一个是注重学生的全面发展，实现素质教育。吴老师的教育理念体现了上面的思想，她把自己的基本教学理念概括为："走进学生心中，读懂学生需求，站在学生的角度看数学，按照学生的认知规律和心理需求来设计、组织教学。"她认为，每一个儿童都是活生生的人，要努力读懂儿童，真诚地和他们交朋友，友善地走进他们的心灵，努力把自己的生命和孩子们的生命融在一起，使他们迸发出情感与智慧的火花。她让儿童记数学日记，这不仅表明吴老师有着先进的教育理念，而且她还有着实现这种教育理念的实践途径。

把握学科知识和学科思想是一个关键性的问题。对于一名优秀的教师，在把握学科知识方面，应当更侧重于了解知识的产生过程、知识之间相互的联系以及整个知识体系框架，从中去理解学科知识本身的思维形式和思维方法。关于学科思想，我认为一般可分为三个层次：第一个层次是影响学科发展的宏观思想，以数学为例，如抽象、推理、建模的思想；第二个层次跟学科有关，但是不涉及具体问题的思想，以数学为例，如数形结合、递归的思想；第三个层次是进入具体问题的思想，以数学为例，如消元法、等量代换等。在这本书中，吴老师为我们展示了大量的教学实例和教学策略，较好地体现了对数学学科知识和学科思想的把握。

会反思和会研究是一名教师能够持续发展、不断进步的动力源泉。吴老师几十年坚持在教学中注重研究，在研究中不忘教学，理论与实践相互促进，特别是她近年来成立了专门的研究团队，共同反思和研究，为教师的专业发展探索了一种行之有效的新模式。

一名优秀的教师，乃至一名教育家，我认为应该具备上面的几个条件。这几个条件是几乎每一个在一线工作的教师通过努力都可以达到的。所以，教育家的称谓并不是高高在上的，并非是不可触及的桂冠，它就孕育和诞生在我们扎扎实实的工作中。中国得有成千上万的教育家来办学，这成千上万的教育家主体就来自一线教师。

近年来，以制订新课标为重要内容的我国基础教育改革，包括数学教育改革逐步深入，并取得了可喜的进步，但改革还需要不断推进。关于数学教育的改革，应当进一步强调关注学生的发展。小学数学教学的重要任务，一是培养学生的学习兴趣。学生在学习过程中只有对数学学习产生兴趣，才能积极主动地参与到学习过程之中，学到的知识与方法才能牢固与持久。二是培养学生养成良好的学习习惯。小学是学生习惯形成的重要阶段，学生在小学数学学习过程中养成探索的习惯、交流的习惯、思考的习惯、质疑的习惯等，对于他们来说会受用终生。三是培养学生良好的身心素质，使他们能够活泼、开朗、朝气蓬勃地生活，勇于发现和提出问题，善于分析和解决问题，促进学生思考能力的提高。

教育工作没有止境，我相信吴老师一定能够在今后的实践中创造出更多、更好的教学成果，为中国的小学数学教育事业做出更大的贡献！我也相信，一定会有更多的老师，能够从吴老师的教学成果中获得教益，中国将涌现出一批像吴老师这样的真正的儿童数学教育家。

东北师范大学原校长

史宁中

写在前面的话

2005 年，由教育部师范司组织编写的教育家成长丛书《吴正宪与小学数学》一书，记述了我多年来从事小学数学教学工作的实践探索与思考，记录了我如何从一位只关注学生数学学习的“平面教师”走向关注学生全面发展的“立体教师”的心路历程。至今读起来仍倍感亲切，且感慨颇多。

2015 年，我接到中国教育报刊社人民教育家研究院重新修订《吴正宪与小学数学》的任务。十年来该书多次重印，得到广大一线教师的认可与喜爱，我很是珍惜……十年后重新修订，我认为这又是一次很好的再驻足、再反思、再提升的重要机会。接到任务后，我没有立刻动手修改，而是沉浸在深深的思考与回味中……

回望十年，许多往事历历在目，挥之不去，留下了刻骨铭心的印记。这十年对我来说是关键的十年，人生的 50 岁到 60 岁的十年，应该是愈加成熟的十年，愈加深入思考和理性沉淀的十年，愈加形成稳定思想的十年。正是在这关键的教育生涯阶段，我逐步形成了对儿童数学教育的基本主张，逐步形成了对教师教育的基本主张，实现了从“研究儿童教育”走向“研究教师教育”的再发展。

在此十年间，北京教育科学研究院成立了“吴正宪小学数学教师工作站”，开启了团队研修的新历程。十年中，我的“创设儿童喜爱的数学课堂实践探索”荣获教育部基础教育课程改革教学研究成果一等奖；我主持的“提高农村教师执教能力的团队研修实践——吴正宪小学数学教师工作站五年探索”

荣获国家级教学成果一等奖。同时，自己的教师职业生命也由此而升华，我成为国家督学、全国人大代表。我从“小学数学课堂”走进“人民大会堂”，参与对国家大事的审议研讨，为教育均衡发展建言献策。十年来，我获得了儿童、教师及专家的信赖与喜爱；十年来，我获得了社会的尊重与认可；十年来，我也实现了自身的再发展。

当《吴正宪与小学数学》修订再版之际，我愿意再一次与教育同行共同思考儿童数学教育的意义，深入追问儿童数学教育的价值，特将书名修改为《吴正宪与儿童数学教育》。我愿意将多年来自己对儿童数学教育的思考与实践及自身成长的历程，与教师朋友们分享，希望能带来一些新的启迪与思考。

1980 年后，年轻的我开始了“小学数学归纳组合法”的教学实验变革。这是一项小学数学整体改革实验，它不仅涉及教材、教法、学法改革，而且进行了考法改革。它虽然不能改变当时“一张考卷定终身”的大环境，但毕竟使班级小环境出现局部晴天。该实验在当时的教育界引起了不小的反响，曾荣获北京市首届教育科研成果奖。

1990 年后，我提出了“传授知识、启迪智慧、完善人格”三位一体的数学教学目标。我认为数学教学给予学生的不仅仅是知识，还有学习的能力，获得知识的方法、策略与智慧，更重要的是健全人格的培育、良好道德品性的培养及良好学习习惯的习得。学校教育要为学生一生的可持续发展奠定坚实基础。

2000 年后，我尝试着“既有营养又好吃”的儿童数学实践。我坚持既要“为儿童提供高质量的、有价值的学习内容”，又要“创设符合儿童认知规律和特点的学习方式”的双重价值取向。从这时起，“儿童”“数学”一同走入了我的心中。“有营养”又“好吃”的有机结合让有意义的数学学习变得更有意思。

2010 年后，我明确提出“从数学教学走向数学教育”的主张。“立德树人”成为我的儿童数学教育的根。我牢牢把握“以儿童发展为本”的原则，坚持在“保护儿童成长利益”的大背景下设计教学活动，培育核心素养。我在这个阶段完成了“从数学教学走向数学教育”系列文章，并连续发表在《光明日报》上，产生了良好的社会影响。

一路走来，我得到了基层学校和社会的认可，先后荣获“全国模范教师”、北京市政府“人民教师奖”“首都基础教育名家”“北京教科院职业道德标兵”等称号；

研究成果荣获教育部国家级教学成果一等奖、北京市政府教学成果一等奖；并被评为享受国务院政府特殊津贴的专家。自己成长中的每一点进步，都离不开大家的帮助。我不会忘记给予自己真诚帮助的每一位，我将永远心存感恩。如今虽然夕阳西下，青春已成为昨日，但我相信，只要不断学习研究，不断挑战自我、超越自我，事业的青春将永驻。

吴正宪

目 录

CONTENTS

吴正宪与儿童数学教育

我的教书生涯

我的教学主张

我的数学课堂

大家眼中的“我”

——温暖·智慧·坚守

我的教书生涯

"

教师工作是我生命中的重要经历。我在年复一年、日复一日地付出、奉献，我也在年复一年、日复一日地收获。我收获了孩子们的那份真诚与渴望，收获了老师们的那份热情与期待，收获了社会的认可与尊重。同时，我也在探索教育改革的道路上获取了自身成长过程中的成功和快乐，实现了个人生命价值与教师职业生命价值的和谐统一。

——吴正宪

在漫漫教学生涯的长河中，我彷徨过、犹豫过、迷茫过……但是我始终没有放弃过努力，没有放弃过追求。在多年的教育之路上，我一直在全身心地投入和探索着、感悟着，一步一个脚印地向前迈进。每日超负荷的工作，我不在乎；每天辛勤的付出，我心甘情愿。然而有一天我发现自己努力的结果并没有带来学生的真正可持续发展。我逐渐地意识到教师的任务绝不单纯是课堂上知识的传授，更应关注学生的情感、态度、价值观等多方面的进步与发展。教育科研理论的学习使我进入了一个崭新的教学层面，儿童心理学的兴起点燃了我心中那份久违了的热情。我开始走上了以科研促教研的教学改革之路。我拜师学习，苦练内功，注重积累；我努力学习，勤于笔耕，从一个"经验型"教师开始向"科研型"教师转变。在孩子们的眼里，我再也不是那个只管"传道、授业、解惑"的"平面教师"，而是一个充满情和爱，不仅给予他们智慧，还能给予他们力量的"立体教师"。多年来，我走在不断探索、用心感悟、理性升华的道路上，这为我今天儿童数学教育思想的形成奠定了良好的基础，使我享受着教师职业生命的价值和快乐。

探　索

一、从这里起步

1970 年盛夏，我满怀着做一名优秀教师的愿望开始了教育工作，那年我 16 岁。

记得在初为人师的日子里，我心头涌动的是不尽的新鲜感和兴奋感。我曾天真地认为，只要全身心地投入、勤勤恳恳地工作，就能恪守"传道、授业、解惑"的教师天职。我使出了浑身解数，点燃了自己生命中所有的热情，早出晚归、加班加点、兢兢业业地耕耘着。课堂上我不遗余力地向学生传授书本上的所有知识，每一篇文章、每一个例题都进行深入浅出的讲解。学生似乎是个接受知识的容器，好像教师讲得越多，学生的获得就越多。我不知疲倦地讲解，学生机械重复地记忆，日复一日、年复一年。当我照本宣科、在满堂灌的课堂教学中乐此不疲时，终于有一天，

我蓦然发现课堂上学生变得越来越麻木，目光有些呆滞、语言有些贫乏、思维有些滞后、感情有些苍白。他们稚气的脸上刻上了忧虑与沉重，天真的少年竟变得暮气沉沉、没有朝气。我开始抱怨学生脑子太笨，学习不用功。在课堂上，我除了滔滔不绝地演讲之外，又多了几分埋怨与责备，课堂气氛更加死气沉沉，让人感受不到生命的存在。我痛苦不安，彷徨茫然，原有的冲动与热情几乎降到冰点。我不止一次地追问：难道要在这条没有阳光、没有笑容的路上走下去吗？当时紧张、疲劳、竞争、无情的气氛笼罩着校园，孩子们背负着成年人沉重的期望，本该快乐的童年生活却充满了无奈和困惑。满堂灌的课堂教学已使孩子们疲惫不堪、兴趣索然，他们回到家中还要长时间地伏案对付那似乎永远也做不完的练习题。孩子们的负担太重了、生活太乏味了，于是有些孩子不堪忍受而逃学、拒学，也有一些禀性顺从的孩子为了不负父母的期望和成为教师心目中的好学生，只好以自己软弱的身躯和无助的灵魂勉强支撑着。昔日的好学生，行为变得怪异、情绪变得焦躁冷漠，失去了童年生活的乐趣。至今我还清楚地记得在某刊物上看到一位六年级小学生发表的一首小诗：

无 题

在我幼小的心灵深处，
有一个五彩的天地，
那里有蓝蓝的天，白白的云，
那里有飞翔的鸟，游耍的鱼。
可是到了六年级，
如山的作业摧残了这柔弱的小花，
父母的加码践踏了这无声的草地，
从此，在我幼小的心灵里，
再也找不到那五彩的天地。

我问蓝蓝的天，白白的云，
我问飞翔的鸟，游耍的鱼，
我为什么不能和你们在一起，
奔向那五彩的天地。

这首小诗真实地记录了孩子们厌恶学习、渴望美好童年的心境。当时有些孩子终于忍耐不住向成人社会发出了“救救我们”的心声。一幕幕触目惊心的事实再次引起了我的震惊，使我陷入沉思：教师教得很辛苦，学生却不爱学；教师教学很投入，学习效果却不佳。只图分数的提高，不顾学生的身心健康和道德修养，这样的教学能培养出适应未来社会需要的合格人才吗？一股强烈的责任感、使命感在我心头凝聚起来，冲击开去。“一切为了孩子的发展”，这是教育工作者的良知与责任。我决心通过自己的努力探索出一条减轻过重负担、提高教学质量、促进学生生动活泼、积极主动、全面发展的教学新路。这就是我当今教育思想形成的基础，我的教育教学改革正是从这里起步。

1. 不忘初心，儿童有缘与我们相遇，让儿童的学习幸福快乐，保护好儿童成长的利益是教师的重要使命。

2. 帮助儿童“系好人生的第一颗扣子”，迈好人生第一步是教师重要的责任。切记：良好的开始是成功的一半，为儿童健康、和谐、可持续发展是教育的最终目标。

二、拜师学习

当我在教学改革的道路上蹒跚摸索、不知所措的时候，马芯兰老师鲜活的教改经验令我眼前一亮。这不正是我想看到的课堂场面吗？我深深地被学生乐学、善学、会学、爱学的热烈场面所吸引。同学们怀着浓厚的兴趣跟着马老师一步步走进那充满生机的数学王国。课堂上，同学们时而紧锁双眉、沉思不语，时而各抒己见、争论不休，急性子的孩子索性跑到讲台前引经论典、据理力争，思维碰撞的高潮时时迭起。孩子们在学习中充分体会着参与的快乐、合作的愉悦。马老师与孩子们心灵的沟通、情感的交融、人格的碰撞使孩子们备受激励和鼓舞，抽象的数学课不再枯燥乏味而变得妙趣横生。我好像在茫茫的沙漠中看到一块生命的绿洲。我下决心要学马老师这本真经，便一头扎进马老师的课堂。每天早上天未亮，我就把睡梦中的女儿唤醒，从居住在东直门的家乘车把孩子送到天坛幼儿园，再骑车疾奔朝阳区幸福村中心小学听马老师的第一节数学课，然后再骑车返回坐落在天坛北门附近的锦绣街小学上我的两节数学课。白天紧张地工作，晚上静下心来反思，记下学习的收获体会。当我真正走近马老师的时候，蓦然发现她的教学改革绝非仅仅是教学方法的改革，而是更多地融入了她的教育思想和灵魂。马老师以学生的全面发展为目标，以"一切为了孩子"为宗旨，她把对事业、对学生浓浓的爱融进了课堂中。我从马老师为学生所创设的支持性学习环境中可以感受到她教育思想的内涵。

在马老师教育思想的影响下，我开始了小学数学教学改革的艰辛探索。我的教室后面常常坐着一位老人，一边听课、一边认真记着笔记，她就是我的导师——北京市特级教师刘梦湘同志。我们正式确立师徒关系是在 1992 年人民大会堂举行的拜师会上，市教育局颁发了证书。记得那天师傅送我的礼物是他用心用情录制的一盘磁带，字里行间饱含了教育战线的老前辈对青年教师寄予的殷切希望。我送了一块匾给师傅，寥寥几字倾吐了我的心声——师恩难忘。20 世纪 80 年代初期，我就和师傅一起策划小学数学教改的蓝图。教了十几年语文的我，对小学数学虽然了解不多、经验不足，但是从另一角度看也是件好事。由于没教过数学，我脑子中没有任何条条框框，改革起来就不太受约束。只要是学生喜欢的，我就努力做。尽管我当时的想法不太成熟，但很快得到了刘梦湘老师的理解和关注。她一头扎在我的课堂，和我一起筹划课堂教学改革的蓝图。从教学的指导思想到教学方法的选择，从例题的讲解到练习题的设计，从学习氛围的创设到语言、板书，从教师的教态到师生交流的每一个环节……我们彼此互相探讨着。刘老师十分重视教育科学理论对教学改革实验的指导，她向我推荐了《教育心理学》《给教师的建议》等书籍。她把自己几十年珍藏的教育教学书籍及亲自撰写的教学经验手稿全部送给了我。她说："教学改革不是走过场，是一项实事求是的科学实验，必须脚踏实地。"刘老师来听课从不事先打招呼，每每都是推门而入，我也从此养成了上每一节课都像上观摩课那样投入、认真的好习惯。站了多年的讲台，至今我不敢怠慢课堂上的每一分钟。多年来的教学改革之路可谓风风雨雨、坎坎坷坷，当我受到挫折时，她会告诫我不要灰心，要重整旗鼓，以利再战；当我有了成绩时，她会说山外有山，还要向新的高度攀登；当我在教学改革中徘徊犹豫退缩时，她向我推荐报道改革者的文章，说能饱尝成功的喜悦、也能承受失败的打击才是改革者应有的素质。

我的另一位师傅是缪玉田老师。缪老师是北京实验一小的特级教师。他一生都是在教学第一线，是我国第一个用唯物辩证法研究小学数学教学的老师，有专著传世。他在小数界威信很高，数学知识渊博，古今中外名题、趣题、难题记得特别多，谁有解不了的算题都爱问他。他德高望重、诲人不倦，虽已退休多年但仍十分关心小数界。

我在刘老师的引荐下拜访了缪老师，至今依然清晰地记得，那日缪老很是高兴，谈起小学数学教学，老人家有说不完的话。从此，我们这一老一少成了知心朋友，有一段时间不见面就相互挂念。老人家没安电话，有时工作忙了顾不上去看他，就写信寄去。老人收到信叫儿子念给他听。他也给我回信。由于老人眼睛看不见，都是摸住纸瞎写上去的。信的背面、正面都是字，这可能是一时找不到纸了；有些地方字迹不清，这可能是笔没墨水了；有些地方没字，有的字压字，横的、竖的、斜的乱压一气，这可能不是一次写下来的；有的字大，有的字小，有的字配合得还可以，有的配合得不成样子，这可能是手有时抖得轻，有时抖得很厉害，几乎写不成字了……每次当我接到这像天书一样的奇异书简，都忍不住热泪盈眶。如今老人已驾鹤西去，这 11 页书简将是我永久珍藏的纪念。有时记者借去阅读，大家费好大劲也只能辨认三分之二。老人写给我的信内容很丰富，有他编的几十道各类数学题，是让我帮助学生进行思维训练的；有古代名题，如韩信点兵等，是让我学习欣赏、开阔视野的；有的则是询问我的学习、工作、生活；更有教育我有了成绩不要骄傲的谆谆教诲；还有对片面追求升学率的看法，那是帮我树立正确的学生观、教育观、价值观的；有谈市、区和学校领导教师给他过生日，他心里又激动又难受，感到自己老了，再也不能为党的教育事业出力……这是老人对共和国教育事业、对 21 世纪的年青一代教师、对祖国下一代献的一份爱心，留下的一份宝贵财富啊！每次读着读着我都潸然泪下。

北师大周玉仁教授、上海特级教师顾汝佐老师、中科院心理研究所张梅玲教授也都是我的老师。他们都给过我真诚的帮助和热情的指导，令我难以忘怀。

1995年，中国数学记者工作委员会与上海《小学数学教师》编辑部在青岛联合举办了“青年教师吴正宪、潘小明教学艺术研讨会”，周玉仁老师、顾汝佐老师亲自到会，为青年教师的成长发展倾注心血、铺路架桥。他们精彩的点评、独具魅力的学术报告为我在小学数学教学改革的探索中点燃了一盏明灯。专家们高尚的师德、精湛的教艺更给了我深深的启迪。课后两位专家对我悉心指导，指出努力方向，让我信心十足。平日里，我也经常向两位老师请教，每每在教学研究中碰到了难解的问题，我总是主动打电话或当面请教。周玉仁、顾汝佐老师认真地阅读批改我的学术论文，并亲临课堂对我进行指导和点拨。他们一起在教育部审查全国小学数学教材，探索中国小学数学课程改革大业；一起参与过联合国教科文组织与国家教委联合组织的“中国小学生学习能力”的课题研究；一起研讨过国内外小学数学研究现状；还一起为青年教师的课堂教学进行点评。我很珍惜每一次和老师们在一起的时光，并把它作为极好的学习机会。我在事业上的进步与成长得益于两位老师的指导和帮助。

这里着重谈一下中科院心理研究所研究员、教授、博士生导师张梅玲。她曾被邀请到崇文区做一周的儿童心理学讲座，讲座的题目是《儿童心理学与小学数学教学改革》。我认真听、仔细记，收获很大。我早在上中师时就学过心理学，但学得不够系统，好像都是些难懂难记的名词术语，留下的印象很少。张老师的讲座就不同，她把心理学讲得那么生动有趣，全新的理念、具体生动的事例，加上张老师优美动听的语言表达，让人耳目一新。现代教育心理学简直像一把魔剑，经张老师这么一挥，出现了神奇的效果，数学变得那么美，数学教学变得那么有趣，学生变得那么可爱，师生关系变得那么和谐融洽，真叫人高兴！从此，我对学习现代教育心理学有了极大的兴趣。讲座结束后，我就主动找张老师借书读、提出问题请教，并邀请张老师指导做课。我们亦师亦友，亲密无间。

其实，我的师傅还有很多，身边的同志都是我的老师，他们在生活上关心我、工作上帮助我，我十分敬佩他们。特别是一些年轻教师在实践中创造了工作上新鲜活泼的教学方法和好的教学经验。所谓汲取百家之长，自然也包括广大教师的经验，甚至还包括向自己的教育对象学习。我想，只要我们留心学习、虚心请教，就常常会有意外的惊喜和收获。

在漫长的教育教学生涯中，我得到了这么多专家、导师及同志们的指导和帮助，我的教学改革能有一些进步是他们高尚的师德、锐意改革的敬业精神、实事求是的科学态度、严谨治学的工作作风深深感染着我的结果。我时时都可以感受到他们优秀的人格魅力，导师们热爱教育事业、淡泊功名、无私奉献、精益求精的敬业精神以及谦虚谨慎、友善宽容的态度给我留下了深刻而美好的印象。

1."三人行必有吾师焉"，人要有虚心学习的心态，更要付出虔诚学习的行动，才能不断超越自己，实现进步与发展。

2. 在学习中坚持独立思考，不人云亦云，要有自己的想法、特色。既要借鉴他山之石，更要坚信自己的独立思考，独立思考是教师专业发展的重要基石。

三、苦练与积累

作为一名教师，要有扎实的专业知识——打铁还需自身硬。苦练基本功才能站稳讲台，才能获得孩子们的喜爱，同时也能获得自身的专业发展。

多年的教学实践，我注重从教材、教法、学法、考法等多方面进行改革，在20世纪80年代末期独立撰写了五篇学术论文，发表在教育刊物上，并获得市、区优秀论文奖。"苦练内功"中的五个小标题正是五篇论文的题目，它记录了我苦练内功的历程。

（一）苦练内功

1. 注重知识联系，重新组合教材

布鲁纳认为，学习的实质是一个人把同类事物联系起来，并组织成赋予它们意义的结构，即知识的学习就是在学生的头脑中形成学科的知识结构。在数学学习中，教师要适时地引导学生沟通知识间的内在联系，让学生将发展变化中的数学知识连成知识链，构建成知识网，形成脉络清晰的立体的知识模块，在不断完善学生认知结构的同时，让学生获得认识事物的普遍方法。

从数学知识的角度讲，我认为"心中有棵树，教学才有术"。这里的"树"是数学知识之树，是纵横连通的数学知识系统结构之树。我在20世纪80年代初期的“小学数学归纳组合法实验”中，打乱原有教材的编排体系，根据知识的内在联系与数学的知识结构，把小学数学教材第9～12册的内容进行重新调整和组合，整合成六大知识体系，简称“六条龙”教学，让学生学习系统化、结构化的数学知识。这是一项小学数学教学的整体改革实验，涉及教材、教法、学法、考法等方面。

面积教学“一条龙”

长方形为基本图形，通过学生亲自动手拼摆、旋转、平移，推导出其他图形的面积计算公式。在推导的过程中，同学们感受到转化思想的应用，体会到数学知识内在的联系，见图1-1。

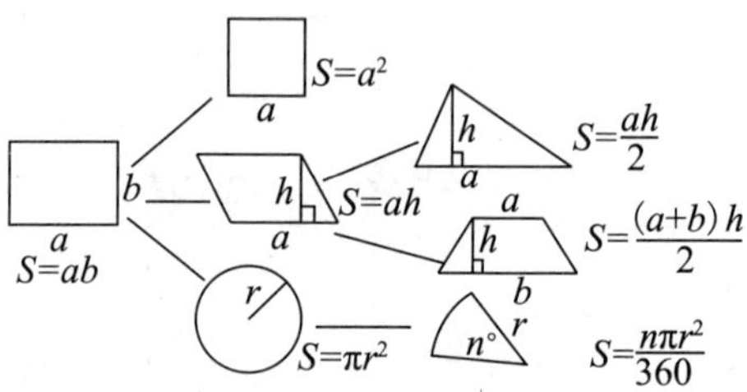

图1-1 面积教学“一条龙”

体积教学“一条龙”

以长方体为基本形体，通过学生动手操作发现和推导出其他形体的体积计算公式，使学生在观察、推导、转化中获得条理化、系统化、整体化的知识，见图1-2。

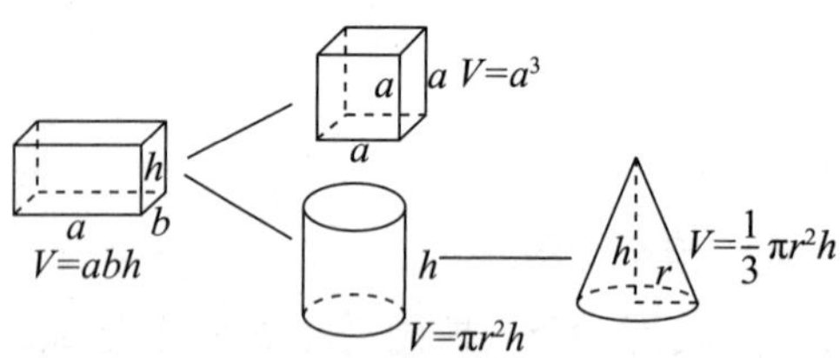

图1-2 体积教学“一条龙”

该项教改实验从教材改革入手，根据知识的内在联系和学生的认知规律，重新编排教材，组合成“六条龙”的小学数学知识体系。在教学实践中，我总结了十几种切合学生实际的教学方法和学习方法，为学生创设愉悦和谐的学习氛围，充分发挥学生的主动性和创造性，学生学习兴趣浓厚、求知欲望强烈，课堂上常常出现一派乐学、爱学、善学、会学的生动活泼局面。

教学改革促进了学生健全人格的发展，学生不仅学文化，而且学做人。1987年，该项实验通过了中央教科所、中国科学院心理研究所、北师大教育系、北京市教育局小教处等十个单位有关专家的鉴定，受到好评。

2. 改进教学方法，加强思维训练

重新组合教材必然涉及相应教学方法的改革。满堂灌的课堂教学除了"注入式"这个明显的弱点外，还存在着"重知识，轻能力；重结论，轻过程；重成绩，轻发展"等倾向。教法单调、课堂气氛沉闷、学生学习兴趣不高影响了学生健康情感及态度等多方面的发展。改革教学方法首先要更新教育观念，以科学的教育理念指导课堂教学改革。我努力做到民主施教，对每一位学生都给予尊重、关爱、鼓励、宽容和理解，认真倾听学生的发言，尊重差异，因材施教。在教学中我努力创设愉悦和谐的学习环境，建立民主平等的新型师生关系，使学生在宽松的环境中积极主动地学习。为了进一步促进学生思维品质的发展，我十分注重学生的思维训练。在数学课堂教学中我加强了对学生推理、转化、抽象、概括等思维的训练，重视从学生的生活经验和已有的知识出发，让学生理解数学。在这个过程中，我将数学思想和数学方法融入其中，促进学生数学素养的提高。

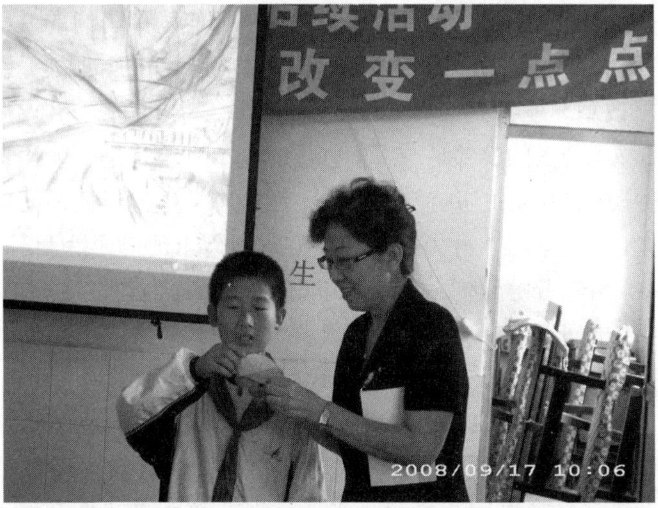

与延庆县花盆村小学生交流

3. 发挥主体作用，掌握良好学法

在过去的教学中我只重视教的过程，忽视学的过程，学生学习的主动性、创造性没得到很好的发展。为了发挥学生的主体作用，我力争使全体学生参与学习的全过程，在课堂上为学生留更多的思考时间和空间，使学生呈现出勤于思考、善于思考、敢于提出问题、善于提出问题的思维状态。尤其是在课堂教学中，我为师生互动、生生互动创造了条件，使每位学生都有较强的求知欲和积极性，对后继学习更有信心。为了使学生掌握良好的学习方法，我采取了自学法、讨论法、操作法、小组合作学习等学习方法，帮助学生学会学习，使之既长知识，又长智慧。

4. 改革考试方法，培养实践能力

教材、教法、学法的改革必然带来考试方法的改革。我认为，测试考查、教学评价要承认学生学习数学的个体差异，要用正面的方法发现和鼓励每一个学生的进步，以利于学生的发展；要通过对学习过程和学习结果的考查，使每一位学生树立学习的信心，提高学习数学的兴趣。我从三方面对改革考试的方法进行探索：一是在考查的内容上，从侧重知识到关注能力(尤其是运用数学知识探索、解决简单生活问题的能力)及对非智力因素的考查；二是在考试形式上，从单纯的笔试转变为笔试、口试、操作、实践等多种形式的考查；三是对评价的手段进行改革。我在课堂上适时、适度地展开生生之间、师生之间的互相评价，满腔热情地鼓励孩子们的一切努力，增强学生的自信心，使每一次考查、评价都成为学生学习道路上的加油站。

5. 深入教学改革，坚持全面育人

小学数学归纳组合法的实验是一项全方位的改革实验，是一项探索以学生发展为本的实践。在教学中，我始终坚持教书育人，注重对学生创新精神的培养和健全人格的发展。我以学生主动学习、潜力开发和多方发展需求的满足为目标，使传递知识、启迪智慧、完善人格三者协调统一。1988 年我撰写的《深入教学改革，坚持全面育人》一文刊登在北京市崇文区教育学会第五届学术年会论文选上，被评为优秀论文一等奖。这篇近两万字的学术论文是对我当时教育思想和教学行为的真实写照。

数学教学不仅要传递知识，更要启迪学生的智慧、完善学生的人格。教学改革实验给课堂教学带来了勃勃生机，学生的负担轻了，学习的兴趣浓了，思维能力也有了明显提高。我正是从教材、教法、学法、考法等方面进行了教学改革的探索，苦练内功，最终走向全面育人。

(二)注重积累

一个想成长、想进步的教师需要不断反思与积累。反思就是对以往教学经验的重新审视和建构的过程。积累就是将真实的课堂教学实践视为重要的教育资源，把自己的所感、所悟及时记录下来，以便开展行动研究，积累经验。

在那个特殊年代，不满 16 周岁的我就匆匆踏上了教育岗位，记得我在当时的日记中曾十分惋惜地写道：当我的一只脚刚刚踏进青春的门槛，另一只脚还流连于做学生的纯真时，我就已经开始承担起育人的重任。小小年纪的我多么希望能在求学的征途上继续学习深造，汲取营养。然而，儿时上大学、当科学家的美梦被无情的现实击碎了。一个“文革”中的初中毕业生可谓先天不足、后天营养不良，怎能担得起教师工作的重任？别无选择，“书山有路勤为径，学海无涯苦作舟”。我对自己约法三章：“要敢于吃别人不愿吃的苦头，要乐于花别人不愿意花的时间，要敢于下别人不愿下的苦功。”在那个“读书无用”的年代，白天我拼命地工作，晚上我发奋地读书。受家庭的影响，我从小就喜欢看书，尤其酷爱文史类和名著。我读过范文澜的《中国通史》，当时能找到的文学名著少得可怜，找到一本后，我像找到宝贝一样爱不释手。我的哥哥也爱读书，《红楼梦》及《家》《春》《秋》等名著成了我们工作之余的阅读物。在“读书无用论”作为主流社会风气的年代里，我悄悄地徘徊在书海里，享受着读书的快乐和幸福。古典诗词我也喜欢，当初亲手抄写的《唐诗三百首》至今还珍藏在我的书柜中。它为我十几年的语文教学奠定了一个较好的基础。

在英国进行学术交流

20 世纪 80 年代初期，由于工作的需要我开始语文、数学教学双肩挑。数学教学对我来说真是一片空白，在教一年级数学前的那个暑假，我找来了 1 ~ 12 册教材，仅用一个假期，就把全套教材所有的例题、思考题及有代表性的练习题全部做了一遍。我查阅了大量的参考资料，虚心向教师们学习，并根据数学知识内在联系整理成知识网状图，整理了厚厚的一大本学习笔记。此时，我已通读和熟悉了一至六年级的全套数学教材。记不清有多少个夜晚，我在台灯下认真演算着数学题，凡是要求学生发散思维、一题多解的题目，我首先从自己做起；遇到数学奥林匹克竞赛辅导中的高难度题目，我就一张张草稿纸地演算，稿纸摞起来比写字台还要高。当时《人民教育》发表的 329 道小学教师自测题，我只用了几个晚上便全部完成。我精心整理了《小题库》《难题辨析》《思维训练》《趣味数学》《教海拾贝》等学习笔记。就这样在较短的时间内我攻下了第一关——教材关，为自己数学素养的提高奠定了基础。

教学改革的实践使我体会到：一位教师仅仅能驾驭教材是远远不够的。教学研究是科学的实践，必须有先进的科学理论做指导。我开始有计划地学习教育科学理论，白天听了北师大教授“智力及其测量”的讲座，晚上我就随笔记下学习心得；学习了《教育心理学》理论，我就试着做小学生学习心理的研究；学习了《教育评价》，我就尝试着在实验班做学生评价改革和考试方法的改革。我认真阅读教育理论书籍，注意从各种教育刊物上捕捉信息，写下了几十万字的学习笔记，至今 20 多本写满密密麻麻的学习体会笔记本和教学随笔还珍藏在我的书柜中。两次喜迁新居，我忍痛割爱扔掉了不少书，唯有发黄的学习笔记本还紧紧地与我相随，我对它情有独钟。它时时告诫我：脚踏实地、厚积薄发、善于学习、重视积累、贵在坚持，在教育教学改革之路上绝无捷径可走。

随着教学改革的深入，我的工作也愈发忙碌。超负荷的工作早已使我没有了 8 小时的概念，但不论工作多忙，我始终保持一个很好的习惯，即年年有目标、月月有计划、周周有安排。每天早上我常常以小时为单位安排好一日工作。我的工作原则是：在做好本职工作的基础上，努力做好社会工作；白天做不完的工作就晚上做；紧急的工作优先做。我早已适应了这种高频率、快节奏的工作生活方式。多年的实践使我逐渐学会了“弹钢琴”——繁杂的工作忙而不乱，井然有序。在教学改革的道路上，我始终以奉献为乐趣，一步一个脚印地去实现自己的诺言——努力做一名学生喜爱的教师。

教学改革的实践使我深深地体会到：人生中许多美好的东西都是从勤奋进取中得到的。当我们把教育教学工作作为一项事业，就会为之奋斗，无怨无悔；当我们把教育教学工作作为一门科学，就会不断地探索，乐此不疲；当我们把教育教学工作作为一种艺术，就会追求更加美好的境界，创造出神奇的效果。

1. 功夫不负有心人，功夫苦练方习得。世上没有捷径可走，一步一个脚印走好自己的路。

2.“用心地读懂儿童，专业地读懂教材，智慧地读懂课堂”是教师基本功的ABC。

3. 教师既要有教育情怀，还要有教学的专业技能。教师要有扎实的专业学识，同时还要拥有教育学、心理学和教学法等理论知识。坚持实践、反思、研究、积累，才可能成为“德艺双馨”的好教师。

四、扎根课堂

课改最终发生在课堂，教师是提高教学质量不可替代的关键人物。

课堂是教师成长的重要阵地，上课是教师必备的基本功。学生在学校学习的主要空间是课堂，教师教书育人的使命也主要是通过课堂教学来完成的。我曾经把自己多年来对课堂的感悟与我的队员们交流过：课堂是我与孩子们共同成长的地方，课堂是我与孩子们结缘的宝地，课堂是我与孩子们生命中的重要经历，我不敢有丝毫的懈怠，唯有敬畏与珍惜。

回顾40余年所走过的教学之路，不管是在一线工作的20余年，还是在教研员岗位上的20余年，我始终坚守并眷恋着我和孩子们的课堂。即便是由于工作需要离开学校来到教研部门，我也未曾离开课堂。我不断地进行教学尝试，尤其是当一线教师在教学中，遇到教学重点、难点问题时，我会和老师们一起思考、一起研究，有时还会带课题亲自走进课堂执教，为教师提供研究讨论的素材资源。回想多年的学校生活，课堂始终是我坚守的阵地，无论多么忙，我从未落下学生的一节课。有时因外出参加教研活动，回到学校后第一件事就是补上这节课。我喜欢上课，孩子们爱上我的数学课，老师们也爱听我的数学课。有的老师对我说，提到小学数学，就会立即想到吴老师。我很高兴能成为大家公认的“从课堂里成长出来的好老师”。

与学生一起交流

清晰记得20世纪80年代中期，我的小学数学归纳组合法的课改实验取得可喜的进展，当时的《光明日报》《北京晚报》《北京电台》等多家媒体先后进行了报道，一时间我走进了大家的视野，大家也走进了我的课堂，那时的我开始小有名气。正是从那时起，我的课堂发生了变化。教室里除了我和学生之外，随时都有来自北京及全国各地的老师们走进我们的教室听课，我的课堂从此变成了“开放的课堂”。从那时候开始，我也养成了面对每天“一日三餐”的常态课都像对待观摩课一样认真准备的习惯，我不敢慢待课堂的每一分钟。我努力备好每一节课，从教学目标的确定、例题的讲解、提问的预设到板书的布局、作业的设计，任何一个环节都不敢放松。而且每节课后，无论上得成功还是失败，我都会把自己的感受、思考记录在我自己命名的《值得回味的一节课》的笔记本上。再次翻开已经发黄的笔记本，我仍能捕捉和体验到当时的感觉，挥之不去。那时没有人告诉我这就是“课后反思”，但是今天看来，那就是当初我这位小老师最朴素、最原生态的自我反思啊。此时，我不禁想起了新教育倡导者朱永新先生的一句话：“作为教师，每天一反思，十年后必成大器。”正是在这一次次课堂摸爬滚打的实践中、一次次课后的自觉反思中，不断加深了我对学生学习的理解、对数学教学的理解。

我庆幸从做小老师时就有了自觉反思的好习惯，正是这样一次次的自觉反思、正是这样一次次的课堂实练，让我不断收获孩子们的追逐与喜爱，让我不断收获老师们的尊重与认可，也让我不断收获自身的进步与成长。

《值得回味的一节课》笔记本中记录着我对一节节课研磨反思的点点滴滴。在上《三角形内角和》一课时，我经历了三次不同的课堂体验，或许能给大家带来一些思考。我以为教师的每一次进步似乎就是从上好每一节课开始的。

第一次执教《三角形内角和》，我以纯讲授的方式展开，将数学课本上“三角形内角和是180°”的结论直接告诉学生，然后安排大量的课堂练习。如“知道∠1 = 100°，∠2 = 30°，求∠3 = (　　)°”。又如，“已知一个直角三角形的一个内角是45°，另一个内角是多少度？”学生练习题完成得很好，正确率很高。

我思考：在这样的课堂里，教师机械地讲，学生只是被动地听，学生难道就是一个知识的容器、做题的机器吗？学生知其然，不知其所以然。

第二次执教《三角形内角和》，我为了向学生解释“三角形内角和是180°”结论的获得过程，增加了直观演示。我亲自将不同的三角形通过量一量、折一折等方式，求出“三角形的内角和是180°”，让学生确认后，接下来仍然是一如既往的练习。

我思考：在这样的课堂里，教师操作演示，学生只是被动地观看过程、记住结论，难道学生自己就没有发现问题吗？学生就不会在亲自的动手操作中获得结论吗？教学中到底还有没有比掌握知识技能更重要的呢？我们将如何改变这种被动的学习状态，激发学生在自主探究中发现“三角形内角和是180°”这一普遍性规律呢？……

第三次执教《三角形内角和》，上课伊始，一个“考考老师”的活动拉开了序幕，课堂顿时活跃起来。学生们纷纷报出自己带来的三角形中任意两个内角的度数，请老师猜一猜第三个角是多少度。（课前我请同学事先准备好各种不同的三角形，分别测量并标示出每个内角的角度。）每次问题的抛出，我的回答都准确无误，同学们愣住了，疑问也由此产生——“我自己带来的三角形，大的、小的、直角的、锐角的、钝角的，老师又没有见到，为什么猜得这样准确呢?”同学们带着疑问走进“三角形内角和到底是多少度?”的发现和探索中。最后学生通过亲自动手实践发现“三角形内角和是180°”这一普遍性规律。探索中有的同学把3个角撕下来重新拼在一起(见图1-3)。有的同学用折纸的方法(见图1-4)，有的同学用量角器测量的方法(见图1-5)，同学们通过观察、操作、测量、计算等不同的方法，得出了“三角形内角和是180°”的结论。有了这个结论，学生很快揭穿了“老师总能猜对”的秘密。

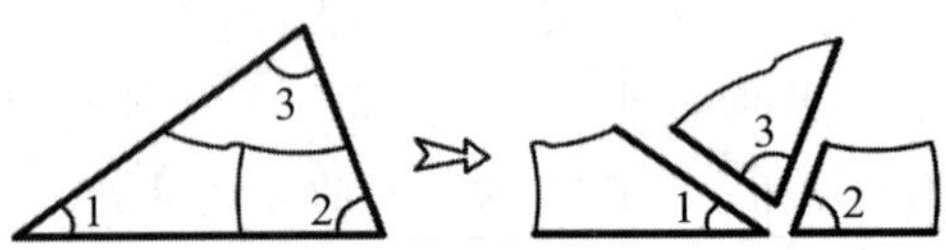

图1-3　撕三角形后拼

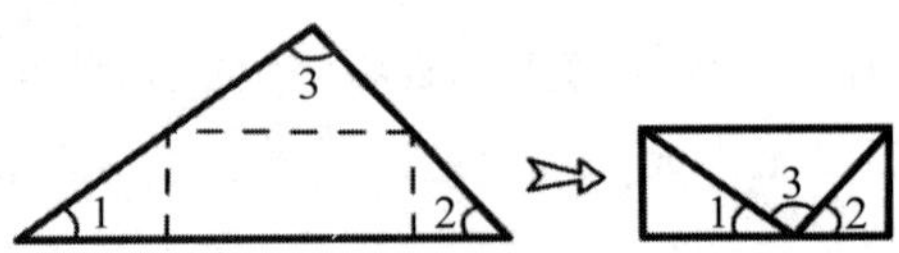

图1-4　折纸

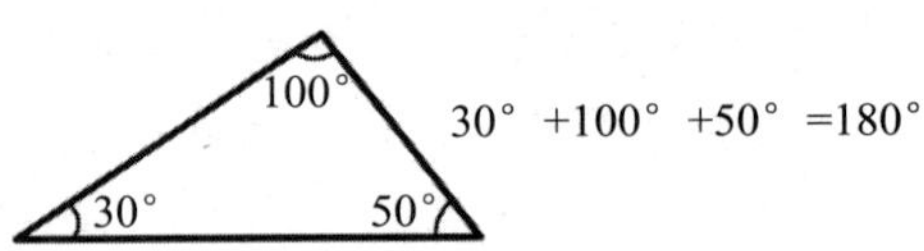

图1-5　量

接下来又是一次“神奇”的感受，“根据三角形内角和是180°，我们能不能推导出四边形、五边形、六边形……一百边形的内角和是多少度呢?”

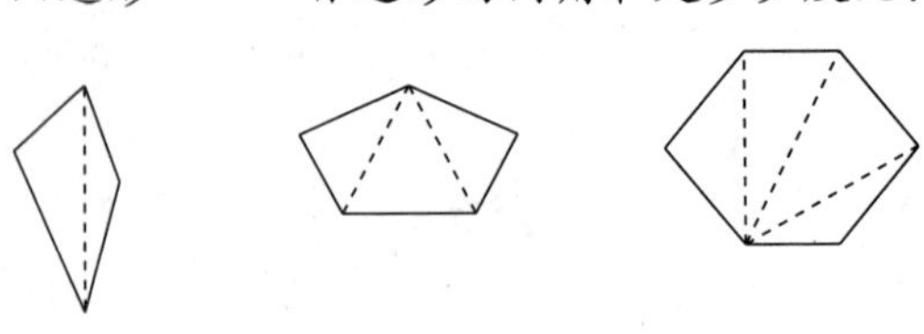

图1-6　多边形

同学们终于发现：多边形内角和等于180°×(边数－2)的规律，在发现规律的过程中同学们感受到了数学的神奇。

我思考：这是一个非常有意义的探索过程，学生对于“三角形内角和是180°”结论的接受并没有困难，关键是经过怎样的探究过程获得这个结论。而在获得这个结论的过程中，学生又有哪些新的获得。我欣喜地看到：学生们通过自己的观察、操作、实践，不断地发现和提出问题，并根据问题进行合情推理，最终获得正确结论。在这样的学习过程中，孩子们获得了解决问题的重要方法，同时为后续学习积累了数学活动经验。特别令人高兴的是，我看到了孩子们继续学习的愿望和学习的自信心，他们自主地提出了一些想要深入研究的问题。

正是在一次次课堂实践中尝试、反思、研磨、再重返课堂，才让我有了对课堂更深刻的认识，我也越发感受到教师的成长离不开课堂，教师的成长需要课堂。

我坚信，好教师一定是热爱课堂且扎根课堂的人；我相信，好教师一定是从课堂的摸爬滚打中历练成长起来的。

1.“纸上得来终觉浅，绝知此事要躬行。”课堂实践、自我体验、自觉反思是教师成长必不可少的经历，“学会反思”是教师成长的必修课程。

2. 教师成长无捷径，教师要耐得住寂寞。做好教师就从上好每一天的“一日三餐”的常态课开始。基本功如同大厦的地基，苦练方习得。

3. 教师的每一点进步是从每一次的自我反思开始的，让反思成为我们自觉的习惯。

悟 道

一、茅塞顿开

清楚地记得，在一个风雪交加的下午，北京崇文区数十位青年教师坐在育锋小学的大教室中静静地等待着中国科学院儿童心理研究所的一位教授来做报告。一位风姿潇洒的女教师走上讲台，黑板上一行醒目的大字跳跃在眼前：儿童心理学与小学数学教学改革。接下来就是这位女教师滔滔不绝的演讲。

青年教师朋友们：

我们教育工作者不仅是青少年的老师，还应该成为他们亲密的朋友。当孩子的内心充满孤独、寂寞和惆怅时，教师应该走近他们、理解他们、善待他们、尊重他们、激励他们。教师不能只关心孩子们的学习，更应关心他们的心理发展。教师要读懂青少年心理这本书，要为学生创设一个心理健康的支持性学习环境。教师要关注孩子们的心理体验、个性发展，建立平等、友好、民主的新型师生关系；要以人文精神去感染学生，和他们手牵手共同走过成长中的欢乐与烦恼……

那是我第一次见到她——著名的心理学专家张梅玲教授。也正是在那次报告中我第一次听到“心理健康”“支持学习的心理”“心理体验”“新型师生关系”“人文精神”这些新名词。我被她娓娓道来的、极富人情味的演讲感动着，不知不觉已经融入了她的报告之中。报告中列举的那么多课堂教学实例不就发生在我们身边吗？我怎么就没想到孩子们的喜怒哀乐会与学习数学连在一起呢？凡事都认真的我扎扎实实地进行了一次自我教学行为的反思。

在过去的课堂中，我面对着不论是勇敢热情、思维活跃、开朗大方的学生，还是性格内向、不善言谈、胆小忧郁的学生，常常是一刀切的统一要求，要求每一个学生按照同样的方法学习数学的概念、法则、定理和公式。学生不得不用死记硬背的方式去背定义、套公式、记题型，为的是共同达到理想的分数线。但课堂上缺少师生之间、生生之间的交流，缺少思维的碰撞、情感的沟通，使学生在数学学习的过程中很难感受到数学的乐趣和魅力，忽视了学生丰富的心理体验。在课堂上我俨然是一个主宰孩子们学习命运的救世主：教材上有什么，我就讲什么；我讲什么，学生就学什么；学生学什么，就得会什么。行间巡视，我睁大眼睛寻找的是哪道题答案正确、哪道题答案有误，就连结果正确中间环节常常少步骤的那几个机灵鬼耍的小花招，也逃不脱我锐利的眼睛。然而，我从来没有用心观察过哪个孩子的脸上流露着惆怅和孤独，哪个孩子的目光里有不安和期待，我走进的是学生的行间，而不是学生的心间。我的头脑中潜藏着这样一种意识：我是数学教师，把 1 + 1 等于 2 的道理讲清楚了，学生会解题了，成绩提高了，教学目的也就达到了。至于学生的喜怒哀乐、学生的心理健康似乎与数学学习关系不大。当时我只是单纯地从知识系统方面评价学生，而忽视了学生心理对人生发展的重大影响。那天晚上的学习笔记中留下了我的思考：教师为什么要读懂青少年心理这本书？青少年心理状态对其一生的发展有什么影响？为什么要提倡建立平等、友好、民主的师生关系？难道教师的微笑也有学问吗？

带着一个个疑问我连续听了有关儿童心理学的系列讲座，茅塞顿开，似有登高远望之感。它使我走进一个崭新的教学层面，我感到拂面而来的是一种属于自由和生命的教改春风，那份久违了的热情再一次在我的生命中燃起。从那时起，我开始用心去感悟孩子们的每一丝变化、用情去激励孩子们的每一点进步，我开始动脑筋、想尽办法、全身心地投入，努力为孩子们创设一个有利于成长的支持性学习环境。当孩子们的学习遇到困难时，我伸出热情的手，帮助他们扫清障碍；当孩子们内心充满孤独和惆怅时，我又走近他们，为他们分担忧愁，成为他们可以倾吐肺腑之言的知心朋友；当孩子们有了点滴进步的时候，我满怀真诚地去欣赏和赞美他们，和他们共同体验成功的快乐。在孩子们的眼中，我再也不是那个只管传道、授业、解惑的“平面教师”，而是一个有血有肉、充满情和爱，能给予他们智慧和力量的“立体教师”。

正是这“茅塞顿开”的经历才使我的教育思想、教学行为开始发生了变化。当初的“小学生学习心理与小学数学”讲座，犹如在把传授知识、培养能力作为教学的主要目标而忽视学生全面发展的社会背景下吹进来的一缕春风，给我带来了一丝春意。虽然我的体会是肤浅的，但它是我今天教育思想形成的基础，为我教学特色的形成给予了关键性的支持。我从过分强调传授知识的系统性、完整性，开始关注学生人格发展的健全性、全面性；从过分强调严格划一的统一要求，开始关注学生的不同需求和个性发展；从偏重知识传授、智力开发，开始注重学生心理健康、情感体验等非智力因素；从偏重课堂教学具体环节的设计，开始注重创设愉悦和谐的课堂氛围。课堂教学的过程不再是单纯的认知过程，学生在教学实践活动中体验着数学知识形成和发展的过程，体验着与伙伴们合作的过程，体验着亲自实践和创造的过程，课堂教学中“认知、体验、实践”这三个层面互相渗透，整合成一个有血有肉充满生机的教学过程。学生在教学活动中充分体验着课堂生活的愉悦，情感、态度及价值观等方面得到了和谐发展。教改实践使我深深体会到现代教师要读懂每一个学生的特殊心理，要真正了解每一个学生的情感、意志、能力、气质、性格等心理特征，尊重他们不同的心理体验。作为现代教师，要用心去感悟青少年的每一丝变化，让每一位青少年都能体会到教师的爱。教师要用真心去抚爱学生、用智慧去启迪学生、用人格去感化学生、用权威去约束学生，使每一个学生不仅有知识，更有思想；不仅有文化，更有品位；不仅有个性，更要有魅力。让每一个学生都能以愉悦的心情经历每一天的新体验、新感受，从而不断丰富和发展健康的个性，促进学生心灵的净化和境界的升华，从而真正成为一个心理健康、学有所长、全面发展的学生。

好一个“茅塞顿开”，让我回味无穷！

1. 人生路上总会在不经意间遇到一些关键人、关键事，你不得不被触动、你不得不被感动，甚至久久不能忘怀……或许就是因为这样的偶遇，会影响你的价值观，使得它在你的一生中都在发酵。

2. 小学教师要学习心理学，它会使你顿悟、开窍。教师不仅需要扎实的教学实践性知识，同时要拥有教育学、心理学、教学法等基础理论知识。

二、走上研究路

我的思绪不知不觉已回到了多年前崇文区第三届教育科研工作的研讨会上，当时我的小学数学课堂教学改革实验论文获得了北京市和崇文区首届教育科研成果一等奖，领导让我在大会上做经验报告，我由此选择了《走上科研路》这个题目。此时此刻，我仿佛又回到了30多年前，20世纪80年代教学改革的风风雨雨又一次冲开了我记忆的闸门，唤起了我的回味与思考。我愿意把这篇大会发言奉献给教师朋友，请您和我一起经历昨天。

在东北师范大学论文答辩会上

当时作为青年教师的我，没有高屋建瓴的理论建树、没有高瞻远瞩的战略眼光、没有超前的理念，但它毕竟是自己探索小学数学教改之路的真实记录，是自己朴素的教育科研思想的真实写照。它记录了我当年是怎样跌跌撞撞地闯到了教育科研的道路上，记录了我这个初出茅庐的丑小鸭是怎样由不自觉到自觉地研究起“大人物”们的专利——教育科研与教学改革。或许多年前的这篇发言稿能引起您思考点什么，或许您能从“我是怎样走上科研道路”的旅程中悟出点什么，那将是我的期盼。

20世纪80年代初期，教育界片面追求升学率的现象十分严重，为了应付考试，校内大搞题海战术，校外作业堆积如山。毕业班形成数学教师、语文教师轮流作战的“二人转”局面。教师劳累过度，学生疲惫不堪……面对这样的现实，我陷入沉思：难道这样就能培养出合格的人才？难道除此之外就找不出其他途径吗？只图分数的提高，不顾学生的身体状况、道德修养和能力的发展，这不仅是对教育的失职，也是对社会、对未来的犯罪。一种强烈的责任感在我心中凝聚起来，我下决心要用自己的努力探索一条适合学生实际、有利于学生发展的教学新路，就这样我很快地投入小学数学改革之中。尽管有了上面的思想基础，但是当时我却天真地认为改革小学数学教学就是减轻学生的负担，将数学知识提前教给学生，比别人先行一步，不曾想过也不曾估量过教育科研理论会对教学改革产生多大的作用。我认为理论研究是科研部门的事，与第一线的小学教师关系不大，所以当初在规划教学改革的蓝图时，我并没有考虑到要用先进的教育科学理论做指导，在自己朦胧的意识中也没有科研的位置。但是，当我在教学改革的道路上蹒跚地向前摸索时，当我遇到了一个又一个难解的问题时，科研理论却神奇般地闯进了我的视野，我自觉不自觉地开始了理论与实践的行动研究。

改革小学数学教学首先开始的是教材改革。为了赶进度，我把下学年的教材刻印成讲义，提前教给学生。我在组合教材中忽视了知识本身的内在联系和学生认知结构这两个基本要点，结果是欲速则不达，学生学习效果欠佳。记得刘梦湘老师对我说："改革教材要用先进的科学理论做指导，辩证唯物主义的观点是重新组合教材的基本思想。"我读了《矛盾论》《实践论》，一条清晰的思路开始在我眼前展开。

按照辩证唯物主义对立统一的规律，不是可以把正比例与反比例、分数乘法与分数除法等知识重新组合在一起进行编排吗？在比较中，学生能明确意义、法则和性质，澄清概念，区分异同，从而潜移默化地受到辩证法的启蒙教育。按照辩证唯物主义"变中有不变，不变中有变"的基本观点，在处理几何知识的教材中，不是可以让学生充分动手操作，把新图形转化成已学过的图形，再根据知识的内在联系推导出新图形的计算公式吗？这样在教学中不仅渗透了辩证法的基本观点，还培养了学生创造性思维的优秀品质。按照辩证唯物主义"透过现象看本质"的基本观点，在数学教学中，我注意引导学生在变化的数学现象中抓住不变的实质，训练学生思维的深刻性和灵活性，使学生受到辩证唯物主义的启蒙教育……就这样，依据数学本身的辩证法、依据数学知识本身固有的联系，"六条龙教学"在科研理论的指导下形成了。实验证明，它符合学生的认知规律，产生了积极的学习效果。

教材改革了，接踵而来的就是如何改革教学方法，难题又一次出现了。

在教学中我经常遇到这样的情况：自认为备得很理想的一节课，学生却不感兴趣，学习效果令人失望。为此，我深深地苦恼过。原因在哪？我百思不得其解。

正在这时，区教研室请来了中国科学院心理研究所张梅玲老师做《心理学与小学数学教学改革》的系列讲座，我顿开茅塞。翻开1986年11月14日的读书笔记，上面记了这样的一段：

我顶着凛冽的寒风，又一次听张老师的学术报告，终于发现了自己教学中的症结所在：课堂上我只重视知识信息的传递，忽视了对师生情感信息的交流，忽视了学生心理健康的培养。学生的心理健康包括认知系统的健康发展、饱满的情感、优良的意志品质、个性的健全发展，而只有注重诸因素的和谐发展才能建立民主、平等、和谐、友好的师生关系，才能使学生在愉快和谐的环境中学习。这不正是自己所欠缺的吗？教学中教师的态度、语言对学生都会产生深刻的影响，一句鼓励的话可以点燃学生求知的欲望，成为学生学习入门的第一块基石；一句不经意的否定，也可能刺伤学生的自尊心，使他们探索上进的心扉永远关闭。教师的态度起着举足轻重的作用。在我渴望得到理论支持的时候，心理学的讲座真可谓是雪中送炭。从那以后，我有意识地在教学中为学生创造良好的心理环境，帮助学生树立起自信心，与学生建立民主、和谐的师生关系。

接下来，我又碰到了一个难题，即如何客观、科学地评价课堂教学。我对教材、教法的同步改革收到了一定成效，但评估方法却缺乏科学的说服力。我不是以平均分高低评价，就是用描述性的语言进行总结性评价。在我迷茫之中，在我需要寻求统计知识的时候，区教科所举办了《智能与测量》的系列讲座。我了解了教育统计学的意义及其在教育理论研究方面和实际工作中的作用。在一位专家的帮助下，我试着搞了实验班与普通班学生的能力测试，用有力的数据、科学的方法评价了实验工作，为教学改革的深入发展提供了科学依据。

不知是出于一种需要，还是尝到了学习理论的甜头，我开始由不自觉到自觉地拿起了教育科学理论的书籍。我仿佛在茫茫的雾海中发现了一支闪亮的航标，它使我找到了前进探索的方向。我读了日本山内光哉教授编著的《学习与教学心理学》，它使我了解了最近教学和学习心理学的研究动态，开阔了我的视野；我读了林崇德先生编著的《智力发展与数学学习》，懂得了教学中如何协调智力与知识、技能的关系，为我在数学教学中如何发展学生的智力提供了理论根据；我读了苏联教育科学院副院长巴班斯基的《教学教育过程最优化问答》，清楚了教学过程最优化的实质和基本内容；我读了苏霍姆林斯基的《给教师的建议》，深深地被他展现在读者面前的生动活泼的事例以及深入浅出的讲解而吸引。苏霍姆林斯基认为学生是学习的主体，而教师则应充当学生脑力劳动的指导者。他正是从这种"主体论"和"指导论"相融合的观点中传导出潺潺有声的溪流——把儿童引向生动活泼的主动发展的道路。用现在的观点看，这不正是我们研究的主导与主体关系的和谐发展吗？不正是我们所提倡的让每位学生都成为学习的主人的教学理论吗？

…………

我就是这样跌跌撞撞地闯到了教育科研的道路上，就是这样由不自觉到自觉地拿起科研理论研究起教学改革。教训与实践给了我深刻的启示：从开始根本没想到科研，到走投无路、逼上梁山；从不懂科研到寻求科研的支持；从不自觉到自觉地参与科研；从零零碎碎的心得体会到一定质量的论文……这一切都证实了：教学改革离不开科研！先进的教育科学理论以神奇之力给教学改革带来了勃勃生机，它为深入教学改革开拓了一个广阔而美好的远景！在教育教学科学研究的道路上，我只是刚刚起步，还有待于今后的不断深入。在前进的道路上，不管遇到怎样的困难，我都会不断探索、反思、前行。

这篇发言稿至今已经多年了，重读它，仿佛又一次经历了昨天。今天我想说：努力做一名科研型的高素质教师，这是现代教师职业的要求，是21世纪教育发展的必然，最后我愿以《基础教育科研方法入门》一书中这段话与老师们共勉："一位教师如果有强烈的教育科研愿望，有读书的习惯、喜欢思考，那么他到处可以看到有用的信息，到处都能发现研究不完的课题，随时都有事情能激活他的思想，使他浮想联翩。到这时候，教育科研已经成为他生命的一部分，他会从中感受到科学生活的质量和乐趣。"

研究让我们的视角更敏锐；研究让我们的认识更深刻；研究让我们的思考更理性；研究让我们的方法更科学；研究让我们的结论更可靠；研究让我们干起工作来更有底气、更有力量。

三、勤于笔耕

记得1986年那个除夕，伴着阵阵爆竹声，我撰写的《注重知识联系，重新组合教材》一文完成了。那时我不知道自己的这篇拙作算不算论文，十分不好意思地把它交给了我的导师刘梦湘老师，请他过目修改。大概是我的真诚与执着感动了他，当时年过半百的刘老师正在忍受着糖尿病的煎熬，每次化验都出现三四个加号，血糖已超过20，日进食量不得超过四两，一米七八的大个子体重只剩下一百二三十斤。在这样的状态下，他一字一句地精心修改，从文章的中心思想到段落的布局、从学术观点的把握到文字的润色，他都一一提出了有价值的参考意见。此篇文章居然在当年《小学数学》刊物上发表了！看到龙飞凤舞的手写体变成了规规矩矩的铅字文，我的心中充满了激动与兴奋，同时也多了几分冷静的思考。做教师可不能仅满足课堂教学技能技巧的提高，不能只做一辈子教书匠，要善于思考、善于总结，要勇敢地向研究型、学者型、专家型的教师努力。从那以后，我更加自觉地学习教育科研理论，边学习、边实践、边总结。我把教学中的点滴体会、课后有感、教学心得等毫无保留地倾吐在笔记本上，此时此刻，抬头可见书柜中已微微发黄的笔记本仍整整齐齐地站成一排。挡不住诱惑，我又一次走进了它，翻开扉页，一行醒目的大字跃然眼前：心求通而自奋也！这句话伴随了我多年的教学生涯。我努力着、思考着、实践着、探索着，很多与我一起工作和生活的人们都说我是一个不知疲倦的人。是的，为了钟爱的事业我乐此不疲。不知多少次听着子夜的钟声敲响，不知感受过多少次宁静夜幕中学习思考的兴奋与激动，不知多少次数以万计的笔记从手尖流过，那小小写字台记下了我的情和爱，记下了我的苦与乐。

《教学有感》《小学数学系统整理》《值得回味的课》《业务学习笔记》《信息交流》《教学小题库》《趣味数学趣谈》《教海拾贝》……这些写满密密麻麻文字的笔记本不知要保留多久，看着眼前这一本本留下了我成长足迹的笔记本，怎能不令我回味、令我兴奋呢？作为小学教师的我，没有在高等学府系统地学习过教育理论和专业知识，但是我知道，一切才学和本领都不是天生的，于是我不懈地努力，我不敢怠慢每一天，抓紧时间向书本学习、向实践学习、向周围的老师们学习。可能是天生的固执和执着，我竟开始拿起了手中的笔，一发而不可收。十几年过去了，凭着几分热情、几分自信、几分执着和几分刻苦，我写出了一篇篇可以登大雅之堂的小文章，我的教改文章、实验报告、学术论文散见在全国多家教学刊物上，《北京教育》《福建教育》《江西教育》《小学数学教师》《小学数学》《陕西教育》《江苏教育》《中小学数学》《小学教育理论与实施》《云南教育》《北京电化教育》《广西教育》《中国小学数学教育》以及《中国教育报》《光明日报》《青年教师导报》等分别刊登了我的文章。近年我又独立完成了近数十万字的专著《吴正宪数学案例与教法》，由人民日报出版社出版发行。

1990 年我撰写的《论小学数学教学中非智力因素培养》一文，在全国数学教学研究会小学第四届年会上交流。1992 年在北京召开的国际数学教育研讨会上，我宣读了自己独立撰写的论文《改革教学方法，重视思维训练》，该论文被译成英文在国内外交流。1997 年我的《创设愉悦和谐的教学环境，促进学生积极主动全面发展》一文在海峡两岸教育教学研讨交流会上宣读。2000 年我撰写的《在小学数学教学中培养学生创新精神》一文获中央教科所优秀论文评比一等奖，并发表在 2000 年《北京教育》首刊中……数不清有多少文章曾发表过、记不清有多少文章曾得到鼓励，不知为什么，直到此刻我仍然沉浸在 30 年前那个除夕充满虔诚而兴奋的感觉中，我仍然拥有 30 年前那样的纯真与执着。

多年的教改实践使我有一个十分深刻的体会：在教学工作中，人人都会产生点点滴滴的体会，或深刻、或肤浅。如果放松，则稍纵即逝；如果稍稍留心，把它记下来，哪怕是肤浅的感悟或缺乏理性的直觉思维，都会带来日后冷静的思考。点点滴滴，积少成多，厚积薄发，拿起手中的笔，善于思考，勤于笔耕，做教学的有心人。

从“只会说”到“也会写”、从“只爱说”到“也爱写”，是一个漫长而艰苦的过程，也是一个从“痛苦”到“幸福”的过程，就看你能不能坚持。

四、博采众长创特色

生活在21世纪，我们都能清醒地认识到，一个国家的兴旺发达绝不是以单纯的经济增长指标作为尺度来衡量的，科教兴国也绝不仅仅是发展科技、丰厚物质，还必须以民族整体素质的提高来衡量。全民族素质的提高关键在教育，教育的本质就在于提高人的素质。教育不仅教会人们去改变环境，以求生存和发展，也要教会人们去改变自我、超越自我，以求自身日臻完善。站在21世纪的起点上，作为一名跨世纪教师，我越发感到时代呼唤高素质的教师，教师自身素质的提高迫在眉睫。一个教师只有善于学习，不断地反思自我、挑战自我、丰富自我，才能提高自身的素质、实现人生的价值、适应时代的发展需要。只有虚心学习、博采众家之长、创自己特色，才能走出一条当代教师的成功之路。

在紧张繁忙的工作中我始终坚持读书学习，教育杂志是我的必读之物；专家的学术报告，我百听不厌；各级骨干教师的培训学习，我更是珍惜；终身学习已成为我生活中不可缺少的一页。

我的书桌上、房间里，有不少关于数学教学的专业书籍：史宁中教授的《数学思想概论：数学中的演绎推理》、郑毓信教授的《数学教育哲学的理论与实践》、马云鹏教授主编的《课程与教学论》……说起自己的专业进步，阅读与阅读后的积极实践是重要的路径。阅读让我每一天的教师生活快乐而充实。对我而言，职业生涯中最幸福的两件事一是教书，二是读书。读书，让我发现了数学教学的哲理与门道，并学会用艺术的形式表达科学的内容；读书，让我静心走进儿童世界并与之心相近、情相连；读书，让我恪守理想始终如一，脚踏实地，厚积薄发，一步一个脚印地前行。

在阅读的同时，我还有幸聆听了诸多专家、学者的教诲，常常有步入教育的智

在英国访问交流

慧王国之感觉。多年来，我有机会参加了北京市教委组织的中青年骨干教师研修班、国家教育部组织的中青年骨干教师国家级培训班。培训班为我们青年教师的成长营造了一个全方位、多视角、高水平、大容量的充电站。研修班高密度、快节奏、多信息的讲课方式，满足了我对专业新知的渴求，多年来百思不解的问题在这里找到了答案。当今学术领域中最活跃、最有影响的教授们的学术报告浓缩了各自研究领域的最新成果，贴近教学实际，充满人格力量和学术魅力。导师中有年过七十且思维敏捷、治学严谨的老教授，也有年富力强、热情奔放、思维活跃的年轻学者。他们讲课的内容不同、风格各异，但是他们实事求是的科学态度、兢兢业业的敬业精神是共同的。他们对 21 世纪教育教学改革的思考给了我深刻的启示。是导师们把我带入了对学科教学更宏观、更深层的认识领域，使我对学科教学的整体设想、课堂教学体系、新的课堂教学结构和模式、学科新课程标准的制定等学科教改最前沿的问题开始了初步的思索。从导师们身上，我不仅学到了教法，更感悟到以人发展为核心的务本求实的教育思想和科研思路。他们不迷信书本，而是从学生实际出发研究学生的学习过程，探索学科教学的规律，在多年教学中形成了自己独特的教学风格。导师们各展所长、各亮绝活，真可谓精英荟萃、名师云集，听后我有豁然开朗之感。在深化教育改革，全面推进素质教育的教学实践中，我努力吸纳前辈名师的有益经验，虚心向全国各地的老师们学习、向身边的同志们学习、向学生们学习，认真总结自己的教学实践，逐步形成自己的教学风格，博采众家之长，创立自己的特色。教学中我以学生发展为本，以促进全体学生全面素质的提高为宗旨，以培养学生的创新精神和实践能力为重点，在小学数学课堂教学中，我积极实行启发式教学，激发学生独立思索和创新意识，在努力建立民主平等师生关系的基础上，为学生创设愉悦和谐的教学氛围，促进学生积极主动全面发展。课堂上常常出现学生学习兴趣浓厚、气氛热烈、思维活跃、爱学善思、乐学会学的动人场面。40 分钟的课堂教学成了师生心灵相互沟通、生生相互交流的充满生机和活力的教学过程。

教学的进步给我带来了两点启示：一是，一位教师要想不断地进步与提高，就必须树立终身学习的理念。作为现代教师要努力争取接受继续教育培训的机会，这是掌握本学科专业学术领域最新知识、取得学术研究成果的途径之一。终身学习所追求的是一个人全面和谐的发展，强调教育、学习是连续不断的自我完善和自我发展的过程。终身学习要贯穿于整个人生，因此要坚持不懈地自觉学习，把生活中的一切空间都作为学习的课堂，否则就无法应付每天纷纷涌来的信息，无法面对日新月异的知识更新和技术革命，无法适应教育工作，更不能轻松地生活。学习是工作和生存的需要。“活到老，学到老”如果当初只是一句时尚的口号，那么今天应成为我们实实在在的行为准则。二是，在众多学术成果面前，在繁杂的教育信息面前，要保持清醒的头脑，博采众家之长，并结合自身实际创出特色，努力走出一条具有特色的现代教师成功之路。

1. 让读书成为一种习惯，让学习伴随始终。三人行必有我师，会学习的人是有智慧的人。

2. 把学习作为一种责任，在输入中内化。博采众家之长，吸取精华，创造属于适合学生终身发展之路。

升 华

作为一名教师，在多年的数学教学实践的反思与探索中，我对儿童观、儿童数学教育观、课堂教学评价观等有了进一步的理解和感悟，并逐步形成了以儿童可持续发展为本的、具有特色的儿童数学教育理念和策略；作为一名教研员，我积极引领教师，助推教师专业发展，努力实现从“一枝独秀”到“春色满园”；作为一名全国人大代表，我积极建言献策、参政议政、认真履职，努力实现从“数学教学”到“数学教育”、从“儿童教育”到“教师教育”、从“小学教师”到“正高级教师”、从“小学课堂”到“人民大会堂”的成长。请您和我一起走进我的成长四部曲吧。

一、从“数学教学”走向“数学教育”

多年的学习和思考使我坚定地认为，数学教学不只是教儿童会计算、会解题、会考试，而兴趣的激发、自信心的建立、智慧的启迪、潜能的激发、人格的影响及理性精神的培养更为重要。数学教学要由单纯的学科教学走向丰富的数学教育，为儿童提供“好吃”又有“营养”的高质量的课堂生活，让儿童在数学学习中，具有真正的“实际获得感”。如何从单一的数学教学走向丰富的数学教育，促进儿童全面发展，我思索着、实践着……

(一) 关注数学教育的育人价值

从单一的数学教学走向丰富的数学教育首先要充分认识儿童数学教育的育人价值，努力挖掘数学教育的育人功能。我认为，数学教育对儿童育人的培养要从三方面去认识，即具有基础价值、思维价值及培育人格的价值。

1. 关注数学教育的基础价值

数学这门学问不仅是“研究数量关系和空间形式的科学”，它还是一种思维方式、一种理性精神、一种科学态度。数学与人类发展和社会进步息息相关，随着现

与学生共同交流

代信息技术的飞速发展，数学更加广泛地应用于社会生产和日常生活的各个方面。数学作为对于客观现象抽象概括而逐渐形成的科学语言与工具，它不仅是自然科学和技术科学的基础，而且在人文科学与社会科学中发挥着越来越大的作用。特别是数学与计算机技术的结合在许多方面直接为社会创造价值，推动了社会生产力的发展。这即是数学的基础价值。

教师应努力引导儿童学好数学，在儿童幼小的心灵中植入“理性精神、科学态度、创新意识及正确的思维方式”的种子，这是数学教育的重要基础工程。

2. 关注数学教育的思维价值

儿童数学学习是一种通识的学习，数学教育重在培养儿童基本的数学素养，为儿童提供基本的数学思维方式，引导儿童学会用数学的眼光观察客观世界，以数学的思维方式分析解决问题，为科学态度的形成等方面打下重要基础。我认为，数学学习不仅仅是知识的获得，更重要的是培养学生的思维能力，使学生掌握学习数学的方法，培养学生数学核心素养及创造性解决实际问题的能力。数学中的比较、分类、归纳、推理、抽象、概括、建模、符号化……培养了人的逻辑思维能力，使人对事物主要的、基本的属性具有准确把握的能力。由此可以看到，数学为人们提供了特有的、具有典范意义的思维方式。这种思维方式对于从事各种职业的公民在工作岗位上获得成功与发展都是重要的智力保障。人们日常工作的思维方式和处理问题的能力不是与生俱来的，而数学在培养人的思维方面有它特殊的地位和不可替代的作用。

关注数学教育的思维价值，培养儿童学习数学的科学方法，我们必须坚守数学教学的规律、坚守儿童数学学习的规律，要善于引导儿童在观察、实验、猜测、推理、验证与交流的数学活动中有机会真正经历“数学化”，获得数学的思想和方法；以数学知识为载体，培养学生思维的深刻性、灵活性、批判性、全面性，使儿童会思考、长智慧。

那么，如何根据儿童的认知规律和思维特点来培养学生的思维能力和思维方式呢？以《乘法分配律》教学为例。

课堂上，我首先引导儿童在熟悉的生活情境中通过信息筛选、整理，提出有效的数学问题，进而用数学算式来表达：

$(3+7)\times 8=3\times 8+7\times 8$

$(15+11)\times 2=15\times 2+11\times 2$

$(60+40)\times 9=60\times 9+40\times 9$

$(13+7)\times 10=13\times 10+7\times 10$

……

发现问题和提出问题的能力是创新思维的基础。在提出的众多问题中，要引导儿童抓住核心问题进行思考和讨论，并留给儿童充分的思考空间，让儿童积极参与，特别是鼓励算法多样化、思考方法多样化；让儿童充分表达，注重儿童“讲数学”，让儿童把自己的思考说出来。充分让儿童“讲”数学是非常重要的，在“讲”的过程中会促进儿童的理解。在这个过程中，儿童会体会到一些重要的思想方法，包括猜想、验证、推理、抽象、概括、建模等。儿童在众多不同情境的问题中会发现共同拥有的重要数学规律，即“两个数的和与一个数相乘，可以先把它们与这个数分别相乘，再相加，结果不变”，这叫乘法分配律。最后在孩子不同的表示方法中不断引导儿童抽象出数学模型、感悟数学建模的过程，与此同时，儿童对“符号化”也有了初步的体验。

$(\bigcirc+\square)\times\triangle=\bigcirc\times\triangle+\square\times\triangle$

$(a+b)\times c=a\times c+b\times c$

尝试、猜想、推理、发现、抽象、概括结论的过程就是儿童体验数学建模的重要过程。这节课以数学建模为主线，一步一步地展开儿童的思维，通过儿童的表达、交流，使儿童的思维得到提升，取得了活跃思维的效果。走进儿童的思维世界，充分与儿童对话、陪伴儿童一起思考、与儿童产生共鸣，课堂上儿童的思维会异常活跃，而且儿童在自主建模的过程中发展了数学思维。由此看到，学习不是教师“一厢情愿”的灌输，而是儿童自己独立思考、合作交流、主动发现的参与过程，也是培养儿童数学思维的过程。这种数学思维的培养可以促进儿童的举一反三、触类旁通。从这个意义上来讲，儿童获得的不仅仅是知识技能，而是拥有了发现和提出问题的乐趣及分析和解决问题的能力。追求数学教育的思维价值与实际应用价值的辩证统一，应该成为儿童数学教育发展的基点。

3. 关注数学教育培育人格的价值

数学教育不仅仅是“1 + 1 = 2”的单纯知识传递过程，它还是一种展示人类理性探索求知精神的潜移默化的教育影响过程、一种数学文化传播的过程、一种完善人格的教育过程。数学教育不仅仅要关注学科的教学功能，还要注意挖掘学科的教育功能。数学教育不是只对题目的对错负责，更要对儿童的全面发展负责，为儿童的后续学习发展积蓄力量负责。在这样的理念支配下，我所追求的就不再是“以分数高低论英雄”，而是要在“保护儿童成长利益”这样一个大目标下处理数学教育中的问题。

我认为，不能把儿童看作接受知识的容器：“我讲，你听；我演示，你观察；孩子似乎是个接受知识的袋子，填满为止。”我们要充分认识到儿童是有情感、有思想、有个性、有差异、有独立人格的人。我们既要把儿童当作大人那样去尊重、去对待，又要把儿童当作小孩子那样去理解、读懂、宽容、善待。尤其是要让学习暂时有困难的儿童能看到前行的亮光和希望，让儿童有自省自悟的空间、有重新跃起的机会。我们要根据儿童的认知规律和数学学科教学规律进行教学，要善于激发儿童对数学学习的喜爱和自信。我们要用心灵去感悟心灵、用人格去影响人格、用智慧去启迪智慧，为儿童可持续发展注入后劲、增添活力、奠定基础。

数学教育是科学，小学数学教育要为儿童将来拥有科学的头脑和理性的思维打好基础，教师要以高尚的人格力量和理性精神去影响、感染儿童。我提出在儿童人格成长中要烙下几颗重重的“数学印”，即“诚实守信、遵守规则、坚守责任、拥有毅力、反思自省”，这是数学教育的重要使命与责任。

数学教育是艺术，要让儿童拥有对数学美好的学习体验，教师要以数学学科的艺术之美去影响、感染儿童。我提出在儿童人格成长中要为儿童留下刻骨铭心的“数学美”，即感受数学“严谨的科学美、辩证的哲理美、神奇的规律美、绝妙的逻辑美、简洁的形式美、一目了然的直观美……”进而唤起儿童对数学学习的信心与期待。

（二）为儿童提供“好吃又有营养”的数学教育

“让每一个孩子都能获得良好的数学教育”是我多年来一直不懈的追求。

什么是良好的数学教育？我认为良好的数学教育不仅要有良好的学习效果，而且要坚守“双重数学教育”的价值取向，让每一位孩子都能享受“好吃又有营养”的学习过程。“有营养的数学教育”就是在儿童数学学习过程中获得终身可持续发展所需要的基础知识、基本技能、基本数学思想和基本活动经验，以及科学的探究态度及解决实际问题的创新能力。“有营养”主要指的是数学学习的内容与资源。“好吃的数学教育”就是把有营养的数学烹调成适合孩子口味的数学、孩子们喜欢的数学、爱学的数学、能学的数学，就是能给孩子们良好感受的数学。“好吃”指的是数学学习的方式和方法。

儿童只有在自己喜爱的方式中、氛围中，才能更有兴趣和自信地学好数学。这就是我一直坚守的儿童数学教育的双重价值取向。因此，教师必须善于改变自己已经习惯了的教学行为，要从儿童立场出发，换位思考，用心走进儿童的内心世界，真正读懂儿童，按照儿童的认知规律教学。在教学中，教师要特别注重对儿童学习兴趣的激发和学习自信的培养，引导儿童学习数学的好奇心和求知欲望，让他们有机会经历刻骨铭心的数学学习过程，拥有对数学学习的良好感受和丰富难忘的数学活动体验，从中获得数学知识技能、数学思想方法及数学活动经验，让儿时的数学学习对儿童一生的发展都产生重要的影响。儿童数学教育观的核心是以促进儿童可持续的发展为本。多年的教学实践探索，形成以下基本观点或叫基本经验，我愿意与大家分享、讨论与共勉。

1. 尊重、理解、善待每一位儿童

尊重、理解、善待每一位儿童，形成正确的儿童观。我的儿童观想来想去就是两点：一是“儿童是活生生的人”。儿童是具有丰富情感、有个性、有独立人格的完整的生命体。因此，教师要尊重儿童、理解儿童、善待儿童，对每一个儿童心存期

待与保护，让每一个儿童都能有尊严地生活在集体中。二是“儿童是发展中的人”，意味着儿童既是“有潜力”的人，但又同时具备“不成熟”的特点。因此，教师要充分相信儿童，要注意开发、挖掘儿童的潜能。儿童自己能做的事情教师不要包办代替，以促进儿童的自我成长，让其在自主探索中培育自信和创新能力；儿童又是未成熟的个体，所以教师要包容、悦纳他们的错误，并善于利用错误资源使之成为促进儿童再发展的新能源。

“儿童数学教育”的核心是尊重、理解与善待。教师要站在儿童的立场去想问题、做事情。我常说：“我们要把儿童当作大人那样去尊重，又要把儿童当作小孩子那样去理解。”“理解与读懂”是“爱与尊重”的基础，儿童教育的核心就是爱和尊重，没有爱就没有教育。爱就是要真诚地走进儿童的内心世界，用童心去感悟童心；爱就是要按照儿童的认知规律和心理需求来实施教学。我们要尊重儿童的人格，有教无类；我们要尊重儿童的个性，因材施教；我们要尊重儿童成长的权力，满足需求。

2. 唤起儿童的兴趣与自信

唤起儿童的兴趣与自信，这是促进儿童进步的真正动力。唤起兴趣是引导儿童学习数学的第一要务。儿童的年龄特点和心理特征决定了他们学习行为的前提是“有趣的我才喜欢学”。可是我们大人常常以成人的眼光审视严谨系统的数学，并以自己多年习惯了的思维方式将数学“成人化”地呈现在儿童面前，课堂上对儿童的“奇思妙想”“异想天开”并没有太在意，忽视了儿童期的心理特点和学习规律，失去了儿童的情趣，影响了儿童创造力的发挥。教师要满腔热情地保护好奇心这颗“火种”，小心翼翼地去呵护儿童的求知欲。教师要关注儿童的情感体验、行为体验，尊重每一个儿童的个性品质，鼓励儿童用自己的方法诠释数学意义。“好吃”的数学可能不那么“严谨系统”，但是只有属于儿童自己的数学才是最美的数学。“好玩”的课堂可能不那么“尽善尽美”，但是只有属于儿童自己的课堂才是最有魅力的课堂。儿童只有获得对学习的积极期待，才会产生丰富的想象力和创造力、产生数学探究的欲望、产生愉悦而富有成效的学习体验，才能形成“想学——爱学——学会——会学”的良性循环。这样的兴趣是儿童持久发展的不竭动力。

3. 引领儿童走进生活中的数学

学习有意义的数学就是引导儿童对于生活中的“数学现象”进行“重新解读”。课程规定的数学知识对小学生来说并不是“全新的知识”，在一定程度上是一种“旧知

他终于笑了

识”。其实，儿童的数学体验早就有了。上学之前，他们跟随父母一起乘车、购物，知道几时起床、几时上学；还知道物体的长短、大小、轻重、形状；搭过积木，拼过七巧板……这些活动与经历使他们获得了数量和几何形体最初步的观念。虽然这些概念或观念可能是非正规的、不系统的、不严格的，甚至还会有错误隐藏其中，但恰恰就是这些亲身体验为他们开始正规学习数学奠定了重要的基础，这些学前积累下来的生活经历会在小学阶段的数学学习中被“重新解读”。比如，学生在学习“年、月、日”之前已经知道“我今年过生日到明年过生日正好是一年”“爸爸这个月领工资到下个月再领工资正好是一个月”，多好的解读！儿童把十分抽象的时间观念通过自己的切身经验活生生地“物化”出来。

在数学学习中，教师要通过身边熟悉的现实生活帮助儿童逐步学会数学地思考，发现和得出数学的结论，感受数学知识的产生和发展过程，使儿童感受到身边处处有数学，激发儿童对数学的亲切感，培养儿童用数学的眼光观察生活的习惯和意识。同时，我们又要引导儿童把学到的数学知识运用到解决生活实际问题中去，引导儿童开展数学实践活动，做到学用结合，使儿童体验数学在实际生活中的价值，从而更加热爱数学学习。

4. 帮助儿童学会观察、思考、交流与表达

数学学习的重要任务之一就是要帮助儿童学会观察、学会思考、学会表达。教师要善于引导儿童在观察、实验、猜测、验证、推理与交流的数学活动中有机会真正经历“数学化”，获得数学思想和方法。教师要以数学知识为载体，培养儿童思维的深刻性、灵活性、批判性、全面性，使儿童会思考、长智慧。

课堂是师生生命重要的交往历程，课堂是师生之间心与心的对话，教师要让儿童有机会发现和提出问题、敢于质疑；教师要善于制造、激发认知冲突，使儿童的思维在跌宕起伏中升华，在解决矛盾的过程中感受智力活动的快乐。教师要充分关注儿童的差异，满足儿童个性化的学习需求，鼓励儿童敢讲话、敢追问，善于对话与交流；鼓励儿童用自己原生态的、甚至有些粗糙的语言诠释对数学意义的理解；鼓励儿童充分表达，让儿童用自己的语言诠释数学的意义，用亲身的体验去感知数学知识的发生、发展，让儿童学会用数学的语言解读已有的生活经验，注重学生“讲数学”，让儿童把自己的思考说出来。学习中，教师要创造民主平等交流的氛围，帮助儿童学会互动与分享，让儿童的语言、思维、动作在交流分享中得到更丰富的体验，使“板着面孔”的严肃数学变得有趣而鲜活；使“抽象乏味”的学习变得“好吃又有营养”；使“一言堂”的数学课堂变成师生互动交流的“群言堂”。在课堂中发挥儿童的主体作用，促进儿童积极主动地学习，让儿童在学习活动中互为资源、互相影响、共同成长。

数学是科学，要让儿童拥有科学素养、理性精神；数学是艺术，要让儿童拥有对数学丰富的体验，让数学之美——严谨的科学美、辩证的哲理美、神奇的规律美、绝妙的逻辑美、简洁的形式美、一目了然的直观美……在儿童的童年记忆中刻骨铭心，进而唤起儿童对数学学习的信心与美好的期待，让儿童以简单、科学的方式走进数学、爱上数学，让儿童满怀信心地走进一个充满好奇的数学世界。

1.“教书育人”是教育的本质，是教师的第一要务，我们要做心中有人的教育——心里装着儿童，做温暖的教师，做智慧的教育。

2. 为儿童提供“好吃又有营养”的数学教育。数学教育有着独特的育人价值，在孩子们童年的数学学习中会埋下“理性精神”与“科学思维”的种子，为日后的生根、开花、结果奠定基础。

二、从“儿童教育”走向“教师教育”

40余年的时光匆匆流过，时光荏苒。静心回首，从事“儿童教育”与“教师教育”的时间大约各占我教育生涯的二分之一，它在我的教师职业生涯烙下了难以忘怀的痕迹。在40余年的时间里发生了哪些值得记忆的故事？在这些故事的背后带给我怎样的触动与思考？我是怎样由一名以“传道、授业、解惑”的“平面教师”转变为引导学生感受美好数学世界、激励他们努力学习、全面发展的“立体教师”？又是怎样从“师徒结对一带一”的常规教研模式发展到实践“团队互动研修”机制，引导教师群体在承担富有挑战性任务过程中发展专业能力？此时在这里回顾自身专业发展历程，盘点专业成长中的关键事件，总结“一位从事数学学科教学的基层教师到从事教师专业发展研究的教研员”工作的重要节点，反刍实践探索带来的思考，分享成长中的故事，或许对教育工作者来说也是一种启迪。

从“儿童教育”到“教师教育”，我就这样一路走来。愿与您共同分享……

(一)最初的追求：做孩子们喜爱的教师

多年的教育生涯，使我深深地感到要做温暖的教育。温暖可以激发儿童内心的成长力量，可以让教育蓬勃而拥有生机。我努力让自己的教育温暖而拥有力量，努力做孩子们喜爱的老师。

回首自己的教师职业生涯，屈指一算已经40余载。我教过语文、数学，做过多年的班主任，一直从事最基础的儿童教育工作。如今我在北京教科院做数学教研员，也没有离开课堂。我珍惜与儿童在一起的时光，喜欢观察他们追逐嬉闹、学习思考的样子；乐意和他们敞开心扉，天南地北，竹筒倒豆；愿意与他们一起慢慢分享成长过程中的喜怒哀乐。和儿童在一起，你会发现儿童成长是有共性的，同时你还会强烈地感受到每个儿童成长状态又是不一样的，都是独一无二的。因此做教师每天的感觉是不同的，只要你用心，每天你都会有欣喜的发现，尽管学习困难的儿童也会让你有一筹莫展、不知所措的时候，但会让你有面临新问题、新追问、新思考的机会。这种充满挑战的教育工作，会让你的生命充实而有意义。和儿童在一起，真

做儿童真诚的朋友

的会让慢慢变老的你还觉得自己很年轻；和儿童在一起，真的会让本来平淡的生活，变得丰富多彩、有滋有味。

说儿童数学教育的感受、谈儿童数学教育的思考、论儿童数学教育的实践，我不得不对曾经的教学经历做个交代，因为我的儿童数学教育理念与实践的形成正是从这里起步。我也正是在长期的教学实践中，在与儿童朝夕相处的日子中慢慢形成了具有本土特色的儿童观、儿童数学教育观及课堂教学特色。我把自己的成长经历分为以下四个阶段。

第一阶段：1980 年后，我开始了"小学数学归纳组合法"的教学实验。这项实验，涉及教材、教法、学法、考法等多方面。此项实验从教材改革入手大胆地改变了教材的编排体系，根据知识的内在联系和学生的认知规律，整体把握教材结构，重新组合成六个知识模块进行系统教学(简称"六条龙"教学)。教材的改革必然带来教法、学法、考法的全方位改革。特别是考法改革，它虽然不能改变当时"一张考卷定终身"的大环境，但毕竟使班级小环境出现晴天。特别欣慰的是，20 世纪 80 年代中末期，我在教育刊物上连续发表五篇"小学数学归纳组合法"系列实验报告和学术论文，较系统地将数学教学改革情况进行了梳理和总结，详细地记录了教改实验全过程。我从哲学的视角审视数学教学，以数学与哲学的紧密联系，阐述了辩证唯物主义观点下的教学变化。从关注局部，到更多地关注数学的“通性、通法”，从而引导学生更加深刻地认识数学本质。该实验在当时的教育界引起了不小的反响。中央教科所、北京师范大学、中国科学院儿童心理研究所、北京市教育局等十个单位有关专家对此进行了鉴定。同时该实验荣获北京市首届教育科研成果奖。今天回顾起这段改革的经历，我仍倍感珍惜。

第二阶段：1990 年后，我第一次勇敢地提出了“传授知识、启迪智慧、完善人格”（很庆幸这段文字历史性地被载入我当时出版的教育丛书扉页上）三位一体的数学教学目标。这与国家 2001 年新课程标准中提倡的三维目标相吻合。

多年的数学教学的实践使我越发地感觉到，在学习过程中每一个儿童都会表现出不同的生命状态。我开始了对数学教学的价值的追问：数学学习为哪般？即如何定位数学教学目标。叶澜教授课堂教学生命学说，令我感慨万分；中科院著名儿童心理学专家张梅玲教授儿童心理学与数学学习改革的论述，让我茅塞顿开。从这一刻开始，看课堂、谈教育、论学生，我多了“生命”的视角和“心理”的维度。我认识到：数学学习对于孩子是个重要的人生经历，我们要为其能成为合格的社会公民，为其一生可持续发展奠定好基础。因此数学教学给予学生的不仅仅是知识，还有获得知识的方法、策略与智慧，同时更重要的是健全人格、良好道德品性的培养。数学教学不是只对题目的对错负责，更要对学生的全面发展负责，为学生的后续学习发展积蓄力量负责。在这样的理念支配下，我所追求的就不再是“以分数高低论英雄”，而是要在“保护学生成长利益”这样一个大目标下处理数学教学中的问题。从此，我开始了实践多元教学目标的有益探索，我的课堂悄悄地发生了变化，开始出现了学生兴趣浓厚，思维活跃，爱学、会学、善学的感人场面。

第三阶段：2000 年后，我清晰了“好吃又有营养”的儿童数学教学的主张。国家新一轮课程改革的到来，又一次燃起了我教学改革的热情。我从儿童心理发展需求和认知规律的视角重新审视小学数学教学。从那个时候开始，在我脑子里“小学数学教学”被“儿童数学教学”取代了。“儿童”从那个时刻走入了我的心中，且越走越深……它时刻提醒着我，我们的服务对象不是一般意义的学生，而是极具特点的儿童。儿童需要拥有“含金量”的数学知识，儿童更需要以“切合度”的方式来开展学习活动。也就是从那个时候起，“学习内容与学习方式”双重的价值取向成为缺一不可的教学关注点。为儿童提供“有营养”的数学教学，就要选择有价值且丰富的学习资源。要坚守数学发展规律，坚守儿童学习规律。“有营养”的数学教学，教师首先要读懂数学，读懂教材，抓住数学的本质进行教学，为基础知识定准位，打好桩。为儿童提供“好吃”的数学教学，就要关注儿童的心理需求，遵循儿童的年龄特点，创设好玩、又有意思的学习情景，设计儿童喜爱的数学活动。二者有机结合，使有意义的数学变得有意思，使有意思的数学活动变得有意义。

第四阶段：2010 年后，我明确了“从数学教学走向数学教育”的教育理念。随着课程改革逐步走入深水区，我越发进入了更加理性的思考阶段。我再一次叩问教育的本质，再一次追问数学教育的价值。此时的我陷入了深深的思考……慢慢地，慢慢地，一个鲜明的思路强烈地呈现在我面前——“立德树人、聚焦核心素养的培育”是教育之本，是教育之魂！它必须成为教育工作的出发点与最终归宿。从数学教学走向数学教育系列文章连续发表在《光明日报》上，引起了良好的社会反响。此时的我对儿童数学教育价值有了更深刻的理解和感悟。我继而再追问“如何在具体的数学学科教学中落实立德树人、培育核心素养？”慢慢地，慢慢地，一个清晰的思路又一次强烈地呈现在我面前——用心挖掘数学教学中的育人潜能。数学教育是一种人类理性探索求知精神的潜移默化的影响过程，是一种数学文化传承的过程，是一种完善人格的教育过程。我首次提出了“在儿童人格成长中烙下五颗数学的印”，即“诚实守信、遵守规则、坚守责任、拥有毅力、反思自省”。让数学学习的过程成为健全人格完善与核心素养培育的过程，真正实现立德树人。

回顾自己 40 年的教学实践经历，儿童数学教育已深深地扎根在我心中，在我心中儿童数学教育已经不仅仅是“研究数量关系和空间形式”的一门科学，它还是一种理性精神，一种科学态度，一种文化传承，一种思维方式，一种交流语言，一种特殊工具。因此可以说，儿童数学教育就是教书育人的重要过程。

我认为，儿童数学教育由三个要素组合而成，即：儿童、数学、儿童数学教育。它自然构架起一个立体坐标系（见下图 1-7）。

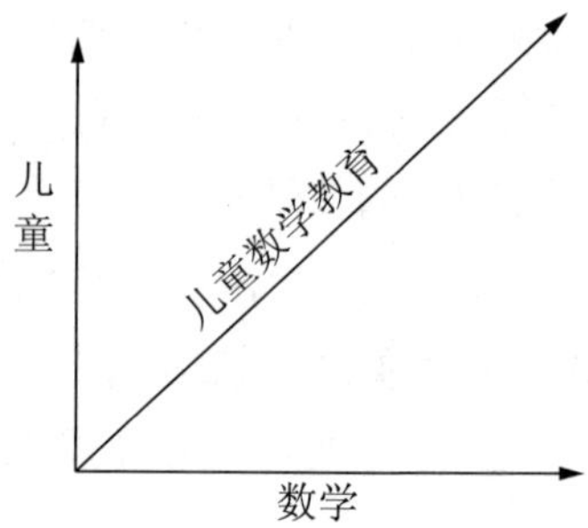

图 1-7 立体坐标系

在儿童数学教育构架起的立体坐标系中，顶天立地的纵轴上清晰地书写着——“儿童”。它提醒我们，关注儿童是教育工作的关键。我们要把握儿童的认知特点和学习规律，坚持全面育人——这不仅仅包括“知识技能”“认知风格”“思维水平”的维度，也涵盖了“情感、态度、价值观”层面。关注“儿童”，才不会只关注知识本身，而忽略其他，才不会陷入学科本位。

坐标系中向右伸展出去的横轴上清晰地书写着——“数学”。它提醒我们，关注数学是我们学科独有的重要任务，无法替代。只有关注数学、研究数学规律、把握数学本质，才不会使教学偏离数学的轨道，让儿童拥有数学视角与数学思维，为教学注入数学的科学元素，不违背数学的初衷。

坐标系中支撑它从“平面”走向“立体”的关键轴上清晰地书写着——“儿童数学教育”。它提醒我们所从事的是儿童教育，教育是人与人的理解与沟通，教育是人与人的相互影响，因此教书育人是教育工作者的重要使命。“数学教育”是用恰当的方式让儿童感受数学学习的意义和价值，体会数学知识的广泛应用，感受数学思维独特的魅力，从而爱学数学、善学数学、会学数学，为将来高质量地工作和生活打下基础。

因此，作为小学数学教师，一是要理解儿童，研究儿童学习规律；二是要理解数学，研究数学本质属性；三是要理解数学教育，研究数学教育的规律。只有在理解和研究儿童的基础上，才能更好地理解和研究儿童数学教育。

1. 儿童观

“儿童数学教育”的核心是尊重、理解与善待。教师要站在儿童的立场去想问题、做事情。我们要尊重每一位儿童的人格，有教无类是大爱；我们要尊重每一位儿童的个性，因材施教是智慧；总之，好老师一定要懂得尊重每一位儿童成长的权力，这才是儿童教育的真谛！我的“儿童观”，想来想去就两句话：

一是“儿童是活生生的人”。我认为儿童是具有丰富情感、有个性、有独立人格的完整的生命体。因此，教师要尊重儿童、理解儿童、善待儿童、学会对每一个儿童心存期待，让每一个儿童都能有尊严地生活在集体中。儿童是一个个等待点燃且充满能量的火把，这火把一旦被点燃，将发出耀眼的异彩，闪现出夺目的光辉。所以我们要给孩子机会，等待孩子成长。

二是“儿童是发展中的人”。我认为儿童既是“有潜力”的，同时又具备“不成熟”的鲜明特点。每个孩子带着各自的生活经验，带着各自的兴趣爱好，带着属于他们自己的个性来到学校。每个孩子都有可能将自己发展的“潜力”变成“现实”。因此，教师要充分相信儿童，开发儿童的潜能，儿童自己能做的事情教师不要包办代替，让其在自主探索中培育自信和创新能力，促进儿童的自我成长。儿童是未成熟的个体，所以教师要包容、悦纳儿童的错误，并善于利用错误资源，使之成为促进儿童进步的新能源。自信心对一个人的成长来说至关重要。只有自信，才能使一个人的潜能、智慧、才干发挥出来，才能成长为更好的自己。

2. 儿童数学教育观

作为一名小学数学教师，多年来我一直没有停止这样的思考：儿童需要学习什么样的数学？儿童喜欢以什么样的方式学数学？通过数学学习，儿童到底应该从中获得什么？在不断的思考与实践中，我的儿童数学教育观不断清晰。

寻求创造儿童喜爱的教学教育的途径——“读懂儿童，读懂数学，读懂课堂”。

创造儿童喜爱的数学学习是数学教育的价值追求，实现这种价值追求的途径要回归到儿童、数学和教材中来。我在实践探索中深刻领悟到儿童是具有学习潜力的，但儿童是未成年人，其知识储备、自我意识和行为自觉性都不完备，需要教师恰当引导，而不是包办代替。学生具备成人所有的被尊重、被关爱、求知、审美和自我价值追求的合理需求，数学教学中应给予满足，为完善儿童喜爱数学奠定坚实基础。通过读懂数学和教材，利用一组组环环相扣又逐步提升的“问题串”将学生的主体探究的欲望充分激发出来，达到儿童喜爱数学教育的美妙效果。

确立儿童数学教育的目标——传递知识、启迪智慧、完善人格。

教师要站在为儿童一生幸福奠基的高度，确立数学教育要培养儿童知识、智慧和人格的三维目标，做到传递知识是基础，启迪智慧是保障，完善人格是目标。让儿童从小学会做人，在三维目标的引导下造就具有可持续发展的时代新人。在数学教学实践中，教师应该通过提问、设疑、辩论等方法启迪学生的智慧，通过一次次意味深长的数学应用、一次次相互的欣赏与质疑来完善和发展儿童的人格，促进儿童的全面发展。

提供儿童喜欢的数学——“好吃又有营养”的儿童数学教育。

经过长期的实践探索和理论思考，我形成了提供给儿童“好吃又有营养”的儿童数学教育思想。“有营养”的数学教育就是在学生学习数学知识的过程中获得终身可持续发展所需要的基本知识、基本技能、基本的数学思想方法、基本的数学活动经验、科学的探究态度及解决实际问题的创新能力。“有营养”就是要关注学生知识的学习，学生学习能力的培养，使学生掌握必要的学习内容，保证学生可持续发展的能力。“好吃”的数学教育就是把有营养的数学烹调成适合孩子口味的数学，就是孩子们喜欢的数学、爱学的数学、乐学的数学、能学的数学。“好吃”指的是教学手段和方法，教师要运用符合学生年龄特点的方法和手段，使孩子快乐地学习。

在数学教学中，教师要激发学生对数学学习的兴趣。创设符合学生年龄特点，满足学生发展需求的课堂，使学生体验到学习数学的快乐。数学教育不仅是传授知识，更要启迪智慧，完善人格，使学生成为全面发展的人。

我认为教师有责任创设儿童学习的生态环境，激发他们对于学习的兴趣，引导他们在“好吃”中享受“有营养”的数学。经验表明，高质量的数学教育就是引导孩子在童年学习中充满好奇与求知欲，让他们拥有对数学学习的良好感受和丰富难忘的数学活动体验，经历刻骨铭心的数学学习过程，从中获得数学知识技能，数学思想和方法，有滋有味地学数学、做数学，并应用逐步养成的数学思维来认识和解决学习与生活中的实际问题。

（二）做基层教师专业发展的促进者

1994 年初秋，我告别了 25 年的小学教师生活，离开了“三尺讲台”，开始了教师职业生涯中的又一个新的岗位——教研员。“教研员是什么?”有人称教研员为教师的教师，我则认为教研员应该成为教师的朋友，与志同道合的教师们一起做教育路上的追梦人。

时光荏苒，数十年匆匆流过。静心回首，从事“儿童教育”与“教师教育”的时间大约各占我教育生涯的二分之一。短暂又漫长的教研工作实践给我留下了太多的思考。我是怎样从一个常规的教研指导(尽管有时也亲自“下水”，收了不少徒弟的“老师的老师”)，到“潜心研究、专业指导、自觉服务”的“资源型老师”呢？我又是如何从“独燕行”到“群燕飞”，引领团队互动研修，共同进步，创设了独具特色的团队群体研修文化并获得了教育行政部门与基层学校的认可呢？

1.“以我为准”，传授经验

1994 年 9 月，我带着对教研员工作的憧憬在崇文区小学数学教研室开始了新的专业尝试。我谨记前辈的教诲，将自己在长期教育教学实践中积累的经验及对教材的理解、课堂教学的感悟等，用一场场讲座、报告的方式传授给一线教师。我深知每一次教研活动都是教研员向基层传递教育理念和教学技术的重要窗口，从来不敢懈怠，每次都做好充分的准备。台上的我喋喋不休地讲，台下的教师刷刷刷不停地记，时常也组织一些现场观摩课、研究课，课后专家点评。我自己也时常亲自为基层教师做一些“观摩课”，也拥有了不少一线教师的“粉丝”，带起了一个个徒弟。就这样年复一年、日复一日地做课、评课、做报告、教材介绍，教研员的日子过得还满足。

2002 年 8 月，我因工作需要调入北京教育科学院基础教育教学研究中心任小学数学室教研员。一次入职谈话引发了我对教研工作的新思考。没想到报到的当天我却被当时主管基础教育的副院长张铁道博士的话问住了：“我看了你的《我与小学数学》这本书，知道你在长期的教育教学实践中积累了丰富的教学经验。但是如何将你的个体经验升华为可供其他一线教师借鉴的教学策略呢？怎样才能将优秀教师的经验转化为广大教师的教学行为呢？如何帮助基层教师有效地解决他们在课堂实践中遇到的困惑问题呢？怎样的教研活动才能促进教师特别是广大农村教师执教能力的提高呢?”一连串的问题令我不知所措，真的还没有来得及细细思量。

回想自己几年的教研员经历：不就是介绍介绍教材，帮助老师备备课，评评课，做个学术报告吗？教研员的工作价值还可以挖潜吗？教研员该如何尊重教师个体的教学实践，引导同伴互动研修，共同分享同伴的经验？教研员又该如何将优秀教师的教育教学经验转化为一线教师可借鉴的教学策略？教研员又该组织哪些有效的教师研修方式促进一线教师执教能力的提升？特别是广大农村教师到底需要什么样的帮助？他们在个人专业成长的道路上到底遇到了哪些困难？尤其是在推进新课程改革的今天，教研员该怎样与一线教师一起尽快上路同行，有效落实促进学生全面发展的课程目标？

我在不断地追问，不断地思考……

2. 以真实课堂为资源的互动式研修

如何有效地开展教研，如何帮助教师理解先进的理念并转化为教学实践，使教研活动成为教师教和学生学的促进者？如何使教研的设计者也在活动过程中进一步成长……这些问题在我的脑海中并不是一开始就了然于心的，我在实践中努力地寻找着答案。

一次让学生敞开心扉的研修活动

2003 年初春，我们在崇文区培新小学的一次现场教研活动又一次触动了我对“教师培训”的再认识。

清晰地记得那天下午，当我带着三年级同学以“平均数”为主题的现场课堂教学，在全场热烈的掌声中结束了“观摩课”后，按程序随后该是专家点评与学术报告。没想到应邀到会的张铁道博士拿起话筒走向学生，说：“同学们，你们说今天

你来说，我来听！

吴老师这堂课好不好?”“好!”意犹未尽的同学们齐声响亮地回答。“今天这节课留给你们最难忘的印象是什么?”孩子们的倾诉愿望被激发上来，一双双小手高高举起：吴老师很“亲切”“和蔼”“有耐心”“会启发”“幽默”“懂我们”……

在场老师们又一次以热烈掌声谢过了同学。张铁道博士转身向大家意味深长地说：“各位，同学们显然学会了平均数。但是吴老师的教学带给他们的为什么却是情感体验呢?”

现场的老师见状开始议论起来，不少人在交头接耳，大家有些按捺不住了。一位老师抢过话筒有感而发：“孩子们喜欢的老师，我做到了吗?”“孩子需要的数学学习，我创设了吗?”……怎样才能做一名好老师的讨论从学生的课后访谈开始了。一个鲜明的主题凸显出来，那就是教师的学科素养与人文关怀能力同样重要！由此引发了全场教师的再思考……教研活动结束了，老师们却久久没有离去，还沉浸在热烈的讨论之中……

承担研究观摩课教学对于我是经常的任务。但这一次由于同学交流亲身体验而来的全新感觉深深地触动了我们每一个人。活动结束后我的心情久久不能平静，这样的教研场面和效果不正是我所期盼的吗？这里不再是培训者的一言堂，而是师生智慧的共享；这里不再是单向的传输，而是多向的互动；这里不再是简单被动的接受，而是研修过程中的资源分享。“教师需要什么样的研修活动?”“怎样的研修方式才能触动教师的主动反思和自我主动的发展需求?”那一刻我豁然开朗，在培训活动中不仅仅培训者是资源，学生和教师都可以成为课堂教学体验基础上开展有意义教学研究的重要资源。

“课后学生的现场访谈”如同在平静的湖面上投下了一块石头，引起了阵阵涟漪，久久没能散去……它深深地触动了教师心灵深处的对数学教育价值的再反思、再思考。这也让我思考，什么样的教研方式和内容教师才更有收获？怎样构建有效的教研？我意识到，学生用自己亲身的体验感受着我们课堂的价值，通过倾听学生真实的声音，切身感受着学生的需要，有助于促使教师客观评价自己的课堂实践。同时，让学生体验介入教学研究不仅可以从中获得有价值的反馈，而且也是一种有意义的视角引导，以使教师形成一种关注学生、读懂学生的思维方式，更为重要的是这种影响力还将延伸到他们的日常教学。正因为如此，一个鲜明的教研思路开始酝酿，我利用教学现场的学生和教师作为教师研修的重要资源，来提升教研活动的有效性。课后学生访谈从此就成为我们教师研修活动中的一项必不可少的重要环节。

一次满足教师专业发展需求的教研活动

如果说培新小学课后访谈的互动式研修活动带给我们意外的收获的话，那么，接下来我们就开始了有计划地策划燕山地区的教师互动研修活动，开始了从“教师培训”到“教师研修”的转变。

转过年的又一个春天，我们应燕山区教委邀请，策划了一场由中小学各科教师、校长全员参与的现场互动研修。研修活动以我的一节三年级《估算》现场课拉开帷幕，课后的学生现场访谈精彩不断。不仅是主持人发问，场内的所有老师都可以对学生现场采访。主持人将学生的感悟分门别类地进行板书。

接下来，是教师、校长的分组讨论。热烈的讨论中大家不约而同地把目光聚焦到了同一个主题：“如何做一个孩子们喜爱的好教师？”大家不仅把我的课堂教学作为重要的研究讨论资源，特别是通过现场对学生的访谈获得的学生感受、学生需求给了现场教师深深的触动。“教师应具备什么样的素质与教学能力？”“如何让学生享受‘好吃又有营养’的高质量的课堂生活？”“如何进行有效的数学教学设计和实施？”……问题一发而不可收。

教师们内在的专业发展需求被激发出来，大家做了一次自觉地“个人教学实践”的自我反思。教师们将自己往日的课堂教学与现场课堂进行比较，并从现场学生访谈拨出了弦外音“学生告诉我怎样做教师”。活动结束后竟有10万字之多的教师研修体会破茧而出。燕山教委教研中心及时将教师体会收集成册，有的还发表在全国的教育刊物上。下面我们撷取几位教师的感受和大家分享。

——参加了今天的教研活动，与其说观摩了吴正宪老师的一节课，不如说经历了一场心智交流的生动体验。一节课下来，心里觉得暖暖的，不免对这次活动的主题“如何做一名优秀的数学教师”有了深深的思考。思来想去，总觉得好的数学老师应该是一个火把。吴老师，就是一个激情燃烧的火把，她不仅燃起了听课老师心中的一堆火，也燃起了孩子们心中的一堆火。

燕山向阳小学　石丽君

——今天的教研活动引发了我的思考，什么是一节好的数学课，从吴老师的课

和团员们在一起研讨

堂上我总结出好课要有个性，有思想，不盲从，不渲染，要从学生的实际出发，帮助学生学会思考，培养学生的数学核心素养，让学生在数学思考中获得成功的快乐。这正是体现了吴老师高超的教学艺术和人格魅力。

向阳前进中学　孙卫

此次，有组织、有策划的燕山教研活动让我们欣喜地看到：大家不只停留在所谓名师、名课的欣赏和感动中，而是以“名师”“现场学生访谈”作为研究性资源，进行着建构型学习，形成了“学习——反思——实践——再学习——再实践”的良性循环，构建了“互为资源”的教师研修模式。就是从那一刻开始“教师互动研修”成为我们教研活动的主要方式。我们开始了从比较单一的“教师培训”向多层面的“教师互动研修”的转变。

实践使我认识到，一次有意义的教研活动要做到：

第一，教研员要有资源意识，要把教师和学生作为重要的研修资源。我们坚信每个教师都具有教学知识、能力、经验等方面的资源价值。要倡导同伴研修，主张建立人人平等、民主和谐、资源互补、相互学习、共同分享的研修文化，鼓励教师以同伴研修的方式进行资源建构，使个体的教学经验升华为群体的专业资源，从而有效地增强教师团队的教学专业能力。

第二，要满足教师的需求，解决教师在实践中的问题。研修活动的主题要来源于教师在实践中的困惑，来自基层教师真实的问题，要满足教师真实情境中的体验。

第三，要进行活动干预，开展连续跟进性的研修。教研要通过有后劲的、连续性的行为干预，提升教师自我专业发展的自觉性，形成良性循环。这样我们的教研活动才是有力量的，才是打动人心的研修。

3. 构建以能力建设为主线的团队研修机制

多年的教研员工作，我的足迹遍布北京各个区县，尤其是地处偏远的延庆、怀柔、门头沟、密云等山区，都有我组织的教研活动的现场。我所带的徒弟也分布在北京山区的各个角落。我们通过各种形式传递经验、分享感悟、交流困惑。然而一次意外的调研，让我对教研工作有了新思考，也促使着我从“师带徒”向“团队研修”转变。下面这个故事与大家分享。

与团员们交流

双师同堂的故事

2007 年深秋，我带领着团队教师来到了北京市延庆县，在这里进行了一场以“问题解决”为主线的提高小学数学课堂实效性的主题研修活动。研讨会，教师们热情地交流着听课的感受体会，听了专家的报告，观看优秀教师的课堂教学，大家兴奋不已。这时一位青年教师提出了长期困扰自己的问题：“今天的听课很过瘾，我们被富有生命活力的课堂打动着，心情特别激动。但是，不知为什么，当我们回到自己的课堂还是不知所措，面对课堂实践却往往难以得心应手！”延庆县教研室领导顺势向我们团队再次提出“为了解决这些问题，还是再帮我们带几个徒弟吧。”

回来的路上我一直在想：“要想真正满足广大农村教师提高课堂教学执教能力的普遍需求，仅靠带几个徒弟、结几个对子就能解决问题吗?”在讨论中我们逐渐认识到：教师专业发展的基础首先来自教师自己的职业经验积累。要充分尊重教师个体的实践经验，帮助教师积累总结提升教学实践性知识。要突破师徒结对的模式，引领每位教师主动参与基于课例设计的互动研修活动。我们决定从农村教师在课堂实践中遇到的实际问题出发，在原生态课和教研员引导课之间开展比较，引导一线教师通过比较开展深入的自我反思、同伴研究与集体建构性的学习，帮助教师在比较中重新认识自己、重新认识他人，形成新认知，获得新体验，生成新资源。

两种关于教师研修设计的理念在此交锋、碰撞、升华，一个已经习惯了的“拜师结对子”的培训方案就这样搁浅了，一个基于农村教师课堂教学实践的比较性的同伴互动研修方案在这里开始酝酿、形成……

2007 年 12 月 14 日是个寒冷的早晨，天还未亮，我的团员们已经整装出发了。白雪覆盖着整个山峦，窗外是寒冷刺骨的北风，山村的校园却是暖意盎然。这里汇集了北京远郊区县的数百名教师，一场别开生面的基于教师个体教学经验的对比性课堂实践研修活动在这里拉开了帷幕——

第一部曲：8：30 分，随着清脆的铃声，我们走进延庆县花盆村小学王翠菊老师真实而质朴的课堂，看看这里发生了什么？课堂上老师通过认识量角器、使用量角器、巩固练习等几个环节开展了教学，学生的学习过程非常顺畅，很快就掌握了量角的方法，在没有疑问、没有困难的学习中下课铃响了。

下课了，我们依然沉浸在对这节课的思考中：学生似乎很轻松地学会了角的度量，难道他们就真的没有遇到问题吗？学生在学习中会遇到哪些困难？是否还有比掌握量角技能更重要的？怎样让学生在探究知识的过程中学会发现问题、提出问题并尝试着自己解决问题呢？之后，我们开始了第二部曲的思考。

第二部曲：9：20分集体备课，共同会诊的研修活动开始了。王翠菊老师带着需求、带着渴望、带着困惑谈了自己课后的感受："这节课我按照设计上完了，比较顺利地教会学生量角的知识，但是总感觉到好像课堂上还缺了点什么？我好像也说不清。"王翠菊老师的课堂实践也引起了在座教师的思考，大家共同会诊，一同反思。

我们该怎样体现三维目标中的过程与方法、情感、态度、价值观呢？能不能让学生在亲自测量中发现问题，产生认知冲突？教师要如何抓住学生错误，利用错误资源？应该怎样让学生感受到量角与生活的联系，感受学习的价值呢？讨论在同伴互助中热烈地进行着……

教师要实现专业成长，必须学会在学习共同体中畅所欲言，彼此分享同伴智慧，改变自己习以为常的思维方式和教学行为。教师首先就是要重新认识自己，学会反思自己；而共同会诊、集体备课正是要给教师自我觉悟的机会，大家在同伴的互助中不断纠正自己的偏差，完善自我，提升着自我的专业能力。这样，我们就有了第三部曲。

第三部曲：下午1：30分，延庆县花盆村的王翠菊老师和我一起走进课堂。这是我们首次尝试以"双师同堂"的形式进行的一次别开生面的研修活动，教师们在欣喜中期待着……

面对陌生班的学生，两个小朋友滑滑梯的情景拉近了教师与学生们的距离，同时引出了测量角的大小的需求。在开放的学习过程中学生一个个真实的问题产生了。

"怎么才能量出这两个角谁大谁小呢?"——小角量大角，渗透度量意识。

"小角量大角太麻烦了，有更简便的测量方法吗?"——认识量角器，感受量角器的价值。

"这样量怎么读不出度数"？——亲自尝试，探究量角的方法。

"究竟是30°还是150°呢?"——亲自尝试，突破难点

同学们通过试验、讨论，自己发现了奥秘。而在这个过程中，问题不断发生，可是越是出现问题，同学们的探究兴趣越浓。学生在激烈的质疑中将课堂推向高潮。

与延庆老师同课异构

就在这样"辩论"中，学生们发现问题和探究问题的兴趣被激活，他们紧张地观察、思考，竞相发言帮助同学纠正。学生在亲自实践中体验着测量角的过程。

这是一节问题丛生的"活力课堂"，巧妙的教学设计魅力就在于此——让学生自己发现问题、提出问题、解决问题，积极主动地自主建构。学生的错误是有价值的教学资源。从引发冲突，激起探究需要，到最后自主解决问题，这样才能真正让学生从知识产生过程的体验中，享受到探究的乐趣，获得自信和活力，让学生获得高质量的课堂生活。

第四部曲：下午2：20分，基于同一教学内容，不同教学方式的两节课堂教学活动的对比研修活动开始。我们的互动交流有两种形式，一是听课过程中随时可以把自己的所思所想通过短信息发布，人人都可以参与现场讨论，并在听课过程中不断思考；另外一种方式就是课后的互动研讨——也就是参与式研修。用大白纸把感悟记录下来，张贴出来共同研讨。大家争先恐后地发言，表达自己的所思所想所感。通过一线教师这一"实践——研讨——再实践——再研讨"后续活动螺旋上升与良性循环的过程，农村教师的执教能力得以不断发展和提高。

首先上台发言的还是与我共同执教的王翠菊老师："此时我还沉浸在和吴老师

一起上课的兴奋中。我万万没有想到，同样'角的度量'的教学，由于设计理念的改变，两班学生呈现出截然不同的学习状态。上午的课很顺利，似乎学生没什么问题，而下午这节课怎么出现了这么多的问题？这些问题都是学生自己在量角的过程中遇到的真实问题。由于吴老师富有启发性的引导，又使学生在与同伴共同学习中，自己解决了一个个疑问。他们体验着自己探究问题的乐趣，在成功解决问题的过程中增强了自信心，获得了成功的感受。特别是同样的教具，系上了两条线绳，加之吴老师直观的操作，轻而易举地突破了'看里圈还是看外圈刻度的难点'……我还没想到，当学生够不着黑板时，吴老师竟然抱起了这位小个子学生……我还没想到……"

通过对《角的度量》两节课的对比研究，我们形成了基本观点：

表 1-1 《角的度量》两节课的对比

	上午	下午
教学目标	关注的是技能的获得，以单纯学会角的度量为主要目标。	关注学生在发现问题、解决问题的过程中自主探究学习，在学习中体验成功与自信。
教学方式	以教师讲解、告诉为主的讲授式学习方式。	以学生自主探索、合作探究为主的学习方式。
教学路径	在教师指导下，学生按程序完成学习活动，学生被动的接受。	创设认知冲突，激发学习需求，充分发挥学生的主体性的自主学习。
教学资源	以教材为主要学习资源，忽视课堂里生成的新资源。	重视课堂生成，重视学生问题，善于利用即时产生的新资源。

回顾这充实而又有收获的一天，我和团队首次尝试以"双师同堂"的形式进行了一次新型研修方式，我们大家共同参与这样一次集体会诊、共同备课、听课、反思、提升的全过程的教研活动，我和教师都感受了这样一次具有真正意义的同一内容的课例对比研究的全过程。

我们经历了"原汁原味的课堂——集体会诊共同备课——同伴互动专家点拨——干预后的双师同堂——案例的比较性研讨"的研修活动，教师目睹了对一节课的反馈矫正、反思跟进的全过程，发挥了名师的言传身教的引领作用。尤其是同伴研修、互动交流，让一线老师体会到自己的经验能够得到尊重与认可。同时在与同伴交流的互动过程中不断反思自我、认识他人，也可以获得新的经验资源。

故事在这里延伸：晚上6点30分，研讨会在热烈的气氛中结束。外面夜幕早已降临。我的团队依依不舍地和延庆的领导、教师们告别。车子在蜿蜒的山路上行驶，车厢里，我的手机铃声不断响起，一条条短信布满屏幕。

大兴数学教师冯文凯发来的短信："过去观名师课，听名家讲座，激动一时，回到自己的课堂，依然故我。今天大家站在'我'的课堂里，着着实实感受到'拉了兄弟们'一把。让'我'看到了在执教的道路上属于我自己的课堂。这比只听专家报告更实际、解渴。"

接着执教者延庆山村教师王翠菊的短信也涌了进来："今天我有幸成为这全过程的体验者，您对学具的处理，把平淡化作神奇，很好地解决了学生认知上的难点，给我深深的触动！看来，每天我们都在习惯中行走，而缺乏的就是这种教学过程中的创造。"

昌平赵震老师索性抓起了电话："吴老师，我还激动着呢！今天的研修活动，研究的正是我们自己课堂里发生的事，对我触动挺大。上午听了王翠菊老师的课，觉得课的安排挺完整，'从生活情景导入——认识量角器——学习度量角——巩固练习'，但是又感觉课堂里缺点什么？缺了点什么呢？我百思不得其解。下午干预后的双师课堂，让我眼前一亮，茅塞顿开：'我们的课堂缺少的不正是对学生学习过程中问题的关注吗？没有对学生问题的关注，就失去了主体学习的需求，怎能促进学生的真正发展呢？'……"

连着几天我的手机信息爆满，铃声未断。教师们热情地倾诉着研修心得。

研修故事似乎应该结束了，但研讨还在延续。

延庆教委副主任孟顺利有感而发："翻开吴老师团队与延庆教师的研修活动记录，往事历历在目，如同昨天。忘不了北京市教委组织的特级教师送课活动，吴老师亲自执教连续几小时的上课、交流、讲座后，让一线教师领略着名师的风采；感受着特级教师人格魅力和精湛的教学艺术；忘不了吴老师和她的团队不畏严寒深入山区学校亲自带徒弟，指导山村年轻教师上课时的场景；更忘不了此次研修活动我们山村教师自己上课，自己研究自己的课堂，自己解决自己课堂中面临的实际问题。教师解渴、实效性强……一次研修活动的深入，实实在在地帮助了农村教师提高执教能力，激励着每一位教师自我专业发展的强烈要求。我们全县的师生受益无穷。"

此次别开生面的课例比较研究活动结束了，它却留给我深深的思考。围绕"同一内容不同教学方式的比较研究”案例，对于重新反思教研活动“在促进教师专业成长过程中可以发挥什么样的作用”这一问题有积极意义。

我认为：

(1)基于课堂案例(原汁原味的生态课堂与“双师同堂”)对比的研究，使教师在鲜活的课堂案例体验中，更为深刻地认识自我、认识学生，有助于教师自我反思，提高教师的执教能力，并将他人的经验转化为自己的实践。

(2)群体互动的教师同伴研修，有助于集多人的教学经验，共同学习，分享智慧。它超越了“一带一结对子”培养教师模式，即不是简单的师傅带徒弟的手把手传递教技，而是获得了教师整个研修群体的专业提升。

(3)研修活动主题来自教师课堂教学中遇到的真实问题，研究教师们自己的课堂、自己的问题，使研修活动具有针对性和实效性。

这一次的研修使我们认识到：教师所获得的更多知识和观念更新，并不是来自说教，而是更多地来自学习者之间观点的碰撞。交流的过程就是提高的过程。比较的过程就是内化的过程，更重要的是亲自经历和体验的过程。经历就是财富，经历意味着成长与收获!

这样的研修过程早已超越了“一课一例”的小打小闹，而是通过课堂现象背后的教学理念、数学教育价值的讨论，跳出课堂看课堂，不断地实现从“学术”到“悟道”的转变。就这样我们根据教师的需求，设计多种形式的研修活动，经过几年的探索形成了六种团队研修策略。

研修策略一：名师引领　从成功经验中汲取专业养料

团队以我数十年的教学实践为资源，研究和提炼我的儿童观、儿童数学教育价值观、课堂教学观，努力创造“好吃又有营养的数学课堂”。定期开展名师大课堂活动，聆听专家对数学教育的见解、对教师专业的独特感悟，从教育专家的思想中汲取专业养料。

研修策略二：课例研修　借助精心组织的教学过程开展行为干预

我和团队教师以引导基层教师教学实践为研究载体，以课例研修为出发点，开展丰富多彩的研修活动：双师同堂、同课异构、一课三上、模拟学生课堂、菜单式、主题式和连续跟进式服务，这些新颖的研修方式，让基层教师在互动、建构中获得专业发展。

研修策略三：课后访谈　学生体验是教师专业成长的重要资源

课后现场访谈，给了学生以表达“课后有感”的重要机会，教师正是在与学生的现场对话中引发了对课堂实践的再思考，对访谈当中的“遗憾”有了更加理性的认识，对学生的真实学习需求有了更加深刻的体验，从而激发教师带着新思考再重返课堂进行实践。

研修策略四：同伴研修　在互动建构中生成教学实践知识

同伴研修是团队队员在平等、和谐、合作的氛围中，结合教学实践中的困惑与问题，进行深度交谈与探讨。注重挖掘每位参与者的教学经验，在分享同伴经验的过程中注重从同伴身上汲取营养，提升了教师的理性思考能力和对专业的敏感与自觉，最终实现了每位教师的专业发展。

研修策略五：“1+10+N”　发挥专业服务的辐射合作机制

吴正宪小学数学教师工作站团队研修机制可以表示为“1+10+N”。这是团队近年来在教师研修实践探索中提炼出来的工作思路。

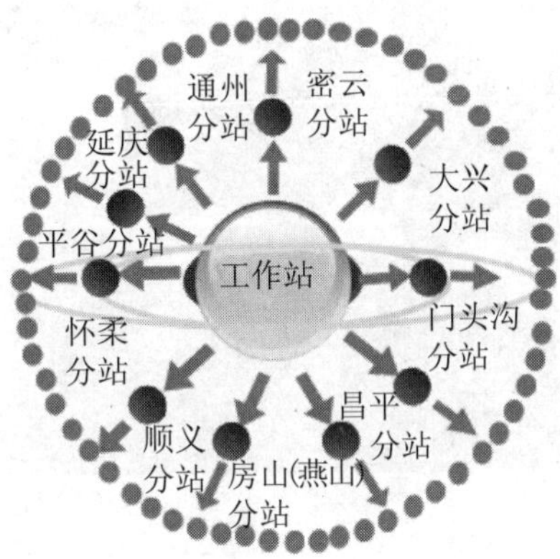

图 1-7　“1+10+N”研修机制

“1”代表我和来自北京市不同区县的72位数学教师组成的团队。

“10”代表远郊区县自发建立的吴正宪小学数学教师工作站的10个分站，分别是北京郊区的房山(燕山)、延庆、通州、密云、大兴、昌平、门头沟、顺义、怀柔、平谷分站。

“N”代表通过总站和分站工作影响带动的教师这个大群体，我们通过团队的力量影响和带动广大基层教师，形成了一个带俩，俩带四个，四个带八个的几何级数发展的团队研修模式，让他们再去影响身边的同伴们，开发和生成更多的优质师资资源，让每位教师看到发展的希望，有计划、有步骤地可持续发展。

研修策略六：资源建设　增强对于实践过程的理性认识

团队高度重视研修过程中的资源建设，研修过程中产生出来的重要资源，将为后续的教师研修提供课程资源。团队所倡导的“资源建设”是指制定个人发展规划、阅读经典、对实践经验的加工与提炼、网络互动、课题研究以及构建标准等。

和团员们一起研讨

团队研修历程，让我深刻地感受到，团队研修是促进教师专业成长的有效的手段。

让教师在团队学习中、研修中获得发展

每位教师在学校的主要工作即备课、上课、批改作业，这一系列的工作似乎都是以教师“个体劳动者”的身份完成的，体现了教师个人的教育观念、教育方法及人格素养，这是十分有限的资源。新课程改革的深入使教师感到需要群体力量的支撑，需要同伴智慧的分享，需要专家的引领。组织团队的集体学习、研讨，可以分享集体智慧，多元化的教育价值观可供思考、选择。因此，教师在集体组织的团队学习研讨中可获得更快、更好的发展。

让教师在课堂教学实践的历练中获得发展

教师工作的价值主要是通过课堂教学来体现的。教师的教育理想与追求、教学艺术与手段都是在课堂实践中得以实施的。因此我们认为：教师要在长期的课堂实践中历练自己，要注意案例的积累与研读，特别是在对比案例中思考，通过“双师同堂”“同课异构”等案例研究提升自己对课堂教学本质的认识，提高执教能力，进一步构建自己的实践知识，努力形成自己的实践智慧。

让教师在课程资源的开发中获得发展

校本课程、教师研修课程均需要在长期的教学实践、教师研修中不断开发和完善，而课程资源的开发是教师积极、主动、创造性地进行教学工作的体现。校本课程的开发有利于教师对课程本质的理解，研修课程的开发有利于教师对自我专业发展的促进，课程资源的建设使教师真正成为课程的主导者，在开发过程中，教师的全方位的素养会进一步得到提升。

就这样，我努力完成了从“儿童教育”走向“教师教育”的转变。

1. 数学是科学，让儿童拥有科学素养、理性精神；数学是艺术，要让儿童拥有对数学丰富的体验，让数学之美在童年记忆中刻骨铭心。

2. 创造儿童喜爱的教学教育的途径——“读懂儿童，读懂数学，读懂课堂”；确立儿童数学教育的目标是“传递知识，启迪智慧，完善人格”，提供“好吃”又有“营养”的儿童数学教育。

3. 有效的教师研修活动，主题来源于教师在实践中的困惑，抓住真问题既能满足教师的需求，又能解决教师在实践中的问题。这样的教师研修才能提升教师自我专业发展的自觉性，形成良性循环，这样的教研活动才是有力量的，才是打动人心的研修。

三、从“小学老师”走向“正高级教师”

——我的“儿童数学教育”探索之路

回首自己的教师职业生涯，屈指一算已经40余载。

作为教师，我喜欢儿童，喜欢研究儿童，喜欢研究儿童生长规律。我享受和儿童一起成长的感觉；作为一名数学教师，我喜欢数学，喜欢研究数学，喜欢研究数学教育规律。我享受数学带给我的思考、探索的快乐。40余年的教学生涯，我始终把儿童放在心上，倾听儿童的声音，遵循儿童的发展规律。

伴随着40年不断的实践和思考，我一直没有停止研究探索的脚步，2016年我被评为北京市中小学教师系列正高级教师。从一名小学老师成长为一名正高教授，我得到了领导、专家、教师和孩子们太多的帮助，心存感恩。我的儿童数学教育理念也是在这漫长的教育实践中逐渐形成的，我的专业成长也正是从这里起步的，愿和您一起思考分享……

（一）“改革开放的时代”唤醒了我的教育激情

永远不会忘记1974年那个寒冷的早晨，我像往常一样走进校园，迎面扑来的竟是一张大字报，让我伫立良久没喘过气来，大标题赫然醒目：“批判白专道路”！大字报中列举我的主要“罪行”，一是“走封、资、修的白专道路”，二是“资产阶级的母爱教育”。文章大声疾呼“宁要社会主义的草，不要修正主义的苗”，（那时我担任语文教学，刚刚涉世，一心只想帮学生多学知识，不知哪来的勇气在课堂里竟不知天高地厚带学生吟起了唐诗宋词，还大讲怎样才能写出好文章，与时代格格不入的我成了叛逆者。）年轻稚嫩的心灵第一次受到重创。

那一刻我几乎被击垮……

那一刻我学会了沉默……

时间拨至 1978 年。党的十一届三中全会胜利召开，一场历时十年的浩劫终于结束了，中国进入了一个崭新的发展阶段。党的工作重点开始转移到社会主义建设上来，让刚从阴影中走出来的中国人看到了知识的重要，伴随着“知识就是力量”“尊重知识，尊重人才”的时代旋律，学校教育的春天终于来临。

吸吮着时代的新鲜空气，我如同鱼儿得水。

那时我心头涌动着不尽的兴奋感，浑身有使不完的力气。我全身心地投入工作，早出晚归，加班加点，兢兢业业。我使出全身的解数，点燃生命中所有的热情，不知疲倦地工作。“天道酬勤”，我所教的毕业班统考成绩连年优秀，我辅导学生数学奥林匹克竞赛团体总分连续多年在全区名列前茅，学生们纷纷步入市、区重点中学，每学年末的毕业生家长都会笑着与我握手致谢。

这一段工作经历使我深刻地认识到，没有祖国改革开放的大背景、大环境，个人的教育理想和教学努力都是难以实现的。

（二）“儿童的发展需求”开启了我的教改之路

也许人们压抑得太久，也许矫枉必须过正？急于求成的教育追求分数，儿童的身心发展和生活空间被挤压，肩负着成年人的众望，失去了自身童年的纯真与乐趣。当时紧张、疲劳、竞争、无情的气氛笼罩着校园，那些脸上写满稚气的儿童，本该快乐的童年生活却充满了无奈与困惑。满堂灌的课堂教学使得儿童身心疲惫不堪，学习兴趣索然。回到家中，他们还要长时间伏案对付那似乎永远也做不完的练习题。当时有些学生终于忍耐不住，向北京市教育局领导写信，发出“救救我们”的心声。一幕幕触目惊心的事实再次引起我的震动，使我陷入沉思：教师教得辛苦，学生却不爱学；教师教学很投入，学习效果却不佳。只图分数的提高，不顾学生身心健康和道德修养，这样的教学能培养出适应未来社会需要的合格人才吗？

面对现状，一股强烈的责任感、使命感在我心头凝聚起来，冲击开去。“一切为了孩子”，这是教育工作者的良知与责任。我以“减轻学生负担，提高教学质量，促进学生全面发展”为出发点，开始了小学数学改革的艰辛探索。这样的改革适应了学生的需求，为学生的重新跃起带来了新的机会，帮助学生有可能实现“可能”。学生的小脸渐渐有了笑容，课堂活跃起来了，他们的思维能力、解决问题的实际能力明显增强了。该项实验获得了“北京首届教育科研成果奖”，引起教育界同行的关注。

关注儿童需求，开启了我教学改革的第一步，也是我当今教育思想形成的重要基础。

（三）“哲学理论”为我打开了教学的一扇窗

“数学的最高境界是哲学。数学与哲学之间有着密切的关系，不可分割。哲学以数学等具体科学为基础，而哲学又为数学等具体科学的发展提供正确的指导。在数学教学中善于沟通二者的联系，有利于培养学生思维的批判性，使思维更加深刻，这对学生认识世界具有十分重要的意义。”因此，在教学中，教师要注意把哲学原理应用到数学教学中，抓准数学的本质，建构良好结构的数学知识群，自然形成有效的问题链，帮助儿童解开数学学习中难解的结。

我按照辩证唯物主义对立统一的规律，打乱教材安排的顺序，将数学教材中一对对“易混”且“互相矛盾”的概念安排在同一节课里学习，用比较的方法、对比的手段揭示概念内涵。在数学研究的对象中，充满了矛盾的对立面。例如“正比例与反比例”“因数与倍数”“乘法与除法”“无限和有限”“偶然和必然”等有关知识概念，我把这些内容按专题组合在一起进行学习，引导学生用“对立统一”的观点观察分析事物的两个方面，体会数学中一对对概念的“互相依存”关系，从而更加深刻地认识数学概念的本质。苏联教育家乌申斯基说：“比较是一切理解和思想的基础。”我们正是通过比较来认识世界上一切东西的。比较方法在人类认识活动中起着重要的作用。又例如，在几何教学中遵循唯物辩证主义“变中有不变，不变中有变”“透过现象看本质”的基本观点，在引导学生学习“推导面积公式、体积公式”的过程中，充分发挥儿童学习的主动性，放手让儿童操作，通过“割、补、拼、平移、旋转”等方法把陌生的图形转化为已学过的熟悉图形，再根据图形之间的内在联系推导出新图形的面积或体积计算公式。在教学中引导学生学会“在变化的图形现象中抓住面积、体积不变的实质”，感悟辩证唯物主义“透过现象看本质”的基本思维方法，从而培养学生思维的深刻性。

正是在复杂的问题中抓住了“主要矛盾”，抽出了“主要关系”，把问题中的“次要矛盾”“次要关系”先撇在一边，经过一个合理的简化步骤，推理、抽象，才建立起了数学模型。由于我在教学中较好地处理了“主要矛盾”与“次要矛盾”的关系，所以儿童在这样的学习中获得的不仅仅是一种结果，而是一种思考问题的方法和策略，一种问题解决后的成功与自信的美好感受。儿童在获得数学知识的同时，也提高了解决实际问题的能力，儿童受到辩证唯物主义科学思维的启蒙，使思考之根伸向理性思维的土壤。从这个意义上来讲，儿童获得的不仅仅是知识技能，而是拥有了发现和提出问题的乐趣及辩证思维的方法。

(四)“儿童心理学”启迪我把每一位儿童都放在心上

在教学改革的路上前行，“儿童心理学”的进入使我如虎添翼，它让我从一个全新的视角看儿童、看教育、看儿童教育、看儿童数学教育。清楚地记得，我第一次听到中国科学院心理研究所张梅玲教授的关于儿童心理学报告的那个时刻，“心理健康”“心理安全”“心理效应”“人文精神”“和谐民主的师生关系”……这些新名词一下子涌入了我的脑海……她使我跃入一个崭新的教学层面。从那时起，我开始用心去感悟儿童的每一丝变化，用情去激励儿童的每一点进步，儿童的喜、怒、哀、乐全都挂在心上。正是这流淌着人性光辉的谆谆教诲如“醍醐灌顶”，令我茅塞顿开，那一刻开始我的教育理念、教学行为开始发生了“质”的变化。

我从儿童心理发展需求和认知规律的视角重新审视小学数学教学。“儿童数学教育”理念也慢慢完善起来。我以“儿童学习理论”“儿童学习数学理论”“儿童课堂教学理论”等为支撑，充分发挥儿童的主导作用，激发儿童情感、理智、人格的全面发展，以儿童“成长的主体能动性”为指导，在课堂实践中努力探索，初步形成了独具特色的儿童数学教育理论和实践体系。

提供“好吃又有营养”的数学教育：坚持向儿童提供符合其心理特征和能力水平

的数学教育，促进儿童终身持续发展所需要的基础知识、基本技能、基本的数学思想、基本的数学活动经验、科学的探究态度及解决实际问题的创新能力的全面发展。同时以符合儿童特点的教学手段和方式，实现“好吃又有营养”的双重价值追求，让儿童拥有自信和好奇，从而更加喜爱数学学习。

实现知识、智慧、人格三维一体的教育目标：在教学实践中实现了儿童对数学知识和技能的掌握，实现了以思维能力为核心的综合智慧的发展，完善了人格。使数学教育成为教人有自信、教人做真人、教人守规则、教人要自律、教人懂责任、教人有毅力、教人会自省，实现数学教育目标的全面落实。

构建八种特色课堂模式和多种教学策略：在实践中创造了“真情流淌的生态课堂”“思维碰撞的智慧课堂”“机智敏锐的灵动课堂”“以做启思的实践课堂”“追本溯源的寻根课堂”“纵横连通的简捷课堂”“充满魅力的生活课堂”“经验对接的主体课堂”八种各具特色的课堂，和“让儿童在良好的情境中学习数学”等多种有效的教学策略。

不知不觉中，在我脑子里“小学数学教学”被“儿童数学教育”取代了。“儿童”从那个时刻走入了我的心中，且越走越深……

（五）“做心中有儿童的温暖教育”是我永远的追求

随着课程改革逐步走入深水区，越发使我进入了更加理性的思考阶段。我再一次叩问儿童教育的本质，再一次追问儿童数学教育的价值。此时的我陷入了深深的思考……慢慢地，一个鲜明的思路强烈地呈现在我面前——教育的最终目的是让儿童幸福，“立德树人、聚焦核心素养的培育”是教育之本，是教育之魂，它必须成为教育的出发点与最终归宿，我们要不忘初心！是那时，我第一次提出了“从数学教学走向数学教育”的主张，将数学教学由单纯的数学学科走向丰富的数学教育，达到促进儿童全面发展的目的，并将系列文章连续发表在《光明日报》上，引起了良好的社会反响。此时的我对儿童数学教育价值有了更深刻的理解和感悟。我继而再追问“如何在具体的数学学科教学中落实立德树人、培育核心素养?”慢慢地，一个清晰的思路又一次强烈地呈现在我面前——用心挖掘数学教学中的育人潜能。数学教育是一种人类理性探索求知精神的潜移默化的影响过程，是一种数学文化传承的过程，是一种完善人格的教育过程。我首次提出了“在儿童人格成长中烙下五个数学的印”。即：“诚实守信、遵守规则、坚守责任、拥有毅力、反思自省”。让数学学习的过程成为健全人格完善与核心素养培育的过程，真正实现立德树人。

40 年的不忘初心要坚守，有艰辛也有坎坷，但更充满着快乐和幸福，做一名好老师是我一辈子的选择，从“小学老师”到“正高级教师”，我就这样一路走来……

教师对教育的追求是一个坚守的过程，在成长的路上我们会遇到各种困难，但只要我们不忘初心、砥砺前行，美好的风景就在我们的身旁。

四、从“小学课堂”走向“人民大会堂”

在第十二届全国人民代表大会上

2013 年 3 月 5 日，我走进人民大会堂参加了第十二届全国人民代表大会。那一天我正式成为全国人大代表(据统计每 67 万人中产生 1 名全国人大代表)。在大会上，我郑重地代表人民为习近平主席、李克强总理的当选投了庄严的一票，并在会上递交了建议议案，做北京团会议发言。同时，我与北京市政府等领导参加了中外媒体见面会，接受了多家记者的采访。

从“小学课堂”走进了“人民大会堂”，从这一刻开始，我的肩上又多了一份责任。做了一辈子小学老师、教研员，从一名从事基础教育的教师、研究者，到成为一名人民的“代言人”——全国人大代表，我有兴奋、有激动，但更多的是压力，是“一个人失语就意味着 67 万人缺席”的沉甸甸的责任。

回想起多年来参政议政的经历，我感慨万千。自20世纪90年代初期以来，我一直在政协这个大家庭中参加北京市、区参政议政工作。我曾任崇文区政协委员、政协常委，又任北京市政协委员、政协常委。2012年开始，我受国务院的聘请任国家督学，参与对全国各省市的教育督察工作。多年来，我除了做好自己的本职工作，还要深入基层进行调研，了解情况，提出建议。尤其是做了人大代表之后，我的工作更加繁忙，但全国人大代表的工作渠道成了我了解民生、为百姓说话、提出有质量议案的重要路径。我深知：每一项议案建议的背后都要以扎实的调研为基础，因此调查研究成了我的工作自觉与习惯。

仅近三年来，我在全国人代会上提出了多项议案，例如，“关于环境保护问题”“关于养老问题”“关于医药改革问题”“关于减轻学生过重负担问题”“关于边远农村地区教师待遇问题”等议案。这些议案均得到国家有关部门的积极回复，有些意见被采纳。当然，在这里我最熟悉、最关注的还是教育，尤其是边远地区的基础教育。

回首从“小学课堂”走向“人民大会堂”的日子，许多往事历历在目，其中选取几个故事与您分享。

给孩子留个做梦的时间

2013年3月5日的下午，我第一天参加全国人民代表大会北京团讨论会。会场上代表们按姓氏笔画的排序“对名而坐”，除了正式代表就是扛着“长枪短炮”的记者们，会场上座无虚席。

全团第一次全体会议安排了8位代表做发言，不知为什么我这个只有“一天代表龄”的新代表也被通知做大会发言。会议开始了，我像小学生第一天走进新学校一样，怯生生地坐在那里认真地聆听着每一位代表的发言。我意外地发现，人家都是“有备而来”啊，每个发言的代表都是从容地拿出写满密密麻麻字迹的发言稿，几乎一字不差地读稿，直至发言结束。（这里和我熟悉的政协会议不大一样，我做了近20年的政协委员，做过区、市政协常委，委员们侃侃而谈，氛围似乎比这里轻松了许多。）尽管我要求作为最后一位代表发言，但是好像很快就轮到了“没有任何准备”的我。我拿起话筒有感而发：“在上午的开幕式上听了习近平主席关于中华民族复兴的伟大中国梦，它将激励着我们中华儿女为此而努力。现在我的心中也有一个自己的中国梦。”会场上安静极了，似乎大家都在等待这位“陌生代表”的“陌生答案”。我缓缓地继续说道：“当今大家都在讲中国梦，我是教师，我的梦就是还给孩子们一个做梦的时间！一个孩子连做梦的时间都没有，梦从何生？”会场上不知从哪个角落响起了掌声，以及交头接耳的对话声。“我们要让孩子们能够有一个正常人的生活状态，给孩子们足够的睡眠时间，给孩子们足够的玩耍淘气的空间，还给孩子们一个原生态的生存环境。”提起教育、说起孩子、论起学校，大概触及了每个人心中的“结”。我接着说：“现在的学业负担太重了，孩子们从小就背负着来自各方面的压力，学习时间过长、作业量过多、心理压力过大……孩子成长的原生态被破坏，我们必须改变这种状态。提高人的生活质量首先是幸福感，今天孩子的童年快乐吗？幸福吗？我们成年社会的大人们过多关注的是孩子的学业成绩、考试分数，而一个孩子的内心感受，我们了解吗？我们又给了孩子多少关心？一个孩子的兴趣、好奇心、求知欲望、学习力、创新意识及解决实际问题的能力才是可持续发展的重要力量。教师的首要任务是‘教书育人’，我们要为孩子提供‘好吃又有营养的学校教育’，让孩子们在自主学习的课堂里逐步形成‘爱学、乐学、善学、会学’的良性循环。教师对孩子的尊重、理解和热爱很重要，教师特别是要读懂每一个孩子，让学习有困难的孩子能够看到希望，有重新跃起的机会，让每个孩子都能实现自我发展的可能。”越讲越入情、越讲越进入状态的我又从“中国人的传统观念、社会文化、用人制度、评价机制、分配制度”等一系列问题阐述了减轻学生作业负担的必要性。我呼吁改善学生成长环境，为了学生的全面可持续的发展，全社会应该一起行动。我知道教育的问题不是简单的教育系统内部的问题，它是一个复杂的工程，需要全社会的共同努力，需要大家都来关心孩子的成长，给孩子宽松的成长环境，给孩子留下做梦的时间，让孩子们有时间、有空间好好“做梦”、绘画蓝图、追逐理想，为日后梦想的实现铺路奠基。会场上又响起了掌声。

没想到我这位新代表的脱稿发言引发了现场代表们的热议，北京市人大常委会主任杜德印不由自主地有感而发：“我家也有一个孙子，很有同感。就算学校给学生减负了，家长却不愿意减负。这件事真是挠头啊。孩子从小就受到咱们大人和社会的摧残，看来这梦还得咱们一块做啊。”杜德印主任的即兴发言引起与会人大代表的连连点头。各路记者蜂拥而上，把我团团围住……记不清那天的会后我又说了些什么，只知道第二天的各家报纸、网络、媒体纷纷以“给孩子留下做梦的时间”为主题进行了报道，《北京晚报》《光明日报》《中国教育报》《新华网》《新浪网》《千龙网》和北京广播电台等参与其中。

【专题报道】昨天下午的北京人大代表团全体会上，吴正宪代表抛出的问题让在场的人大代表们陷入思索。她谈到小学生课业负担时，言凿凿、情切切。“大家都在谈中国梦，我也有自己的中国梦……”北京教育科学研究院基础教育教学研究中心小学数学教研室主任吴正宪是第一次以全国人大代表的身份参会。吴正宪说，解决这个问题需要全社会一起行动，一是政府应当引导建立正确的“政绩观”和“评价机制”，评价教师、评价学校、评价教育不能仅“以分数论英雄”。二是教育者本身要“立德树人”，提高教育质量的关键是教师，“教书育人”是教师的本，教育工作者要自觉地将德育放在工作的首位，要以浓浓的教育情怀、崇高的理想追求和精湛的教学智慧引领学生体验学习的快乐与幸福。教师要为孩子创设“好吃又有营养”的学校教育。三是家长不要一味攀比，要懂得尊重孩子的成长规律，寻求适合孩子特点的学习方法。清华、北大全中国只有一个，不可能所有的孩子都上清华、北大，适合孩子的教育才是最好的教育。最后她呼吁全社会要共同营造良好的氛围和正确的舆论导向，促进学生全面成长。

没想到第一次参加人大会议，第一次“没有准备”的会议发言竟然引起了如此广泛的社会影响。这更加让我坚信：凡事从心生，只有从心底流出的声音，才会引动从心底涌出的热情与期待。

我心中牵挂的“小板凳”

——为农村孩子添把有靠背的椅子

“您知道目前我们国家还有多少孩子每天都是坐在没有靠背的小板凳上上课？您知道孩子上课坐的小板凳是什么样子吗？您觉得孩子坐在上面会是什么感觉？长时间坐小板凳会影响孩子的健康吗？”面对这些问题，可能很多人都会摇摇头或者一脸茫然。在2015年的“两会”上，我提出了“为农村孩子添把有靠背的椅子”的建议。

事情总是有缘由的。2014年我随教育部督导团到基层学校督查时看到一些地区

与北京密云山区的孩子们一起交流

的学校不管是高楼或是平房，孩子们仍然是坐在小板凳上上课，一坐就是一天(尽管有课间休息的10分钟)，且日复一日、年复一年，从小学坐到高中毕业。有一天一位老师与我聊天说道："孩子上课时经常晃动，不一会儿就佝偻着身子，不能踏踏实实地坐稳。"我走进教室发现，孩子们坐的是没有靠背的小凳子。我仔细观察，孩子坐在没有靠背的凳子上的确不舒服，整个身体没有支撑，晃来晃去，不到十几分钟，孩子的坐姿就变了模样。

"长时间坐这样的凳子会不会影响孩子的视力？会不会影响孩子的脊柱生长？"我思考着……正在此时，北京师范大学的梁威教授和她的研究团队也发现了这个问题，她告诉我："目前有成千上万的孩子都是坐在这样没有靠背的凳子上上课，而且一坐就是一天，这个问题必须引起关注和重视。"在梁威教授的帮助下，我们共同查阅了大量的相关资料，并认真研读了国家规定的《学校课桌椅功能尺寸》标准，同时调研了发达国家关于《学校课桌椅功能尺寸》的规定，深感此问题的严重性。

为了找到这个问题的科学依据，"两会"间歇，我还分别咨询了国家体育总局体育医院主任医师周海强先生和北京大学第三医院骨科主任刘忠军教授，请教他们孩子每天坐小板凳会不会影响孩子的发育和视力。两位专家医生不约而同地明确告诉我："长期坐小板凳会严重影响孩子的脊椎发育和视力发展，这种现象要尽早改变。"

咨询了教育专家和医学权威后我意识到，这不是一件小事，因为它关系到千千万万孩子的身体健康。因此，我积极地提议，能不能改善学生的学习环境，给小板凳加个椅背，让孩子能够放松一下肌肉，调整一下视力。我的提议引起了社会的广泛关注，中国教育电视台还专门制作了专题节目《人大代表牵挂孩子的小板凳》。

会后我收到了时任国家教育部刘利民副部长亲自签发的对"给农村小学生加一个椅子背的建议"的回复意见。

就像这个建议一样，我在"两会"上所提的每一个问题都是在实际调研中发现的，每一个建议都是经过长时间的考察、资料分析和科学研究得出的。没有调研就没有发言权，身为人大代表，这是我始终铭记的。这个提案还获得了第25届中国人大新闻奖电视台作品专题三等奖。

让政府为教师办实事成为一种制度

——为山区教师说句话

我是来自基础教育战线的教师代表，了解基层，知晓教师的辛苦，特别是我经常走进边远山区，在与基层教师的交流中与他们结下了深厚的职业情谊。我常说锦上添花的事不做也罢，但是雪中送炭的事不可不做。

2016年的3月5日，我接到了一位来自某省山区老师的来信，信的内容如下：

吴老师，我是一名有着20年教龄的农村教师，面对农村教师的生活和工作情况，我要说一说，想向您反映一些情况，希望您在全国人代会上代为反映，以引起有关部门的关注。一是农村教师的工资低。这是我连续三年每年三月份的工资：2013年3月，2574元(含班主任津贴)；2014年3月，2560元(含班主任津贴)；2015年3月，2694元(含班主任津贴)。二是评定职称难。我们要和城里教师一样做课、写论文、搞科研，只有样样达标了才能评职称，这对于农村教师来说太难了，所以我们的职称迟迟解决不了。三是关注农村留守儿童的健康成长，要重新恢复农村原来撤并的学校。作为一名农村教师，我们理解国家的困难，但也希望国家理解我们的苦衷，不管怎样我们也会克服困难，努力做好工作。希望您能给我们这些农村教师呼吁一下，改善农村教师的工作和生活状况，谢谢您。

与农村地区教师们交流

读了以后我心里久久不能平静，面对基层教师的信任，我一定要认真履行代表的责任，积极献言献策，具体建议如下：教育大计，教师为本。没有高质量的教师队伍，就没有高质量的教育；没有高质量的教育，就不会培养出高质量的人才。近些年来，党和政府为加强教师队伍建设采取了许多切实可行的措施，努力倡导尊师重教的社会风尚，不断提高广大教师的社会地位和待遇，为广大教师办实事、办好事，改善了教师的工作、学习和生活条件，为教师发展创造了良好的社会环境。但是鉴于教师队伍发展的紧迫性及基层学校的反映，我认为政府在此工作的推进中还有一定的空间，因此提出几点具体建议：一是让“地方政府每年为教师办一件实事”成为制度。近年来，我们看到各级各类地方政府推出“每年为市民办若干件实事”的举措，建议将此补充为“至少为教师办一件实事”，并让它成为一种制度。二是继续加大教育经费的投入，调整经费分配结构，并明确规定合理数额专门用于教师专业培训项目，这不仅仅是硬件的投入，还需要有软实力的投入。地方政府要根据基层实际，合理分配资金，把项目经费切实地用好，给教师培训以充足的经费保障，让教师有参加培训学习的机会、有学习充电的机会，建议每5年有1个月轮岗学习的时间。加强教师培训的有效性，提高教师的研究品位，提升教师教学能力，让教师感受职业的尊严与价值。满足教师专业发展的需求，让教师的专业发展跟上教育改革的步伐。三是建立“教师每年定期体检制度”。尤其是要保障边远山区教师的年体检制度的落实，切实落实农村教师的医疗和养老保险，要把教师的健康放在第一位，因为有了好身体才能有良好的工作态度，才能让教师以饱满的热情积极工作。每年给教师定期体检，尤其是边远山区教师，给他们提供医学预防知识，提供好的医疗条件，给教师建立健康医护档案，通过服务热线等定期了解教师的健康状况，进行跟踪服务和健康指导。全面落实农村教师的医疗和养老保险，有条件的学校要给教师提供运动场所，适时、适度安排运动时间。四是继续加大教师住房的建设，改善教师的居住条件。按照标准给符合条件的教师以住房的保障，尤其是边远地区的教师，在政策上更应给予倾斜。城镇地区教师的工资不能应对商品房价的巨大压力，如何给这些教师以政策上的倾斜。建议农村教师周转房建设由县(市、区)政府统一负责规划和组织实施，建筑、设计方案由各地按照“实用、好用”的原则自行确定，以让教师安居乐业、安心从教，政府切实将好事做好。五是让教师发展的机会均等。让城乡教师的工资无差距，统一城乡教师工资标准，特别是对长期在山区工作的教师工资要倾斜；让城乡教师的培训机会无差异，进一步落实城乡教师的交流与管理；让城乡教师拥有的资源无差别，上级教研和培训部门要把机会倾向于农村；让中、小学教师具有正高职称无差距；对于特级教师、正高职称、学科带头、骨干教师的评定应体现对农村教师的倾斜。很多农村教师默默无闻，在条件艰苦的情况下依然坚守在岗位上，他们也有很多适合本地区教育的原创成果，很多优秀教师不能脱颖而出源于他们的地域背景差异、资源差异和机会差异。缩小城乡差距，把机会倾向于农村，让教师获得均等的发展机会，鼓励边远地区优秀教师脱颖而出。六是扩大西部地区教师编制，调整师生比例，以适应当地教育教学的需要。

总之，政府要引导全社会倡导“尊师重教”的良好社会风尚，使教师职业成为最有吸引力的职业，使教师职业成为受人尊敬和羡慕的职业，吸引优秀人士进入教师队伍，提高教师队伍的整体水平，以促进教育教学质量的提升。

换位思考谈减负

——中外答记者媒体见面会

在2014年第十二届全国人大二次会议上，我突然被通知要去参加中外记者见面会，即与北京市政府领导、人大代表等一起参加北京团的媒体见面会。刚接到任务时，我心里忍不住打鼓，这任务可不轻松啊，这不是一般的学术讨论，这是面对中外记者的即兴答疑，万一说“走了板”，真是“一言既出，驷马难追啊！”这是任务，难也得上！

记者采访

清晰地记得，那天当我们一行7人随着北京市常务副市长李仕祥走进会场时，只见扛着“长枪短炮”的中外记者已经把会场围得水泄不通。坐在主席台上的我往下望去，只觉得下面是黑压压的一片。看看主席台上坐着的市长、部长们，我心里好像又踏实了许多。我觉得那么多大人物都在场，记者们的提问应该不会对着我这位基层教师吧？没想到很快就有中国教育电视台的记者直接向我抛出了问题：“我想问吴正宪老师一个问题，我们给学生减负喊了这么多年，但效果不尽如人意，为什么这负担就是减不下来，且愈演愈烈，这到底是为什么？”我一开始有些紧张，但很快就平静下来。这是我了解的问题，我做了大量的调研，我了解学生、家长真实的感受，对这个问题我有发言权啊。

我不慌不忙，娓娓道来："首先我代表孩子们感谢这位记者，感谢您对减轻学生课业负担的关注。"我环视了下四周，"要想解决这个问题，我认为成年社会的大人们必须换位思考。大人们不能只从自己的感受出发、只从自己的利益出发，这样下去学生减负没有希望！"我侃侃而谈："您看，家长望子成龙、望女成凤，把一家人所有的希望都寄托在孩子身上；学校要有好的社会声誉，要吸引优秀的学生资源，在激烈的竞争中不知不觉违背了学生的认知规律、学习规律、成长规律，无形中加重了学生的课业负担；再加之一些政府官员为了所谓政绩，评价学校的标准偏离了轨道，把考上清华、北大作为唯一的目标，殊不知，全中国清华、北大只有一个，从而呈现出千军万马挤独木桥的恶性竞争，实际上形成了多数学生陪着少数学生超负荷地训练，无形中加重了学生的负担、破坏了学生成长的原生态、违背了学生成长的规律。因此，减轻学生过重负担，我们大人们要自觉地换位思考，要站在孩子的角度去认识这个问题，这样减负才有希望！大家想一想，孩子在学校已经坐了一天，学习了一天，晚上回到家中还要继续写作业，一天、两天还能坚持，时间久了，受得了吗？如果换成大人们也受不了啊！我们最终要的是激发学生的学习兴趣和自信，燃起学生探究的热情，保护他们可持续发展的原动力。"最后我再一次呼吁："减负，大人们必须学会换位思考！"会场上回荡着我还算有力量的回应，这可都是我从心底流出的声音啊！

又一个没有"准备的发言"引起了大家的热议。我的回答立即被媒体高度关注，并在社会上引发了广泛讨论。中国教育电视台专程进行了专题报道，第二天多家报纸也纷纷登出《吴正宪代表：换个角度看减负》。让我感动的是，当年师范学校的班主任陈光远老师也发来短信："正宪，看到了你在人代会上的发言，很为你高兴。你能为孩子们的健康成长说话，真好！"学生、同事、许久不联系的老同学、老街坊都打电话发信息说这个建议提得好。看来大家都在关注全国"两会"，对人大代表的履职抱有很高期待。

我认为，代表履职是一个可以向他人学习并不断督促自己学习的过程。与其他平台相比，人大代表的一言一行要更加严谨，要经得起推敲，要时刻接受社会的监督。当然我不是一个人在"战斗"。北京教育科学研究院是我的"大靠山"，"两会"前我会就关注的问题咨询请教各中心专家，共同研究，使问题议案更有专业保证。同时，我还会到北京区县及边远地区进行大量调查，掌握真实情况。大家很是配合支持，而且遇到问题我也不回避。我知道代表的提议就是为人民代言，维护百姓的利益，这是我的责任。

在中外记者见面会后，我更加关注孩子身心的全面发展，提出增强孩子身体素质，让孩子在校园里安全、快乐地运动，减少校园意外伤害，并提出妥善处理意外伤害的具体建议。我递交了“关于建立校园学生意外伤害事故法，提高体育锻炼的实效性”的建议，很快得到了国家教育部的回复。为了应对入学高峰的到来，我提出了“关于建立新教师补充机制，补充新教师学习课程”的建议，很快得到北京市人民政府的回复。

…………

我心中列了一个长长的单子，关注教育、关注民生，特别是关注边远农村地区教师与学生的发展，这些都是我想去做也正在努力做的事情。我去过太多边远地区的学校，欣喜地看到由于党和国家对教育的重视引起学校的可喜变化，但是仍有一些落后的教学环境和教育质量让我担忧。就像多年前希望工程公益广告里那个大眼睛的小女孩一样，这些孩子渴求知识的目光触痛着我的心。改善农村地区的教育环境，促进义务教育的均衡发展最重要的是加强教师队伍建设。因此，如何让边远地区留住教师，成了我最为关注的问题。作为人大代表，我多次呼吁全社会给农村学校更多的关注，并在“两会”上提出要改善边远地区教师的生活环境，重视教师的健康问题、待遇问题，保障教师的切身利益。

“人大代表”给了我倾听人民声音的责任，也给了我表达人民声音的机会。作为一名在基层工作多年的教师，我首先想说出教师的心声、孩子的心声。如何提出真正有价值的建议呢？在我看来，这没有捷径可走，必须静下心来走进学校、踏踏实实地调研、了解基层教师的需求、大量搜集资料、咨询相关领域专家、掌握科学的数据。心中有底，说话才有力量，才能提出“接地气”的建议。为了找问题、找证据，我不断地走区县、进学校，和教师交流、和学生交流。我相信只有这样才能知道他们真正需要的是什么，才能真正了解教育现状，才能发现普遍的问题。

雪中送炭，我要亲自带头行动。我的小学数学教师工作站都建在北京的边远区县，工作站的团员们许多是来自农村一线的教师。在我看来，北京城区本身教育资源就很丰富，而边远区县才是最需要被关注的。我要走进边远郊区，让深山里的教师有和专家交流、对话的平台，有走出大山学习、上课、讲话的机会，有更广阔的专业发展空间。

我一直关注山区教师培养问题，也在不断地努力提高教师研修的有效性。在北京燕山听了两节数学课后，我更加深刻地感受到加强高质量教师研修的必要性。在返程的车上，我已经在思考如何继续呼吁提高教师研修的有效性。光提出建议是不行的，一定要让自己的建议有说服力、有可行性，这样才能使工作实实在在地推进。听了数学课后，我把这两节课当作研究的案例向有关部门提出建议：教师研修要围绕着课堂教学的实践，用案例的方式进行教师培训。要研究课堂里发生的新情况、新问题。一路上，我还在思考，如何对教师研修现状做一个深入的调查，应该从哪几个方面提升教师研修的有效性，什么样的建议才能推广落实……

一个好教师要读懂学生，一个负责任的人大代表又何尝不是如此呢？我深知，作为基础教育战线的人大代表，读懂教育、读懂教师和学生的心声有多么重要。作为人大代表，我随时随地都在调研。我在每一节课上、每一个校园里，努力地用心读懂孩子、用心读懂教师。因为懂得，我能切身地感受到在成绩的重压下孩子是不快乐的；因为懂得，我能亲身体验到农村地区的教师有多么渴望专业成长；因为懂得，我能发自肺腑地呼吁为农村学生添把有靠背的椅子；因为懂得，我愿意为孩子的快乐、教师的幸福、教育的发展不遗余力。

肩负着人民的信任，我始终践行着自己的那句话：用纯净的心做专业的事，把专业的服务送给最需要的人。身为人大代表，我只是在做一件事——让别人幸福，包括让孩子幸福成长、让教师幸福工作、让社会和谐幸福。而为了做好这一件事，我的足迹遍布北京郊区的学校，我的身影留在了农村小学的课堂，我的呼吁回荡在人民代表大会的会场。

人大代表的角色让我开阔了眼界，让我从全新的角度去看待教育问题、民生问题和发展问题。以前，我是一名教师、一名教研员，关注的是教师的课讲得怎么样，孩子是否掌握了知识方法获得了发展。如今，我下学校则多了一个视角看教育、看学校。在学校里，我会观察灯离地面是不是国家所要求的一米七到一米九的标准、黑板前面的挂灯是不是倾斜 45 度角、学校有没有合格的操场、学生图书的拥有率达标不达标、现代化的技术装备是否到位、师生人数的比例是否合适。走进学校，我关注的不仅仅是“学科教学的质量”，“学生的全面发展”“学校的基本建设”等都成为我观察学校、了解学校的新视角。以前，遇到环境污染，我只是感叹几句。如今，我还会观察为什么污染这么严重，思考要采取什么措施才能减轻污染；在北京看到焚烧垃圾等污染环境的行为，我会给市长热线打电话或者通知相关部门尽快治理。也许在很多人看来，这些都是小事，但是在我的眼中，人大代表就应该从这些小事做起，关注人民最直接、最切身的利益，让他们享受身边的幸福。我随全国人大、教育部国家督学到部分省市进行调研及督导检查，参加人大专项调研。有了这样的调研体验，我思考的角度多元起来，思考的内容丰富起来，对基础教育的认识又深刻了许多。在广泛的调研中我深切感受到肩上的责任，感受到自己工作的价值。我深刻地认识到，要做一名合格的代表，在踏踏实实做好本职工作之余，还要认真履职，维护国家的利益，真诚为大家服务，替百姓说话，为人民办事，传递民众的声音，这是不可推卸的责任。

回首往事，是改革开放为我个人的成长搭建了广阔的平台。作为一名教师，我用自己对儿童和数学的热爱，创造了儿童喜欢的数学课堂，唤起了他们对于科学知识、实践技能和美好价值观的追求，从中收获了从事教师职业的幸福。作为一名教研员，我以自己对教师同行的热爱和促进教师专业发展的有效服务，在成就许许多多中青年教师职业追求过程中，也拓展了自己的学习历程。作为全国人大代表，我努力承担社会责任，努力为百姓的利益进言，为社会前进贡献自己的力量！

从“小学课堂”走向“人民大会堂”，我就这样一路走来、一路思考。我知道人大代表总有卸任的那一天，但是倾听教育的声音，为教育发展服务，我不会卸任。

我与习主席第二次握手

2016年9月9日教师节前夕，习近平总书记来到北京八一学校看望慰问全校师生，并向全国教师和教育工作者致以节日的问候。我作为北京教师代表有幸参加了座谈会，受到了习总书记的亲切接见。

我期待这个时刻，我渴望与国家主席面对面地谈基础教育。这天我与北京教师代表一早就来到了八一学校等候着习主席的到来。上午9：50，随着人群中一阵小小的骚动，我看到习总书记走进了一间不算太大的会客室。他一进门就直奔恩师而去，俯下身来与年事已高的老教师们一一握手问好、鞠躬致敬、回忆往事，场面充满爱意，让人温暖，尊师重教在总书记身上得到了充分的体现。

在与教师代表的座谈会上，习总书记语重心长地叮嘱，基础教育是立德树人的事业，是提高民族素质的奠基工程，要遵循青少年成长特点和规律，扎实做好基础教育的文章。

习总书记非常亲切，讲话朴素、实在，在场的大人孩子们都能听懂，他就像邻家的长者。整个座谈会气氛温馨、轻松且热烈。一位国家领导人这样饱含深情地谈基础教育，而且谈得如此细致、全面和专业，让我备受鼓舞，同时也深深感受到作为基础教育工作者的责任与使命！

会谈结束后，习总书记与教师代表亲切握手，那一刻，我和习主席的手紧紧地握在了一起，道了声："习主席，您好！"总书记微笑回应"老师，你好"，语调沉稳而亲切。虽然我在每年的全国"两会"上都能见到习主席，但是这么近距离地与主席面对面，聆听他讲基础教育，与他亲切握手，这是第二次。

早在2014年教师节，我作为国家级教学成果一等奖的获得者在人民大会堂受到了习近平总书记的接见。当我的手与总书记宽厚温暖的大手握在一起时，我感受到了温暖和信任。那是我和习主席的第一次握手，当时的情形依旧历历在目，尤其是在现场我见到了同时受到习主席接见的教师代表中还有来自"吴正宪小学数学教师团队"农村地区的三位团员，这更是令我兴奋。看到年轻教师(特别是边远山村教师)的成长和进步，我感到无比的幸福和欣慰。

参加纪念抗战胜利70周年阅兵仪式

受到习总书记的两次接见，我越发地感受到作为基础教育工作者的重大责任，我不敢懈怠。习总书记的嘱托在耳边回响：广大教师要做学生锤炼品格的引路人，做学生学习知识的引路人，做学生创新思维的引路人，做学生奉献祖国的引路人。

我会和广大教师们一起，以良好的人格去影响学生的人格，用智慧去启迪学生的智慧。我们会努力保护好儿童的成长利益，为孩子们创设“好吃又有营养”的优质教育，让每个孩子因为有缘遇到了我们而生活得更加快乐幸福，让每个孩子都对未来充满期待。

1. 从“小学课堂”走向“人民大会堂”的那个时刻，作为一名基础教育战线教师代表的我强烈地感受到了责任与挑战。“做合格的人大代表、做有为的人大代表、有尊严地做人大代表”成为我努力的方向。

2. 人大代表的角色让我有机会登上一个新平台，有机会与“高人”相识，有机会换个视角看社会。如今再读教育、再看民生、再论发展，我的视野开阔了、角度多维了。

我的教学主张

愿意亲近儿童的感觉使我不断走进儿童、读懂儿童，在与孩子们朝夕相处的日子中慢慢形成了具有本土特色的儿童观、儿童数学教育观及课堂教学特色，形成了比较完善的儿童数学教育思想。就是这种愿意亲近儿童的感觉，使我几十年来一直坚守儿童立场，创建儿童喜欢的数学课堂，做儿童喜欢的温暖友善的数学教育。让我们热情地牵起孩子们的手，一起走进儿童数学学习的乐园。

——吴正宪

让学生喜欢"我"

童年生活是人生中重要的经历，每个人只有一次童年、一次小学生活，我们作为教师要小心呵护、倍加珍惜，让每一个孩子的童年都充满幸福和欢乐。我坚信，没有爱就没有教育，温暖的教育一定是有爱的教育。

一、做富有"人情味"的教师

亲情是全人类都得以共享的幸福，小到一家一户，大到整个民族，广至国家，上至人类，哪里没有亲情？哪里没有爱？情和爱是人世间最美好的情感，谁不渴望着在充满爱的世界里生活，谁不愿意和有人情味的人交朋友？所以要让孩子们走进爱的世界去感受人间真情，让他们从小就感受到爱他人和被他人爱都是幸福和快乐的。教师热爱学生是师德的反映，师爱是具有社会性的高级情感。教师对学生的爱是社会的需要，是教师义不容辞的责任，它代表着社会对下一代的关怀和爱护，体现着国家和民族对下一代的深情和希望。因而，这种爱是稳定的、深厚的、高尚的、真情的、无私的，是与教师肩负的责任紧密相连的。孩子们渴望教师的爱、珍惜教师的爱，他们希望在教师爱的怀抱里成长。

五元钱的故事

记得刚接一个新班不久发生了一件事，课间十分钟，赵洁铅笔盒中的五元钱不翼而飞。同学们议论纷纷："我看见小 E 一个人偷偷摸摸地在教室没去操场玩儿，一定是她，她家可穷了。""搜身吧。"不知谁提出了这样的建议。我当时没有发火，也没有清查，只是感到心里沉甸甸的。我把目光一一扫向每一位同学，教室出现了从没有过的安静。当我的目光与小 E 的目光相对的一瞬间，一种复杂的感情从她脸上掠过，我马上意识到，不能伤害任何一位同学的自尊心，要把坏事变成好事。"同学们，今天我们班发生了一件不愉快的事，赵洁同学准备买钢笔的五元钱不见了，大家能帮帮她吗?”“老师，我们每个人给她凑点钱。”“老师，我把这支钢笔送给她。”同学们纷纷伸出热情的双手。赵洁挺感动的，我也被这一颗颗可爱的童心感染着。我接着说：“同学们的表现很好，当别人遇到困难时你们都伸出了热情的手给予帮助，使每位同学都感到集体的温暖。不过，我不能断言赵洁的五元钱一定是被某个同学拿走的，但是我完全可以肯定即使拿钱的人的确是在座的某位同学，那么他一定是遇到什么难事了，我想他的心里一定也很难受。五(1)班是一个非常优秀的集体，每一位同学都愿意做一个诚实的孩子，我不希望再发生这样的事情。”第二天，我在备课本里发现了一个纸糊的信封，里面除了放着五元钱还夹着一张纸条：“吴老师，我好惭愧，不该做出对不起您和同学的事。妈妈去世后，爸爸带着我和哥哥生活很困难，前几天大哥又生了病。我想给他买药……”泪水模糊了我的视线。随即我写了一张纸条，悄悄地放到了她的铅笔盒中：“小E同学，你是一个善良懂事的小姑娘，生活的重担过早地压在了你的肩头，我多想分担你的忧愁。生活的路还很长，遇到的困难还会很多，切记人穷志不能短，要堂堂正正地做人，一步一个脚印地走好你的路，有困难找你的大朋友，我会尽力帮助你。”

一晃十几年过去了，小E已经长大成人，并且有了自己幸福的家庭和一份比较满意的工作。试想当初如果非要查个水落石出，无非使她在全班同学面前无地自容，被伤害的自尊心要再重新编织起来就太难了。教育的实践使我深深地体会到：当你走进孩子的心灵，当你把自己的生命和孩子的生命融在一起的时候，你就会站在孩子的角度去换位思考，就会用童心去感受孩子们的喜怒哀乐，那时你就会感到当老师的责任太重、太重。我们不仅要给予孩子们一个智慧的头脑，更应为孩子们塑造一个美丽的心灵；我们不仅要对孩子的今天负责，更要为孩子一生的幸福负责。

教师要把与学生一起交流看作师生成长中一段重要的生命历程，从生命的层次、用动态生成的观念认识教书育人的重要性，从而引领学生成长。

我想去北京听您的数学课！

下课的铃声响了，可孩子们都不愿意离去，我问：“想下课吗?”孩子们再次异口同声：“不想！不想！”接着是叽叽喳喳的声音：“我最喜欢数学！”“我也是，我也是！”许多孩子一边说，一边把手举起来。

我问："能给这堂课起个名字吗?"

孩子们的答案五花八门："重叠""重复""画图课""圈圈课""既什么又什么课""分类问题课"……

"谢谢同学们！我们下课了！"

可是没有同学动。

我说："哎，下课不下课啊?"

全班孩子们大声说："不下课!"

"真的不想下课啊？为什么这么喜欢数学课？你特别想对吴老师说什么?"我问。

孩子们继续七嘴八舌："这节课太有意思了!""这节课特别是圈圈的时候非常有意思!""我觉得这堂课蛮好玩儿的!""我觉得这节课过得太快了。""我想转到吴老师班上去。""老师，您讲得太好了，一说我们就能明白。""这节课充满学问。""我想天天听您的课。""以前我不喜欢数学课，可是现在吴老师一讲，我就喜欢数学课了。""我想去北京听您的数学课!"……

我看到那位姓龚的同学又把手举了起来，便说："你还想说什么？这个小东西，龚同学，一直在举手，你出来吧，过来，到这边来。"

姓龚的小男孩勇敢大方地走到讲台前面，我蹲下身子对他说："你一直想跟老师说什么?"

"这节课很有知识。"他大声说。

"哦，是吗？你哪里感到有知识的?"我笑着问。

"就是画圈这一块。"

"那今天你会了吗?"

"学会了。"

我欣慰地摸摸他的小脑袋："好孩子!"

…………

我饱含感情地对同学们说："谢谢！谢谢同学们！下课了，再见!"

这时候，一位害羞的小姑娘鼓起勇气说："吴老师，我做梦都会想着你的数学课。"话还没说完，小姑娘的眼泪就下来了。

我走到她的身边俯身拥抱她："小姑娘，老师也会在梦中见到你的！谢谢你喜欢我!"

我常说，爱可以让数学温暖。如果在课堂中充满了尊重、理解、信任、宽容，数学课堂一定洋溢着浓浓的人情味！我想到多年前，李镇西老师《爱心与教育》中说过的几句话："一个真诚的教育者同时必定又是一位真诚的人道主义者。素质教育，首先是充满感情的教育。一个受孩子衷心爱戴的老师，一定是一位最富有人情味的人。只有童心能够唤醒爱心，只有爱心能够滋润童心。离开了情感，一切教育都无从谈起。"在我们的小学数学课上，就能感受到一种情感的魅力。记得苏联教育家阿莫纳什维利的一句话："谁爱儿童的叽叽喳喳声，谁就愿意从事教育工作，而谁爱儿童的叽叽喳喳声已经爱得入迷，谁就能获得自己的职业的幸福。"这就是教师的幸福。

不知从什么时候起，我们的教育越来越"理性""客观""冷峻"，似乎越来越有一种"唯技术"的"科学倾向"——教育实践被视为"科学的技术操作"，学校被当作"人力加工厂"，把教师当作人，把学生当作加工对象，在教学过程中甚至在教学方法上都追求一种规范、统一、精确、共性的程序和法则。在教学内容上，丰富多彩的教学内容被"科学之刀"精确地肢解、切碎，然后往学生脑袋里源源不断地注入……在这过程中，忽视了人的成长。苏霍姆林斯基说："教育——这首先是人学。"陶行知说："真教育是心心相印的活动。"两位教育大师不约而同地把教育指向了人的心灵。

教师要努力得到孩子们的喜欢和认可，要真诚地和他们站在一条战线上，友善地走进他们的心灵，努力把自己的生命和孩子们的生命融在一起，从而迸发出情感与智慧的火花，用教师的人格魅力感染学生。

1. 没有爱就没有教育，温暖的教育一定离不开爱的滋养。教师对儿童的爱是大爱，是科学的爱，超越母爱。爱的核心是"尊重"与"理解"。

2. 爱儿童，就要走进儿童的情感世界，站在儿童的立场上用真心去感悟孩子们每一丝的变化，用真情去体验孩子们的喜、怒、哀、乐，使他们在爱的呵护下成长。

二、做永葆“童心”的教师

教师要有儿童之心，这样才能了解儿童的需求、站在儿童的视角思考问题、用儿童的眼光看问题，才能和儿童同喜同忧，真诚地与儿童做朋友，用心与儿童享受愉快、和谐、温暖的教育生活。

我天天和孩子们朝夕相处，常常被孩子们天真可爱的童趣所感染。我和孩子们一起激动过——为了我们纯真的友情；我和孩子们一起欢呼跳跃过——为了运动场上的胜利；我和孩子们一起开怀大笑过——为了儿童游戏场上那精彩的一幕；我和孩子们一起落泪过——为了他们心中的苦和忧……我为他们欢喜、为他们担忧，孩子们童年的趣事已成为我生命中的风景线。在这充满情趣的学习生活中，我就这样一路领着孩子们走着、说着、笑着、欣赏着、品味着，同时也不断地思索着。

用拥抱鼓励学生

苏霍姆林斯基是一位十分受孩子们欢迎的教师，他有着一颗极富人情味的爱心和童心。他在《把整个心灵献给孩子》一书中写道：“如果我跟孩子们没有共同的兴趣、喜好和追求，那么我那通向孩子们心灵的通道将会永远堵死。做孩子的朋友，永葆童心，世界在我们面前将永远充满灿烂的阳光。”

打雪仗

依稀记得在一个漫天大雪的早晨，上课铃声响了，教室里还有几个座位空着。不大一会儿，“报告”，一群“战将”余兴未消，不情愿地回到了课堂。我在讲台上津津有味地讲，“战将们”打雪仗的战斗仍在悄悄地继续着。我转身写板书的一瞬间，一个声音高叫着：“雪球砸到我脖子里了。”课堂上爆发出一阵不正常的笑声。我气愤极了，真想把这几个“肇事者”轰出门外。但是，当我的目光与他们的目光碰撞在一起的瞬间，我看到了孩子们的眼睛里充满了企盼与渴望，他们充满了对雪天世界的情有独钟。为什么我要用成年人的眼光去苛求孩子们？此时的我没有批评，没有发火，而是话锋一转：“其实，我和你们一样也非常喜欢这漫天飞舞的雪花，喜欢在这银色的世界里堆雪人、打雪仗，中午我们一起去天坛公园打雪仗好不好？”同学们在惊喜中雀跃起来，这几位“战将”当然显得比别人更兴奋。“好，上课我们就认认真真地学，下课我们就痛痛快快地玩。”短短的几句话似乎带来了出奇的效果，孩子们全身心地投入这节课的学习中来。古老的天坛公园，银白色的纯洁世界，留下了我和孩子们追逐嬉闹的足迹，留下了我和孩子们欢乐的笑声。他们开心地对我说：“真的很喜欢您！”

做孩子们的朋友不仅能玩在一起，更重要的是在课堂生活中与孩子们有情感共鸣、和谐交往。课堂上我是教学活动的组织者、指导者，同时还是孩子们的合作伙伴。在学生面前我俨然是个大孩子，常常和他们一起讨论、一起探索，有时为了一个正确结论的得出我们争论得面红耳赤；有时意见达到了科学的统一，我们的双手紧紧地握在一起，发出会心的微笑。课堂上我们时时感受着师生之间的这种真情、和谐与默契。

巴霍姆围地

四年级的孩子们刚刚学完长方形、正方形的面积。一上课，我向孩子们讲了一个小故事：一个叫巴霍姆的人想在草原上买一块地。卖地的人说：“你如果愿出1000卢布，那么你从日出到日落走过的路围成的地就都归你。不过，你日落之前必须回到原来出发的地方，否则你的钱就白花了。”巴霍姆觉得很合算，就付了钱。他想走出最远的路线，得到尽可能多的土地。第二天，太阳刚刚升起，他就开始在大草原上奔跑起来。

同学们，如果你是巴霍姆，你会怎样围地？

师生共同分析，如果巴霍姆使出全力，他跑的路线长短是不变的，关键看他围成什么形状。大家发现这是一个数学问题：周长一定时，什么图形的面积最大？

我让同学们大胆地猜一猜。

生1：我会走一个长方形，我认为长方形的面积会大一些。

生2：我想走一个正方形。

师：哪一个猜想是正确的呢？

生1：我们可以用一根固定长度的绳子围一围，然后再算一算各自的面积。

生2：也可以画出各种周长相同的长方形和正方形，量出长与宽，再算出面积。

师：同学们的想法都特别好，有了猜想要通过实践来验证，同学们可以画一画、围一围、算一算，以小组为单位进行研究吧。

只见有的同学拿出事先准备好的绳子，在桌子上围成各种不同的长方形，一会儿用尺子量一量，一会儿又动笔算一算，还有的同学在本子上画出各种不同的长方形，再来算一算面积……教室里充满了研讨的氛围。

我请同学们汇报。

生1：我们画了3个长方形，周长都是20 cm。第一个长方形长8 cm，宽2 cm，面积是16 cm^2；第二个长方形长7 cm，宽3 cm，面积是21 cm^2；第三个长方形长6 cm，宽4 cm，面积是24 cm^2。我们感觉长和宽差的越少，面积越大。

生2：我们用40 cm的绳子围成了不同的长方形，都记录下来了。(见表2-1)我们认为围成正方形面积最大。

表2-1　长方形的面积

周长/cm	长/cm	宽/cm	面积/cm^2
40	10	10	100
40	12	8	96
40	15	5	75

生3：我们发现长和宽离得越近，面积越大，围成正方形的时候，面积就最大了。

…………

师：如果巴霍姆要围成四边形的土地，真的就是正方形的面积最大！同学们你们太了不起了，用自己的数学知识帮助巴霍姆解决了难题，谢谢同学们！

在课堂上，要使孩子们不断产生惊奇和疑问、有研究的欲望，通过猜想，两种不同的观点碰撞，孩子们有了矛盾的冲突和探索的冲动。在验证的过程中，我给孩子们提供了动手操作的机会，在操作中，孩子们的智慧尽情展现，思维的闸门被开启，创新的灵感不断闪现。正因为有了活动的空间、有了学生的亲身参与，学生的学习潜能被激发，于是学生学习和理解数学知识的过程变成了探索和发现数学规律的过程，变成了创造数学知识的过程，孩子们在实践与探索中对数学知识进行创造性的解读。教师要为学生的思维碰撞、心灵沟通、情感交流搭好台，让学生在探索的过程中去经历数学、感受数学，从而培养他们的创新精神和实践能力。

很多年过去了，记忆中的许多事情如过眼云烟匆匆逝去。而这节课仍历历在目，清晰可见。一次路上偶然碰见上高中的王维忻同学，他说："我最喜欢您的数学课了，我突出的感觉是上课想说就敢说，说错了也没关系，您从不强迫学生认同，总是在讨论中用熟悉的例子使我们心悦诚服。"

教师是课堂教学的指导者、组织者，更要做孩子们的合作者。教师要真正成为学生喜欢的知心朋友，就要永葆童心、真诚地与孩子们相处，尊重和善待每一位学生，善于倾听他们的不同意见，在与学生交流的过程中发挥"引导、组织、合作"的作用，并热情地参与探索和评价，使每一位学生都能感受到：老师就是我的知心朋友、就是我最信赖的合作伙伴。

1. 永葆童心是教师持久工作的保鲜剂。我喜欢儿童，喜欢研究儿童。我珍惜与儿童在一起的时光，喜欢观察他们追逐嬉闹、开心玩耍的顽皮模样；还愿意捕捉他们遇到难题时，皱着眉头、撅着小嘴的思考状态；我乐意和他们敞开心扉，天南地北，竹筒倒豆；真诚分享来自他们的喜怒哀乐，就这样在陪伴儿童长大的过程中与他们一起慢慢品味有滋有味的童年。这就是童心！

2. 教师每天面对的儿童的生活是鲜活的、生动的、充满挑战的，这种充满挑战的工作会让你的教师职业生命充实而有意义。和儿童在一起，会让每天忙碌辛苦的你，心境会越加宁静与祥和；和儿童在一起，会让平淡的生活常态变得丰富多彩、有滋有味；和儿童在一起，会让慢慢变老的你，觉得自己还年轻；和儿童在一起，会让你每天都有新期待……

三、做“懂孩子”的教师

教师应充分尊重孩子们的人格，真正读懂孩子，使学习成为师生互动的过程。在这个过程中既有理性的思考，又有情感的交流与心灵的沟通，教师要和孩子手牵手地站在一条战线上，师生的生命才会融在一起，学生才会喜欢“我”。

“和学生站在一条战线上，教师不和学生站在一条战线上便不能成为教师……你若把你的生命放在学生的生命里，这才算尽了教师的天职。”在推进素质教育的今

我不再是木头

天，再次重温我国伟大人民教育家陶行知先生的教诲，我仍然感到震撼。陶行知先生那颗真诚博大的爱心、那颗纯洁无瑕的童心深深地激励着我，“真教育是心心相印的活动，唯独从心里发出来的，才能达到人心灵深处”的教育思想深刻地影响着我。回顾多年的教学生涯，如果说我还能够得到孩子们的喜欢和认可的话，那是因为我一直在努力读懂他们，真诚地和他们站在一条战线上，友善地走进他们的心灵和孩子们进行心与心的交流。我努力把自己的生命与孩子们的生命融在一起，使它迸发出情感的火花。

清楚地记得在我身边发生过这样一件事情：一位非常负责任的语文教师为了六年级毕业班多一些学生考上重点中学，一次又一次地占用课外时间给学生补课，早自习、晚自习，甚至一个半小时的中午休息时间也被占掉二分之一。一位学生终于受不了长时间被留下强迫学习的惩罚，与教师发生了口角并找来家长到学校大吵大闹，甚至动手打了教师。这位一贯性格内向的女教师第一次在众人面前落泪：“我早来晚走不顾自己的孩子、自己的家，辛辛苦苦为学生补课，一分钱的报酬都没有要啊，我把整个心交给了学生，可换来的竟是……”我一点都不怀疑这位教师对学生高度的责任心和她那无私奉献的工作精神，但我为她感到遗憾，因为教师在付出爱心的同时又“爱你没商量”地侵占了本应属于学生自己的时间，尤其是在向学生大量灌输知识的同时，忘记了学生在想什么、学生喜欢做什么，把成人的意识不折不扣地变成学生的行为。我们往往在不知不觉中好心地损害着学生的尊严和感情，忽视了教育对象是有思想、充满感情、有着丰富个性的活生生的人。

多年来，我始终把教师和学生看作一对朋友，把课堂生活当作教师和学生互相交流的温馨港湾。我爱孩子，特别喜欢和孩子们在一起，自然也特别喜欢上课。每每走向讲台，我都有一种兴奋和喜悦感。我深知孩子们来到学校并不是以“纯粹的致力于学习知识的学生”的面貌出现的，孩子们除了怀有获得知识的愿望外，同时还带来了各自的情感世界。他们像一颗颗饱含生命希望的种子，是一个个充满着情感和思想活力的生命。课堂上我和孩子们不仅有知识信息的交流，同时也十分注重情感信息的交流，在师生共同经历的情感交流、思维碰撞的生命过程中感受和孩子们在一起的快乐。

圆的周长

在教学《圆的周长》一课时，同学们4人一组围桌而坐。桌面上放了一些水杯、可乐瓶、圆形纸片、直尺、绳子、剪刀等东西。我首先提出了问题："龙潭公园有一个圆形花坛，为了保护花草，准备沿花坛的四周围篱笆，需要多长的篱笆呢？你们能帮助解决这个问题吗？请利用手中的学具，小组合作探索圆周长的计算方法。"话音刚落，大家就行动起来。有的把圆形纸片放在直尺边上滚动，有的用绳子沿可乐瓶子底面绕一周，还有的……同学们兴高采烈地交流着，饶有兴趣地操作着。探索新知的开始阶段，孩子们已经兴致勃勃。

同学们开始争先恐后地发言。

A组代表："我们小组是把圆形纸片立起来放在直尺边上滚动一圈，就测出了它的周长。"

我充分肯定了他们积极动手、动脑参与学习的行为，同时又提出一个新问题："有一个很大的圆形水池，要求它的周长，能用你们小组的办法把水池立起来滚动一周吗?"我边说边做了一个滑稽的动作，同学们笑了，笑声过去，同学们又进入了思考。

B组代表："我们小组的研究办法比较好，用绳子在水池周围绕一圈，再量绳子的长度不就是水池的周长吗?"

我有些激动："好！好！"

B组同学得意扬扬。安静片刻，我轻轻拿出一端系有小球的线绳，在空中旋转，使小球滑过的轨迹形成一个圆，然后我又抛出了一个问题："要想求这个圆的周长还能用你们组的办法拿绳子绕一圈吗?"

B组同学不好意思地摇摇头，若有所思。刚刚建立的认知平衡又一次被教师的设问打破了，全班同学再一次进入沉思之中。

C组同学的发言打破了这暂时的平静："我们又发现了一种求圆周长的方法。"他边说边操作，"将这张圆形的纸对折三次(见图2-1)，这样圆的周长就被平均分成了8段，我们测量了每条线段的长度是2 cm，8条线段就是16 cm，也就是圆的周长。"

"很有创意!"我竖起大拇指脱口而出，"你们用折纸的方法求出这个圆的周长，很了不起。"同学们的思维高度活跃，学习中闪烁着创造性思维的火花。孩子们的操

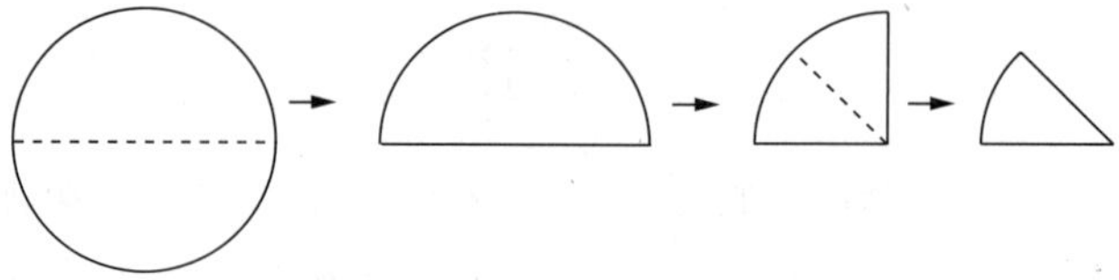

图 2-1　通过折纸求圆周长

作、思维、言语表达有机地结合起来，探索的过程正是创造的过程。这时，我把话锋一转："用滚动的方法、绳绕的方法以及折纸的方法可以求出某些圆的周长，但是都有局限性。我们能不能探索一条求圆周长的普遍规律呢?"同学们渴望求知的神情溢于言表，思维的高潮又一次迭起。我将两条长短不等的绳子的一端分别系上两个小球旋转(见图 2-2)，小球滑过的轨迹形成了大小不同的两个圆。

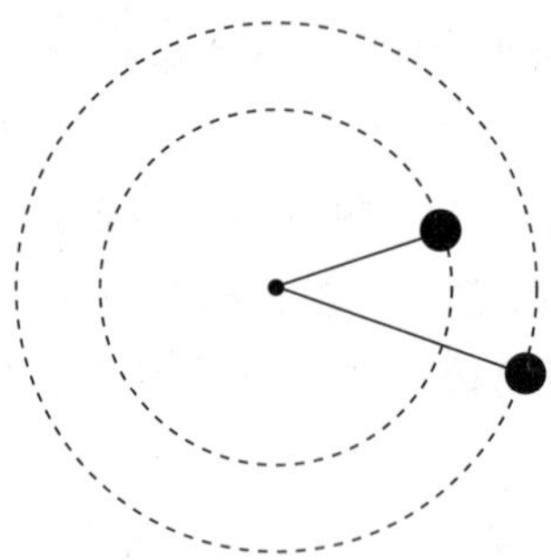

图 2-2　影响圆周长的因素

疑问又一次引起了同学们的思考："是谁决定了圆周长的长短？圆的周长到底与什么有关系?"多次观察、操作、实验后，同学们终于发现了："圆的周长是它直径的 3 倍多一些。"

"同学们，你们的发现很了不起，早在 1500 多年前我国著名的科学家……"屏幕上出现了祖冲之的画像，古筝配乐的散文朗诵把课堂推向高潮，我激动地说："今天同学们正是走了当年科学家探索发明的道路，很有可能未来的科学家就在你们中间。"我的眼睛湿润了，一股强烈的爱祖国、爱民族的情感在同学们心中油然而生。此时此刻，孩子们在教师期待的目光中又一次体验了参与的快乐、成功的快慰、创造的愉悦！

我和孩子们都倍加珍惜课堂上的每一分钟，都希望我们彼此在一起的时间能长一些，再长一些。下课的铃声响了，孩子们仍然沉浸在学习数学的兴奋中。我几次

与学生共同深入讨论

和孩子们协商："可以下课了吧？""不行！坚决不能下课！"他们余兴未尽。一位校长看我下不了课，急中生智找来了一个铁铃，猛烈地摇了起来，催促下课。想不到这把孩子们惹急了，他们大声地质问校长："为什么要下课？"听课的老师们感动了，我也为孩子们被数学课深深吸引的热烈学习场面感动了。孩子们依依不舍地拉着我的手："老师，您能再给我们上一节课吗？""老师，把您的地址留下。""老师，我喜欢上您的课。"孩子们的眼睛里噙满了泪水，我的眼睛也湿润了……这样的场面不知经历了多少次，我常常被孩子们这一颗颗可爱的童心所感动。对于教师来讲，还有什么比这更使人感到幸福呢？我们共同享受着人世间这种纯真的友情，共同感受着和谐愉悦的师生关系，共同体验着课堂生活的快乐。师生的情感早已超越了这狭小的课堂时空，它会长久地伴随着孩子们，从每年贺卡的祝福中、从孩子们作文的字里行间，我时常感受到童心的可爱。

和孩子们在一起就要读懂他们，在读懂儿童的过程中我体会到：要想让学生喜欢教师，教师奉献给学生的一定是一个真实的自我、鲜活的自我。如果教师只是一架会传授知识的机器，那么学生就会远离你，师生之间的情感就会一片苍白，课堂教学必然会失去活力。要做一名受欢迎的教师，就要走进学生的心灵，满怀真情地倾听他们的心声，帮助他们消除心理上的障碍，充分地理解他们，真正读懂青少年心理这本书。师生关系是由相应的教育关系所决定的，其核心问题是教育观念。满堂灌的课堂教学把学生看作知识的接收器，在教学过程中学生无条件地接受教师所传授的一切知识。在这样的教学背景下，师生关系是主从型的，学生在教学关系中只是一个缺少生命活力的知识储存器。而素质教育的理念把学生当成人来教育，是以人的发展为核心的教育观念，教育教学的根本任务是促进人的发展。

1.“做一个读懂并理解孩子的好老师”不容易，要真正读懂儿童心理这本书，教师要充分地尊重、理解儿童，要成为儿童喜爱的知心朋友，做儿童信赖的合作伙伴。平等、民主、友好、和谐的师生关系对儿童的成长格外重要。

2.“读懂、理解”的核心是尊重，尊重每一位儿童的认知规律，课堂上允许儿童有不同的意见；允许儿童用不同的状态、方法对待每一个新出现的数学概念；允许儿童用不同的速度探索和接受数学知识；允许儿童用自己喜欢的方法揭示数学。

3. 理解儿童、读懂儿童就要站在儿童的立场上设计和实施教学。教师要弄清楚儿童已有的认知起点在哪里，包括已有的知识基础、生活经验、习惯了的思考问题的方式，特别是儿童在学习中可能遇到的认知障碍、困惑等。只有真正地理解和读懂儿童，教学才能更贴近儿童，才能使儿童有实际获得。

四、做给孩子“机会”的教师

儿童是有潜力的人，每个儿童带着各自的生活经验、带着各自的兴趣爱好、带着属于他们自己的智慧来到学校。儿童是一个个等待点燃的、充满能量的火把，这火把一旦被点燃，将发出耀眼的异彩，闪现夺目的光辉。所以我们要做给孩子机会、等待孩子成长的教师。

人们常说："失败是成功之母。"我没有异议，但是我总想补充一句："成功亦是成功之母。"

有人做过一个实验：将靠吃小鱼为生的梭鱼与小鱼放入同一池中，中间用玻璃将他们隔开。梭鱼看到一群群小鱼在眼前游动，猛扑上去，企图捕食小鱼。"砰"的一声，梭鱼被莫名其妙地弹回来；再一次扑上去，再一次被弹回来……经过多次反复冲撞，梭鱼逐渐失去了尝试的勇气。以至于当人们将隔在中间的玻璃拿开后，梭鱼再也不去捕食小鱼，直至饿死。实验证明：当个体多次失败后，会失去再次尝试获取成功的信心。现实生活中，这样的例子还少吗？课堂上有些学生不正在经历着梭鱼的体验吗？一次次学习的失败，使心智尚未成熟、意志脆弱的孩子逐渐失去了学习的信心，"破罐破摔"成了他们唯一的选择。真不敢想象，小小少年就在这般心境下学习生活，漫漫人生路将如何走下去？

苏霍姆林斯基曾言："没有不想成为好孩子的儿童。从儿童来校的第一天起，教师就应该善于发现并不断巩固和发展他身上所有的好的东西。"任何一个孩子心灵的深处都有想做好孩子的愿望，作为教师就是要小心翼翼地呵护这美好的愿望，使

给每一个孩子表达的机会

孩子们从小就有一种自强自信的良好心态，帮他们驱走内心的自卑，树立自尊，使他们带着自信走向成功。教师应该为孩子创造再一次重新跃起的机会。

小 A 进步啦

清楚地记得教四年级的时候，我们班上转来了一位期末考试成绩语文 16 分、数学 17.5 分的留级生小 A。年轻的班主任老师把他安排到了教室最后一排靠犄角的位置，那是一个容易被遗忘的角落。小 A 学习很吃力，数学基础薄弱，考试成绩不及格已成为家常便饭。一提起学习，他总表示出一副无可奈何的样子：“老师，我小时候得过大脑炎，我妈说我脑子有毛病，所以学习跟不上，不是学习的料。”多么可怕的定位，小小年纪已经给自己定了调——“不是学习的料”。于是乎，上课时他从来不听讲，不是玩儿就是与同学窃窃私语，从不举手回答问题，学习成绩越来越差。我曾经与他商量：“今天上课我提出比较简单的问题，请你先回答怎么样?”他连连摇头：“千万别叫我，我肯定不会。”“你还不知道我提什么问题，怎么就断定不会呢?”他默不作声。在一次聊天中他讲起了三年级因回答错了问题，同学们哄堂大笑，并给他起了一个不雅的绰号的事，至今他还记忆犹新。早已心灰意冷的他多像那条“饿死的梭鱼”。小 A 失去了学习的信心，基础又差，所以最重要的是帮助失落的小 A 找回自信，为他创造有可能成功的机会，让他重新跃起、重新认识自我，感受自己在集体中的价值，树立起学习的信心。

在学习“乘数是三位数的乘法”时，我先给小 A 补“乘数是两位数的乘法”的知识，如“123 ×23 = ?”通过补课，小 A 对“第一个因数十位数的 2 与第二个因数个位上的 3 相乘得 6，6 为什么写在十位上？为什么计算中要把两次不完全的积相加?”的问题有了明确的认识。一周的“私下交易”使我与他在相互接触中有了再认识，心与心的距离近了。在交流中，我不断地发现他的闪光点：“嗯，数字书写得很漂亮!”“乘法口诀记得很清楚!”“好极了，6 要写在十位上!”“叙述还有些不流畅，但意思基本正确!”“就这样学，你肯定行!”在我真诚的鼓励下，他终于有了想学习数学的愿望。基础知识的漏洞在有的放矢的训练中得到了弥补，他开始找回了自信。“老师，再上数学课，我也想发言。”孩子的眼神中闪烁着自信与期待。新课开始了，我微笑着走向讲台：“同学们，今天我们共同来研究乘数是三位数的乘法计算方法。”我转身板书了这样一道题：123 ×23 = ？小 A 的小手已经高高举起，这是开学以来我第一次看到他这么主动、这么积极。他很快完成了此题的计算，同学们不约而同地鼓起掌来，我有意识地给了孩子们互相交流的机会。“你们有什么问题要向小 A 提出吗?”同学们七嘴八舌地议论起来，小 A 胸有成竹地站在讲台前准备回答大家的问题。“你为什么这样计算? 是怎样想的?”“6 为什么要写在十位上?”“乘法计算中为什么又出现了加法?”

$$\begin{array}{r} 123 \\ \times\ \ 23 \\ \hline 369 \\ 24\boxed{6} \\ \hline 2829 \end{array}$$

小 A 的回答使同学们对他刮目相看。“小 A 进步了!”在同学们热烈的掌声中，他迈着轻松的步伐向座位走去。望着小 A 的背影，我想：“为了这一刻，咱们已经练了多少次，今天你在同伴们面前风光而洒脱，但愿这能成为你走向进步、走向成功的第一步。”

我扭身转向黑板，在 123×23 的算式上用红色的笔添写了一个“1”字。“你们还会计算吗?”“老师，让我们自己试试吧!”通过讨论研究，同学们列出了正确的算式。

$$\begin{array}{r} 123 \\ \times\ 123 \\ \hline 369 \\ 246 \\ 123 \\ \hline 15129 \end{array}$$

平时听到下课铃声的小 A 总是翻着白眼溜着教室墙急于逃脱课堂的束缚，今天，他却一反常态，主动拉着同学跑到讲台前和老师同学们聊天，看得出他还沉醉在刚才课堂良好的自我体验中。

“你觉得乘数是三位数的乘法难不难?”小 A 脱口而出：“不难，不难。”不知哪个机灵鬼喊了一声：“难者不会，会者不难嘛。”大家都笑了。“今天的学习，你有什么想法?”小 A 认真地说：“三位数乘法其实就是比两位数乘法多出一层楼。”大家又笑了。“小 A，你只要好好听讲，就能学会。”“小 A，你今天讲得太好了。”“小 A……”小 A 不好意思地点着头，在学习的过程中他初步体验到学习数学的乐趣和与伙伴们合作的愉快。尤其是这场戏的设计满足了小 A 的心理需求，让他在伙伴们面前实现了一次“自我价值”。能学好数学的信念就是从这里萌发的，小 A 学习的进步也正是从这里开始的。

自信心是人前进的动力，教师要满怀热情地去爱护孩子们的自信心，竭尽全力保护孩子们想学习、爱学习的愿望。教师要精心策划，帮助孩子设计成功、勇敢地撞击成功、不断地追求成功。只要敢于去撞击每一个可能成功的暗点，就能擦出成功的火花。“成功亦是成功之母”就是这个道理。成功的体验会满足学生自我实现的需要，产生良好的情绪体验，成为不断进取的加油站。当学生取得成功后，因成功而树立的自信心对其新成绩的取得会产生进一步的推动作用。随着新成绩的取得，学生的心理因素再次得到优化，从而形成良性循环，进而不断取得成功。

1. 自信心对一个人的成长至关重要，只有自信才能使一个人的潜能、智慧、才干发挥出来。

2. 教师要精心创设育人环境，慷慨地把重新跃起再获成功的机遇献给孩子，帮助他们建立自信。失去自信心的孩子往往不能客观地认识自己，更不善于发现自己身上闪光的火花，他们很少有成功的体验，教师要想办法让孩子获得成功的体验。

五、做有“真本事”的教师

要想让学生喜欢、让学生信服，教师必须有真本事。小学数学是科学，也是艺术，教学的艺术是教师钻研教材、研究学生、进行创造性劳动的智慧之果。教师肩负着教育人、鼓舞人、塑造人的重任。教师要通过创造把学生的激情激发出来，把抽象枯燥的数学变得生动活泼起来，和学生手牵手一起跃入这丰富多彩的数学大世界。

（一）课堂执教能力

教师的拿手好戏是上课，课上得漂亮、上得精彩，自然会引起学生对教师的喜爱、崇拜、折服，自然也会激发起学生对学科知识的渴望和追求。一个聪明的教师应该清楚地认识到：我是教师，把课上好是工作中很重要的事情，也是教师必备的基本功。课堂这个小小的天地正是教师的用武之地，教学技能的高低到课堂上走一遭便可知晓。教师的真功夫，从何而来？课上一分钟，课下十年功。功夫是练出来的、是干出来的，

你听懂了吗?

不是说出来的。只有脚踏实地、苦练内功，才能赢得学生的喜爱，而在这个过程中，也才能真正体会到作为教师的职业幸福。我做了一些调查，发现“学生最喜欢的教师与学生最喜欢的学科”的一致性高达98%。正如古人所言“亲其师而信其道”，我看到不少学生由于喜欢、崇拜自己的老师而走上了与老师同样的科学探索道路；也有的学生受到老师的冷落怠慢后一蹶不振，从此不再喜欢这门学科。因此，教师要用真本事唤起学生对“我”的喜爱，唤起学生对学科学习的喜爱。

一节好的数学课一定是从儿童的立场出发，关注儿童的学习需求，是科学与艺术的完美结合。小学数学教学既要讲究科学，还要讲究教学艺术，用艺术的魅力去黏住孩子们的心。

1. 创设情境的艺术

一节课的开始就像整台戏的序幕，也仿佛是一首优美乐章的序曲，开始的情境创设得好，就会引人入胜，燃起学生求知的欲望，就会收到先声夺人、一举成功的奇效。有时教师可以创设认知冲突的情境，使学生徘徊在思维的矛盾中，从疑问中产生“探个究竟”的想法；有时教师可以创设悬念，紧扣学生心弦，造成学生求知若渴的状态；有时教师可以把生活实例引入课堂，让学生一开始就感受到数学的价值，产生非要学习的愿望；有时教师还可以用讲故事或猜谜语等形式开讲。无论是以“情”、以“境”、以“疑”、以“趣”来开讲，都是为了调动起学生学习的兴趣，萌发学生学习数学知识的欲望，它体现了教师创造性的设计。创设情境体现了教师对教学全过程的匠心思考，它融合了教师运筹帷幄、高瞻远瞩的智慧。

2. 探索的艺术

探索是学生课堂实践的重要环节，是学生展示智慧才能的用武之地。教师要善于燃起学生智慧的火花，开启学生思维的闸门，让他们在探索的过程中去经历数学、感受数学，从而培养他们的创新精神和实践能力。

3. 语言的艺术

一个优秀的数学教师的语言一定是生动形象、风趣幽默、亲切自然的。教师要善于准确生动地表达自己的感情，善于用语言的艺术魅力激励学生。教师尤其要精心设计提问，层层设疑、步步紧逼，引起学生的思考，用语言的艺术去启迪学生的智慧，燃起学生创造性思维的火花。

4. 板书的艺术

板书是教学设计构思的艺术结晶，是数学知识的高度凝练和浓缩，是学生感知信息的视觉通道。好的板书布局合理、条理清晰、重点突出、排列有序，给人以清新、流畅、整洁的感觉。再加上教师一手刚劲挺拔的粉笔字，能不让学生为之倾倒吗？

5. 教学风格的艺术

教学风格的形成是教师走向成熟的标志。有的教师潇洒自如、风度翩翩，一举一动都触及学生的心灵；有的教师幽默风趣、生动活泼，把干巴巴的抽象数学变得妙趣横生、引人入胜；还有的教师言简意赅、平中见奇，使课堂常常出现跌宕起伏、曲径通幽的局面……学生感受到数学课真的是一种艺术享受。

6. 情感的艺术

一个受学生欢迎的教师一定是充满激情和诗意、极富人情味和爱心的教师。教师真诚、丰富的情感可以激起学生相应的情感体验。一位懂情感艺术的教师一定是善于走进学生情感世界的人，他懂得用心灵去感受心灵、用感情去赢得感情，他会与学生的喜怒哀乐产生共鸣，这样的教师一定会赢得学生的喜爱。

听一首优美的歌曲是一种艺术享受，看一场精彩的演出是一种艺术享受，上好一节精彩的数学课同样是一种艺术享受，教师练就一身真本事就从课堂教学艺术的探索起步吧。一个将科学与艺术完美结合的教师一定会受到学生的喜爱和敬慕。

(二)教学研究能力

做教师首先应该是一个职业读书人、终身学习者、充满了反思意识的人、天生的思想者，教师要把学习、思考、研究作为专业持续发展的助推力。教师不仅应该好学而且要善学，要适时地向文本学习、向人本学习，做一个充满思想并不断思考的人。教师要不断批判自己、更新自己，不断地发现问题，不断地进行研究，不断地解决问题，把学习、思考、研究作为自己专业成长的主旋律。

蔡金法教授在《做探究型教师》一书中明确了教师研究过程中的“三个意识”很重要。

1. 不断追问的意识

研究过程需要教师的专业敏感，而专业敏感来自追问和反思，即对日常生活中习以为常、司空见惯的教材内容、教学设计、教育教学事件等不断进行追问、反思，才能获得新的感悟和新的突破。那是“众里寻他千百度，蓦然回首，那人却在灯火阑珊处”的喜悦与豁然开朗。在平时的教学实践及听课、评课的过程中，我们经常会追问一些问题，如：这样设计出于什么想法？这个问题的处理依据是什么？教材为什么这样编排？学生为什么会出现这样的问题？通过不断地追问，我们获得了更多的信息，这样的交谈使我们对教材的挖掘更深刻、对学情的了解更客观、对教学的设计更理性。

2. 寻找证据的意识

对于一线教师，我们的主阵地在课堂，每天都会遇到课堂中发生的许许多多新故事，对于这些问题，教师们也有自己的思考、也有表达的欲望、也有把它们写出来与同伴交流的需求。可是教师们往往不知从何下笔，不知如何规范表述。蔡教授这本书教我们让数据说话，言必有据，对数据进行深入的挖掘，不断寻找证据，就会有“无心插柳柳成荫”的意外收获。

(1)开展数据调查。研究不能凭经验和感觉，没有调查就没有发言权。研究需要用调查得出的数据说话、用自己的访谈记录做依据、用学生作品背后的信息做参考。

(2)组织访谈记录。在研究中需要长时间地思考一个问题并围绕问题搜集证据、寻找原因和解决的方法，证据不同就会得出不同的研究报告。对于个人经验，不足以作为证据，因为经验是属于个体的，它具有一定的局限性。质的研究越来越受到教育界的认可，这种方法理应成为一线教师的研究方法之一。

(3)搜集文献综述。站在巨人的肩膀上看看别人对此问题或相关问题是如何研究的？哪些研究成果可以拿来直接引用、借鉴？哪个视角没有涉及过，可以作为此课题的切入点？对已掌握的文献进行述评也是研究的起点。

(4)积累案例材料。教育教学案例、课堂中发生的小故事等都可以作为一手材料，这是第一步；第二步就是从中寻找证据、挖掘有价值的素材进一步提炼。

(5)及时进行反思。教学反思是指教师在教育教学实践中对自己的教学思想和行为的批判性探究，是教育教学认知活动的重要组成部分。其目的是提高教师自我的教育教学专业水平。善于反思是教师进行研究的重要表现之一。教师可以从成功处、尴尬处、教学目标达成等方面进行反思。这里的反思也包括学生的想法和关键教育事件，教师们要学会从小事的背后思考问题，以小见大、由表及里地看问题，在细节中发现问题的根本、在事件中找到差距。

3. 对课程整体设计的意识

在构思研究成果时，最重要而且最艰苦的工作不在搜寻材料，而是在有了材料之后如何将它们加以选择与安排。我们认为教师的"本职"是"教学"，但优秀的教师总是在不断地琢磨"怎样更好地改进教学"。当一个教师在琢磨"怎样更好地改进教学"时，这个教师就已经进入一种研究状态。由此可以说：教师的"本职"虽然是教学，但真正做好"本职"的教师总是处于某种研究状态。研究有了氛围、研究有了问题、研究有了方法、研究有了方向，教师就能紧密结合自己的教育教学工作，发现问题、寻求解决问题的办法。研究目的在于改进、解决教学中的实际问题，提升教学的有效性，实现教学的价值。一线教师要开展的正是扎根于教学实际、学校实际、学生实际的"草根式"思考，这是让研究成为我们工作的常态，让"问题即课题，过程即研究"成为每个一线教师行走方式的真正要义。

(三)现代教育技术能力

从当今教育教学改革的需要和"互联网＋"时代发展的需要来看，一线教师要具备一定的现代教育技术能力。

1. 具备一定的信息技能

在大数据时代，教师要有意识地拓展视野，尝试阅读《与大数据同行》《游戏改变世界》《回归突破》等书籍刊物，学习使用可为教学服务的新产品、新技术、新软件，提高自身的现代信息技术水平。

2. 要具备一定的设计与运用能力

从传统的一支粉笔、一个讲台转变到图、文、声、像四位一体的学习方式，教师要通过设计与指导学生会用 PPT、视频、拍照、录音等各种方式去表达、去学习知识，同时对学生们的现代技术素养进行培养。

3. 具备一定的分析与处理信息的能力

要借助自身扎实的专业基础知识形成完整的知识体系，进而进行相关资源的收集与整理，对获取的信息按学科教学和课程整合的需要分门别类地加以分析，运用多媒体形式创造、生成、输出，从而提高课堂效率。

4. 具备指导与评价的能力

在信息技术的环境下，学生由封闭式学习转为开放式学习，由对系统专业化学科知识的学习逐渐转向对整合性知识的学习，教师可以借助信息技术指导和评价每一位学生，如指导学生使用 iPad 学习、PPT 展示及视频介绍等都可以纳入对学生的学业评价中，促使学生的发展与教育的既定目标不断融合。

1. 作为一名教师，能上一堂堂精彩的好课是真本事，教师要拥有学科素养，具备专业技能，会钻研教材，能读懂学生，在课堂上游刃有余，语言亲切、幽默、平和、富有童趣，具有亲和力。

2. 作为一名教师，要拥有掌握现代信息技术的能力，善于学习与研究新技术，并能借助新技术有效开展课堂教学。只有教师具备了真本事，才能获得学生的尊敬、社会的认可，从而获得职业尊严和幸福。

六、做有"人格魅力"的教师

教师的魅力是教师在与孩子们相处时所表现出来的品格、道德、学识、能力、情趣等，它会对学生的认知、行为、志向等产生积极的影响。每一位教师都应注重自身的修养，注重优秀人格魅力的养成，这也是教师成功地扮演教育者的角色、高质量地完成教育教学工作的重要条件。

常听学生议论“我最喜欢××老师，我最佩服××老师”。甚至教师的一举一动，学生都在模仿。这些教师之所以让学生为之折服、为之倾倒，我想就是源于教师优秀的人格魅力。教师在长期的教育教学工作中形成的这种人格魅力，在学生中间建立了一种崇高的威信，这种人格魅力、这种威信对学生的影响刻骨铭心。甚至教师的外表、生活习惯、生活作风等都会对学生产生影响。教师的魅力一旦形成，在学生心中的威信一定会很高，学生就会认为自己的老师很好，因而在情感上喜欢老师、在心理上接纳老师，这样，友好和谐的师生关系就容易形成。

（一）品格魅力

教师的品格魅力是指教师用真诚、友善、公正、宽容及实事求是的待人原则与学生相处，以身作则，使学生产生亲切感、仰慕感。教师的品格魅力是高尚师德的集中反映，是教师优秀人格的外在表现。具备了品格魅力的教师，无须讲多少大道理，更不需要絮絮叨叨地提出许多条条框框去要求学生，一切都会在平凡的生活中和不经意的小事中去影响和教育学生。至今我还珍藏着一位六年级毕业生写给我的信，它时时提醒我：教师的一言一行都是教育，教师的品格魅力就在一些“不足挂齿”的小事中。

吴老师您好：

童年的许多事情都记不起来了，可是我怎么也忘不了五年级春游的那一幕。游了一天，同学们显得有些疲惫，大家懒洋洋地站在那里等待着接我们的汽车。车子一到，我仗着自己身高力大，捷足先登，直奔靠窗口的座位，抢占了“有利地形”，因为这里既能看车外的风景，又可以舒舒服服地休息。我正满心欢喜地坐在座位上为自己的快捷行动而得意扬扬时，突然和您的目光碰在一起，那目光像中午的太阳照在我的脸上。只看见您站在车厢里什么也没说，只是一手扶着腰部一手拉着咱班的“小不点”请她坐下。我突然想起这几天您正忍受着腰疼坚持上课，大家劝您别来了，您却说和同学们一起特别开心。我本来就发热的脸此时变得滚烫，刚才的得意在与您的目光交织的一瞬间早已土崩瓦解。我为自己的自私感到深深的愧疚与不安，我赶紧把体弱多病的张松岑同学拉到座位上。这时我偷偷地回头看了一眼，您美丽的脸上露出了满意的笑容，那温柔的目光似春风拂过我不安的心田，您用行动告诉我："做事首先要想着别人。"

孩子们的心里话显得那样平淡却真诚，也使我更加坚信了潜移默化的力量，这也是教育的魅力所在。

（二）情感魅力

"爱是一种信任，爱是一种尊重，爱是一种鞭策，爱是一种激情，爱更是一种能触及灵魂的教育过程。"教师情感魅力的核心就是爱。教师对学生的爱是一种高尚、纯洁而无私的爱，爱的情感可以黏住学生的心，学生在这种爱的情感呵护下能尽情地感受被别人爱和学会去爱别人的幸福，从而促进学生健康情感的发展。

情感魅力的核心之二是尊重。尊重学生的人格，对学生满腔热情、宽容大度，这是爱的集中表现。只有尊重学生，把学生当作平等的人，才会产生爱的情感；只有把学生的成长真正和教育事业紧密相连时，才会增强爱的情感。多年来和学生朝夕相处，我始终把他们看作自己的朋友，我以善良真诚的心与学生和睦相处，我尊重每一位学生，即使是在生气的情况下也绝不伤害学生的心。在课堂上我允许学生有不同的声音、不同的做法，我允许学生用自己喜欢的方法学数学。记得有一次学习《分数的初步认识》，大家都愉快地接受了"$\frac{1}{2}$"这个分数朋友，当时却有几位同学执意用画图的方法来表示"一半"，黑板被这些大小不同的图画占了一大部分。望着学生执着的神情，我没有强求，而是小心翼翼地把学生的"杰作"用红笔框起来，告诉大家："这是同学们的学习成果，要得到尊重。"尽管有序的板书被打乱，但是学生感受到尊重别人和受别人尊重的快乐，从而也更加喜欢这位尊重学生的教师。

情感魅力的核心之三是宽容。教师要最大限度地理解、宽容、善待学生，这是教师的魅力之所在。英国科学家麦克劳德上小学的时候曾偷偷地杀死了校长家的狗，这在西方国家显然是难以原谅的错误，但麦克劳德遇到了一位高明的校长。校长惩罚他画出两张解剖图——狗的血液循环图和骨骼结构图。正是这个包含理解、宽容和心怀善意的"惩罚"使小麦克劳德爱上了生物学，并最终发现胰岛素在治疗糖尿病中的作用而走上了诺贝尔奖的领奖台。

学生出现问题的时候，他们迫切想得到的是理解、宽容和帮助，教师绝不可粗暴地批评，更不可以示众惩罚。记得在一次数学训练选拔赛中出现了尖子生之间相互妒忌、告假状的事。当时我已意识到问题的严重性，但是我没有当众揭露批评。下面的这封信就是这位尖子生向我吐露的心声。

吴老师：

您好！

还记得那个阳光灿烂的早晨吗？全校同学云集在操场，广播里传来校长激动人心的讲话："我向大家报告一个好消息，六年级徐××、何××等同学以勤奋拼搏的精神和集体的智慧，团结合作，又一次获得了全区数学奥林匹克竞赛团体总分第一名的优秀成绩，再一次为锦绣街小学赢得了荣誉。"雷鸣般的掌声久久不息，我站在那里泪水像断了线的珠子，一个劲地往下落。数学小组活动的一幕幕又出现在我眼前：我和鲍××都是您命名的数学小星，成绩总是不相上下。不知从什么时候起，我心中升起了妒火，看到他成绩比我高时，我就狠狠地瞪上一眼，心中愤愤不平。我曾经鼓动几个小哥们一起向您告鲍××的假状。这一切都没逃过您犀利的目光。然而，您没有当众揭露我。放学后，我被留下，心想：等待我的一定是严厉的批评。出乎意料，您给我讲了《枪与子弹》的故事。"枪与子弹抢功，互相排斥，最后只能两败俱伤，只有团结才能取得胜利。"我沉默了很久，或许我从中明白了什么。您拍着我的肩膀说："一个人的品格比分数更重要！"正因为有了这次长谈，使我多了一份人生的感悟，才有了数学决赛前夕，我背着小腿骨折的鲍××参加数学训练，并替他抄笔记的一幕。吴老师您给予我的不仅仅是数学的头脑、智慧的力量，从您的身上我学会了怎样真诚地欣赏别人，学习别人的长处，我懂得了该怎样做人。

孩子真诚的话语使我的心震动了。成长中的孩子需要教育，而成功的教育在于师生间的相互信赖、相互尊重。

（三）学识魅力

一位教师对学生最大的吸引力是他渊博的学识和丰富的内心世界。教书育人是教师的天职，教师学识渊博、见多识广、讲授知识得法，学生就会被教师的博学所折服，进而敬仰教师的才华，相信教师讲的道理，从而产生信赖感。因此，学识魅

与澳门孩子们课后合影

力实质上是教师的渊博学识对学生所产生的折服力，它是教师折服学生的重要因素之一。另外，一位教师良好的认知能力也是获得学生信赖、尊重，产生魅力的重要方面。科技的发展和时代的进步对教师的认知能力提出了更高的要求，教师要想有效地传授知识，就必须勤奋刻苦、好学多思，拥有渊博的知识和独到见解以及精湛的教学技巧，能够给学生以深刻启迪并激发他们对问题的深入思考。这样的教育才有威信、才有魅力。尤其是高年级学生，随着思想、认识等方面的发展和成熟，他们对教师的要求会越来越高。他们已经不再满足于课堂上的知识传授，他们向教师要的不仅是知识，而是认知的方法及数学的思想；他们已经不再满足于几段引人发笑的小故事或“你真棒”的赞扬，而是对教师有了更高的期待。因此，教师要想赢得学生的信赖和尊重，就要不断地充实自己、超越自己。明天的“我”是今天的“我”的自然延伸，为了使“我”能适应时代的要求，“我”必须不断学习，以渊博的学识和丰富的内心世界去迎接学生的挑战与尊重。

（四）形象魅力

教师的仪表、形象、风度、生活作风和行为习惯对教师威信的获得有重要影响。

有的教师往讲台前一站就有一种自然的魅力，他的神态、风度就立刻把孩子深深地吸引住了。教师的仪表、形象、风度是教师精神气质、文化素养的外在表现，它对学生的影响很深。衣着得体、气质高雅、情绪乐观的教师会给学生带来愉悦之感。教师的形象魅力正是教师对学生影响的开始，也是赢得学生好感的重要方面，教师万万不可忽视。我不管工作多么忙，不管生活工作中遇到什么事情，只要是走向讲台，我总以最佳的形象和最振奋的精神状态迎接每一位学生。记得《特级教师》刊物上有一篇文章这样描述：讲台上吴老师得体的着装、亲切的目光、含蓄的微笑、落落大方的举止赢得了孩子们的喜爱。她以清新、淡雅、自然、朴实的风度给人们留下了深刻而美好的印象。

1. 教师的人格魅力胜过千万遍的说教。教师要自觉修炼，用自己的人格魅力影响学生，在潜移默化中引领学生的成长。教师要不断对自己有期待，使自己能成为学生敬佩、喜爱的人。

2. 教师要时刻注意自己在学生面前的言行举止，因为一句不经意的话、一个不小心的行为都可能伤害学生的心灵。因此，我们要怀着审慎的态度与儿童交往，使学生在教师的引领下成长，内心获得力量、情感得到升华。

让学生喜欢数学

一、数学特好玩

心理学家皮亚杰主张：“教育的首要目的在于造就有所创新、有所发展和发现的人，而不是简单重复前人做过的事情。”开发人的创造潜力、培养人的创造能力是对创造性思维品质以及创造性个性品质的培养。创造能力不是一种纯粹的认知过程，它是一种复杂的心理体验过程，是一个充满情感的过程。因此，我认为教师要关注孩子的情感体验，注重孩子个性品质的培养，真诚地去欣赏孩子们尚未成熟的创造萌芽，保护好“好奇心”这颗火种。

“好奇”是小学生重要的心理特征，它是学生创造行为的重要表现。纵观古今中外，哪个科学家、发明家的发明创造不是从对新鲜事物怀有强烈的好奇心开始的呢？伟大的物理学家爱因斯坦幼年时就表现出对新鲜事物强烈的好奇。五岁那年，父亲送给他一个袖珍指南针，他爱不释手。他从玩中发现，不管自己怎么转动，指南针总是坚定地指向南北方向，好奇心驱使他想了解指南针的秘密。这件事对爱因斯坦从事科学研究产生了很大影响。他成名后说：“其实我没有什么特殊的天赋，只有强烈的好奇心而已。”瓦特对水蒸气把壶盖顶起的现象产生了好奇，促使他最终发明了蒸汽机。好奇心是一个创造者、发明家十分可贵的个性品质。好奇心可以激发人们对事物研究的兴趣，推动人们不断地有新的发现。每个孩子的心里都珍藏着许许多多的为什么，他们会常常提出一些问题：“汽车没有腿为什么会跑？”“天到底有多高？”“星星会掉下来吗？”这都是好奇的表现。好奇心这颗“火种”点燃容易，摧毁它也不费吹灰之力。“你不要异想天开！”“你怎么老有问题！”这些话可能会使孩子们想创造的心扉永远关闭。教师要善于激起学生内心深处的探索欲望，唤起学生们的创造意识。教师要小心翼翼地保护好这颗“火种”，为学生的终身发展打下基础。

在小学数学教学中，我把培养学生的好奇心，激发学生对数学学科的兴趣作为教学目标之一。课堂教学不是把知识从一个头脑装进另一个头脑里，而是学生探索、发现、创造的过程，是学生情感体验的过程。教师要充分调动学生的创造潜能，激发学生探求知识的欲望，使他们在课堂活动中不断地发现问题、积极地探索问题，呈现出求知若渴的状态。

（一）以数学知识的魅力，萌发学生的好奇心

数学教学是科学，也是一门艺术。我注重引导学生在数学的王国中细心品味数学家心灵智慧撞击出的知识魅力，以数学独有的知识魅力吸引学生，萌发他们的好奇心和求知欲望。例如，在学习《解方程》一课时，我首先安排了“猜数”的游戏。每个学生心中想好一个数，隐藏起来。将这个数乘以3，再加上6，再把运算后的结果

公布于众，看看谁能猜对隐藏起来的数。学生们饶有兴趣地算着。报数开始了："我的运算结果是36，请大家猜猜我藏的数是几?"教室里鸦雀无声，我像个大孩子，高高地举起了手："我来猜，这个数一定是10。""对啦!"教室里响起了掌声。第二位同学站起来了，以略带挑战的口吻说："我的计算结果是165，谁来猜?"他不屑一顾地环视了一下四周，我又一次把手高高举起："我来猜，这个数一定是53。"他迷惑不解地望着我，嘴里挤出两个字："对啦。"同学们向我投来敬佩的目光。善于挑战的孩子们把数越报越大："906、1509……"我准确无误地回答着。"同学们，不是我的本事大，是数学知识的魅力大。"没等我把下面的话讲完，同学们就开始议论起来："这是怎么回事呀?""老师别说了，让我们自己也试试。"疑问产生了好奇，好奇心又马上转化为同学们强烈的探索愿望，他们开始了尝试。在讨论实践中他们终于发现了解方程的奥秘。在解题过程中，他们不仅感受到了数学思想的魅力，还经历了"疑问—探索—成功"的心理体验。

(二)以新颖有趣的设计，激发学生学习的欲望

教学的艺术是使学生喜欢教师所教的学科。如果学生对所学的内容产生了浓厚的兴趣，就会产生强烈的求知欲望。求知欲望的强弱决定着参与意识的高低。求知欲望是支持、推动学生认识事物的巨大内驱力，也是学生参与探索学习的前提。孩子们对新颖有趣的事物容易产生兴趣，有了兴趣才会产生探索的愿望。孩子们对板起面孔的数学知识是冷漠的、缺乏热情的。儿童的心理特点决定了我们教师传授知识的呈现方式应该是生动活泼的。如果每一位教师都能走进孩子的心里，站在儿童的角度看问题，就会发现严谨科学的数学知识里面包含着大量丰富有趣的内容。那时我们就会自觉地把静止在教材上的东西通过艺术化的教学手段呈现在学生面前。从此，数学课在孩子眼中不再是抽象的数字、干巴巴的符号、乏味的定义、没有生命的算式，孩子们会真真切切地感受到这是一个五彩缤纷的数学乐园。如在学习《比较分数大小》一课时，我以"分西瓜"的故事引入新知识，唤起了学生极大的学习兴趣和求知欲望。

唐僧师傅带着徒儿们去西天取经，路上又渴又饿，师父说："八戒，你下山化缘弄个西瓜来解解渴如何?"八戒一听，扛着九齿钉耙就下山了。估计有一顿饭的工夫，只见他汗淋淋地抱着一个西瓜，一边跑一边喊："西瓜来也!"悟空边切西瓜边

说："师父，我把这西瓜平均分成4份，咱师徒四人每人吃它的四分之一，您看怎样呀?"没等师父开腔，馋嘴的猪八戒急了："西瓜是俺老猪找来的，怎么只分给我四分之一呢？猴哥，我要吃西瓜的八分之一，最少也要给我六分之一，你看怎么样?"悟空称："好。"请问馋嘴的老猪是聪明还是愚蠢呢?

同学们七嘴八舌地议论开了，急性子的同学拿起准备好的学具——圆形纸片，又画又剪。(见图2-3)在操作的探索过程中，同学们发现了八分之一小于四分之一的道理。

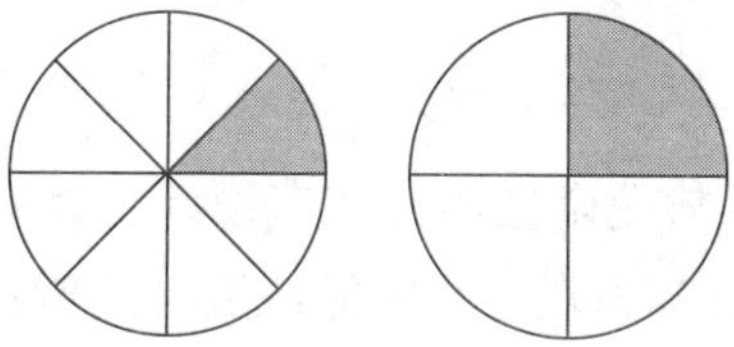

$\frac{1}{8} < \frac{1}{4}$

图2-3 $\frac{1}{8}$与$\frac{1}{4}$哪个大

枯燥的数学知识在同学们的面前变得有情有趣，同学们在动手实践中理解了知识的内涵，在笑声中沟通了师生的情感。新颖有趣的故事激起了孩子们强烈的好奇心和求知欲望，同学们跃跃欲试地开始了对新知的探索。

(三)以数学知识的价值，增进学生应用数学的信心

数学在生活中有着广泛的应用，在教学中我常常从学生的生活经验和已有的背景知识出发，向他们展示生活这个大舞台中处处有数学，使学生感受到数学知识在生活中的实际价值，从而激起学生对学习数学知识的兴趣和爱好，增进应用数学的信心。在学习《圆的认识》一课时我首先提问："生活中，你在哪里见过圆?""硬币是圆的。""碗口是圆的。""皮球是圆的。""车轮是圆的。"……我从同学们头脑中众多的圆抽取出平面图形的圆。"车轮为什么要制成圆形的?"不知谁在下面喊了一句："它没棱没角，便于滚动。"我随手在黑板上画了一个椭圆："它也没棱没角，车轮是否可以制成这样子的呢?"一次次的设问引发了学生们的疑问和好奇。屏幕上电脑软件的演示伴随着孩子们丰富的想象，他们像是坐在不同形状轱辘的汽车上前进，轴心移动留下了一条条的痕迹(图2-4)。

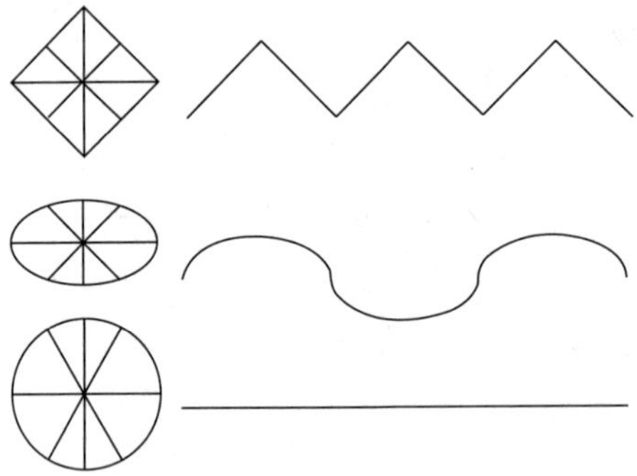

图 2-4　轨迹

“为什么圆以独有的优势使全世界的汽车设计者都对它情有独钟呢？难道从屏幕上的演示还没能领略圆的知识在生活中的价值吗？”听到教师富有挑战的设问，有谁不想亲自试一试，从而发现圆的奥秘呢？

数学来源于生活，同学们都在自觉不自觉地感受着数学、经历着数学、体验着数学。教师要用数学的意识去让学生感受生活，强化学生的感性认识，加深学生对数学知识内涵的理解。教学《比例尺》一课时，我设计了这样的问题：“爸爸准备出差去深圳，他不用实地测量，看看地图就知道了北京至深圳的实际距离。李叔叔测量化工厂烟囱的高度，不用爬到高高的烟囱上，只量量它的影子就可以知道它的高度了。你们知道是谁在暗中帮助了他们吗？”这个带有神秘色彩的问题使同学们恨不得一下子想知道个究竟。他们在感受知识的价值时萌发了一种对数学探求的强烈愿望。又如学习《元、角、分》一课时，我创设了这样的模拟情境：4 个学生一组，有的扮演售货员，有的扮演顾客。小顾客拿出手中准备好的人民币，很有礼貌地购买所需物品，售货员热情地报出商品的价格，紧张地计算着商品的总价和应找给顾客的钱数。同学们通过实践活动、小组交流、研究策略等活动掌握了元、角、分的换算关系。他们又一次感受到了学习数学的乐趣，增强了应用数学的信心。

（四）造悬念设疑问，调动学生的思考兴趣

常言道：“学起于思，思源于疑。”心理学认为，疑是最容易引起探索反射的，思维也会应运而生。多年来的教学实践告诉我：“知之者不如好之者，好之者不如乐之者。”只有有了疑问和惊奇，人们才可能做知之者、好之者、乐之者。在教学中，我竭

尽全力地去调动学生思考的兴趣，我常常制造一些悬念、设计一些疑问，以促进学生的思考。创设新奇的、具有神秘色彩的情境能有效地激趣、质疑，萌发学生对数学知识的好奇和强烈的思考探索欲望。例如，我在讲《长方形、正方形面积》一课时，结合学校实际提出了问题，请大家一起研究解决。“学校操场由前后两个小院组成，为了合理地分配学生参加体育活动的时间，有效地使用操场面积，你有什么好方法?”学生想出了“根据操场面积的大小合理安排学生活动”的方案，而如何测量两个操场的大小是首先要解决的问题。学生以两个图形为材料，进行求面积的探索。有的同学建议用一平方分米的面积单位测量，我在肯定了同学们积极开动脑筋想办法的同时，提出了新问题：“你们的方法可以解决测量这两张纸片面积大小的问题，那么操场的面积怎么测量呢?”同学们很有自己的主意：“操场大就用大一点的面积单位测量呗!”我反问道：“如果请你测量天安门广场的面积或中国国土的面积，还用这个办法吗?”同学们眉头一皱：“是啊，这个办法太麻烦了，也不实际呀，还有没有更好的办法呢?”疑问引起了思考，这正是学习的开始。同学们最终在动手操作中发现了求长方形、正方形面积的计算方法，为学校提出了根据操场大小合理安排学生活动的建议方案。

在教学中，我有意识地制造悬念、设计疑问，以引发学生的认知冲突。悬念、疑问引起了学生的好奇，使之产生了想思考、想探索的欲望，教师要保护好学生的积极性，为他们的思考探索创设情境。

1. 好奇心是培育创新意识的“火种”，教师要满怀热情、小心翼翼地呵护好这颗“火种”。学生有了好奇心，才会产生创造的原动力。

2. 教学中要精心地去创设丰富多彩的教学形式，尤其是要以数学知识本身的魅力和价值，促进学生对数学知识的学习兴趣；以制造悬念、创设疑问等多种有趣的方式，为学生的学习营造好玩的气氛。

二、数学挺有趣

如果学生都能感受到“数学很有趣”，就一定会喜欢上数学。多年的教学实践让我体会到兴趣这个内驱力的巨大能量。兴趣是学生力求接触、认识、研究某种事物的心理倾向，这种倾向是在探索实践活动中发生、发展起来的。它是认识的欲望，是学习者参加学习的直接动力，也是主观能动性的重要组成部分。一位学生如果对数学产生兴趣，他就会酷爱数学的学习，就可以持久地集中注意力，保持清晰的感知、激发丰富的想象力和创造性思维，产生愉悦的情绪体验，形成“爱学—会学—学会”这样一个良性循环，所以教师要激发学生学习数学的求知欲望，调动学生学习数学的积极性，让学生满怀信心地参与到学习探索的活动中。

“我还有一个问题呢！”

（一）一开始就是有趣的

第一印象太重要了，它往往会深而长久地留在人们的记忆里。每次接新班我都把“如何让学生喜欢我的数学课”作为首先思考的问题，我会独具匠心地上好新接班的第一课，使师生彼此留下美好的第一印象，让孩子们从上第一节课开始就感到数学是有趣的。

我曾经接了一个五年级的新班，原班老师用一个字概括了对该班学生的印象——懒。“同学们对数学课毫无兴趣，上课不爱发言，有的连作业都不完成，尤其是杨力……”她的言语间露出了无奈。利用暑假，我进行了调研，发现有的学生提起数学就头疼，数学知识基础差，听不懂索性也就不听讲了；有的同学认为数学只不过是一些干巴巴的数学符号和枯燥的公式算理，真没意思；还有的同学说数学课除了老师没完没了地讲，就是我们没完没了地做题，实在没劲。调研结果表明，该班同学对数学学习缺乏兴趣，没能好好感受数学的魅力和学数学的乐趣。接新班的工作千头万绪，但最重要的是燃起学生心底对数学的喜爱之情，调动学生学习数学的积极性。

9 月 1 日开学了，同学们走进教室。黑板上除了许多不同形状的几何图形有序地排列着，还有许多有趣的问题：“认识我吗——伟大的 0。”“别小看它——小数点。”“你知道阿基米德检验金冠的故事吗?”“数学家索菲愿意做你的朋友。”……讲台上摆满了大大小小的立体模型，有棱有角的长方体、胖胖的圆柱、尖尖的圆锥、圆圆的球体……教室的四周挂满了红红绿绿的纸条：“数学迷宫”“车轮为什么制成圆的?”“1 + 2 + 3 + … + 99 + 100 = ?”“你能把字母变成数字吗?”……琳琅满目，目不暇接。我微笑着迎接每一位同学的到来。在数学课上，同学们七嘴八舌地议论开了，饶有兴趣地猜测着，胆大的同学干脆从讲台上取走长方体纸盒向同座同学介绍起来。有两位同学竟然为“车轮为什么制成圆的”争吵了起来。事先精心导演的“数学小知识”的介绍引起了同学们极大的兴趣。我看大家已经进入状态，便开始了演讲：“同学们，过去一提起数学，你们马上就联想到艰苦的思索、繁难的演算、复杂的逻辑推理和没完没了的算式。今天的数学课你们亲眼看到和感受到了数学中包含的这么多丰富而有趣的内容。刚才同学们说的、想的、做的，都没离开两个字——数学。数学就像一个充满智慧的王国，我愿意和同学们手牵手一起走进这个五彩缤纷的乐园。我相信每个同学只要勤于动脑、积极思考、大胆参与，都会在数学学习的道路上有所进步。如果以前由于这样或那样的原因，同学们对数学的学习还没有入门，那没有关系，今天你长大了，是高年级学生了，我相信在座的每一位同学都会比过去学得好。”从同学们闪亮的目光中，我已感受到孩子们学习的兴趣已被激起，该班同学正是从那一刻跃入了数学的乐园，开始了艰辛有趣的探索。那位曾对数学毫无兴趣、很少按时完成作业的杨力同学也出现了可喜的变化，他逐渐喜欢上了数学，学习成绩不断提高，六年级毕业考试时以数学 95 分的优秀成绩升入了中学。上了中学，他仍然对那节数学课记忆犹新："我是一个提起数学就头疼的人，但从吴老师接班的第一节课开始喜欢上了数学。从此数学就像有吸引力一样把我紧紧地吸住了。"兴趣是学习进步的最好老师。

(二)学习探索中更有趣

"数学是有兴趣的"这种感受不仅是在学习数学的开始，更重要的是在学习探索数学知识的整个过程中。苏霍姆林斯基曾言："兴趣并不在于认识一眼就能看到的东西，而在于认识深藏的奥秘。"让学生感受到数学知识的有趣，就要在学生面前揭示出一种新东西，激发他们的惊奇感，这种情感能抓住学生的心，使他们迫不及待地想接近和走进数学。好奇心强是小学生共同的心理特征。要善于激起学生学习的兴趣，让同学们感受到数学真的有趣。

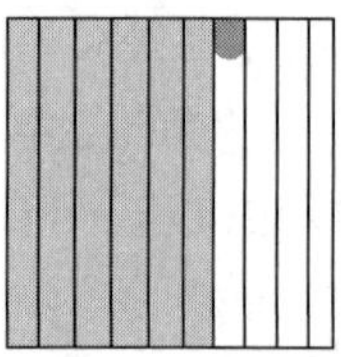

在学习《小数的意义》一课时，在学生认识了一位小数以后，我把学生们的注意力再次集中到图形上，在已经涂满六格的正方形图形中，在第七个格中涂上了一小部分的红色，让学生们观察图形中涂色部分的变化。我轻声问道："现在还能用 0.6 表示阴影部分吗?"学生们纷纷摇头。

"0.7。"一个女孩子回答道。众生纷纷答道："对，对。"面对学生的想法，我没有着急，笑着说，谁能在图中找到 0.7？"0.7 得把这一条涂满。"学生指着正方形图形说。"看来不能用 0.7 表示。我启发说，不是整好是 0.6、0.7 了，怎么表示?"

一名学生有些犹豫："这个数会不会在 0.6 到 0.7 正中间？不，在 0.6 到 0.7 之间吧。"我抓住学生表达的变化追问："由'正中间'改为'之间'，什么意思呢?""如果是中间的话好像是 0.65。"我快速在黑板画出，

我继续追问："你认为这个小数应离 0.6、0.7 谁更近一点儿?""应该离 0.6 近一点，离 0.7 远一点。"

"我觉得，应该把 0.6 到 0.7 之间平均分成 10 份，每一份就是 0.01，"我肯定地说道：你做的事情真有意义。顺着学生的想法，把 0.6 到 0.7 之间平均分成了 10 份。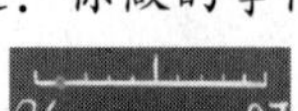

我故作疑惑状问道："你们刚才说的 0.01 是什么意思啊?"众生异口同声地答道

"百分之一"，我看着方格图，边找边念叨着"可是在图里面我怎么也找不到百分之一，也就是0.01呀?"见状，讲台底下的孩子们坐不住了，不由自主地来到黑板前为我"解惑答疑"。

我追问全体学生："你们知道要把这个图形分成多少份吗?"生齐声回答："平均分成100份。"台上的同学听后满意地点点头，回身继续说道："将整个图形平均分成了100份，一小格儿占整个图形的$\frac{1}{100}$，也就是0.01。"我听后连连点头，一副恍然大悟的样子，随后继续发问"现在的阴影部分，有多少个0.01?"经过台上同学的圈画，大家一下子就直观地看出有61个0.01，是$\frac{61}{100}$，就是0.61。

在生活中，小数有着广泛的应用，为了精确表示生活中具体的数量，需要继续均分，就得到了一位小数，这是学生学习的基础。那么两位小数是怎样产生的呢?也就是在0.1和0.2之间再细分下去，就产生了两位小数；课堂上我让学生观察方格纸，把一张正方形纸平均分成10份，取了6份多一点点，该用什么数表示呢?新知识的学习来源于需求，问题引领儿童的数学学习，问题激发儿童的数学思考；他们开始自觉地在"0.6与0.7"之间探寻新小数出现的可能，可能是0.61、也可能是0.62，在位置的不断移动和选择中，培养了学生的数感。怎样才能确切地知道是多少呢?即只要将单位10份、10份地不断细分，就会不断产生新小数，乃至无穷无尽。学生对数学知识的认识过程，也就是数学发展的过程。

学习“小数性质”一课时，我做了这样的调整和设计。请同学们在5、50、500的后面添加单位名称，使三个数能用等号连接。在孩子们心中5比50、500都小，怎么可以用等号连接呢？带着疑问开始了讨论和探索。

5分米=50厘米=500毫米

5米=50分米=500厘米

5元=50角=500分

这些算式脱颖而出，他们十分高兴地欣赏着自己的研究成果。接下来我又以挑战的口吻提出新的要求：“哪位同学能在等式不变的前提下，将单位名称改写为完全一样的。”话音刚落同学们便讨论起来，黑板上出现了两个等式。

0.5元=0.50元=0.500元

0.5米=0.50米=0.500米

这时在一旁观阵的我步步紧逼，又提出新问题：“如果去掉单位名称等式还成立吗？你还能举出几个例子说明吗？”刚刚平静下来的课堂又出现了高潮。同学们的思维活跃起来。

学生在有趣的讨论中，认识并理解了“小数末尾添上零或去掉零，小数大小不变”的道理。我又精心设计了“0，你还骄傲吗？”的讨论。同学们用拟人化的口语讲述着对“0”的感受：“往日多么神气！多么骄傲！你往自然数后面一站，这个数就要因为你的到来而扩大。站一个，扩大10倍，站两个扩大100倍，站三个扩大1000倍……这使得你在其他九个兄弟面前总是趾高气扬。而今天我们学习了小数的性质，哈哈，原来人们并不太会理会小数部分末尾的你，有你没你都不会改变数的大小，似乎你的存在无足轻重。”

枯燥无味的数学概念在同学们的心中变得有滋有味，学起来兴趣盎然。

（三）有趣的事情多着呢

生活中处处有数学，数学中有趣的事情太多了。我热情地牵起孩子们的手到无边无际的数学海洋里寻宝探秘，让孩子们感到数学不再枯燥乏味，而是丰富多彩。

画一画，更明了

学习了分数应用题后，我向大家介绍了“丢番图墓碑之谜——神奇的碑文”：古希腊的伟大数学家丢番图去世后，他的墓碑上刻着一首引起世人瞩目的碑文。碑文的大意是：过路的人啊！这儿埋藏着丢番图，请计算下列数目便可知道他的一生经历了多少个寒暑。他一生的$\frac{1}{6}$是幸福的童年，$\frac{1}{12}$是无忧无虑的少年。再过$\frac{1}{7}$，他建立幸福的家庭。5 年后儿子出生，不料儿子先其父 4 年而终，年龄不过父亲享年的一半。晚年丧子的人真可怜，他在悲痛之中度过了风烛残年。请你算一算，丢番图活到多少岁才和死神见面？故事刚讲完，同学们就边议论边算起来，还有的同学画出了线段图。

生："老师，我只能画出$\frac{1}{6}$、$\frac{1}{12}$、$\frac{1}{7}$和 5 年。后面怎么画啊？"（见图 2-5）

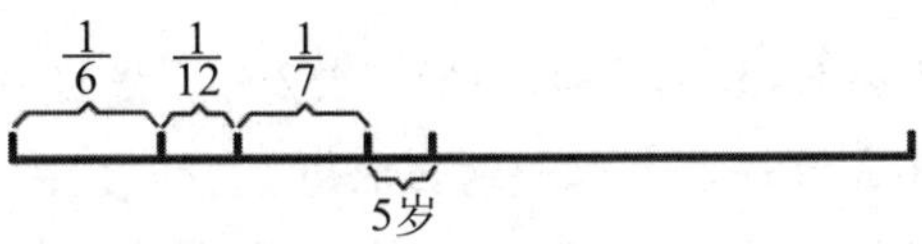

图 2-5　线段图之一

师："看来要想解决这个问题，先必须画好图。儿子先其父 4 年而终，年龄不过父亲享年的一半。你怎么理解这句话？"

生："就是说儿子只活了父亲年龄的一半。"

师："儿子活的年龄跟父亲年龄有没有关系？能否在图上表现出来？"

生："能！"（见图 2-6）

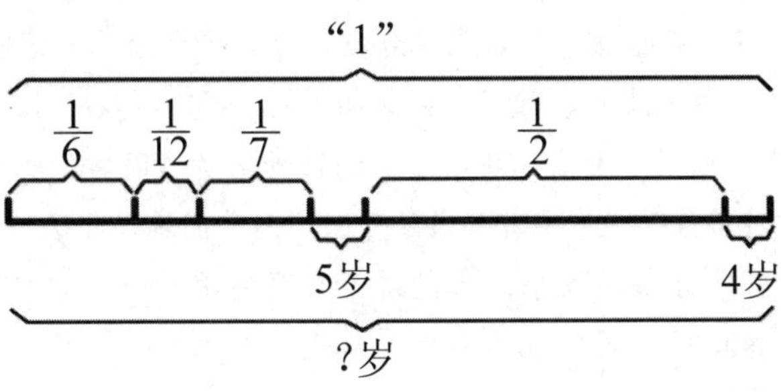

图 2-6　线段图之二

师："谁来继续画图？"

师："这$\frac{1}{2}$指的是什么？4 年呢？"

生："$\frac{1}{2}$这段指的是儿子的年龄，同时也是父亲年龄的一半。4 年是指儿子死后，父亲又活了4 年。"

有了图，数量关系清晰地呈现在同学们面前：5 +4 的和与$\left(1-\frac{1}{6}-\frac{1}{12}-\frac{1}{7}-\frac{1}{2}\right)$的差对应，量率对应关系清楚了，同学们很快列出了算式：$(5+4)\div\left(1-\frac{1}{6}-\frac{1}{12}-\frac{1}{7}-\frac{1}{2}\right)=9\div\frac{9}{84}=84$（岁）。

这时，一名同学似乎又发现了什么，猛地站起来激动地说："我还有一种方法。从图 2-5 可以看出，他一生的$\frac{1}{6}$是童年，$\frac{1}{12}$是少年，再过$\frac{1}{7}$是成年，所以丢番图的年龄一定是6、12、7 的公倍数，即 84、168、252……根据人生的规律可知，丢番图活了 84 岁。"精彩的发言博得了大家一致的认同。

就这样，直观的线段图一下子就把隐藏的数量关系清晰明了地表达了出来。同学们凭借直观图不仅解开了碑文之谜，更重要的是在学习的过程中提高了思维能力和解题技巧，并在相互的启发中学习了同伴优秀的思维品质，加深了对数学学科的喜爱。

我曾经绘声绘色地向同学们介绍过曹冲称象的故事：三国时期，外国使者送给曹操一头大象。这件事轰动了都城，人们纷纷跑来看大象。这只象又高又大，人们边看边议论这只大象到底有多重。曹操听了大家的议论站起来问文武百官："谁知道这只大象有多重?"大家你看看我，我看看你，谁也说不出来。这时，他年仅 7 岁的儿子曹冲想出了一个好办法。他叫人找来一条空船，把大象牵到空船上，待水面平静后在船的一侧刻下水面位置记号，然后把大象牵出船。随后，他又叫人把一块块大石头搬到空船上，直到与记号持平为止。最后，他叫人称出一块块石头的累计重量。同学们听得入了神，我马上把话锋一转："从曹冲称象的故事中你知道了什么?"同学们热议开了。

学生甲：听了曹冲称象的故事，我懂得了当遇到困难时要积极想办法来解决。

学生乙：曹冲真聪明，我知道了石头可以代替大象。

学生丙：我爸爸曾经考过我一道题，一个菠萝相当于三个苹果的重量，一个苹果的重量相当于两个香蕉的重量，爸爸问我一个菠萝相当于几个香蕉的重量？（见图 2-7）当时我没有解答出来，今天听了曹冲称象的故事，我会解答了，不就是把苹果替换成香蕉吗?

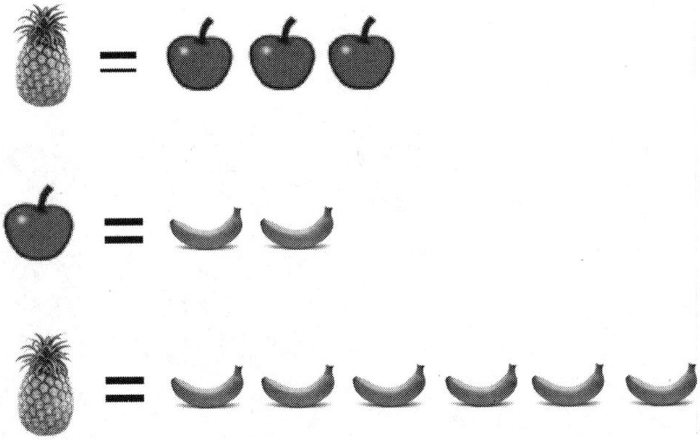

图 2-7　等量代换

显然这位同学已产生了联想，曹冲称象等量代换的数学模型已在孩子们头脑中初步建立起来。我就地取材，顺手把这道题板书在黑板上。

同学们叽叽喳喳地议论开了：这不是跟用石头代替大象的道理一样吗？称象的故事带给同学们的影响是深刻的。一是，向同学们展示了一幅有趣的生活画面，它使学生感受到生活中处处有数学，数学问题解决中处处闪烁着智慧的光芒。一个人只要开动脑筋想办法就会在“山重水复疑无路”中见到“柳暗花明又一村”。二是，等量代换的数学思想就孕育在生活之中，整体可以分成若干个小部分，若干个小部分之和就等于这个整体，整体可以代替部分，部分可以代替整体。有了这样的思想就可以化难为易，帮助人们巧妙地解决生活中的问题，更重要的是数学思想已在开始影响孩子们。

古代趣事，信手拈来，既有味道，又启迪学生的智慧，何乐而不为？我一直有这样的一个认识：小学数学教师的任务绝非是只把教材上的知识教给学生就行了，这充其量是个“搬运工”。为了丰富学生的知识、提高学生的数学素养，教师应充分挖掘课程资源，把从广阔的世界中捕捉到的有趣的史料和故事引入课堂，让学生在愉悦的心境中去欣赏古代名题及近代精品之作，让学生在解决问题中去欣赏数学的魅力，在欣赏的过程中去感悟数学思想、体会数学方法。只有我们教数学的人首先被数学的魅力所感染，学数学的人才能被数学的魅力所吸引。我们要在努力提高学生的数学素养方面做文章，力图使学生能用数学的思想和方法科学巧妙地解决实际问题。

在数学的长河中，我精心采摘一朵朵趣事小花奉献给同学们，和他们一起欣赏。五彩缤纷的数学乐园深深地吸引着同学们，数学的趣事多着呢！正是这种无形的学习动力促使他们兴趣盎然地去发现、去探索。

1. 数学中蕴含着许多趣味素材，教师要有一双会发现的眼睛，引领学生体会数学学习是有意思的。

2. 在传授知识、启迪智慧、完善人格的过程中，教师要引领学生体会学习数学的乐趣。

三、数学很神奇

亚里士多德曾经说过：“思维自疑问和惊奇开始。”如果学生对所学知识常常发生疑问或感到惊奇，对数学时时有一种奇妙的感受，还能不喜欢数学吗？利用学生好奇心强的心理特征，有意识地制造一些悬念，提供补充一些有趣的素材，和学生一起领略数学的神奇，使之更加喜爱数学。

我在教学《乘法分配律》一课时，在让学生通过解决问题积累了三组算式的经验后，指着板书再次追问：“此时此刻，有感觉了吗?”引导学生去观察算式，不断积累“感觉”。

此时，一位男生直接站起来说：“老师，我发现算式只要是这样的，左右两边的结果就是一样的。”我并没有急于追问学生，而是顺着学生的想法，引导学生将自己的“感觉”写出来：“那你们能再写出一组这样的式子吗?”让学生经历着数学建模这一必要的过程。

学生再次独立尝试，我行间巡视，观察着学生们的“感觉”。还不时地在学生尝试的过程中及时鼓励学生：“你都写了好几组了！”同时关注有困难的学生：“没关系，我也经常遇到困难的，跟着我一起慢慢来。”最后，采访了两名同学：

$(19+81)\times4=19\times4+81\times4$

$(4+6)\times5=4\times5+6\times5$

我手指着第一个算式问：“哟，你写的算式这么大数啊！你计算了吗?”学生马上说：“老师，我没算。”我追问说：“你没算？那你就敢用等号连起来啊！”学生非常自信地说："你们看呀！左边是19加上81一共100个4，右边是19个4和81个4，合起来，不也是100个4吗?"我高兴地跟同学们说道："他能借助自己的经验，用过去的知识来解读今天遇到的新问题，掌声响起来。"

我接着引导学生观察另外一位同学的算式："这个用算吗?"同学们马上摇摇头："不用算了。""像这样的算式，如果让你们继续写下去，还能写吗?"同学们毫不犹豫地说："能!""能写出多少啊?""永远也写不完。"我顺势而导："那这一类的问题有没有什么共同的规律？你能够把这个共同的规律，用你自己的语言写出来吗?"学生开始试着用自己的语言表达出这节课一直藏在心里的"感觉"。

学生在独立思考、合作交流、主动发现的参与中，体验着自主构建模型的乐趣，发展了数学思维。给儿童提供丰富的、合适的素材，充足的时间，让儿童参与模型的建构过程，这个过程是一个有体验的、缓慢的过程，儿童的参与、体验、建构正是思维形成不可缺少的过程。

再如，在学习《圆的周长》计算后我设计了一道有趣的练习，引起了同学们极大的兴趣。如图：李伟和王明从同一地点出发，李伟沿外面一圈回到原地，王明则沿里圈"8"字形两个小圈回到原地。李伟和王明谁走的路长。

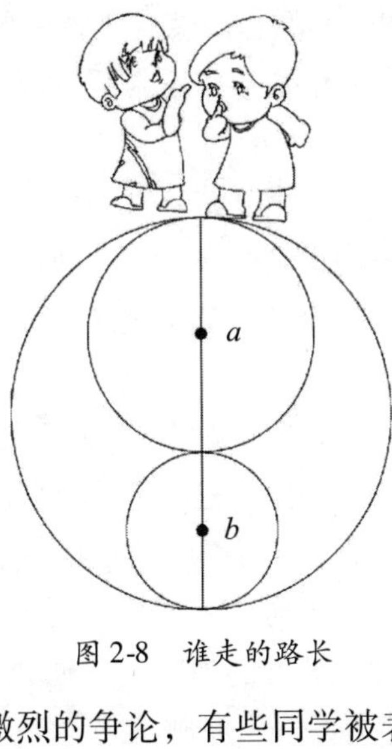

图2-8　谁走的路长

此题引起了同学们一场激烈的争论，有些同学被表面现象所迷惑，仅凭直觉做出了结论。学生A："沿外圈走近些，因为里圈要多绕几个弯"。学生B："沿里圈走近些，因为外圈要绕一个很大的圈子。”我不动声色，只是不软不硬地抛出了一个问题：“难道除了用眼睛去观察，就没有更科学的比较方法吗?”具有挑战性的问题促成了学生思维又一次的高潮。有的同学把小圆、中圆、大圆的直径设成一个具体的数去计算；有的同学根据乘法分配律的原理很轻松地完成此题的证明。即三个圆的直径分别为a、b和(a+b)。根据圆周长公式得出：

里圈的长度等于$a\pi+b\pi$

外圈的长度等于$(a+b)\pi$

又根据乘法分配律得出：$a\pi+b\pi=(a+b)\pi$

结论是李伟和王明走的路程同样长。

没有任何数据，没有任何具体的计算，只是根据圆周长公式，借助乘法分配律的原理就把此题说得清清楚楚、明明白白，数学如此神奇，难道不引人入胜吗？孩子们在疑问和惊奇中加深了对数学的喜爱。

只有走进数学，才能了解数学，喜欢数学。教学中，我常用拟人的方法把新的概念介绍给学生，如“了不起的零”“余数说了算”“谁做小弟弟”“分数也会排队等”。有时我也以挑战的口吻，提出一些奇妙的问题，如“你知道这把魔尺的威力吗?”“你能为ABC做个好翻译吗?”“难道你不想知道这个神奇的答案?”……奇妙的数学深深地吸引着孩子们的探索兴趣，我和孩子们手拉手在神奇的数学海洋中观察、探索、创造。

爱迪生曾说过：“凡是新的不平常的东西都能在想象中引起一种乐趣，因为这种东西使心灵感到一种愉快的惊奇，满足它的好奇心，使之得到他原来不曾有过的一种观念。”因此，我认为好奇心、奇妙感在学生进行探索中占有十分重要的地位。

数学是比较抽象的科学，我们的教材又比较习惯于板着面孔向学生叙述数学原理。小学生是6~12岁的儿童群体，孩子们生性好动，喜欢多色彩、有趣味的素材。这就向我们教师提出了更高的要求，如何把抽象的、严肃的数学概念形象化并富有情感色彩地展现在学生面前，架起教材和学生中间的桥。许多学生一提起数学马上联想到艰苦的思索、繁难的演算，再加之教法简单，学习负担沉重等原因，使学生对数学学习的评价是——枯燥无味。其实，数学中潜藏着许多趣味因素，只是学生没能很好地领略它的神奇之美。许多教师教学质量高，受到学

互动的课堂

生的欢迎和喜爱，原因之一就是他们十分关注学生的这颗好奇心，课堂上为学生提供具有奇妙感的数学素材，产生了数学真神奇的效果，从而有效地刺激了学生的好奇心，激发起学生的学习兴趣和求知欲望。我认为，灵活地驾驭教材，创设数学真奇妙的学习氛围，也该是小学数学教师应努力去尝试的。

1. 好奇之心，人皆有之。不论大人或孩子都会对一些神奇的东西产生兴趣，尤其是小孩子，他们对一些奇妙的东西就更喜欢接触和研究。奇妙感、好奇心在学习的过程中会自然地转化为孩子们强烈的求知欲望，是孩子们进行学习和探索的内在动力。

2. 教师要积极为学生创设“数学真奇妙”的学习氛围，让学生乐此不疲地在知识的海洋中遨游，从而感受数学的魅力，获得积极的情感体验。

四、数学真有用

如果一个人对数学有一种需要感，感受到数学在生活中很有用、很有价值，他就会喜欢数学。

数学对于儿童来讲是抽象的、陌生的，但生活对于儿童来讲则是形象的、熟悉的。如果儿童能在生活中找到数学模型、沟通数学与生活的联系，枯燥单调的数学理论就会变得生动鲜活起来。现代数学绝不是纯粹的数学游戏，不是单纯的计算，不是束之高阁的性质、定理、法则，更不是虚无缥缈的推理判断，现代数学是一种直接用于生活的技术。小学数学知识在生活中有着广泛的应用，只要我们教师善于将小学数学与生活实际相沟通，创设学习数学的生活情境，儿童就会感受到数学就在我的身边，我就生活在数学之中。儿童就会自然而然地产生一种想了解数学、研究数学的愿望，继而会喜欢数学。儿童拥有了这样一种积极的心态，就会产生学习的动力和进入数学乐园去探索、去创造的欲望。

数学很有用，不是靠教师的说教，也不是靠课堂上贴标签，而是需要儿童亲身的体验。有一位教师在揭示“三角形具有稳定性”时，没有照本宣科，而是很自然地从生活实际引入，引起了儿童极大的学习兴趣和探索热情。上课伊始，老师将一把快散架的椅子摆在了学生面前：“有件事情想让同学们帮忙，这把椅子摇晃了，需要加固一下，这根木条钉在哪里比较合适呢?”学生热闹起来，有的说将木条横着钉，有的说将木条竖着钉，有的说能不能将木条斜着钉。(见图 2-9)

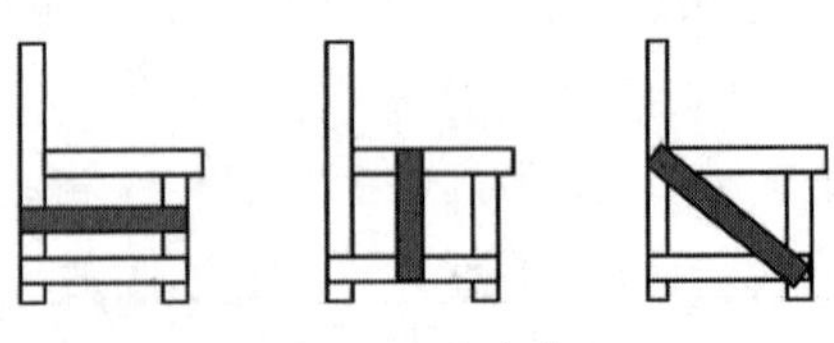

图 2-9　钉木条

老师微笑着说：“感谢同学们想了这么多好办法，到底把木条钉在什么位置能使这把即将散架的椅子加固起来呢？带着这个问题，咱们共同来研究三角形的知识，你们一定会有惊喜的发现。”这位教师言语不多，却为新知识的学习做好了心理准备和知识准备。同学们带着疑问走进了对数学知识的探索中。一位同学上讲台没能把这个用木条钉成的三角架拉动；又有一位同学上来了，三角形木架仍然没有动；最后上来的是一个“大力士”，可他居然也没能把这个小小的三角架拉动。这样，三角形的稳定性就被学生发现了。这时，几位同学几乎是同时惊喜地喊了出来：“老师，那根木条要斜着钉在椅子上才会稳固！”接下来，学生列举了大量的生活事例来说明三角形的稳定性，如三角架子搭成的屋顶，输送高压电线路的铁塔架结构，还有一座座新建成的斜拉桥……三角形的稳定性在生活中发挥着神奇的作用。

课程标准强调“从学生已有的生活经验出发，让学生亲身经历将实际问题抽象成数学模型并进行解释与应用的过程”，就是从学生已有的生活经验出发，利用学生喜闻乐见的情境，让学生在观察、思考、抽象、概括的过程中逐渐形成规律，这实际上就是数学的建模过程。数学建模的重要手段之一就是适当引入图形、符号，从而实现与具体情境在一定程度上的分离。

我和我的团员北京小学李惠玲老师在研究《设计最优方案》一课时，设计了这样的情景：

> 购票须知：
> 1. 成人票每人150元，儿童票每人60元。
> 2. 凡是5人或者5人以上可以购买团体票，每人100元。（含儿童）

师：小明和爸爸、妈妈、爷爷、奶奶来到了公园，他们怎样购票合算呢？

生1：按照须知1，需要花150×4=600（元），600+60=660（元）。

生2：按照须知2购票最省钱——100×5=500（元），500元比660元少160元。

师：儿童票是每人60元，为什么要选择儿童票100元呢？

生2：儿童票虽然多花40元，但成人票要少花4×50=200（元），这样节省160元。

生3：一个儿童虽然多花40元，但一个成人就少花50元，而成人有4个人，总价肯定合算。

师：有的同学比较单价，有的同学比较总价，发现虽然有一个人没有享受最优惠的单价，但购票整体省钱了。

师：你们看，又来了一个团：家庭成员中有1位成人和4位小朋友，他们的购票方案是不是与刚才相同呢?

生：因为儿童人数多，选择“须知2”不合算，要选择“须知1”。按“须知1”仅仅花去60×4=240(元)，240+150=390(元)。

师：这个方案是不是所有的人都享受到最优惠的单价?

生：成人没有享受最优惠单价，因为整体省钱了。

师：同样是5人的旅游团，为什么选择不同的购票方式?

“数学很有用”不是每个学生都能感受到的，需要教师去创设生活的情境，有意识地捕捉数学信息，采撷生活实例，去沟通数学与生活的联系。学生常常在不知不觉中把握了知识的内涵，并且在生活实践中自觉应用了数学知识，取得了很好的学习效果。

1.“数学很有用”的感受对于学数学的人来讲太重要了。只有有了“数学很有用”的感受，才会真正认识到数学的价值；有了对数学价值的体验，才会产生学习数学的动力。

2.“数学很有用”是被千百年来人们的生活实践所证实了的，这是数学的魅力所在。教师要从学生所熟悉的生活事例引入新课，创设生动活泼的学习情境，让学生在生活实践中自觉应用数学知识，达到举一反三、融会贯通的境界。

五、数学多样美

我很喜欢这句话：“只有教数学的人被数学的魅力深深地吸引，学数学的人才能被数学的魅力深深地打动。”要想使每一位学生喜欢数学并能够长久地对它保持浓厚的学习兴趣，非亲自感受到数学知识本身的魅力不行。数学如同一个五彩缤纷的乐园，处处充满着美，正像英国哲学家罗素说过的：“数学，如果正确地看它，不但拥有真理，而且有至高的美。”数学严谨的科学美、简洁的形式美、概括的规律美、数与形的结合美、结构的整体美、思维的逻辑美、辩证的哲理美……数学中一个个简洁的定理、一幅幅严谨的知识网络状图、一道道绝妙的算式、一组组有趣的关系式……这些都是数学家的心灵智慧撞击所迸发出来的一种和谐、庄严、永恒的美。数学知识这种内在的魅力、潜在的美，只有被挖掘、渲染、感受，才会体现出它美的价值。我真诚地牵起孩子的手和他们一起跃进这充满智慧魅力的乐园，共同融入这美的意境，去尽情地领略、享受数学中的美。

(一)严谨的科学美

数学是一门严谨的科学，它表现在数学定义准确地揭示了概念的本质属性；数学结论存在且唯一，对错分明，不模棱两可；数学的逻辑推理严密，从它的公理开始到演绎的最后一个环节不允许有一句假话，即使错一个符号也不行。大到证明与推理，小到计算中的“小数点”，都是需要严谨对待。可以说，严谨性是数学学科的基本特征之一。因此，让学生从小感知、体验、寻找和享受数学的严谨之美，是小学数学教师课堂教学的任务之一。这就要求小学数学教师要具有实事求是、谦虚谨慎、孜孜不倦的追求真理的美德，这正是数学美的伦理价值所在。

(二)简洁的形式美

自古以来，数学知识之所以强烈地吸引人们去研究、去探索、去追求，其中的一个原因就是它能对纷乱繁杂的现象进行高度的概括，人们常常在数学学习中感受到它简洁的形式美。有人说：“数学使用了最小的空间，惊人地集中了最大的思想。”还有人说：“数学会强烈地让人们感受到它特有的一种高度浓缩的简洁美。”如果每个学生都能感悟到这种美，还有谁会不喜欢学数学呢?

例如，当学生学习《用字母表示数》时，我让学生分别表示出王虎和李老师的年龄，学生列出了若干个算式：

王虎年龄(岁)	李老师年龄(岁)
1	(1+30)
2	(2+30)

…

18　　　　$(18+30)$

24　　　　$(24+30)$

30　　　　$(30+30)$

…

随着板书上算式的增多，学生已经感觉到这样表示有些麻烦了。

这时，我适时引导："有没有更简便的方法可以表示出他们各自的年龄以及他们年龄之间的关系呢?"

学生们陷入了思考，通过尝试、探究，学生们一致同意用含有字母的算式来表示王虎和李老师的年龄。于是，满黑板的算式就浓缩成了一个算式：

王虎年龄(岁)　　　　李老师年龄(岁)

a　　　　$(a+30)$

这既可以表示出李老师的年龄，又可以清楚地看出李老师年龄和王虎年龄的关系，学生一下子就感受到了数学的简洁美。

再如学习《乘法分配律》之后，我让学生仿照算式的特点列出自己的算式，学生们跃跃欲试，纷纷把自己的算式写在了黑板上：

$(100+60)\times5=100\times5+60\times5$

$(15+10)\times5=15\times5+10\times5$

$(20+12)\times10=20\times10+12\times10$

…

师：这么多的算式，你们认真观察，看看发现了什么？能用自己的方式表示它们共同的规律吗?

学生在独立思考及互动交流中用自己的符号表示了对这一规律的理解：

(甲＋乙)×丙＝甲×丙＋乙×丙

(○＋△)×☆＝○×☆＋△×☆

$(a+b)\times c=a\times c+b\times c$

在这一过程中，学生从关注一个个的算式到逐步脱离某个具体的数，直至发现一类事物之间的共同特点，他们感受到用具体数来表示的局限性，产生了用文字、符号、字母等形式表示的需要，也进一步见证了用字母表示数所带来的简洁美。

在小学数学的学习中还有很多知识也体现了数学简洁的形式美。例如，在众多两个比的比值相等的式子中，只用了一句话就概括了比例的意义：表示两个比相等的式子叫作比例。在对众多比例内项、外项关系的叙述中，只用了一句话就表明了比例的基本性质：在比例里，两个外项的积等于两个内项的积。

没用任何修辞、没有任何多余的言语就可以简明扼要地把众多繁杂事物概括得清清楚楚、明明白白，使人们一下子就触到了数学现象的本质，同时也使人们一看到这些简明的公式、定理、性质、法则，就会自然而然地联想到它背后的许许多多。数学独有的这种高度概括的简洁美，正是引导人们走近它的动力。

(三)概括的规律美

奇妙的数学规律吸引着同学们探索的兴趣。学习“循环小数”知识时，我有意识地做了如下设计：请同学们自愿选择一题计算，比一比谁先算完。

①1 ÷ 7 = ?　　②325 ÷ 25 = ?

很多同学看到“1 ÷7”如此简单的算式，毫不犹豫地选择了第一题。而选择第二题的同学早早算出了结果，选择第一题的同学仍然认真地演算着，我则不动声色地在一边观望。(见图 2-10)

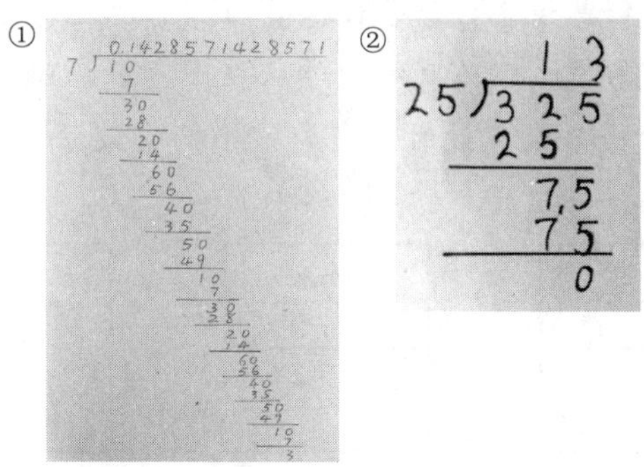

图 2-10　循环小数

教室里开始交头接耳地议论起来：“我发现了再接着往下算商一定还是142857。”“我发现商的这几位小数是按照一定的顺序反复出现的。”循环小数的规律在同学们亲自动手的实践中被发现了。一张张愉快的笑脸、一双双兴奋的眼睛，同学们的思维活动正处在积极的活动中。2 ÷ 7 = ? 3 ÷ 7 = ? …疑问、好奇又一次让同学们积极主动地进行探求，最后同学们终于发现了这样一组循环小数的规律：

$1 \div 7 = 0.\dot{1}4285\dot{7}$

$2 \div 7 = 0.\dot{2}8571\dot{4}$

$3 \div 7 = 0.\dot{4}2857\dot{1}$

$4 \div 7 = 0.\dot{5}7142\dot{8}$

$5 \div 7 = 0.\dot{7}1428\dot{5}$

$6 \div 7 = 0.\dot{8}5714\dot{2}$

…

又如根据规律，在空格中填上合适的数。

3	6
24	12

4	
	16

40	

同学们从不同的角度去观察：有的同学从左上角的数开始观察，按顺时针方向比前边的一个数扩大2倍就等于后一个数；有的同学发现对角线的两个数是4倍关系，横排的两个数是2倍关系；还有的同学从左下角开始观察，按逆时针方向，前边一个数除以2等于后一个数。最后，我为孩子们创设了一个开放性的练习机会，按照发现的规律任意组合一组数，填入方格中。

在数学教学中，我不断地引发学生对数学的好奇感，从而使他们跃跃欲试地走入数学的迷宫。同学们在探索的过程中感受着数学的规律美。

例如，请同学们先观察珠子的排列规律，再猜一猜箱子里面藏着几个白珠子？几个黑珠子？

孩子们十分投入地猜着，最后终于发现了黑珠子与白珠子相互交替出现时，白

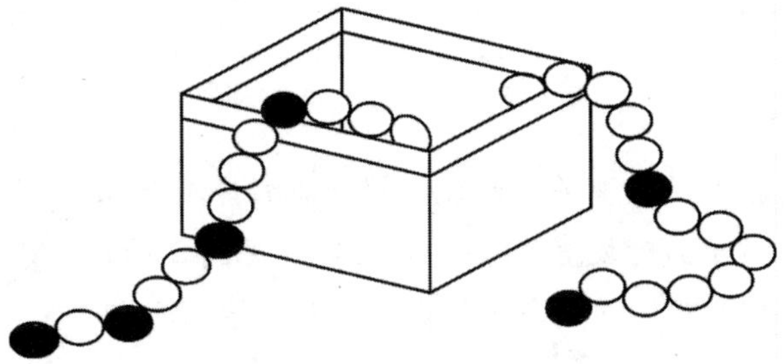

图 2-11　藏了多少白珠子和黑珠子

珠子是以 1 个、2 个、3 个……的顺序逐渐增加，黑珠子只是它们中间的一个分隔点。虽然黑珠子被挡住了，但是学生们还是很快地猜出了箱子里面白珠子和黑珠子的个数。

奇妙的算式更是吸引了孩子们，他们认真地观察着，终于揭开了算式之谜：

$$1\times9+2=11$$

$$12\times9+3=111$$

$$123\times9+4=1111$$

$$1234\times9+5=11111$$

$$12345\times9+6=111111$$

$$(\quad)\times(\quad)+(\quad)=1111111$$

$$(\quad)\times(\quad)+(\quad)=11111111$$

…

(四) 数与形的直观美

数学知识的高度概括和抽象往往令孩子们望而生畏。一些孩子谈及对数学学习的感受总是喜欢用这样的字眼来表示："数学太难学了。"是啊，板着面孔的数学、过于抽象的数学，孩子们怎么会喜欢呢？其实换副面孔、换些形式，同样的教学内容可以使孩子乐于接受、易于学习。

有这样一道题难倒了不少学生："光明小学有 68 人参加美术组和歌唱组，其中 45 人参加了美术组，37 人参加了歌唱组，既参加美术组又参加歌唱组的有多少人?"同学们列出了不同的算式：

(1)68－37＝31(人)

(2)68－45＝23(人)

(3)45－37＝8(人)

显然，孩子对抽象的数量关系没能很好地把握。我借助数与形的结合，使孩子们对数量关系一目了然。(见图2-12)

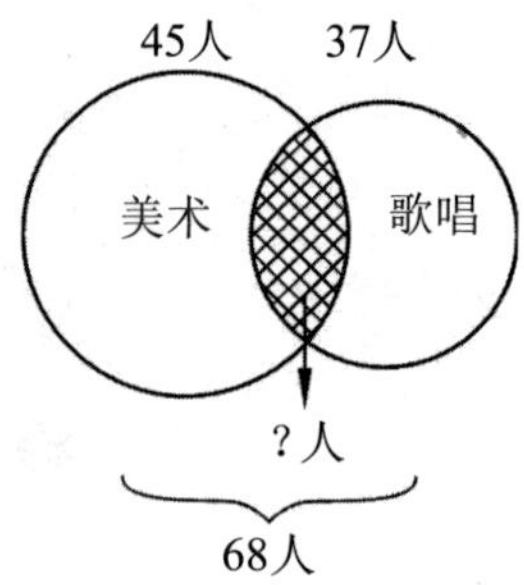

图2-12　数与形的结合

看到这幅图，学生从不同的角度列出了正确的算式：

(1)45＋37－68＝14(人)

(2)45－(68－37)＝14(人)

(3)37－(68－45)＝14(人)

既直观形象又清晰美观，同学们在解题的过程中感受着数与形的结合美。

再如，在学习分数意义时有这样一题：请同学们判断下图阴影部分是否占整个圆的四分之一。(见图2-13)

一些同学被表面现象迷惑，一时难以看清问题的实质。大胆的想象使静态的数学动态起来，计算机屏幕上动态的变化引起了同学们极大的学习兴趣。变化的图形使同学们一目了然，他们很快得出了正确的结论，同时也加深了对这一分数的本质认识。

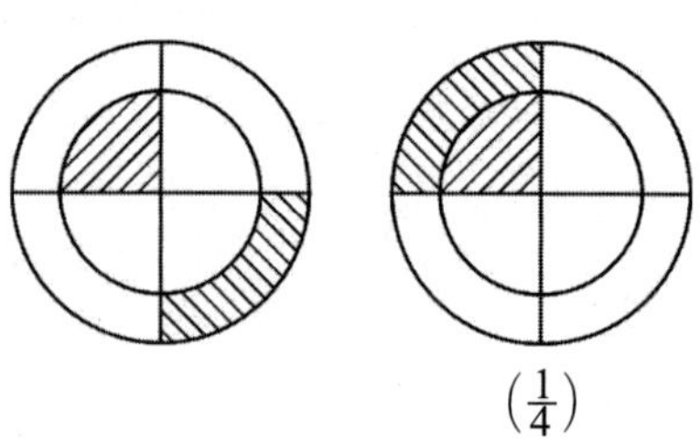

图2-13　阴影部分占整个圆的几分之几

北京市西城区黄城根小学史冬梅老师在教学《两位数乘两位数》一课时，为了让学生更好地理解其背后的算理，也借助了数形结合来帮助学生理解。学生在图与算式的相互联系中，不仅懂算法，而且明算理，加深了对整数乘法的进一步认识。(见图2-14)

(五)结构的整体美

数学知识的内容包罗万象、丰富之极。在小学一至六年级的学习中学生也会碰到许许多多的数学概念、公式、性质，这令学生们眼花缭乱，厘不清头绪。有些学生对数学知识的繁、难、多生畏，认为数学难学，从而失去继续学好数学的勇气和信心。其实，数学知识有着它自身的规律，繁杂的数学知识中有它独特的结构，一旦学生发现了数学知识结构的整体美，就不再会为它的难而发愁，而会为它的美而

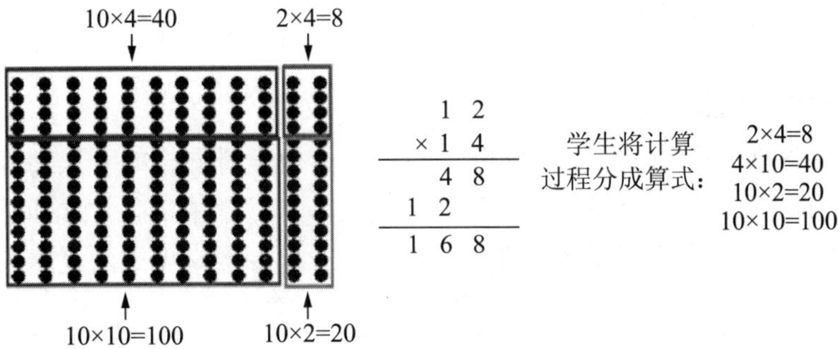

图 2-14　两位数乘两位数

赞叹。

如“数的整除”这一单元知识涉及的知识点较多，它是小学数学教材中概念最集中的一个单元，被教师们形象地誉为小学数学教学的文言文。在教学实践中教师们发现，尽管学生学习时是按照概念之间的内在联系分节、成组、有序学习的，但是，学完本单元之后，大大小小十几个名称相近、意义易混的概念放在一起，的确会让不少学生感到困惑。因此，在单元教学结束后，我帮助学生自主构建知识网络，让学生抓对立、清异同、悟联系。（见图 2-15）

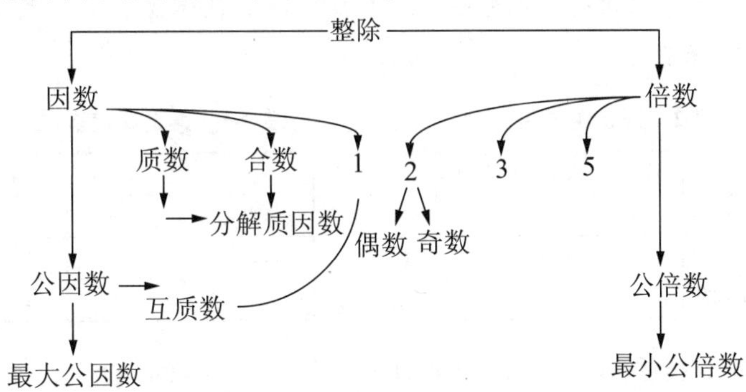

图 2-15　数的整除中的概念

为了使学生摆脱“不识庐山真面目，只缘身在此山中”的困惑，我一次次地追问、一次次适时地引导，随着学生一次次的思维碰撞，学生记忆中的那些孤立的、分散的、无序的、模糊的概念以再现、整理、归纳等办法串成了线、连成了片、结成了网，纵横沟通，形成了条理化、系统化的知识网络，表现出我们师生彼此对

“庐山全貌”的认识和理解。

(六)思维的逻辑美

“数学是思维的体操。”数学教学除了担负着其他学科同样的育人功能外，还有其自身独特的使命——促进学生思维品质的发展。在教学中，我常常和学生一起在探索数学知识的实践中去感受数学推理的逻辑美，这种数学思维的逻辑美正是数学最本质的美。

如在教学《有趣的推理》一课时，我设计了这样的一道题目：“小刚、小红和小明，一位是语文课代表，一位是数学课代表，一位是英语课代表，现在只知道小明比英语课代表年龄大；小刚与数学课代表不同岁；数学课代表比小红年龄小。问：谁是语文课代表？谁是数学课代表？谁是英语课代表?”

学生拿到题目后一筹莫展，个个眉头紧锁。这时，我及时提示他们：“想一想有什么好办法可以记录下每一步的思考呢?”在我的提示下，学生们纷纷拿起笔和本，开始圈画了起来。

不一会儿，学生们就有了自己的想法。由题目条件可以知道：小明不是英语课代表，小刚不是数学课代表(见表 2-2)。(小红不是数学课代表，由此得到表 2-2，表格中打“√”表示肯定，打“×”表示否定。)

表 2-2　谁是课代表(一)

	语文	数学	英语
小刚		×	
小红		×	
小明			×

表 2-3　谁是课代表(二)

	语文	数学	英语
小刚		×	
小红		×	
小明	×	√	×

因为表 2-2 中任意行、任意列只能有一个“√”，其余是“×”，所以小明是数学课代表，于是得到表 2-3。因为小明比小红年龄小，小明比英语课代表年龄大，所以小红比英语课代表年龄小，即小红不是英语课代表，因此得到表 2-4，从而得到表 2-5，即小红是语文课代表，小明是数学课代表，小刚是英语课代表。

表 2-4　谁是课代表三

	语文	数学	英语
小刚		×	
小红		×	×
小明	×	√	×

表 2-5　谁是课代表四

	语文	数学	英语
小刚	×	×	√
小红	√	×	×
小明	×	√	×

就这样，学生在借助表格“说”理的基础上将思维充分调动起来，学生学着如何抓住突破口，促使推理思维在深度和广度上有进一步的发展，为今后更复杂的推理做好了思想和方法上的准备。同时，学生也进一步感受到了数学思维的逻辑美。

再如，在学习《小数除法计算》一课时，也是学生在亲自反复尝试的基础上发现了小数除法计算的方法和规律，从而总结出小数除法的计算法则。在教学过程中，学生不仅掌握了商不变的性质和小数除法计算的方法，更重要的是在归纳、推理、概括的过程中体验了“由一些特殊事例的成立而推理出普通事例也成立，即由特殊到一般的推理”过程。学生用亲自得出的结论去指导自己的数学实践，在学习过程中感受到数学推理的乐趣。学生在观察中发现、在发现中推理、在推理中得出结论，这使学生逐步了解和初步掌握了逻辑思维的推理方法，也体验到了数学过程是一个有趣的推理过程，从而领略到数学的逻辑美。

（七）辩证的哲理美

数学中充满着矛盾，对立统一的辩证思想在数学中处处有体现。纵观小学数学的知识体系，你就会发现其中蕴藏着许多辩证关系。当我们真正走进小学数学之中，就会感受到它处处闪烁着哲理的光芒。

如“变”与“不变”的辩证思想在小学数学教材中多有体现。当这种富有哲理的光芒照射在数学课堂的时候，学生会切实地感受到数学的魅力，增强对数学学习的兴趣。学习了圆周率，学生发现大小不同的圆，它们的直径在变，周长在变，但是周长与直径的关系始终不变；学习了商不变的性质、分数的基本性质、比的基本性质，学生发现被除数、除数、分子、分母，比的前项、后项都在变化，而商、分数值、比值却始终不变；在长度、重量、容量等计量知识中，同样运用变与不变的思想方法，学生学会了去解决一些实际问题；在几何图形中，这种形变而值不变的现象更是普遍存在，等积变形的思想方法指导着学生透过表面现象看到问题的实质……从大量的数学知识现象可以看到，它的发展变化是绝对的，在某些局部来看它又是相对不变的。这种“变”中有“不变”，“不变”中有“变”的数学现象会引起学生们极大的学习兴趣。在揭示这种本质特征的过程中，我正是运用了这种“发展、变化”“透过现象看本质”的辩证思维方法，让学生感受数学的哲理美，从而更加被数学的魅力吸引。

数学之所以能闪烁出理性的光芒，正是因为它处处体现了辩证唯物主义的思想、观点，人们在接纳它的同时也潜移默化地受到了辩证唯物主义观点的启蒙和影响。数学知识的哲理美足以吸引学生去接纳它、走进它、研究它。只要我们的学生能用心去体验数学中这种至高无上的美，就会更加倾心地喜欢数学。

小学数学是科学，同样是美的艺术。美的艺术能唤起学生对数学学科的喜爱，唤起他们对数学知识的探索和追求。学生对数学知识美的体验绝不是一种平庸的趣味，而是高尚愉悦的感受，这种感受能给学生力量、能使学生喜欢数学。

1. 爱美之心，人人皆有。让学生喜爱数学就应该让每一位学生感受到数学很美。在数学教学中，这种美的力量可化繁为简、化难为易、化平凡为神奇，使数学对学生产生极大的吸引力。

2. 数学中处处充满着美，教师就要努力挖掘它的美、渲染它的美，要真诚地牵起学生的手与他们一起跃入这美的海洋，和学生一起去体验数学中的美，从而培养学生对数学学习的浓厚兴趣，激发学生探索数学知识的强烈愿望。

六、听懂了，才喜欢

让学生喜欢数学最重要的是让学生先得听懂数学、学会数学。只有听懂了数学，学会了数学，才可能喜欢学数学。

什么是听懂了、理解了呢？当孩子们能够把将要学习的概念和已知的概念联系起来，并能用自己的语言或生活经验解释这个概念的时候，他们就理解了这个概念。

每个人在求知的征途中都会有各自甜酸苦辣的不同感受，学习的道路上有快乐，也有痛苦。我以为，对一个学习者来说最大的痛苦就是听不懂、学不会还得坐在那里被大人们强迫着听、强迫着学。这对于学习有困难的孩子来讲是多么的痛苦。我常常看到这样的场面，老师站在讲台上喋喋不休地讲解，不给学生以缓冲之机。老师以为书本上有的，我都讲了，我都讲了学生就得都会。殊不知课堂上还坐着这样一批学生，或许眼睛直直地望着老师，脑子里却是一片空白；或许他们独自摆弄着喜欢的东西，眼睛连看老师也不看；或许干脆不理睬课堂中发生的一切，我行我素。这样的孩子怎么能学好数学，怎么能喜欢数学呢？

是孩子之过吗？非也。让我们做一次换位思考——假想我是这些学生，又该怎样做、怎样想呢？老师讲的一点也听不懂，自己身边熟悉的事情怎么也和课堂上的数学知识挂不上钩；开始有一点不明白，现在是有两点、三点不明白；越学越糊涂，越听越像听天书，这般心境，喜欢之情从何而来？

想办法让学生听懂、学会是让学生喜欢数学的关键一步。学生有了“我能学数学，我能学好数学”的感受，就能找回失去的自信，才会找到学习数学的乐趣。

小D变了

我们班上有一位学生叫小D，他性格有些内向、不善言谈，上课时眼睛总是呆呆地望着黑板，显得有些黯淡无神。大概是听腻烦了，他就开始做小动作。他交上来的作业不是空白，就是错题。当我第一次走近他的时候，那极度消沉的情绪令我吃惊：“我很笨，我学不会数学。您批评我吧。”我抚摸着他的头：“傻孩子，我怎么是来批评你的，我是来帮助你把以前落下的知识补上的。你听懂了，慢慢地就会爱学数学了。”“我也能听懂数学吗？”“你肯定行。”从老师充满鼓励的目光中，他似乎看到了希望。按着教学进度，马上就要进入稍复杂的分数应用题的学习了，可小D连一步基本分数应用题的学习还没过关。于是，我决定从分数的意义入手，为他补上落下的知识。一次次的补课、一个个回合，他开始对分数应用题的意义、结构有了认识，所以最关键的是为小D制造一次“听懂了，学会了”的机会，让他在同学们面前感受一次成功。学习新课之前我有意识地找了一道小D会的简单应用题，让他在全班同学面前分析，由于台下训练有素，他在台上讲得很成功。我也趁此机会就从这一道题切入对新知的学习。他全神贯注地听讲，不时地举手回答问题，以愉悦的心情投入数学学习中。下课时，奇迹出现了：平日的铃声一响，他像离弦的箭飞快地逃离教室，似乎尽快离开课堂就早一点获得解放。而今天的小D却一反常态，他主动来到讲台前和同学们一起围着老师谈起上数学课的感受，看得出他仍然沉浸在课堂学习的愉悦中。“老师，其实数学挺好学的，不像我想的那么难。”小D十分认真地说着。当同学们谈及学习的体会时，小D的话把大家全逗乐了：“两步分数应用题，不就是两个一步分数应用题合在一起吗?”朴实的语言反映了他对数学知识内在的联系已经开始有所悟。如果学生能找到数学知识的内在联系，学习起来会感到分外轻松。小D正是有了这节课对数学学习的新感受，才重新唤起了他对数学学习的良好情绪和兴趣。在以后的学习中，小D积极思考，有不懂的问题就主动问，落下的知识也慢慢补上了。他开始听懂了数学，紧锁的眉头舒展了。正是从这一刻开始，他喜欢上了数学，成绩有了提高。

在我们的学生中有相当一部分像小D这样的孩子，就是由于一节课没听懂，下节课就跟不上，坐在课堂中如同听天书。久而久之，学生对数学学习失去了兴趣，学习成绩随之下降。数学知识的系统性、联系性、完整性较强，一点听不明白，就意味着两点、三点听不懂，知识的漏洞多了，无奈的孩子只能选择破罐破摔，消极的学习情绪便会逐步升级。教师应满怀热情地关心这部分孩子，使每一个学生都能喜欢数学，有信心学好数学。

1. 教师要关注每一个孩子的学习状态，要让每一个孩子都能抬起头来走路，不能让任何一个孩子扮演“失败的角色”。尤其是对学习有困难的孩子，教师更应付出加倍的爱，帮助他们扬起自信的风帆，使他们感受成功，从而树立起“我能学好数学”的信心。

2. 教师要为学习困难的学生制造成功的机会，让他们在同学们面前找回面子，让每个人都在集体中寻找到自己的坐标，发挥自己的潜能、施展自己的才能。教师应深知学困生的心理要求，适当降低标准，提供尝试发展的机会。

3. 教师要坐下来和学习有困难的孩子一起寻找分析“听不懂、学不会”的原因，有的放矢地帮孩子补上知识漏洞，让他们在听懂了、学会了的感受中萌发对数学学习的喜爱。

七、容易了，更爱学

有些孩子不喜欢数学的一个重要原因就是觉得数学太难了，加之课堂上教师过高的要求，使学生望而生畏。有的学生对数学学习的投入比对其他学科都大，但成绩最差的仍是数学，久而久之，学生失去了对数学学习的兴趣，乃至放弃数学学习的信念。我做过一些调查，在被问及学生学习数学的情感时，很多学生反映数学难学，言语之间充满了失败后的沮丧。“我不喜欢数学，太难学了，尤其不愿意做应用题。”“上数学课是一种痛苦，总觉得脑子昏昏沉沉的。”“我不喜欢看数学书，书上除了干巴巴的数字、公式，就是密密麻麻的文字，没劲。”……看来，我们很有必要对现行的课程体系及对目前小学数学课堂的现状进行反思。我们过去更多的是关注教师如何尽心尽职地上好每节课和学生如何勤奋刻苦地学好每节课的知识，让教师、学生一味地去适应教材，过分追求数学知识的系统性和完整性。不管某些数学知识是否有价值，有无必要学，教师统统按整齐划一的要求让每一个学生都必须掌握，忽视了学生个性化的学习。课堂上常常出现把简单的数学问题复杂化的问题，这给学生学习数学带来了没必要的负担。

另外，课堂上教师执行教案一丝不苟，似乎凡是设计的内容，不管学生当时出现什么情况都要照章办事，尤其是公开课、观摩课，走教案的现象更为严重，好像每一份准备好了的“菜”都集众人之精华，不能忍痛割爱。置学生于不顾，一味追求课堂上的“尽善尽美”，这样的课学生怎么会喜欢。

作为教师，真的应设身处地地为孩子们想一想。数学课给孩子们呈现的是枯燥、乏味的符号、数字，是陌生抽象的概念公式，是远离孩子们生活实际的教学内容，再加之一些人为的拔高要求，小小年纪的孩子怎么能承受得了？孩子们害怕数学的抽象，害怕教师严厉的目光，害怕数学考试卷发下来的那一刻。本来应该充满活力的数学课堂生活显得有些黯然失色，怪孩子吗？非也！要想让学生喜欢数学就应该把数学变得容易一些，不要追求脱离学生实际的“尽善尽美”，要想办法让孩子能接受，也乐于接受。我想起码应该从以下两方面去努力。

(一)把“人为的拔高”降一点

中科院院士张景中教授在谈到数学难的问题时说：“社会对数学的要求越来越高，数学发展越来越快，数学积累的知识越来越多，所以数学越来越难学。在数学难学的客观事实的基础上，我们还人为地制造了许多难点，自我找了许多麻烦。”

在两步实际问题的教学中，我改变了过去让学生模仿成年人的语言千篇一律地叙述解题思路的方法，而是用孩子们喜欢的“捉迷藏”方式突破教学难点。例如：“饲养小组有 10 只白兔，黑兔比白兔多 6 只，白兔和黑兔一共有多少只?”按照常规，要么用从已知条件到所求问题的综合法分析，要么用从所求问题到已知条件的分析法来分析，每人千篇一律的套话令人厌烦。本节课，我让孩子们展开了想象的翅膀，让他们尽情体验学习的乐趣。当例题出现后，我在第二个已知条件的后面顺手贴了一幅智慧人的图片，他正眨着智慧的双眼向小朋友们喊话。请大家猜一猜他可能会喊什么？一个男孩子跑到讲台前双手叉开放到嘴边学着小智慧人的样子喊开了：“喂，小朋友们，你们先要把黑兔的只数求出来呀，不然后面就麻烦啦。”我追问了一句：“为什么先要把黑兔的只数求出来呢?”“不先求黑兔的只数怎么能求黑兔和白兔一共有几只呢?”他的一句话道出了本题的解题关键，同学们顺利地完成了此题。我又把“黑兔比白兔多 6 只”改为“黑兔比白兔少 6 只”。一个梳着两只牛角辫的小姑娘勇敢地跑到讲台上，也学着小智慧人的样子喊开了：“喂，小朋友们，题目中的‘多’字已经变成‘少’字啦，可要当心呀，千万别上当!”银铃般的喊声传遍教室的每一个角落，同学们审题可认真了，不大一会儿工夫，他们又完成了第二道题的解答。同学们在轻松愉悦的氛围中有趣地学习着，课上没有严格划一的刻薄要求，同学们解答的正确率却很高；教师没有强求学生成套地说算理，同学们却对题目中数量关系的理解十分到位；教师没有刻意去追求课堂结构的尽善尽美，但同学们不仅学得积极主动，而且很开心。很多教师观看了这节低年级应用题研究课，认为课堂设计符合儿童的特点，改变了被动接受的学习模式。由于难度适宜、形式活泼，孩子们真有一种在数学的乐园中畅游的感觉。

我认为把“人为的拔高”降下来、把“人为制造的难点”降下来，数学会变得容易些，学生才会喜欢学。

（二）把抽象陌生的数学变成具体的感受和体验

容易对学生来说就是具体、熟悉，而不是抽象、陌生。要想使数学变得具体、熟悉，就要让学生从身边的生活中去具体地感受数学、体验数学、经历数学。

我听过这样一个例子：一节数学课，教师首先提了这样一个问题："请同学们回忆一下，来教室上课，从一楼到三楼需要登上几层台阶？"全体同学面面相觑，摇摇头说："不知道。"教师接着提出了第二个问题："请同学们把眼睛闭上，说说我们教室靠走廊那个窗子的窗栏上装有几根金属柱子？"大家还是摇摇头说："不知道。""这个楼梯大家已经走过多次，窗子就在我们教室中，这都是大家熟悉的，你们为什么不知道呢？""我们没有数过！"许多数学问题其实并不复杂，只因为我们没有用心关注和体验，所以才未能掌握。在课堂教学中，教师往往急于把书本知识一股脑地倒给学生，似乎学生是一个永远不知疲倦的大容器。"给予的越多，得到的越多"似乎成了真理。学生失去了经历数学、体验数学的时间与空间，长久下去，他们还能喜欢数学吗？

在小学数学课堂的教学中，我在"使学生获得适应未来社会生活和进一步发展所必需的数学基础知识与技能的同时，更为关注他们在情感、态度、价值观和一般能力等方面的全面发展"的教育理念的指导下设计教学过程，注重学生对数学知识感受、体验的过程，注重数学知识与学生生活实际的密切联系，让他们在数学实践中体验数学的价值与魅力，从而激发起学生对数学学习的兴趣，调动学生内在的创造潜力。在学习长方形、正方形周长与面积这部分知识时，我注意联系生活实际，把学生从狭小的课堂中解放出来，让他们在生活中去感悟、体验数学。我亲自领着孩子们来到喜迁新居的张老师家帮助她设计装修方案。从地板砖颜色的选择、图案的搭配、需要购买的数量到窗帘布长宽的确定、购买的米数、应付的钱数以及穿衣镜四周所需硬木条的长度，孩子们一一地进行了测量和计算。在熟悉的日常生活中，他们经历了用数学的过程，对数学知识有了真实感、亲切感，体会到了数学的实际的价值，增强了学习数学的兴趣和信心。尤其是在对窗帘布长宽的选择是以窗户长宽尺度确定，还是要考虑窗帘褶皱需增加长度的争论中，孩子们实实在在地体验到：不能死记硬背书本知识，不能机械地套用公式，要结合生活实际，灵活解决实际问题。在"做一个小小设计师"的实践活动中，孩子们增加了对数学学科的喜爱和兴趣，培养了善于合作的情感和学会合作的方法，孩子们在数学实践中感受到了数学的魅力，体会到了数学的价值。数学具体了，看得见，摸得着了；数学熟悉了，它就在我们的身边；数学变得容易了、有趣了，孩子们喜欢了。

1. 我们的数学教育应该是适应孩子的学习，而不应强求孩子去适应数学。因此，教师在教学中要认真地研究学生，激发学生内在的学习兴趣和积极性，使我们的数学教育适应学生的心理发展和认知规律。教师应努力为学生创设宽松自由的学习环境，不要因一味追求课堂教学的"尽善尽美"而挫伤孩子学习数学的兴趣和积极性。

2. 我们的教学是面向全体学生的教学，要充分考虑学生个性化学习的要求，不应严格划一、千篇一律，不要把成年人的意识强加于学生，课堂上少一些抽象、枯燥的说理，多一些自由、生动的讨论。

让学生会学数学

"让学生学会学习"是时代对教育的呼唤，是未来社会对人才的基本要求，也是一个人适应未来社会发展所必须具备的能力。

满堂灌的课堂教学形成了"教师讲——学生听，教师提问——学生回答，教师布置任务——学生动手操练"的只重视教而忽视学的教学模式。这样的课堂教学局面其核心问题就是来自对学生的基本认识，即学生观。正如叶澜教授所言："传统教育中对中小学生的看法，强调的是他们缺乏知识、能力和经验的一面，即主要看到的是学生的现在状态，而不是他们的潜在状态、内在的积极性和发展的可能性；传统观念把学生发展的过程，主要看作把人类已有的文化传递给学生的过程，忽视了学生作为学习主体的作用。"旧的教学观念把学生视为知识的容器，似乎教师灌输的越多，学生接受的就越多。把学习过程看作一个简单的知识复制过程，教师的任务只是把书本上的知识搬运到学生的脑子中去。这样的课堂教学采取的必然是"注入式”“填鸭式”“题海战术”。学生在课堂上大量的机械训练、死记硬背，使得本应生动活泼的数学学习变得死气沉沉，使得充满想象和创造热情的儿童变得墨守成规，不敢越雷池一步。我认为，作为教师要客观地、发展地看待学生，小学生是由 6 ~ 12 岁的群体组成，年龄的特点决定了他们幼稚和不足，但从另一个角度看，正如叶澜教授所言：“新的学生观把学生看作虽有不足和幼稚，但却是具有旺盛的生命力，具有多方面发展需要和发展可能的人，具有主观能动性，有可能积极、主动参与教育活动的人；把他们看作学习中不可代替的主体。”因此，在课堂教学过程中，应高度重视学生潜能的开发和挖掘，让他们成为具有一定学习能力和创造能力的学习主人。让每一个学生都学会学习，最重要的是课堂上要给足学生主动探索的时间与空间，让孩子们在学习的海洋中自由活动、主动探索、亲身体验、自我感悟。这是学生获得真知、学会学习的重要途径。

一、学会提出问题

让学生学会学习的第一步就是让学生学会自己主动地发现和提出问题。主动地发现、提出问题正是需要学习的开始，因为提出问题比解决问题更重要。

过去课堂提出的问题多数都是教师精心设计的，学生的思维基本上是围绕着教师提出的问题一步步展开的。虽然课堂过程中也不乏热烈的讨论，但结果是“孙悟空一个跟头翻了十万八千里，最后都没有逃脱如来佛的手心。”这样的课堂限制了学生的思维，影响了学生积极性、主动性的发挥，长久下去，学生必然是“等”“靠”。现代的教学观更加关注学生的发展，要充分挖掘学生的潜力，使之主动积极地学习。因此，我努力改变学生被动接受的学习方式，使教学过程成为学生不断提出问题和解决问题的过程。善于发现和提出问题是学生自主学习和主动探索的开始，也是探求新知识的动力。实践证明，在质疑状态下的学生，其求知欲、好奇心最强，他们会主动、积极地参与到学习中去，学习兴趣高，效率也高。

在数学课上，我常常有意识地把时空让给学生，让他们自由地提出一些喜欢研究的问题共同探索。在每一个新的数学知识、新的概念学习之前，我都喜欢向同学们提出这样的问题：“关于今天要研究的数学知识，你已经知道了哪些？还想了解

引导学生参与到学习中来

些什么?”使课堂教学的一开始就是开放的，学生刚刚进入新课的学习时就感到是在一个自由探索的空间中学习。学生不是空着脑袋走进教室的，在生活和学习中已经对许多问题有所感受和体验，逐步形成了自己对各种现象的理解和看法。况且，学生具有利用现有的生活经验、知识基础进行推论的智力潜能，在这个基础上，他们可以推论出自己的独立见解。

学生在学习中，会发现问题，主动地提出问题，还要通过实验和推理来解决自己所提出的问题。例如，学习了求最小公倍数的方法，有的同学提出了“求两个数的最小公倍数为什么公有的质因数只取一个，独有的质因数却一个也不能少呢？如果公有的质因数多取一个会怎样？独有的质因数少取了一个又会出现什么情况?”同学们七嘴八舌地猜测，终于有人提议亲自做一做。以求 18 和 24 的最小公倍数为例。

$18 = 2 \times 3 \times 3$

$24 = 2 \times 3 \times 2 \times 2$

18 和 24 的最小公倍数是 $2 \times 3 \times 3 \times 2 \times 2 = 72$。在实验中，同学们发现，当公有的质因数多取一个时仍是它们的公倍数，但不能满足“最小”这个条件；当独有的质因数少取一个时，则不能保证是“公倍数”。同学们在自主探索和交流中理解和掌握了数学知识，并在数学实践中学会了提出问题和尝试着解决问题。

学习了分数的意义，同学们提出了单位“1”为什么要用引号括起来，它与自然数1有什么不同？同学们用实例证明了单位“1”丰富的内涵。单位“1”既可以表示一个物体、一个图形、一条线段，还可以表示一群物体，如6只熊猫、10筐苹果或一个班的学生等。单位“1”可以很小，小到一个细胞，单位“1”可以很大，大到一个地球……它的内涵显然超出了自然数1的范围。自己提出问题，自己解决问题，这样的学习既积极主动，又兴趣盎然。

学生发现问题、提出问题的意识的培养，不是某一节课或某几节课就可以完成的，而是需要从义务教育阶段做起，贯穿数学教育的始终。形成“友善教育”的大氛围是必要基础，创设宽松的学习气氛，让学生在轻松愉悦中学习，发现问题，并敢于提出问题。教师要满腔热情地鼓励学生敢想敢说的积极性。即便开始提出的问题有些幼稚可笑、漫无边际，甚至离题万里，但也不可以一言否之，应耐心地提示学生换个角度再想想。

教师要引导学生提出有思考价值的问题：一要引导学生善于在错综复杂的信息中抓本质的东西，找准解决问题的突破口，善于从多角度思考和探索问题；二要引导学生善于从同伴的提问中获得有价值的信息，善于向同伴学习，学习同伴优秀的思维品质，学习同伴敢于提问、善于思考的学习态度，使学生之间互相受到启发，一同进步，共同发展。

1. 创新意识的培养是数学教育的重要目标，应体现在教与学的过程之中。我们不要追求完美的结果，更应注意引导学生发现问题、提出问题，从而使学生学会思考，学会提问，学会学习。发现、提出问题比解决问题更重要。

2. 儿童发现问题、提出问题的意识的培养，更需要良好的人际氛围。儿童在平等、民主、和谐、安全的师生关系中才有可能主动地提出问题。

3. 要想让学生善于提出有思考价值的问题，关键是教师的引导。教师要引领学生发现并提出问题，使问题引领需求、问题引领思维、问题引领创造。

二、学会数学思考

数学是学生整个学习生涯中学习时间最长的学科之一。这也决定了数学学科对人的发展具有不容忽视的重要作用。“数学特有的、具有典范意义的思维方式对于从事各种职业的公民在自己的岗位上获得成功与发展都是重要的智力保障。”数学思考是数学教学中最有价值的一部分。由此可见，在我们的数学课堂教学中，我们最应该关注的除了激发学生的学习兴趣、培养良好的学习习惯等，还有非常重要的一点——引发数学思考，帮助学生学会数学的思考。

具体到数学的思维方式包括很多方面，如抽象、归纳、证明、计算、类比、建模、推理等。如何帮助小学生学会数学的思考呢?

(一)引导学生用数学的眼光去观察

同样看到气球，有的同学只能看到颜色，有红的、有绿的。教师要引导学生用数学的眼光去观察气球数量的多少、学习数量之间的关系。再比如，一位老师在教学完《平移与旋转》后，鼓励学生去生活中找一找平移和旋转现象。学生的发现是丰富多彩的。有的学生发现家里的衣柜有很多门，有两个门是平移运动，还有两个门是旋转运动；有的学生发现拉旅行箱时，旋转旅行箱的轮子的运动方式是旋转，而旅行箱本身的运动方式是平移；还有的学生发现自己的玩具弓箭射出去的一刹那就是平移运动……在这个寻找平移和旋转现象的过程中，孩子们感受着生活中的平移与旋转的神奇、有趣，感受着数学与生活的联系。在平时的课堂教学中，教师要善于发掘、引导学生用数学的眼光去观察，在观察的过程中，学生体会到的数学是亲切的、温暖的。

(二)引导学生用数学的思维方式去思考

数学课堂是培养数学思维方式的主渠道，培养数学的思维方式是一个长期不懈的过程。我们面对的学生群体不是大学生，不是一般意义上的学生，而是有着特殊认知规律的儿童。怎么样去帮助这些儿童，让他们在心中能够埋下数学思维的种子，能够为他初中、高中、大学的数学学习，乃至整个人生做好奠基呢？需要教师先有这种意识，才能在教学设计、课堂实施时去关注，才能在潜移默化中去渗透、去引导儿童学会数学地思考。

让我们从《义务教育数学课程标准(2011 年版)》的两个案例说起。

【案例 1】一个房间有 4 条腿的椅子和 3 条腿的凳子共 16 个，如果椅子腿数和凳子腿数加起来共有 60 条，那么有几把椅子和几个凳子？

教师首先引导学生在对题目理解的基础上进行观察与猜想，并大胆尝试，让每一个学生亲自做一做，运用尝试的方法探索规律，得出结果；并记录计算的过程，引发新的思考。

如：

椅子数	凳子数	腿的总数
16	0	$4\times16=64$
15	1	$4\times15+3\times1=63$
14	2	$4\times14+3\times2=62$

启发学生观察椅子数、凳子数和腿的总数的关系——每减一个椅子就会增加一个凳子，腿的总数就要减少 1($4-3=1$)。如果继续尝试下去会有怎样的情况发生？学生带着观察结果，继续研究：

<table>
<tr><td>13</td><td>3</td><td>$4\times13+3\times3=61$</td></tr>
<tr><td>12</td><td>4</td><td>$4\times12+3\times4=60$</td></tr>
</table>

直到椅子数为 12，凳子数为 4，腿的总数恰好为 60。反过来，也可以引导学生从凳子数的变化思考，即每减少一个凳子就要增加一个椅子，腿的总数仍要增加 1($4-3=1$)。

教学中，教师通过引导学生以常见的“4 条腿的椅子、3 条腿的凳子”的简单背景为研究素材，通过学生的观察、猜想、实验，在不断尝试中逐步归纳出数学规律，抽象出数学模型，并在此基础上推广到其他同类问题的研究中。而学生在解决问题的实践中感悟数学思想、积累数学活动经验，是培养学生学会数学思考的主要途径。

对于学有余力的学生，教师可以鼓励他们用字母代替椅子数与凳子数，得到计算腿的总数的数学模型。这样学生经历了观察、实验、猜测、计算、推理、验证等活动，得出数学结论。学生经历了数学化的学习过程，体会到从特殊到一般的数学思想——归纳思想。

【案例 2】分类

郑毓信在《小学数学概念与思维教学》中说："就数学中的分类而言，应当特别强调这种活动的目的性：这不仅为数学抽象提供了必要基础，也直接关系到了这样一种思想方法。我们应当按照一定的次序由简到繁、由特殊到一般地开展认识。"

如图 2-16，桌上散落着一些扣子，请把这些扣子分类。想一想：应当如何确定分类标准？根据分类的标准可以把这些扣子分成几类？然后具体操作，并用文字、图画或表格等方式把结果记录下来。

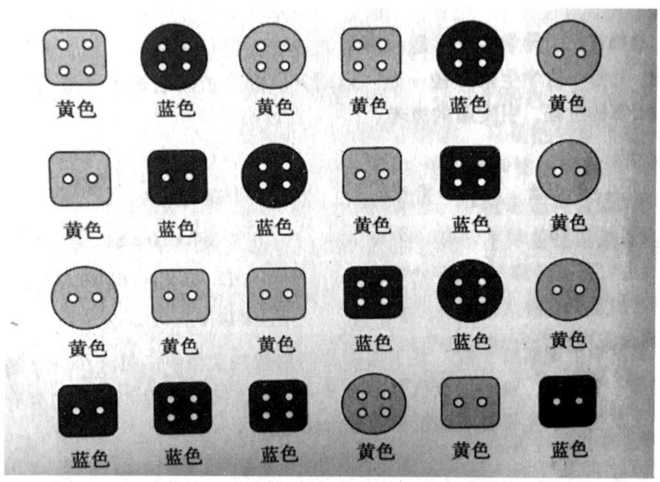

图 2-16　不同种类的扣子

教师应引导学生从何做起？如何运用已有的经验进行分类？又该如何表示分类结果？此外，怎样渗透分类的思想呢？教学中，教师要注重结合具体的分类任务，设计有效的数学探究活动，使学生经历完整的分类过程，大致可分以下四步完成。

先引导学生尝试发现、提出问题。（为什么同样的扣子，分类结果不一样？意在引起主动反思。）

再讨论确定分类标准。（让学生理解分类是依赖分类标准的。例如，可以根据扣子的形状、扣子的颜色或者扣眼的数量制定分类的标准。注意引导学生反思分类标准的交错造成的分类结果的重叠与遗漏。如把蓝色的分成一类、方形的分成一类，这样就会有扣子既不属于蓝色的一类、又不属于方形的一类，同时也会有扣子既属于蓝色的一类，又属于方形的一类。所以分类时，要按照统一的标准进行。）

然后抽象出图形共性。（根据分类标准，引导学生实际操作，并运用文字、图画或表格等方法记录分类结果，培养学生整理数据的能力。）

最后组织汇报。（学生报告分类结果，互动评价，教师引导学生回顾整理思路。）

学生正是在尝试问题解决的过程中，感悟这样一种分类的数学思想和方法。在分类的过程中，学生首先发现了问题“为什么同样的扣子分类的结果却不一样?”引发主动思考，从而激起去寻求“新分类标准”的需求；然后再探索“新标准下的分类方法”。学生经历了对“形状不同、颜色不同、扣眼数量不同”的扣子的分类过程，也在数学活动中体会着如何确定分类标准，如何在分类过程中认识对象的性质，如何区分不同对象的不同性质等。经过实验探索不断积累活动经验，加深对分类思想与分类方法的理解。而学会分类，有助于学生分析和解决新的数学问题。学生在学习过程中成了积极的探索者。

总之，教师要自觉帮助学生积极参与到数学学习中，重视数学思想的渗透和数学活动经验的积累，使学生逐渐学会数学的思考。

1. 学会数学思考，就要引导儿童经历“数学化”的学习过程。正如史宁中教授所说：引导儿童学会用数学的眼光去观察世界，用数学的思维去分析世界，用数学的语言去表达世界。使之知其然又知其所以然，举一反三。

2. 学会数学思考的关键是培育儿童思维的深刻性、灵活性、批判性。要引导儿童学会数学推理、数学抽象、数学建模，拥有数学的思考习惯。

三、学会数学表达

《义务教育数学课程标准(2011 年版)》指出："动手实践、自主探索与合作交流是学生学习数学的重要方式。""学生的数学学习内容要有利于学生主动地进行观察、实验、猜测、验证、推理与交流……"，在这个过程中，学生要学会与他人合作，能与他人交流思维的过程和结果。"观察、实验、猜测、验证、推理与交流"等行为及思维形式都是由语言作为手段来进行的。语言是思想的载体，而数学语言就是数学思维的载体，数学思维往往是借助数学语言进行表达的，是依靠数学语言而外显的，所以培养学生使用数学语言的能力，其实质是提高学生分析与解决问题的能力。这也就是说，提升学生的数学思考能力，要求学生必须具备一定的数学表达能力。

数学是一种文化，数学语言是这种文化的外在表现，数学思维是数学文化的内在蕴藏。数学语言是一种特殊的语言，是一种符号和图形语言，它以人工符号和图形来表示数学中的各种量、量的关系、量的变化，在量之间进行推导和演算。可以说数学语言是指用来表示数学知识和数学思维活动的专门语言，是储存、传递和加工数学知识信息的物质载体。小学生由于年龄小，语言发展尚不完备，语言表达往往缺乏完整性、条理性，而且学生也习惯于用生活化的语言来表达自己对数学知识的理解。在学习的初始阶段，未尝不可，但长此以往，会阻碍学生数学思维的有效发展。教师应让学生学会数学的表达，并以此促进学生思维的发展。

(一)营造交流氛围，引导学生表达

兴趣是最好的教师，要让学生"融入"课堂活动中，首先得引发学生的兴趣。在教学中，教师应创设情境，让学生想"说"、敢"说"。教师应注意采用多种形式，吸引学生的注意，激起学生的学习兴趣。课堂活跃了，学生的思维得到了启发，学生自然就有说的欲望，课堂氛围民主、和谐，学生思想上变得轻松，愿意提出问题和发表意见。

1. 精心设计问题，引发学生表达的欲望

提问是课堂的骨架，问题是学生思维的起点。随着年级的升高，学生年龄的增

长，学生的思维也深刻了，性格也逐渐沉稳了，不再像低年级学生那样急于表达不成熟的思想，所以教师设计的课堂提问要有目的性、趣味性、挑战性，所提问题必须有利于启迪学生的思维，使学生积极地开动脑筋来探索新知识，有强烈的愿望想把自己探索所得的过程和结果表达出来，与大家分享。在学习《面积的认识》一课伊始，我就创设了学生熟悉的数学情境，搭建学生表达的平台。

师：今天，老师和同学们一起学数学，我们研究什么问题呢？（板书：面积）你们听说过“面积”吗？

生1：面积就是这个正方形里面那部分。（学生拿出一张正方形的纸片，边指边说）

生2：求一个东西，它有多大。

生3：我在爸爸妈妈买房子的时候听说过面积。

老师话锋一转：关于“面积”，你们有什么问题要问吗？

生1：面积长得什么样呢？

生2：学习面积有什么用呢？

生3：面积有多大？怎么计算它的大小？

生4：面积长在什么地方？

生5：面积是谁发明的？

……

师：我建议大家首先研究面积的意义。面积到底是个什么东西啊？把这个问题弄明白了，后面的事情才好办。

数学思考是新课程提出的数学教学的重要目标，数学思考应贯穿于整个数学学习之中，学生的数学表达，包括问题意识，是学生对外界的信息进行数学思考后用准确的、简明的数学语言外显思考的过程。

2. 教给说话方法，引导学生数学的表达

“说数学”的练习目的是让学生学会表达，数学交流的载体是数学语言，发展学生的数学语言是提高学生交流能力的根本。因此在教学中，教师有目的地训练学生的数学语言，引导学生学会表达、学会交流是非常必要的。

首先，学会说一句完整的话，让学生掌握最简单的交流方式。教师应引导学生说完整的话，规范学生的语言。比如学会描述：谁在什么地方干什么？什么地方有

给学生说话的机会

什么？等等；学会用关联词：因为……所以……，即使……也……，虽然……但是……，等等。

其次，学会说几句连贯的话，让学生掌握有条理的交流方式。当学生学会说一句完整的话，掌握了最简单、最基本的思维模式后，就要进一步让学生学会说几句连贯的话，能够有条理地思维和交流。这时候可以让学生说一些操作的过程，说一些问题的思考过程等。

最后，学会说合乎逻辑的话，让学生掌握有理有据的交流方式。要提高学生交流的实效性，教师应要求学生能够有根有据地思维，并把自己的观点清楚地表达出来，要达到这一目的，往往是通过说连贯的、合乎逻辑的话进行训练的。

3. 引导在阅读中理解，学习数学语言的表达

数学教科书不但是传授知识的教材，而且也是学习数学语言的工具书。数学中的很多内容都要注重让学生阅读概念、法则、性质、应用题的分析等，通过大量的阅读，学生的语感就能得到较大的增强，数学语言自然就越来越丰富。

数学语言具有高度抽象性和概括性，因此数学阅读需要较强的逻辑思维能力。掌握有关的数学名词术语和符号，正确依据数学原理分析逻辑关系，才能达到对书本的深刻理解。同时精确性也是数学的重要特点，每个数学概念、符号、术语都有其精确的含义，没有模棱两可、含糊不清或易产生歧义的词汇，结论对错分明，这就要求数学阅读要认真细致，同时必须勤思多想。

(二)拓展交流空间，激活学生思维

苏联著名心理学家维果茨基认为：思维与语言的关系始终是一个过程。思维是语言的内核，语言是思维的外壳，思维的发展同语言的发展是紧密相关的。因此，在教学中，要努力培养学生的数学语言表达能力，注重学生语言表达的完整性、条理性、科学性，促进学生思维的发展。数学交流的方式多种多样，如同桌交流、小组讨论、师生对话、生生对话等，可以根据教学内容的不同灵活选择交流的方式。除此之外，还要选择交流的时机。

1. 在知识形成过程中组织学生进行个性化交流

提高学生的数学语言素养，培养学生运用所学知识解决数学问题的能力是数学教学的最终目的。孩子积累了丰富而准确的数学语言，既能节约课堂时间，还能提高课堂效率。所以要结合具体的数学教学内容对学生进行数学语言表达训练，让学生通过“说数学”来厘清思路，通过“讲数学”提高数学语言表达能力，从而提高数学思维能力，真正做到思维能力发展语言表达能力，语言表达能力促进思维能力发展。

我在上《用字母表示数》一课时，先出示了：“王虎10岁，李老师比王虎大30岁。你们会表示李老师的年龄吗?”学生列出了(10+30)、(11+30)、(12+30)等算式，我接着问：你能在这一类的式子中，试着用自己的方式把李老师的年龄表示出来吗?

学生独立思考，尝试总结。我行间巡视，抽取样本。

1号作品：10+30=40(岁)

2号作品：王虎的年龄加上李老师比他大的30岁，就是李老师的年龄。

3号作品：(□+30)岁

4号作品：(a+30)岁

5号作品：学生是A岁，老师是B岁。

我接着问：“这5种表示，哪个没看懂?可以提出问题，与同学对话。”学生之间开始了对话，有质疑、有补充、有评价。在师生互动、生生互动的过程中，学生

的数学表达能力提升了。

2. 动手操作之后组织学生进行体验性交流

手、口、脑各种感官协同，在操作中强化学生的数学表达。课堂中的操作是学生动手和动脑的协同活动，是培养和发展学生思维的有效手段，而语言是思维的外化，是思维的物质形式，知识的内化与相应的智力活动都必须伴随着语言表述的过程而内化，因此，在教学中要重视学生的动手操作。在指导学生动手操作时，要注意多让学生用数学语言有条理地叙述操作过程，表述获取知识的思维过程，把动手操作、动脑理解、动口表达有机地结合起来，才能促进感知有效地转化为内部的智力活动，达到深化理解知识的目的。

在上《行程中的数学问题》一课时，我努力让学生在模拟操作之后进行对话，学生的思维与老师的思维不断地碰撞，在碰撞中，学生不断地对知识的本质感悟着、理解着。

在内蒙古海拉尔，我为当地的学生上《相遇问题》一课。

情景：走一走，明白了！

先请两位同学表演“相遇”，两人走着走着走近了，不走了。我顺势一手拉一个，让他俩干脆地碰了一下。

师：这才是相遇呢，中间还有距离能算相遇吗？

看着这生动的场面，同学们一起开心地笑了。

当两位同学表演“同时相对”走来时，我又提问了。

师：张三，你走了几分钟？

生1：5分钟。

师：李四，你走了几分钟？

生2：5分钟。

师（面向全班）：张三、李四同时走了几分钟？

全班异口同声：10分钟。

这正是学生对“同时”理解的偏差。

师（故意提高了声调，拖长了声音）：是张三走了5分钟，李四再走5分钟吗？回忆一下他们是怎么走的？

生：同时。

生：不是10分钟，是5分钟！

学生们终于醒悟了。

在学生动手操作时，要注意让学生有条理地叙述操作过程，把动手、动脑、动口三种感官有机结合，既获得了知识的内涵，又能增强用语言表达思维过程的能力，这样就把知识的获得过程与培养语言表达的能力结合了起来。

3. 在知识应用过程中引导学生进行提升性的交流

在知识的应用过程中，学会用数学语言表达数学思想、观点，引导学生进行提升性的交流。在《行程中的数学问题》一课教学中学生自主探究之后，我让学生做了一些与行程有关的习题，根据学生对于这类问题停留在走路这件事，我和学生进行了交流。

师：总路程，像这样的关系是不是只能研究两个人对着走，两辆火车对着开，还能研究什么情境啊？比如说……

生1：比如说长途汽车对着开。

生2：两辆自行车对着骑，两个飞碟对着飞。

生3：两个游船对着划，两架飞机对着开。

生4：还能研究甲乙两个队一起做零件、修路等。

我让学生尝试解决习题，从学生层面，可以检测自己对于已学知识的掌握程度，能否从不同题目中抓住相遇问题的本质；从教师层面，通过改变情境，拓宽学生视野，同时可以进一步把握学生的认知状况和生长点。学生自己举例归纳出模型的应用范围，这样将数学内容融入了学生头脑中的知识体系，同时在拓展应用中提升了学生的数学表达。

（三）促进思维外显，掌握表达方法

数学表达最终的目的是促进思维的发展。只有借助数学表达，才能够把思维外显出来，并能够在他人交流的过程中不断促进思维的提升。在课堂中，我经常使用一些方法，比如，给一个情境讲数学故事，或者是利用数学日记，把自己的思考用文字、图画等多种方式表达出来。教师应让学生的思维外显，并促进学生的数学理解。

1. 借助数学故事，促进理解性表达

数学问题的表现形式千变万化，数学问题的呈现有其自身的内在规律，数学问题不会完全按照解题者所掌握的数学语言来呈现。将自己不是很熟悉的表征形式转化成自己熟悉的表征形式，将更加有利于学生厘清数量关系，完善解题思路，这就要求教师要善于进行数学语言的转换，从而促进数学问题的解决，有利于学生深刻理解数学概念。

在学习《商不变的规律》一课时，我出示了图，让学生体会数学语言之间的转换。

师：看到这幅图你们发现了什么信息？能讲个故事吗？

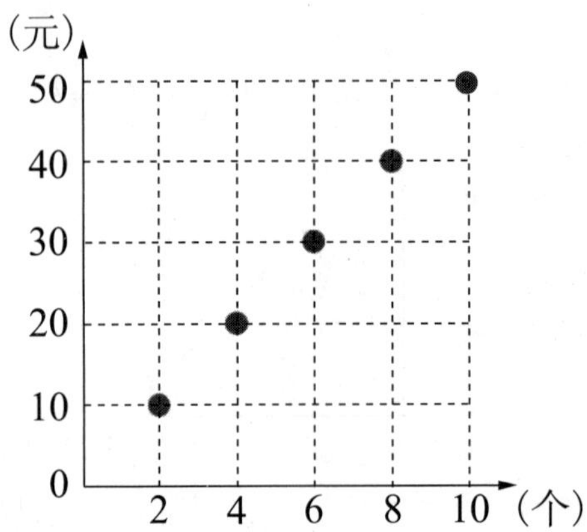

生1：我看到了图里有数，横着有2、4、6、8、10，竖着有10、20、30、40、50。

生2：这图里讲的是买桃的故事，买2个桃要花10元；买4个桃要花20元；买6个桃要花30元；买8个桃要花40元；买10个桃要花50元。

师：真好，在一幅简单的图中你们不仅看到了图里有买桃子的故事，还发现了重要的数据信息。有的同学能在图中看到横线上的桃子数和竖线上的钱数有关系。能从这样的角度观察问题，真好！你们太会观察了。

师：对这幅图，你们还有什么问题？或还有什么新的发现吗？

生：老师那个点是什么意思啊？

师：问得好，谁看懂了？

（教室里安静下来，同学们无语。等待……）

生：我们已经知道2个桃子10元，我发现那个小点就把它们连上了。

教师频频点头，重复着孩子的原话：好，这个小点就这样把“2个桃子和10元”给连起来了。(教师继续追问)在“2个桃子和10元”之间你还有什么新的发现？

(教室里又安静下来，同学们静思……)

一个声音打破了教室的安静：2个桃子是10元，一个桃子就是5元。

师：(教师显然有些激动)真了不起！你看到了图里没有的东西！

众生(纷纷举起了手)：

2个桃子是10元，一个桃子就是5元；

4个桃子是20元，一个桃子就是5元；

6个桃子是30元，一个桃子就是5元；

……

本来是用一个个算式，让学生体会商不变的规律的，我用一幅图让学生从另外一种语言理解所学知识的本质。

概念学习有多种表征，它可以使数学对象的意义更丰富。一个数学对象往往具有多种不同的表征形式，而不同的表征形式又会造成理解数学对象的差别，并进一步导致数学对象意义的丰富。“丰富性”体现在课程的深度、意义的层次、多种可能性或多重解释等方面。比如我们的常见的圆的描述，既有文字语言——动点到定点的距离等于单位长的点的轨迹，也有图形语言，还有符号语言。在符号语言中，在直角坐标系、极坐标系、复平面等都有不同的表示方法。通过这个例子，我们不难发现，展现数学语言的多种表征可以使数学对象的意义更丰富。

2. 借助数学日记，促进理解性应用

数学在孩子心中是什么样子的，孩子们上课学到的数学知识仅仅就是那些数字与符号吗？数学是让孩子体会到学习的价值与快乐，体验到用数学的眼光去观察世界，用数学的语言去表达世界，用数学的思维方式去思考世界。他们会尝试用数学的思维方式感受生活、记录生活、思考生活，并尝试用数学知识解决生活中的现象，解决生活中的问题。这种记录源自对数学的理解与表达。

例如，这是北京市通州区中山街小学二年级一名学生的数学日记：

我们一年级时学习了个位和十位，后来我们又学会了百位、千位，现在已经学到了第五位“万位”了。我想“万”肯定是一个巨大的数。比如，我们二年级学生有

200 余人，那么，一万人就相当于 50 个二年级学生的人数，也就是 50 个 200 人是一万人。现在我们二年级占教学楼东面四个教室，一万人就需要 50 层这样的教室。那将是一栋好高好大的教学楼呀，都钻到云彩里去了。老师说我们通州有 90 万人，那应该说“人山人海”啦！

在这里面，生活语言、书面语言和数学语言相互转化。生活语言、书面语言和数学语言互相转化的训练，是培养学生语言表达能力的重要方法。借助数学日记，学生在表达中促进了对数学的理解，并把这些与自己的生活实际相结合，有效地促进了自己对知识的理解，在不断地抒发出自己感受的同时，沟通了数学与生活的联系。

培养学生的数学语言表达能力，是一个长期的、综合训练的过程，绝非一朝一夕所能做到的事。让学生学会数学的表达，有利于学生的数学思考和师生数学生活质量的提升。

1. 儿童学习需要表达，表达是一种思考，是儿童重要的思维活动。语言是思维的外壳，儿童正是通过语言来表达对数学的理解。帮助儿童学会数学的表达，就是帮助儿童学会数学的思维。

2. 儿童学习需要表达，表达是一种交流。用数学的语言去表示世界，借助同伴的交流将自己心中的数学表达出来，将隐性的思维表达出来，让思维可视，让思维外显，能够在与他人交流的过程中分享，不断促进思维的提升。

四、在生活情境中学数学

小学数学是数学教育的基础，是儿童一生中学习数学的开始，如何在儿童的面前展现出一个五彩缤纷的数学世界，把抽象枯燥的数学变得生动有趣，引人入胜？如何在数学的学习中培养儿童的创新意识和探索能力呢？我认为应该走一条数学教学与生活实际密切结合的教学之路。生活离不开数学，数学也离不开生活。在生活中到处可见数学原型，数学知识源于生活。只有当数学不再板起面孔，而是与儿童生活实际更贴近的时候，他们才会产生学习的兴趣，才会进入学习数学的角色，才会真正感受和体验到数学的魅力与价值，增进对数学的理解和应用数学的信心，才会学懂数学。

（一）从生活中来

有些教师在教学中只侧重数学知识本身的讲解，忽视了数学知识的源头与发展及数学知识与生活的联系。有人把它比喻成“中段烧鱼法”。即切头去尾，只选中段。儿童获得的知识是支离破碎的，没能形成完整的知识结构。尤其是教师没能重视从儿童熟悉的生活情境和感兴趣的事物引入，使儿童失去了对数学知识来源生活的感受，逐渐地影响了儿童学习的兴趣和对学好数学的信心。

“我想和您说说话！”

小学生的学习带有浓厚的情绪色彩，对熟悉的生活情境感到亲切、有兴趣，我们应该从儿童的生活中提取数学知识、法则、概念等，使他们感受到今天在课堂中学习的知识是来自生活的，从而在进入学习的一开始就感到数学的价值，激发起学习数学的兴趣。例如，学习《小数加减法》一课时，我做了这样的设计，课前安排学生到附近的商场、超市购物，并请同学们把购物小票带到课堂，向同伴介绍购买的物品，同时提出问题，请大家一起帮助解决。这里展示的是学生 A 的购物小票。

×××超市

欢迎惠顾

日期流水号＊＊＊＊款机号＊＊＊＊

品名	单价	数量	金额
钢笔	15.6	1.00	15.6
笔记本	0.9	1.00	0.9
牙膏	1.28	1.00	1.28
香皂	4.4	1.00	4.4

应收 22.18　　优惠 0

实收 30　　找零 7.82

钱款当面核对！质量问题，凭此票退换。

学生 A 提出的问题是：

(1)一支钢笔和一个笔记本共用多少钱？

(2)一支牙膏比一块香皂少多少钱？

同学们请帮我解决这两个问题。

随着学生的提问，各个小组积极活动起来，同学们首先列出了算式：

15.6＋0.9　　　　4.4－1.28

“看到这张购物小票还可以提出什么问题?”老师中间插问了一句。孩子们思维活跃起来。

学生 B：我想计算一下四种物品的价钱是不是与计算机算出的价钱正好相等？请大家一起来算一算。

学生 C：我想帮学生 A 验证一下售货员阿姨找的钱对不对。随着提问、回答，黑板上出现了不同的算式，同学们各自讲出了算式的道理：

15.6＋0.9＋1.28＋4.4

(15.6＋4.4)＋0.9＋1.28

30－15.6－0.9－1.28－4.4

30－(15.6＋0.9＋1.28＋4.4)

“列了这么多算式，该怎样计算呢？试试好吗？”老师提议。同学们立刻行动起来。有的找出整数加减法法则做依据，有的悄悄地打开了教科书，想从例题中受点启发，有的干脆不管三七二十一，拿起笔就试着做起来……同学们尝试着、争论着，最后终于发现了小数加减法的计算方法。课前的购物实践活动，使学生对学习材料产生了兴趣，数学法则不再是令人生畏的抽象概念，数学知识就在学生熟悉的生活中。在解决数学问题的过程中，学生亲身经历了数学知识形成的过程，实实在在地感受到了数学的应用价值。

现代儿童心理学的大量研究证明，儿童学习数和数的运算时，他们的心智活动离不开具体事物的支持，学习数学必须依赖具体事物，从具体事物入手，逐渐从形象思维过渡到抽象思维，使学生感到数学是看得见、摸得着的，使学生体会数学就是生活，生活中处处有数学。

（二）到生活中去

数学教学的成功与否不能单纯地以学生考试成绩、解答数学题的正确率来衡量，重点应放在学生能否应用所学知识解决生活中的实际问题，是否通过数学教学促进了学生自身的发展来衡量。我们的教学目标不是培养只会纸上谈兵的考试状元，数学教育是面向大众的教育，应使全体学生都能在学习实践中感受到数学知识源于生活，又服务于生活，使每一位学生都能用数学的眼光、数学的意识去观察生活，培养学生解决实际问题的能力。教学中我既注重联系生活实际，更注重把数学的概念、法则、定理运用到实际生活中去，提高学生解决实际问题的能力。如学习《时分的认识》一课时，我们设计了让每一个同学安排好一日学习生活的教学环节。学生在设计活动中发挥了主动性、积极性，人人争做时间的主人，从而学会科学合理地安排自己的一日生活。考虑到学生小、书写能力较弱的特点，我在课堂上提供了多种学习活动图片、资料卡片任学生选择。孩子们饶有兴趣地为自己安排着“六一”儿童节一天的活动。一幅幅活动安排表呈现出孩子们的兴趣和智慧。

学习了比和比例知识后，大约是5月中旬的某天上午11时，我把全体学生带到操场，指着高高的旗杆提出问题：“这根旗杆大约有多高？”勇敢的同学大胆估测：10米、15米……多数同学则摇摇头，少数几个同学窃窃私语。有人提出：用一根长绳送到顶端，从上往下量一量。绳子怎么送到顶端呢？有人提议：干脆把旗杆放倒测量……这时不动声色的我把早已准备好的一根 2 米长的竹竿笔直地立在操场上，地上顿时出现了竹竿的影子，我低头不语，若有所思，围着竹竿走了一圈又一圈，小声念叨着："这里有什么学问吗？竹竿的长与影子的长有什么关系吗？"不知哪个机灵鬼喊了一声："有办法了。"学生们三人一群，五人一伙地议论开来："量一量竹竿的长度，再量一下它的影子的长度，不就知道了竹竿与影长的关系了吗。再根据它们的关系，量出旗杆的影子的长度，不就可以算出旗杆的高了吗？"

急性子的同学拿起卷尺量了起来，竹竿长 2 米，影长 1 米，正是 2 倍的关系。"哈哈，有了！"在同学们的讨论和活动中，终于求出了旗杆的高度，同学们脸上洋溢着成功的喜悦。此时我把话锋一转："放学后，我们再根据物体与影长 2 倍的关系，测量一下杨树的高度可以吗？"一石激起千层浪，在"行"与"不行"的争论中，在大量生活实例的感受中，大家终于认可了"在同一时间内"这样一个不可缺少的前提。一贯性格内向的何苗同学从牙缝里挤出了一句耐人寻味的话："怎么刚学完比例的知识，在这就碰上了。"

学生的头脑中还没有把数学知识应用于实际生活中的这种意识，那么作为数学教师，就应该把培养学生的数学意识，培养学生用数学的眼光观察、思考问题作为一项重要的教学目标。为了完成这个目标，教师应精心设计数学知识与生活密切相连的情境，使学生加深对数学问题的理解，感受到数学就在我们的身边，从而进一步激发起学生学习数学的兴趣，增强学生学好数学的信念。

荷兰数学教育家弗赖登塔尔从数学教育的特点出发，提出了"数学现实"的教学原则，即数学来源于现实，扎根于现实，应用于现实。学生学习数学正是通过自身的实践活动"再创造"而主动获得的。因此，数学教学一定要结合孩子们的生活经验和已有的知识，设计富有情趣和有意义的实践活动，使他们有更多机会从周围熟悉的事物中学习数学和理解数学。教师应通过这样的教学活动，逐步培养学生的创新意识，形成初步的探索问题和解决问题的能力。

五、在操作活动中学数学

美国华盛顿一家图书馆首先迎接读者的就是正面墙上排列十分醒目的三句话：

我听见了，就忘记了；我看见了，就记住了；我做过了，就理解了。它给了我深刻的启迪。

随着科学技术的迅速发展，社会迫切需要既有理论，又有实践，既会动脑，又会动手的人才。科学实践证明：只会说，不会做，只会啃书本，不会动手实践的人，很难在科学技术上有所发明和创造。我曾经在一篇文章上看过这样一段报道：小 E 是学天文学的，从走进美国大学研究生院的第一天起到拿下博士学位整整 5 年，一直以优异的成绩享受系里提供的优厚奖学金。有一天，他曾对一个朋友说："我很奇怪，要是凭课堂上的学习成绩拿奖学金，美国人常常不是中国人的对手。可是一到实践领域，搞点研究性题目，中国学生往往没有美国学生那么机灵，那么富有创造性。"小 E 感受的可能正是两种不同的基础教育体系所造成的人之间的差异吧。

或许这则报道会给我们的基础教育带来一点反思，过去的教学更多注重的是教师"教"的过程，而忽视了学生"学"的过程。课堂上要么是教师演示，学生观察，要么是学生在老师的指令下演示操作，忽视了学生主体性的发挥。让学生学会学习正是改变学生被动接受式的学习方式，让学生自由地探索、发现、创造。现代数学论很强调要让学生亲自动手"做数学"，"做数学"的方法绝非只是计算或演绎，而是在丰富有趣的数学学习中让学生主动地去观察、实验、操作、猜测、验证和推理，从而发现规律，获取知识。

我在教学《重叠》一课时，在学生们初步感知了集合图各部分的含义之后，我拿出做好的学具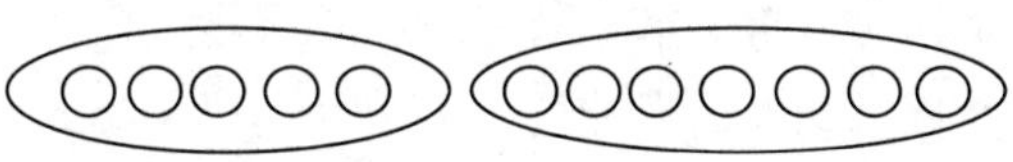，抛出了新的问题"猜一猜，会有什么新情况吗？"学生们说："可能重复 1 个、重复 3 个、重复 4 个、重复 5 个、重复 6 个、重复 7 个……"甚至还有学生说"可能重复 8 个"，听着学生们的答案，我没有着急，让学生们在小组中进行操作尝试后，到黑板上展示：

(1) 当没有人重复的时候。

(2) 当有 1 人、2 人、3 人、4 人重复的时候。

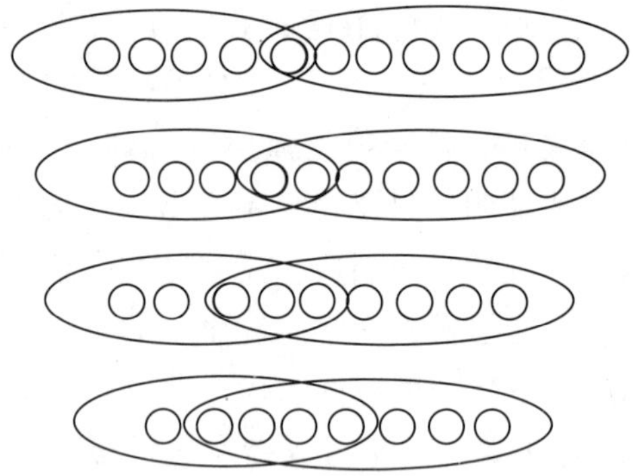

(3)当有5人重复的时候，我没有着急让学生演示，而是先让同学们想一想会出现什么情况，有的学生说道“小圈被大圈吞掉了”，真是这样吗？再来看看演示图。

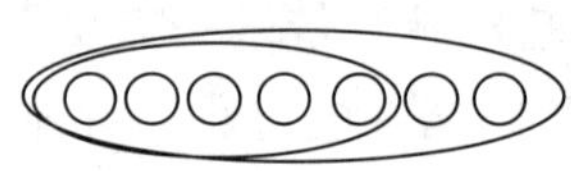

接着，我让学生在刚才游戏的基础上，动手画一画两个圈的关系。

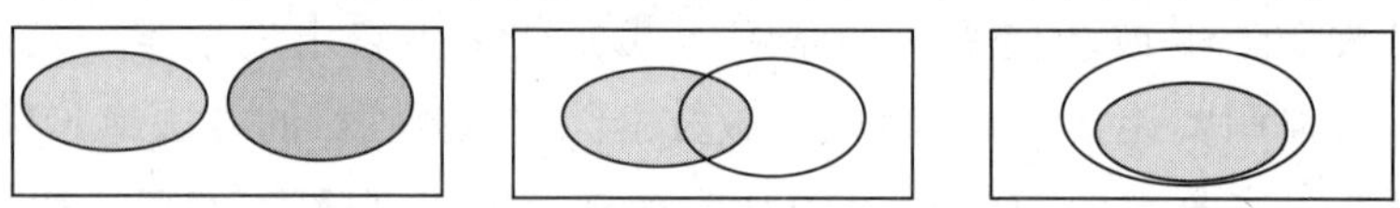

看到同学们若有所悟的状态，我放缓了语速，问道：“你能用自己的话说一说这三种图的特征关系吗？”

生1：第一幅图，两个圈都没有交叉，你是你，我是我；

生2：第二幅图，两个圈有交叉，你中有我，我中有你；

生3：第三幅图，一个圈吞掉了另一个圈，我包含了你。

学生们纷纷给这三位同学鼓起了掌。

一句“还会有什么新情况吗？”一石激起千层浪，学生的动手操作，让他们自己感受到从不重复到重复，从最少重复1个到最多重复5个的不同情况，学生思维不断得到激活、深化。这种课堂不但丰富了课程资源，又实现了对数学思维的层层挖掘。学生不仅学会用集合思想进行分析，还能结合可能性进行解析，更是对“重叠问题”进行了自主建构。

学生开阔的思维来自有趣的实践操作，不是在教师的说教中获得，也不是在观察模仿教师的演示中得到，而是在学生亲自操作实践中产生的，学生的手尖上跳跃着智慧。教师要鼓励他们大胆地想象、猜测、推理、验证，让他们在动手操作中去发现、去创造。

学生的手尖上跳跃着智慧。生物学研究证明：人的大脑皮层内有特定的区域同人身体的有关部位相联系，其中与人的双手有联系的特定区域占人整个大脑皮层的三分之一。因此，作为教师要重视开发学生双手的功能，充分利用这个资源，以促进大脑潜能的挖掘。

任何高明的教师都不能代替学生的操作。学生的思维是在活动中发生的，并随着学生活动的深入而得到发展。学生只有亲自参加活动，在操作活动中不断地积累感性材料，才能促进他们观察、试验、猜测、验证及推理概括的能力。因此，课堂上教师要给足学生时间和空间，让他们在和谐宽松的环境下满怀信心地参与数学教学实验活动，使他们的双手闪烁出创造性思维的光芒。

1. 生活中处处有数学，儿童的学习就是在真实的生活中发生的。让儿童在数学与生活的紧密联系中感受数学的价值，激发儿童学习的兴趣，学以致用。

2. 在生活中学习数学，就是要引导儿童用数学的思维去分析周边的事物，培养儿童能自觉地从数学角度解释世界的思维习惯。

六、在体验感悟中学数学

过去我们不太重视儿童在生活中的体验，往往是以成人的观念，披着严肃的外衣，以标准化答案的方式传递知识，淡化了儿童独有的个性体验。如果剥夺了儿童在理解基础上的体验，以及在体验基础上的理解，那么除了死记硬背，学生还能干些什么？因此我试图在教学中开展以学生体验为基础的教学活动，让学生在体验、理解、感悟中发展。我努力创设与学生生活环境、知识背景密切相关的，又是学生感兴趣的学习情境；让学生在观察、操作、猜测、交流、反思等活动中逐步体会数学知识概念的产生、形成与发展的过程，获得积极的情感体验，感受数学的力量，同时掌握必要的基础知识与技能。

学生的想法天真而无拘无束，他们的理想像一个个多彩的梦。教师的任务是什么呢？就是帮助他们实现自己的理想。有多少孩子羡慕科学家，佩服他们的伟大发明，向往着能成为他们那样的人。我们应在课堂上给学生空间，让他们体验科学研究的历程，这是我多年思考的问题。其实，科学家在进行研究的时候，一般都会提出研究假设，然后对假设进行大量的试验与验证，从而证真或证伪，当然这可能是一个漫长的过程。我们能不能在课堂上揭开这层神秘的面纱，让学生学会这样的思考方法，体验研究的历程，哪怕这种体验是浓缩的。这样，学生的思考方法便能与前人进行碰撞，这种碰撞可能就会撞击出创造性思维的火花。

基于这种想法，我与一线教师们一起进行研究，由其中的一位年轻老师执教《体积与体积单位》一课。这节课从始至终让学生在操作中体验，在体验中质疑、思考，在体验中发现、创造，在体验中抽象、提升。

课的开始从吃早餐的生活小问题引入：教师将同样多的牛奶倒入两个相同的杯中后，其中一杯牛奶的液面会高一些。这样学生产生好奇心理，不约而同地产生疑问：这是怎么回事呀？学生们猜想了很多种可能性，但百思不得其解。这时老师就请两位同学到前面来，分别将牛奶喝掉，两位同学都争着要喝液面高一些的那杯牛奶，说这里面一定藏着秘密。两杯牛奶分别被一饮而尽，其中一个同学首先发现了秘密，并喊了起来："这杯牛奶中有一大块儿冰糖!"孩子们看看他，又看看那块冰糖都笑了起来。这时有的学生说，因为冰糖挤占了杯中的一定的"地方"，所以，牛奶液面会上升。还有学生补充说，其实这个"地方"就是空间。于是孩子们自然就产生了各种假设和疑问：是不是所有的物体都占空间？这个空间看得见吗？占的空间又有什么不同呢？在数学中，我们又管它叫什么呢？能不能算出来？等等。问题真是五花八门。于是孩子们也就有了要继续研究的冲动。这时老师就为同学们准备了许多的物品，例如石头、杯子、水、沙子、木块儿、面团儿、气球、盒子……请同学们用自己手中的物品来验证自己的假设的正确性。于是，同学们饶有兴趣地分组开始了各自的试验。

"体积"的认识是学生从二维平面向三维空间发展的一个重要里程碑。以往的教学更多的是讲授式的，即告诉学生“物体所占空间的大小就叫作体积”。但对什么是物体所占的空间并没有体验，因此，学生对空间的大小也只是抽象的模糊概念。这节课老师安排了充足的活动时间与空间，使学生在观察、猜测、动手实验的过程中学习。在这种亲身的探究与体验的过程中，与同伴交流，向大家阐述自己的观点，体验不同实验的优劣，不断完善自己的认知，真正感受空间及空间的大小，在不知不觉中将抽象的概念具体化。

孔子说：“吾听吾忘，吾见吾记，吾做吾悟。”学生在试验的过程中用自己的眼睛去看，用自己的耳朵去听，用自己的双手去做，用自己的大脑去思考，用自己的心灵去感悟，在“做”的过程中的这种体验，不仅使学生充分地感知了物体确实占有空间的事实，而且很自然地对物体所占空间的大小也有了足够的认识。因此，学生在体验的过程中，出现了很多新奇的想法。比如，A 组同学先将正方体形状的积木按进面团中，再将积木拿出来，于是面团凹下去了一块，这就是刚才那块积木所占的空间，按下去的积木有大有小，于是证明了空间也有大有小。B 组同学是在一个平碗的沙子中“种”入了一个土豆，再将沙土抚平，于是沙土富余了很多，他们将多出来的沙土倒入另一个碗中，这个碗中的沙土就是土豆所占的空间，只是碗中沙土的形状与土豆的形状不同而已。C 组……学生就是这样通过大量的体验和感知，逐步抽象出体积的概念——物体所占空间的大小，叫作体积。在动手操作的外在表现形式下，学生自主的内在体验，不仅使“体积”概念清晰而深刻，而且也使学生的思维得到了发展，他们对三维空间的理解更加自然、顺畅。

紧接着在学习体积单位的时候，教师是通过让学生亲自寻找体积单位，经历和体验前人发现体积单位的过程，来认识常用的体积单位，并尝试着进行度量，从而进一步加深和巩固学生对空间观念的理解。

正是老师给了学生时间和空间，让学生体验了研究的过程和科学发展的进程，学生才会对体积概念本身有进一步的认识，对空间观念有进一步的理解，也才会有这样的成功与快乐的体验。

体验学习不仅展现了“以人为本”的教育理念，而且它使学习进入了一个生命的状态，因为有了体验，学习过程中不仅要用大脑思考，而且要用眼睛去看，用耳朵去听，用嘴巴去说，用双手去做，用身体去经历，用心灵去感悟，这已不仅仅是理解知识的需要，更是激发学生发现、探索、创造的活力，使学生获得了积极的情感体验，促进学生生命成长的需要。

《义务教育数学课程标准(2011版)》指出：通过数学学习，使学生能够体会数学与自然及人类社会的密切关系，了解数学的价值，增进对数学的理解和学好数学的信心。体验学习要根据学生的年龄特点和已有知识经验，注重挖掘教材资源，激发兴趣，设计丰富多彩、形式多样的活动，使抽象的数学知识具有丰富的现实背景，努力为学生提供生动的、利于学生主动探索的材料和环境，充分发挥学生的主体地位，引导学生参与经历教学的全过程，在体验中学数学，才能实现学生学习的主动性、积极性，使学生在自主探索的过程中发现、认知、交流、创造、发展。

1. 体验是儿童学习中重要的经历，任何高明的教师也无法代替。体验学习使儿童学习进入了一个原生态的生命状态，儿童在亲自参与学习探究的过程中获得各种不同的情感体验、学习体验，而所经历的这一切都是促进儿童生命成长的需要。体验不可替代。

2. 体验学习不仅仅是教与学方式的改变，体验学习会使儿童在学习过程中有机会尝试错误，促进反思；有机会自主建构知识，促进理解；有机会动手操作，积淀经验；有机会亲身参与活动，培养兴趣；有机会交流质疑，学会分享；有机会经历挫折，历练毅力；有机会磨砺思维，感悟数学思想，生长智慧。体验学习是在儿童通过学习行为的体验基础上所发生的内化与升华，特别是儿童细微且复杂的心理体验过程，才是体验学习的最高境界。

七、在合作交流中学数学

合作是人类社会赖以生存和发展的重要动力，善于合作是当代人应该具备的素质之一。作为社会大课堂缩影的学校生活，越来越注重合作精神的培养，课堂上不仅通过合作学习使每个学生能积极地参与，而且通过合作学习，来促进学生之间的相互交流、共同发展，在合作学习的过程中还能促进师生教学相长。

让学生享受合作的乐趣

实施新课程改革以来，教师们在课堂教学中，积极尝试合作学习，从而加大学生的参与度，充分体现学生在教学活动中的主体性。但在教学实践中，往往会出现这样的情况：班中分为若干小组，教师提出一个问题，要求学生们4人一组讨论，然后小组汇报。这种形式我们已经司空见惯了。但是教师提出的这个问题的含金量到底是多少，需不需要学生合作学习，有没有给足学生思考与交流的时间和空间，这个问题学生们为什么要通过合作的形式来学习，老师们往往缺乏这些深层的思考。于是就会出现流于形式的合作学习。那么，在什么情况下我们采用合作学习呢？就是当合作学习成为学生研究问题的强烈愿望的时候，此时组织学生合作学习，才是最佳的时机，也才能发挥它的最佳功效。

例如特级教师柏继明设计了这样的教学过程：

北京昌平某大街经常发生塞车，为缓解交通压力，公路局局长请同学们当参谋，来统计这条大街机动车的流量，以改善拥堵状况。教师发给每位学生一张统计表，问题就在这个真实的任务情境中发生了。

______路机动车通过情况统计表

____时____分到____时____分

机动车种类	小汽车	大客车	货　车	摩托车
合计				

教师开始放这段道路上各种汽车通过时的真实录像，学生看录像独立进行统计。刚开始放的时候，同学们屏住呼吸，瞪大眼睛，紧紧地盯着大屏幕，认真地做着记录，过了一会儿，随着通过车辆的增多，学生们抬头看，低头记，再抬头的时候，车已经过去了几辆，孩子们的表情发生了微妙的变化，有的开始皱眉头，有的急得直抓耳挠腮，还有的用请求的目光瞄着老师，好像在说“您让车开慢点吧。”但同学们仍然做着努力……1 分钟过去了。老师问：“大家统计的结果出来了吗?”同学们你看看我，我看看你，面面相觑，有的同学说：“您能让车停一下再开走就好了。”全班同学都笑了起来。还有的同学说：“既然让我们统计四种车的流量，那您就放四遍录像吧，每放一遍统计一种，这样我们就能数清楚了。”“这样麻烦，也耽误时间呀。”同学们没有认可。教师说：“那我们就告诉公路局的局长伯伯，这个任务我们完成不了。”同学们说：“不！我们能完成。”有一个同学站起来说：“我们四个同学一组，每人负责数一种车，这样就能很快统计出这四种车的流量了。”话音未落，同学们的眼前一亮，一个劲儿地称赞，这个方法好，可以试一试。就是这样，学生们自发地产生了小组分工合作的愿望。正是老师为学生创设的这个合作环境，通过让学生观看车流量的录像，汽车是动态之中的，一个人无法在短时间内准确地统计出正确结果，促使学生在生成的问题中产生思考，使学生自然地感到分工合作对问题解决的重要。于是各小组同伴迅速商讨，确定组内分工合作的方法，即每人数一种车的数量。老师又开始重新放录像，录像还是那段录像，放的速度也还是与刚才同样的速度，一分钟过去了，同学们按小组分工合作的方法，准确迅速地填出了各组的统计表。孩子们的小脸上，绽放出了成功的喜悦和微笑。老师紧接着提出了一个宽松的问题：“通过刚才对 1 分钟机动车流量数据的收集、整理和分析，你知道了什么？得到了哪些启示?”同学充分发表意见，不仅总结出通过小组合作我们统计出了机动车的流量情况，觉得小组合作很有用，团结协作很重要，而且还体会出统计中有时画“正”字的方法好，有时写数的方法好，有时符号统计的方法更可行……要根据具体情况灵

活地选择统计的方法。学生们正是这样在这个解决真实的问题情景中产生合作需要，从而感受合作的快乐、合作的愉快的。这种合作不是被动的合作，在这个过程中，学生在问题的生成中体验到合作学习是人们的一种必然需求；体验到合作学习带来的效率；感受到在解决问题中与他人合作的重要性以及与他人成功合作带来的愉快情绪体验；学会了尊重和欣赏他人。同时，这件事也让学生认识到收集和整理数据方法的多样性，要根据情况具体问题具体分析，培养了学生灵活解决问题的能力。

1. 建构主义理论为儿童学会学习提供了有力的支持。在整个合作解决问题的过程中儿童所获得的不仅仅是数学知识和技能，而是在经历探索数学的过程中学会了研究问题、解决问题的方法，学会了怎样与伙伴合作交流，用集体的智慧去战胜困难。

2. “让儿童学会学习”很重要的一点就是要学会在研究中合作，在合作中研究。充分发挥小组合作学习的优势，加强儿童之间的合作研究，让每一个儿童都能感受到“我是学习的主人”。

八、在实践创造中学数学

创新意识是儿童的核心素养之一，也是教育的基本任务。在宽松和谐的育人环境中，教给儿童具有一双会观察的眼睛，自己发现问题、提出问题、独立思考、学会思考，利用归纳概括得到猜想和规律，并加以验证，从而获得分析问题、解决问题的能力。所以，对儿童的发展而言，解决问题活动的价值不只是获得具体的结论，它的意义更多的是在解决问题的过程中形成自己解决问题的基本策略，积累活动经验。只有这样，创新意识的培养才成为可能。因此，我把培养儿童的创新意识作为数学教育的重要目标，注意引导他们在主动探索的活动中创新，为他们的终身学习和发展打下良好的基础。让学生学会学习、学会创新，我是从四方面去探索尝试的，我们就暂且称之为培养创新意识的四部曲吧。

唤起学生发现问题的意识——让儿童想创造。

鼓励独立思考，大胆猜想——让儿童敢创造。

培育思维方法，学会思考——让儿童会创造。

体验求异求新，感受快乐——让儿童爱创造。

（一）唤起学生发现问题的意识——让儿童想创造

问题从好奇开始。古希腊哲学家亚里士多德曾说过："思维自惊奇和疑问开始。"小学生的心理特征决定了他们具有强烈的好奇心，孩子们凡事都想问个"为什么？"对身边发生的事常常会感到惊奇和疑问。充满童趣的数学学习一定是伴随着孩子千奇百怪的问题开始，从对事物的好奇开始的。"车轮为什么做成圆形的？""为什么会有比 1 还小的数？""圆柱体是怎么变成的长方体？""方程是谁发明的？""人类从什么时候开始就关注了面积？"……儿童对数学世界充满了好奇，教师要满腔热情地保护好这颗"火种"，小心翼翼地去呵护学生的求知欲，激发学生的兴趣，引导学生在比较中发现问题，产生疑问、引起思考是需要学习的开始。疑问萌发起学生的求知欲望，学生跃跃欲试开始了新知识的探求，探求的开始正是创新意识唤起之时，创造正是从这里起步。

好奇心正是创新潜在的动力，正是创新意识的萌芽。因此，教师要满怀热情地保护好儿童的好奇心，充分利用创新意识培养的最佳阶段制造认知冲突，激起探索欲望。

问题是数学的心脏。理想的数学课堂，应该是充满问题的。有了问题、疑问和惊奇，才能促进儿童积极主动地学习。

在学习《倍的认识》一课时，我先板书课题"倍的认识"，笑着告诉同学们："今天我们要认识一个新朋友'倍'，关于'倍'，你们有什么问题要问吗？"

生 1：什么是倍？

生 2：倍是怎么来的？

生 3：倍跟刚学过的乘法有什么关系？

生 4：生活中哪儿有倍？

生 5：倍有什么用？

……

上课伊始，我就抛出了问题，引发了儿童的思考，唤起他们的经验，学生争先恐后地提出了很多问题，面对学生的研究需求，我认真倾听、筛选，与学生一起确定了研究主题，开启了探索新知的旅途。爱因斯坦曾言："提出一个问题比解决一个问题更重要。因为解决问题也许是一个数学上或试验上的技能而已，而提出新的问题，新的可能性，从新的角度去看旧的问题，却需要创造性的想象力，而且标志着科学的真正进步。"理想的学习过程就是要给学生发现和提出问题的机会，逐渐培养学生学会提出有价值问题的能力，从而培养学生的创新意识。

（二）鼓励独立思考，大胆猜想——让儿童敢创造

让儿童敢于创造关键是教师态度对儿童的影响。如果教师能满腔热情地鼓励儿童去大胆创造，大胆想象，能够真诚地肯定儿童的一切努力，能够为儿童创设一个愉悦宽松的人际环境，儿童才能敢创造、敢猜想、敢挑战，才能在探索数学知识的过程中敢于提出与众不同的见解。在多年的数学工作中，我努力营造和谐民主的教学氛围，经常鼓励他们多提问题，敢提问题，鼓励他们大胆地猜想和验证，敢于挑战、敢于大胆质疑，富有求异的想法。

鼓励儿童独立思考。面对不规则物体的体积怎样解决呢？儿童用自己的方式着手解决问题，方法如下。

生 1：把土豆放入水中，水面升高的部分就是土豆的体积。

生 2：把土豆蒸熟，成为土豆泥，把它塑造成规则的图形就能求出它的体积。

生 3：这个土豆像圆锥，把它看成近似的图形，只要量出它的半径和高就能求出土豆的体积。

师：既简便又快捷，可见估算在生活中有着广泛的应用。

生 4：先把土豆削成一个规则的图形，剩下的部分一直往下分，可以切成长方体的小块或正方体的小块。

生 5：可以把土豆切成小块，拼成长方体或正方体，分得越多，越接近规则的图形。

师：这种化整为零的思想用得好！

生 6：可以把土豆的质量称出来，再量 1 立方厘米的小块的质量，体积越大，质量越多。

有价值的问题，调动了儿童的思维潜能，他们自主想出多种方法，体现了对基础知识、基本技能、基本思想、活动经验、思考经验的有机融合。我感触最深的是儿童能用数学的思维分析世界，把未知的转化为已知的，把不规则的转化为规则的。更为可贵的是，每种方法都有其思维价值。生 1 是“曹冲称象”的再现，运用的是等量代换的思想；生 2 将土豆变形，把不规则的转化为规则的图形，运用的是“变中抓不变”的思想；生 3 的估算意识对儿童解决实际问题至关重要；生 4 和生 5 运用了极限的思想解决问题；生 6 采用由部分推知整体的策略，而且把质量、体积、正比例的知识综合在一起，灵活解决问题。儿童解决问题的方法多样，体现了策略的多样化。

鼓励儿童质疑问难，大胆挑战。我认为培养儿童的创新精神就是要培养儿童实事求是的科学态度，敢于坚持真理，敢于提出富有挑战性问题的勇气。教学中应鼓励他们大胆质疑，引发他们积极主动提出富有挑战性的问题。我的课堂中也常常出现学生挑战教师，挑战书本的事情。当我讲到画圆要用圆规时，一位学生提出：“不用圆规就不能画圆吗?”当我讲到用直角三角板可以测量直角时，孩子们又提出了“如果不用直角三角板就没有别的办法测量吗?”这些富有挑战性问题的提出，引起了学生们热烈的讨论，他们创造出了多种画圆的方法和测量直角的办法。我及时地鼓励了他们敢于大胆提出问题，大胆质疑的精神。课堂上我还常常有意识地制造一些错误，让学生来批评质疑，从而培养学生敢于创造的学习品质。

课堂上一个个有趣且有价值的“问题串”由浅入深，激励儿童在“问题串”中深度思考。环环相扣的问题由表及里，使思维得到延伸。置身于这样的学习氛围中，会让你时常感到生命的涌动和成长。课堂上儿童们时而紧锁双眉，沉思不语；时而各抒己见，主动质疑，师生交流发自肺腑、真诚感人。教学中随着问题的发现，学生提出不同的见解，使得学习过程跌宕起伏；忽而满目荆棘，紧张得令人透不过气来；忽而又曲径通幽，豁然开朗，让人置身于“柳暗花明又一村”的境界。恰到好处的“问题串”引起儿童的认知冲突，打破认知平衡，一个个问题的抛出，一个个思维高潮的迭起，搅动着学生思维的涟漪，把课堂的温度建立在思维的深度上；使儿童处于欲罢不能的状态，沉浸在自主探索的气氛中，感受着学习数学的乐趣与激情。有了问题就会有思考，不愤不启，不悱不发，使儿童思维共振，主动地投入学习之中，数学课堂就是让学生多角度地探索问题，解决问题。

（三）培育思维方法，学会思考——让儿童会创造

学生智慧的头脑来自对学生思维品质的培养。我认为：培养学生数学的思维方式比呈现数学知识本身更重要；让学生体会用数学方式来处理问题的好处，比仅仅得出正确结论更重要；让学生学会数学的方法比拥有数学知识更重要。让孩子智慧起来，培育思维方法是核心。

在小学数学课堂教学中，教师不应只关注儿童的知识、技能目标，更应关注他们数学的思考，用数学的思维方法去观察、分析社会，解决现实问题，真正做到为形成儿童的数学素养而教。让儿童学会数学的思考，培养良好的思维品质，真正获得数学学习的思想和方法，促使他们自觉用数学的思维方式来观察和解决生活中的实际问题。

学会归纳概括。在学习《圆锥体积的计算》一课时，我设计了这样的教学过程：上课伊始，我把同学们带到操场，操场东侧有一堆圆锥体的沙石废料，他们为学校操场施工遗留的废沙石搬运问题出谋划策。看着眼前这堆圆锥体的沙石，同学们又一次开始了思考：有棱有角的长方体、正方体，直上直下的圆柱体的体积都好计算，眼前这个尖尖顶的圆锥体如何计算呢？

我把同学们带回教室，给他们提供了研究材料，4 人一组，请小组讨论实验，提出各组的解决方案。等老师说完，好奇的孩子们早已拿起了大小不同的圆柱体及圆锥体容器开始了水或沙的自由实验。

这是第一小组的实验记录：

	等高不等底				等底不等高				不等底不等高				等高等底			
圆锥体	62	66	11	…	99	118	…	…					33	33	33	…
圆柱体	11	11	33	…	11	11	…	…					11	11	11	…

在多次的实验中我们发现圆锥体与圆柱体的关系在等高不等底或等底不等高的情况下，它们之间的体积关系是不确定的。当圆锥体与圆柱体的关系等底等高时，

它们总是1份与3份固定不变的关系。还有同学补充说："经过实验研究我们小组发现了一个秘密，要求圆锥体的体积只要求出与它等底等高的圆柱体体积，再除以3就可以了。"

学生在动手操作过程中，经历了不完全归纳法的过程，从而抽象出结论。概括是数学思考问题方式的核心，要从小培养。

让学生学会猜想、验证。课堂教学中我常常让儿童展开想象的翅膀大胆地去猜想、去验证。儿童来到课堂不是带着一个空空的脑袋进来的，他们已经有了自己熟悉的生活经验和数学知识的积累；教师应充分发挥儿童的主动性，挖掘他们的潜力，给他们创设猜想、探索、验证的机会。

我对儿童提出的问题热情地给予肯定，每到精彩之处还不时地带头鼓起掌来。儿童的思维在这个遐想的空间自由地展开，精彩地解决策略充分展示了他们的智慧。

比如在讲《体积单位间的进率》时，探究：1立方米 = 1000立方分米。有的同学提前就知道了，有的同学通过计算推导：1米 × 1米 × 1米 = 10分米 × 10分米 × 10分米 = 1000立方分米。我在教学时这样设计：1立方米有多大呢？怎么就证明摆1000个1立方分米的小正方体就是1立方米呢？我们摆一摆。40名学生立刻拿着棱长1分米的小正方体走到教室前一个接一个摆起来。但很快发现了问题：这样摆，只摆了4行，连一层都摆不了。

"是不是无法摆出来，不能知道1立方米到底有多大呢？"学生立即换了方案：我们不把里面都摆出来，只摆外圈。于是重新摆，但很快又发现，这样只是摆了底面一层，高度还是出不来。怎么办？

大家开动脑筋，再次调整方案。这次，靠着墙边来摆，沿着墙边摆10个，但随即取出中间的8个，与墙边垂直分别摆10个，然后再摆两个高也就是10个正方体。正方体不够的话，从底层中间可以适当取出几个，不影响这个大正方体的大小，这样就形成了一个边长1米的大正方体框架。学生很直观地看出大小了，也能推算出需要多少个边长10分米的正方体了。这个教学过程中，学生通过观察、思考、操作、调整等活动强化感知，逐步建立表象，最后到意义建构，这样有意识地训练，才能积累丰富的空间感知，为空间观念的形成和发展打好基础。

4. 体验求异求新，感受快乐——让儿童爱创造

苏霍姆林斯基曾言："儿童学习愿望的源泉是思维智力上的感受和情感色彩，

与澳大利亚小朋友交流

儿童的思维是同他的感受和情感分不开的。教学和认识周围世界的过程充满情感，这种情感是发展儿童智力和创造能力极其重要的土壤。”儿童的学习探索同他们的情感世界是不可分割的，喜欢的东西就会如痴如醉地去追求，不喜欢的可能会不屑一顾。因此，老师要充分关注儿童的情感体验，让他们在学习的过程中不断地去体验创造的快乐，激发起他们创造的激情，还应该注意激励儿童的想象力的发挥，想象是形象思维的最高形式，它是儿童创造性思维发展的重要基础。

欣赏与众不同。总是发自内心地欣赏儿童的“杰作”，特别是儿童中那些与众不同的“壮举”，以教师创造性的教学活动唤起儿童的创新意识。比如在学习《比例尺》一课时，课前我带领全班同学测量了教室的长和宽，然后要求同学将教室平面图画在纸上。

上课时，将同学们画的平面图一一贴在黑板上，然后提问：“大家画的都是我们这间长 8 米，宽 5 米的教室，可为什么大家画出的大小不一样呢?”

同学们纷纷回答：“因为大家画的时候长和宽缩小的倍数不一样。”

“大家说得对，怎样才能解决这个问题呢?”

沉默了一小会儿，有人说：“应该有一个统一的标准，让实际的长和宽缩小的倍数一样，画出的大小就一样了。”

“很了不起，你们说出了在画图时应该有一个统一的标准，这是你们的一个重大发现呀，这个标准在数学上就是比例尺。”

创新思维是获取和发现新知识活动中应具备的一种重要思维，它表现为不循常规、不拘常法、不落俗套、寻求变异、勇于创新。在教学中要提倡标新立异，鼓励学生探究求新，激发学生在头脑中对已有知识进行“再加工”，并加以调整、改组和充实，创造性地寻找独特简捷的解法，提出各种“别出心裁”的方法，这些都是促进学生思维独创性的具体体现。

体验成功，增强自信。要使儿童获得成功的体验，就应该不断地使他们感受到自己的努力是有效的，并不断给予他们成功的反馈，这样才能使他们的自信心增强，不断感受成功带给人的愉悦。要想让儿童敢创造，就要为儿童成功的探索创设两个基本条件：一是宽松、民主、和谐的人际环境，让他们在友好的氛围中愉快地体验，有想说、敢说、敢问的心境。教师本身的情感态度对儿童敢不敢创新有着重要的影响，教师应积极鼓励儿童敢想、敢说、敢挑战；二是提供一个儿童敢想、敢说、敢挑战的思维情境，让儿童在探索中有的想、有的说、有的问。激活儿童的思维，挖掘儿童的创造潜力。

儿童眼中的世界确有许多独到之处，他们的许多见解极富独创性，常令我们耳目一新。作为教师，我们有责任来保护这种独创性，用数学的眼光去观察世界，多试着从儿童的角度来思考问题，感受他们的思维过程，从而更容易理解他们奇妙的思想火花。

课堂教学中的“奇思妙想”，就是儿童从不知到知，从知之甚少到知之较多，从心有所获到情有所悟的过程。这一过程是儿童个性差异的体现，是儿童创新意识的萌芽；是教师思维的补充，是教师教学机智的升华；是师生情感共鸣的载体。这一过程就是儿童“自己生成自己”的过程，更是儿童从数学的视角，在知识间建立联系的过程。

创新意识是一种发现问题积极探求的心理取向。创新意识是一种总想用新的思路、新的方法去解决问题的态度和意愿，它具有强烈的创造欲望和创造勇气。创新意识是创新精神的前提条件，是创新萌芽期。小学阶段应该重点培养儿童的创新意识，让儿童在数学探索中不断萌发这种强烈的创新欲望，使儿童想创造、敢创造、会创造和爱创造。

1. 数学学习始于问题，唤起儿童发现和提出问题的意识，培育儿童分析和解决问题的能力。引导儿童善于从习以为常的现象中追问、反思，激发学习探究的兴趣和好奇心。

2. 鼓励儿童独立思考，大胆猜想，敢于尝试，科学验证；培育科学的思维方法，使思维深刻、敏捷、灵活且富有批判性。

3. 教师要真诚地欣赏儿童与众不同的想法，倾听来自儿童真实的声音，悦纳儿童的稚嫩与不成熟。站在儿童的立场上，陪伴儿童一起从头到尾地思考，探究解决问题，体验求异求新，感受智力活动的快乐。

让学生养成好习惯

回首40余载的教师职业生涯，如果您问我“在教育教学工作中最重要的是什么?”千言万语浓缩成一句话：让学生养成好习惯!

让我们先一起回忆几个场景：平时在夸奖人们素质好的时候常说：“××在公共场所从不大声喧哗，参加任何活动都很遵守时间，诚实守信。”“××很讲卫生，从不乱扔东西，房间收拾得井井有条。”“××学习很自觉，既会观察又会思考。”“××见人彬彬有礼，谈吐举止文雅大方，很懂礼貌。”诸如此类，习惯乎？素质乎？良好的学习生活习惯，已经变成了高素质的行为。教育就是帮助学生养成良好的习惯，内化成为个人习惯的东西就是素质。孩子们从小养成的良好行为习惯将伴随着他们漫长的一生，时时刻刻都在起着作用。

纵观古今中外，得益于良好习惯给人们带来成功的例子真不少。法国的法布尔从幼年起就喜欢观察动物，一次偶然的发现让他对观察昆虫发生了浓厚的兴趣，养成了善于观察的好习惯，为今后从事昆虫研究奠定了基础，最后终于成为一名出色的昆虫专家；苹果掉在地上，本来是件司空见惯的事儿，而牛顿的脑海里却产生了一大堆问号，思考灵感撞击出了智慧的火花，从此推导出了“万有引力定律”，他的重大发现在世界上铸就了他不朽的英名。众所周知的“万有引力定律”不就是著名的科学家牛顿凭着他从小养成的“凡事都想问个为什么”的习惯而走出的一条成功之路吗？……善于观察，善于思考，善于提出问题，是科学家们共同具有的良好习惯，正是这良好的习惯使他们走上了成功之路。中国科学院心理研究所张梅玲教授曾用一个十分生动的比喻揭示了一个很深刻的哲理：“人的一生就是和问号、句号打交道的过程。提出一个问题，产生一个问号，解决这个问题，画上一个句号；又提出一个问题，又产生了一个问号，再解决这个问题，又画上了一个句号。人的一生就是这样不断地提出问题和解决问题的过程。”

我曾经多次在不同层次的学生群体中做过有关学习习惯的调研，一个有力的数据让我折服：学习优秀者百分之百地具备这样或那样的良好学习习惯；而学习困难者除了少数是智力因素以外，多数人从小就没养成好习惯。我曾经采访过一位高考状元，当问及取得如此好的成绩有什么诀窍时，他朴实地一笑：“其实，我就是平时学习习惯比较好。”我紧追不舍：“对你影响较大的是什么学习习惯？”他似乎连想也没想，便脱口而出：“我从小就喜欢提问题，对什么事都好奇。另外，别人都说我学习效率挺高的。”显然，好习惯对一个人的成长成才太重要了。习惯，常常会和情感、态度、价值观、能力、智力凝结在一起，内化了的个人习惯就会形成人的素质。难怪有人说：“良好的习惯就是成功的秘诀！是成才的基石！”

我们做教师的不仅要对学生的今天负责，更要对学生的一生负责。让学生从小养成好习惯是教师对孩子一生的成长负有的最重要的责任。俄国著名教育家乌申斯基曾言：“良好的习惯是一种道德资本，这个资本不断地在增值，而人在其整个一生中就享受着它的利息。那么，在同样的程度上，坏习惯就是道德上无法偿清的债务了。这种债务能够用不断增长的利息去折磨人，去麻痹他的最好创举，并使他达到道德破产的地步。”可见，习惯对人的一生影响之大，万万不可忽视。习惯是一个极普遍的心理现象，习惯是达到了自动化的动作方式。良好的学习习惯能使学生以一种稳定的心理状态有规律、有节奏地活动并获得较好的学习效果。小学阶段正是一个人形成良好学习习惯的关键时期，也是一个人成长的奠基时期。

小学生模仿力很强，教师的一言一行，甚至一个表情、一个眼神，都会在幼小的心灵里产生深刻的影响。有一次下校听课，正逢学生进校。一楼大厅迎面是一面大镜子，我站在大厅门口看见一会儿有几个学生走到镜子前面很认真地照了照，女孩子捋了捋头发，男孩子整了整书包进去了；一会儿又有几个学生重复着前面的动作。有趣的是，这几个孩子都进了我要听课的那个教室。一了解才知道该班孩子们喜欢的年轻漂亮的班主任每天进校都喜欢在镜子面前照一照再进去。可见，教师的行为对小孩子们的影响之深。

就基础教育而言，最重要的责任是为培养具有创新精神和实践能力的高素质创新人才奠定基础。高素质的创新人才不仅要有“认真倾听、仔细观察、独立思考、善于反思、质疑问难”等好习惯，还要有“查找资料、收集信息、整理总结、自我管理、合作学习、认真做事”等好习惯，使我们培养的人的基本素质能适应未来社会的需要。学习习惯的养成除了靠培养训练，更多的还是靠教师平日言行的潜移默化的影响，老师的一言一行都是教育。这种影响是极其深刻的。具体说来，以下八个习惯是我们要重点关注的。

一、认真倾听的习惯

“认真倾听他人的讲话”既是获得外界信息的重要来源，又是一个人举止文明礼貌的体现。小学生好奇心强，活泼好动，注意力不稳定、不持久，尤其是遇到新奇刺激物，总愿意看看、听听、动动，这是小学生的年龄特点决定的。如何才能使小学生养成专心倾听的习惯呢？首先，教师讲话应富有感染力和吸引力，用生动形象的语言、高低起伏的语调吸引住学生，这会促进学生倾听习惯的养成。其次，要加强听的训练。第一，先让学生听懂。课堂上不论老师讲或学生发言，我会适时追问一句：“刚才，××讲的听懂了吗？你能把他讲话的意思或提的问题给大家再说说吗?”第二，要求倾听别人发言时，双目要注视对方。上课学生发言时，我常常提出这样的要求：“请你面向大家”，“请同学们看着发言人的眼睛认真听”。在小组学习的时候，也启发学生互相提出“刚才××和××的发言有什么不同?”或者“你和他的想法有什么相同之处?”这样学生必然用心去听，不容易走神。第三，教师讲话不要啰唆和重复。我给同学们提出问题或布置作业只讲一遍，不再重复。用教师讲话“不啰唆、不重复”的好习惯去养成学生听话“专注、认真、不走神”的好习惯。第四，用生动有趣的故事激励学生。我曾向学生介绍过《学弈》的故事。让他们在有趣的故事

专注地倾听

中去感受专心听讲的重要。第五，要求学生做到的，老师首先应带头做到。每每和学生交流谈话，我都注视着他们，认真观察他们脸上掠过的每一丝变化，即使遇到有的同学回答问题不着边际时，我也用心地听、耐心地等待人家把话讲完，中间不插嘴、不打断。久而久之，学生也学着老师的样子去全神贯注地倾听别人的讲话。

“认真倾听”是获得外界信息的重要来源，“认真倾听”的好习惯需要在交流中习得。

二、仔细观察的习惯

观察是人们认识事物，了解世界的第一个窗口。有人把它比作“进入心灵的门”，任何知识、事物要想装入我们的脑海，不通过观察这道随时开启的门是无法办到的。观察是学生认识世界的主要途径，是智力结构的重要组成部分。数学是锻炼学生思维的体操，观察恰恰是思维的触角，学生是通过观察来获取思维素材的，没有观察就不会有思维，没有正确精细的观察，就不可能展开正确的思维。从心理学的角度看，观察是学生认识事物的基础，也是一种有意识、有计划、比较持久的知觉活动。教学实践证明了学生有良好的观察习惯，他获取的信息就丰富多彩。反而，不会观察的人，即使再有价值的信息，在他眼里也是熟视无睹。因此，培养学生良好的观察习惯是学生学好数学的前提。

观察不仔细是小学生普遍存在的问题，他们往往笼统地感知，观察不出事物之间的差异和共性。为了克服这些弱点，我注意在教学中培养学生仔细观察的习惯。

例如：在教学二年级《有余数的除法》时，我会先为学生提供直观形象的感性材料，让学生充分动手，调动他们的积极性，激发学生观察的兴趣，而后引导学生在观察板书中思考问题。

13 ÷ 4 = 3(个)……1(根)	13 ÷ 3 = 4(个)……1(根)
11 ÷ 4 = 2(个)……3(根)	14 ÷ 3 = 4(个)……2(根)
10 ÷ 4 = 2(个)……2(根)	10 ÷ 3 = 3(个)……1(根)
14 ÷ 4 = 3(个)……2(根)	11 ÷ 3 = 3(个)……2(根)

引导学生进行探索性观察：

师：左边这列算式是摆正方形的，大家看看余数都是几？

(余数可能是1、2、3)

师：怎么不可能是4？

师：再来看右边这列算式，余数是几？为什么没有3？

师：同学们通过观察有什么发现？

学生经过动手、观察，概括出“余数一定要比除数小”。这其中观察起着至关重要的作用，通过观察，才能分类；通过观察，才能发现总结，从而达成学习目标。

爱因斯坦曾说过：只有你的眼睛看见东西，那是不会发现什么的，你要用心思考才行。思考应贯穿在观察的全过程，根据实际情况还可以在观察之前或观察之后进行，关键是我们要引导学生通过对被观察对象的分析、概括，以促进思考问题的深刻性。

为了培养训练学生的观察能力，在练习课上我请同学们计算下面图中阴影部分的面积(单位：cm)。

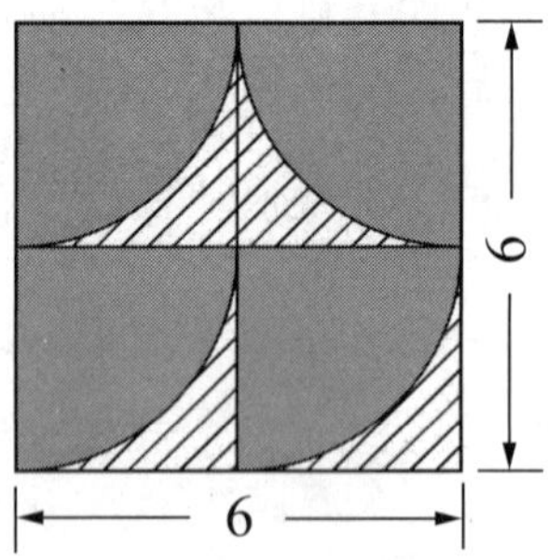

同学们在细心观察和分析着，李强同学抢先发言："这道题表面上看比较复杂，但仔细一看，图中的 4 个小扇形合起来就是一个直径为 6cm 的圆。用正方形面积减去圆的面积就是阴影部分的面积。"为了进一步提高学生的观察能力和辨别能力，培养细心观察的习惯，我借助电脑软件将此题进行了多次变换，屏幕上出现了如下图形：

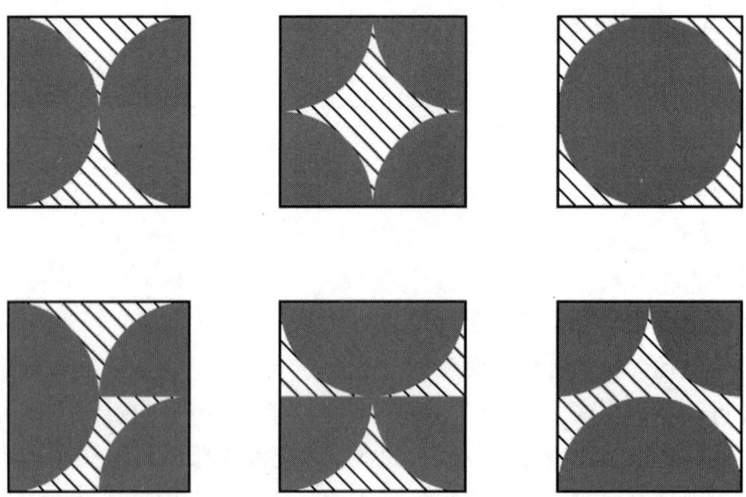

在细心的观察中同学们得到了启迪；只有透过表面的现象，才能看到问题的实质。这种感悟只有在正确的观察中才能做到。观察能力的培养是贯穿小学数学教学中长期的任务，观察不是一般地看，而是一个有目的的感知过程，善于观察才善于创造。因此，教师要重视培养学生仔细观察的好习惯。

观察是儿童认识事物的重要窗口，教师要引导儿童学会以数学的眼光在观察中学会观察。

三、独立思考的习惯

数学是锻炼人思维的体操，学习数学不仅仅要掌握它的公式、定理、法则及概念等，最重要的是理解知识发生、发展过程，要在参加数学活动的过程中进行观察、实验、猜测、验证、推理与交流，而这一系列的活动都离不开思维，离不开人的独立思考。怎样培养学生独立思考的习惯呢?

(一) 为学生创设独立思考的空间

教师的话不能太多、太直白，要给学生留出充分思考、充分感悟的空间。教师要引导学生从大量感性材料中自觉地提取信息进行分析综合，对照比较，抽象概括，逐步形成独立思考的习惯和能力。特别要鼓励学生不要人云亦云，敢于坚持发表自己的意见。

(二) 让学生有相互交流的机会

让学生把自己独立思考的成果与伙伴交流，在交流中去感受思考带来的乐趣，去学习欣赏同伴们思考的成果，以促进进一步的思考、交流。只有独立思考才能产生见解，有见解才有交流的愿望，有了交流又可以激起新的思考，在交流中思维的深刻性得到发展，产生了思考的兴趣，就会逐步形成独立思考的习惯。

(三) 培养学生反思的习惯

学生有了反思的习惯，理解水平就会从一个水平升到更高的水平。著名数学家

“我也来试试！”

弗赖登塔尔曾指出：反思是数学思维活动的核心和动力。对学生而言，“反思”就是对学习的全过程进行自觉、深入、反复的思考，再看一看、想一想……教学中，我经常帮助学生回顾自己在数学活动中的经历，引导学生总结发现解决问题的方法和经验，从而培养学生乐于反思、敢于反思、善于反思的习惯。

（四）让学生具有质疑问难的勇气

质疑问难就是敢于大胆地提出问题，大胆地怀疑，大胆地批判。学生不是知识的接收器，而是未来社会的创造者，只有今天敢于质疑，敢于批判，明天才能善于超越、善于创新。怎样培养学生质疑问难的习惯呢？首先，学生走进教室，并非是从零开始的，他们在不同的生活背景下，带着各自不同的疑问走进教室，我们必须为孩子们“疑”的释放创设空间，让他们自由地发问，大胆地怀疑、猜想、批判。其次，学习新知识时，让学生先说话，先提问题，先质疑；新课进行中，学生可以随时提问，随时质疑；新课结束时，还要请学生再说话，再提问题，再质疑。久而久之，就会养成学生善于质疑问难的好习惯。最后，注意及时鼓励学生这种大胆质疑问难的精神。不论学生质疑的问题是否有深度，是否有道理，都应认真地倾听，并给予适度地引导和回应。对提出精彩问题的质疑者，给予鼓励和赞扬；对平时不爱提问的同学，哪怕只能提出一些简单的问题，也给予及时的肯定。只要长期坚持下去，就能慢慢地养成质疑的习惯。不懂就问，才能提高。质疑习惯的培养，为学生思维的深入打下了良好的基础。

一个孩子在学生时代如果没有独立思考的体验与经历，长大成人后他(她)会想创造吗？独立思考的习惯要从“一日三餐”的常态课开始，哪怕思考无果，经历就好。

四、收集信息的习惯

现在的社会是一个高速发展的社会，科技发达，信息畅通，人们之间的交流越来越密切，生活也越来越方便，“大数据”时代已经来临。在商业、经济及其他领域中，决策将日益基于数据和分析得出，而并非基于经验和直觉。培养学生查找资料、收集信息的习惯能帮助学生更好地适应时代的需要，这对学生学会学习、学会做事是很有意义的。

查阅资料可以增加学生对事物的认知度，我们要了解一个事物的来龙去脉，就会不断关注，这就凸显了查阅资料的重要。其次，查阅资料是解决问题的方法之一。查阅资料习惯的培养，主要是教师要有这个意识，教学中见缝插针，学生经常多看、多想，自然而然会形成习惯。

百分数在日常生活中有着广泛的应用。“百分数表示什么意义，学习它有什么实际价值?”我安排了让学生查找资料、收集数据的实践活动。他们把听到的、看到的向全班汇报。

第十二届亚运会于 1994 年 10 月 16 日在日本广岛闭幕，中国体育健儿顽强拼搏，共获得 137 枚金牌，占金牌总数的 40.3%，荣获第一；韩国队金牌总数占

18.5%；日本队金牌总数占17.4%……在数据信息的采集中，同学们加深了对百分数感性的认识和理解，在做数学、经历数学的过程中感受了百分数在实际生活中的价值。

“我国耕地面积约占世界总耕地面积的5%，我国的人口约占世界总人口的20%。”这组数据给孩子们带来了思考，我国用只占世界耕地面积5%的土地养活着占世界总人口20%的人民，如果中国人口能控制在只占世界人口的15%或10%，人民的生活水平将会怎样呢?

学习圆周长计算，同学们为了揭开“圆周率”之谜，到处搜集查找有关资料，把历史的记载抄录在笔记本上：“早在1500年前，我国有一位伟大的数学家和天文学家祖冲之，他计算出圆周率应在3.1415926和3.1415927之间，成为世界上第一个把圆周率的值计算精确到6位小数的人。他的这项伟大成就比国外数学家得出这样精确数值的时间至少要早一千年。”

学习平面几何知识时，“人们从什么时候开始研究面积问题？当时为什么要研究这个问题?”一系列的疑问让孩子们走进了北京图书馆，一份珍贵的史料跃然在眼前：“早在4000多年前，非洲东北部有个国家叫埃及，埃及境内有条河叫尼罗河。尼罗河两岸土地十分肥沃，人们世世代代居住在这里，以种地为生。但是，尼罗河性情十分暴躁，每年到一定的时候河水就泛滥，河水把两岸的土地淹没了。事后，人们经常为了土地的大小发生纠纷。为了避免纠纷，算出土地的大小，从那个时候起人们就开始研究面积这个问题了。”

我听一位年轻老师的数学课，学习情境如下：

从北京到上海的铁路约长1463千米，动车运行时间约5小时。

你知道“高铁”吗？我国的高速铁路拥有诸多“世界之最”，赶快了解一下这个崭新的“世界冠军”，与你的同伴分享吧！

平均每时运行多少千米？先估一估商是几位数，再算一算。

学生在解决问题之前，就提出了诸如“上海在哪里?”“高铁和动车有什么区别?”“我国的高铁世界之最有哪些?”这些问题，教师引导学生查阅资料，再分享交流，我想这是很好的处理方式，既锻炼了学生的查阅能力，又培养了学生的查阅兴趣。在生活中，遇到困难时，遇到需要解决的问题时，查阅资料是重要的解决问题的途径。

丰富的资料使学生大开眼界，知识的积累提高了学生的数学素养。在查阅资料、收集信息的活动中，学生感受到了学习数学的乐趣。只要教师有意识地去引导和培养，学生查阅资料、收集信息的良好学习习惯一定会逐步形成。

“上网查询、阅读工具书、收集信息、处理信息、懂得用数据表达”是现代社会人必备素养之一，应从小做起。

五、归纳整理的习惯

一位外国专家在北京师范大学讲课时曾经以生动的生活小事说明要学会归纳整理知识的意义。有的人学知识很有条理，就如同把东西摆放得井井有条，需要什么，一找就找到了。有的人学知识杂乱无章，就像家里的东西乱堆乱放，需要什么，翻箱倒柜找不到，急得满头大汗也没办法。学习也是如此，要学会自己整理，把知识有条理地“放入”脑海里，什么时候应用，提取出来就会很方便。

小学生的学习有时真有些像故事中的后者，知识学得越多，越显得杂乱无章，关键是没有一个归纳整理复习的好习惯。我曾经和孩子们打过比喻：“你们每人手里托着一个盘子，每次获得了一个新知识，盘子里就多了一颗珍珠，知识获得越多，珍珠的数量就会相应增加。如果不学会整理，把它放在盘子里如同一盘散沙，没有太大的价值。只有把这些珍珠按照颜色、形状去穿成美丽的项链，才会价值连城。”归纳整理对数学学习尤为重要，数学知识具有明显的系统性、逻辑性，它的发展总是环环相扣的，每一个新知识都是在旧知识的基础上发展起来的，之间的关系密不可分。怎么培养学生善于整理和总结的习惯呢？首先，学习每到一个阶段，我都要求同学们把学习过的数学知识在脑海中像过电影似的回忆一遍，同时根据每个知识点间的联系把它穿成线、连成片，编织成一个比较系统的知识网络图。其次，培养学生的整理能力是一个循序渐进的过程。低年级可以将学生置身于生动有趣的情境中，一起画“知识树”，一起“串珍珠”；中年级可以传授给学生列表、结构图等整理方法，并且尝试帮助学生针对不同的知识选择不同的整理方法，引导学生对所学的知识进行分类整理，将零散的知识通过梳理条块化、结构化；高年级可以在更大范围内引导学生对学过的知识进行更全面的回顾、整理和比较、对照。下面的网络图浓缩了学生对小学数学知识内涵与外延的高度概括，是学生学习小学数学知识的结晶。我把毕业班学生们亲自绘制的“小学数学知识结构网络图”的一部分奉献给大家，就算以点代面了。这是一张关于“比和比例知识整理的知识结构图”（如图 2-17 所示）。

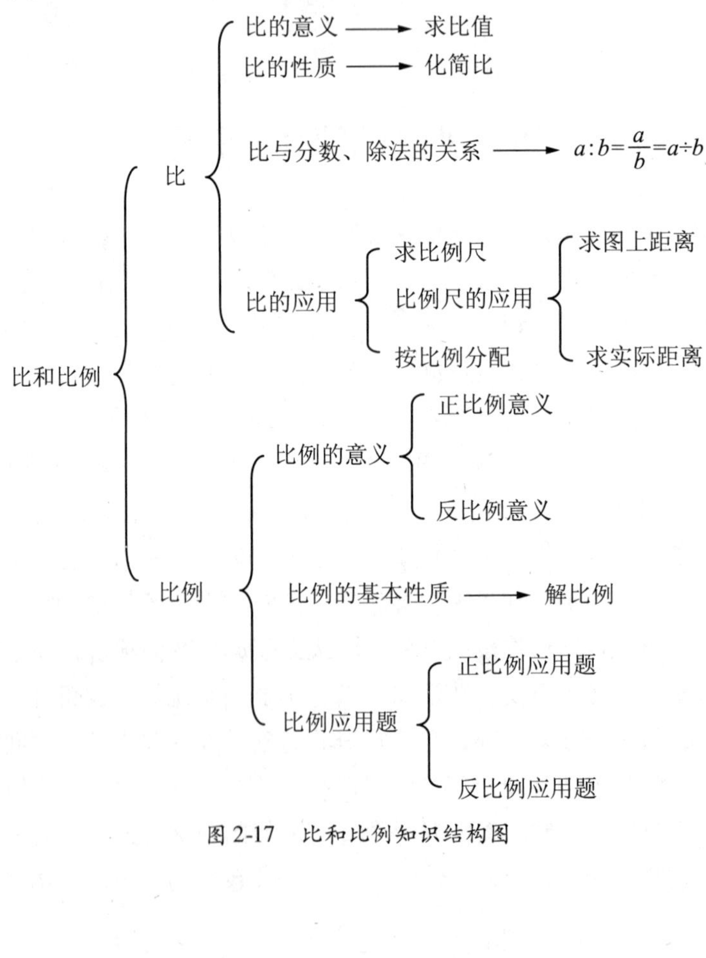

图 2-17　比和比例知识结构图

同学们以自己的知识经验进行建构，把孤立静止的数学知识联系起来、活跃起来。经过整理，丰富庞杂的数学知识如同用一条彩带去编织五彩缤纷的数学世界，在编织的同时，又甩出无数条彩带，无论提起哪一条又能继续编织。这样，原来分散学习时互不联系或联系较少的知识，就有机会得以沟通，进而形成纵横联系的知识体系。就像有的专家所言：数学知识是一幅立体的、有主有从的、活动的、延伸的、浩瀚的、丰富多彩的美丽图画。它吸引着千千万万的人们去追求它、研究它。

要想让孩子“从散乱到系统，从部分到整体，从模糊到清晰，从肤浅到深刻，从现象到本质”，就从“归纳整理”的习惯开始吧。

六、自我管理的习惯

基础教育的任务要强调人对未来社会的适应能力，强调为人的终身学习与发展打好基础。未来社会呼唤主体精神，要求人更加自觉地管理自我。“一个人真正的伟大之处就是能够认识自己。”学生从小就要有一种责任感，要对自己的行为负责，敢于对自己做出客观的评价，善于发现自己的长处和不足，不断认识自我，勇敢地修正自我、完善自我、发展自我，以更好地学习和生活。我们要帮助学生懂得：人生活在社会中就要对自己负责、对社会负责。

数学教学中怎样培养学生的自主管理习惯呢?

(一)要激发学生的自主管理意识

要帮助学生将他律转化为自律。每一个学生都是一个独立的个体，为了培养学生主动管理自己的意识，我结合学生的心理特点和认知规律，以创设情境、设计活动、组织辩论等形式激发学生的求知欲，培养学生的责任感，激发学生学习的内驱力，学生便产生了等着老师“教”转化为自主“学”的内在需要。

学生的自我管理意识是否只局限在学科中呢？并不然。自我管理可以是跨学科的、跨年级的，甚至可以渗入学生生活的方方面面，影响学生的一生。我的朋友宋燕晖老师的孩子王汉言，还是一名学生，从小学、中学、大学出色毕业，正在美国排名前三十的北卡罗来纳大学教堂山分校攻读统计学硕士的研究生。他的“每日自我管理表格”(如图 2-18 所示)，是高度自我管理的一个有趣范例。

大多数人的日记都是记在日记本里，然而王汉言的日记却是记在自己设计的 Excel 表格里。他会分栏记录每天课内学习、课外研究、锻炼身体、人际交往等情况，甚至还会有心情指数和当天做了什么饭菜。运用这样简明、全面的自我记录，他可以及时做出自我调整。比如今天没有锻炼，在锻炼一栏上就是一个简单的“无”，那么当连续数天不锻炼、累积了多个“无”后，他就会督促自己立刻把运动量弥补上。这样的自我评价、管理、反馈，王汉言已经连续坚持了很久。在我看来，他的成长是与自我管理能力分不开的。

每日自我管理表格

十月						
日期	情绪分	课内学习	课外	读书	锻炼	开拓（事）
1	3	664 HW2写完	作业两份	无	无	grilled pan/chef's knif
2	4	三门课	无	基督山伯爵少量	无	networking基本知识
3	4	无	grade两份+正常三	山伯爵（过三分之	无	CVS用coupon
4	4	664 3.7	无	基督山伯爵读完	步机十分钟+小区一	无
5	4	664 4.1-4.2	无	仑爱情时我们在谈论	无	皮月饼、第一次清
6	4	无	作业一份+英语课	佛祖在一号线	无	funding、蹭semin
7	4	果+555作业+664 4.	无	佛祖在一号线	孔1.5mile+二十分钟	中文书、养铸铁锅、
8	3	664作业	无	佛祖在一号线读完	无	无
9	2	上课，微量复习	无	撒哈拉的故事读完	无	重返一亩三分地
10	3	精读2.1-2.5，555	作业三份	蔡康永的说话之道	跑步机四十分钟	图书馆借书

图 2-18 “每日自我管理表格”图

(二)从小处着手培养学生自主管理的习惯

在数学教学中，教师应帮助学生养成自觉验算、自我检查、自我评价的好习惯，让学生学会认真做事，培养其自主管理的能力。

家长们经常说：“我的孩子很聪明，就是马虎，不是抄错数，就是计算粗心，每次考试成绩上不去，都是丢了不该丢的冤枉分。”小学生家长这样说，初中生、高中生乃至大学生的家长还是这样说。好像“粗心马虎”是个顽症，不知要伴随孩子多久。然而，一个人能否从小学会认真做事，养成自我检查、自我评价、自我管理的良好习惯，对其终生的工作态度影响甚大，会受益终生。因为，未来社会需要对自己、对他人、对社会高度负责的人。教师有责任帮助学生学会做事认真，培养他们自主管理的好习惯。但这是看似简单实则很艰巨且漫长的工作。

1. 培养学生认真书写的习惯

一是教师的示范作用。我力求把数字写得工整、美观，使学生受到潜移默化的影响。二是对学生的书写提出具体明确的要求——正确、整洁、美观。三是适度评价。在批改作业中除了对正误的评价，还要注重对书写的评价，在学生的作业本上常常出现两个成绩，既有对题目正确率的评价，又有对书写整齐美观的评价。四是把写好字作为对学生的一种艺术熏陶。墙报上不仅有学生自己写字作品的展览，还有对我国千百年来书法艺术的介绍："一幅好的字，就是一件艺术品。"

2. 培养学生认真审题和计算的习惯

计算出错多是由于学生审题不仔细、抄错数或不认真检查。一定要让学生学会审题。解决问题时，我要求学生不要忙于解题，一定要把数量关系搞清楚。圈圈、画画、做标注是很好的办法。

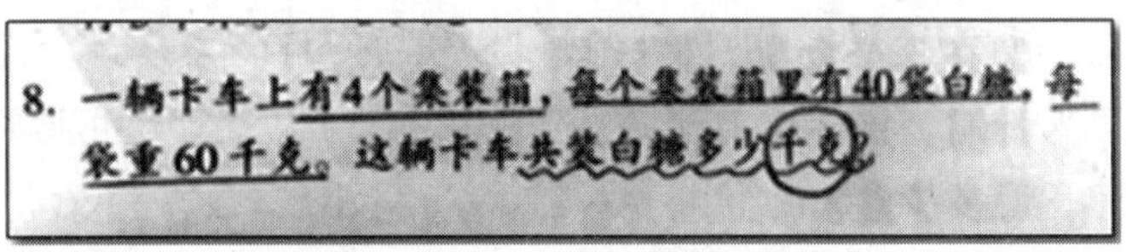
8. 一辆卡车上有4个集装箱，每个集装箱里有40袋白糖，每袋重60千克。这辆卡车共装白糖多少千克？

当学生出现错误时，我并不急于问"怎么错的？为什么出错？"而是让学生先把这道题目的意思用自己的语言叙述出来。这时多数同学是叙述不清的，往往把题读一遍，根本没有弄清题意，怎么能谈得上正确解题呢？一次、两次……多次的回合、碰撞，学生懂得了审题的重要。

在计算式题时，我提出明确的审题要求：一审运算顺序；二审数字特点；三审有无简算因素。如在计算"500－500÷50"时，由于不认真审题，粗心大意，很容易出现错误。尤其是在进行分数和小数四则混合运算时，计算步骤多，数字也比较复杂，稍不细心就容易出错。在计算中某一步出现了错误，用错误的数再计算下去，必然导致最后的结果是错的。为了避免这样的错误，我向同学们介绍了"一步一回头”的检查方法，用这种方法检查，可以及时发现错误，立即改正。久而久之，学生就养成了认真检查的习惯，计算的正确率有了明显的提高。在一次六年级毕业班数学考试后，我对全班学生计算错误率进行了统计，错误率仅占1.6%。学生计算水平的提高得益于有力的措施和良好的学习习惯的养成。

3. 培养学生自我检查的习惯

在学生做完题后，我采取了一些措施要求学生自我检查。如出题的形式以自测题居多，答案事先交给学生，充分相信他们，当发现自测的结果与正确的答案不符合时，大部分同学能比较自觉地找出错误原因。如果是一道四则运算试题发生了错误，就要查清是第几步错了及错误的原因，同学们认真地发现问题，修正错误。

4. 培养学生认真做事的习惯

对于认真做事的习惯，我注意用生动感人的事例去感染学生。小数四则混合运算步骤多，学生不是抄错数，就是忘记进位或退位，或者漏写小数点，总要出些小差错。我改变了原来“指责、改题、重做”的惯例，而是用典型事例引入“小数四则计算”的学习，加强学生的责任感。“同学们，我告诉大家一个真实的故事，1962年，美国发射了一艘飞往金星的‘航行者一号’太空飞船，根据预测，飞船飞出44分钟后，9800个太阳能装置会自动开启工作。100天后，飞船就可以环绕金星航行，开始拍照。然而出人意料的是飞船起飞不到4分钟，就一头栽进了大西洋。经详细调查发现，把资料输入电脑时，有一个数前面的负号给漏掉了，这样一来，原来的负数变成了正数，整个飞船计划失败了。”讲到这儿，我非常激动地说：“同学们，漏掉一个负号，使美国航天局白白耗费了一千万美元，浪费了大量的人力和时间。可见，培养学生认真做事的习惯多么重要。”

“自主管理”是一种意识，是一种习惯，更是一种能力。不夸张地说，会“自主管理”的孩子，走入社会工作起来会多一些自如，少一些纠结；生活起来会多一些从容，少一些麻烦。一句话，会“自主管理”的人比不会“自主管理”的人，成功的概率会更大！

七、合作分享的习惯

儿童有四大天性，即好奇心、好探究、好秩序和好分享，作为成年人，不仅要小心翼翼地去呵护，同时要用心引领，使天性得到更好的发展。

幼儿期，人与人、人与社会、人与自然的合作与分享就开始了。因此，在幼儿时期就要注意培养孩子养成乐于“与小朋友一起玩儿”“与他人共同分享物质”的好习惯。这样，家庭中会有更温暖的亲子关系；在公共场所，孩子与周围人相处得更融洽。

小学阶段，对合作分享习惯的培养有了更高的要求。课堂上一个个高高举起的小手，表明儿童愿意与别人分享自己的想法，这就需要教师给他们表达的机会。鼓励儿童积极主动与同伴交流，培养儿童与同伴分享的习惯，这样会使他们的心情更愉悦，思维更深刻，同学关系更和谐。

但现实生活中，家庭中独生子女都比较多，个个都是家里的宝贝，物质生活都优越，可以说在家里什么都一人独享，几乎体验不到分享与合作带来的精神方面的愉悦和成就感。作为教师就应该充分认识到分享与合作的重要性，有意识地去培养孩子的分享意识与合作能力。教师不仅仅要教给儿童新的知识，还要教给他们学习的方式，让他们学会独立思考。独立思考的结果，是让他们感悟知识的重点、难点，能够掌握探索知识的技巧、方法和途径，学习不要人云亦云，要有独特的见解。与独立思考相辅相成的是合作交流，在与他人的交往过程中分享智慧，分享学习过程中的思考和经验，实现共同成长，享受认同与尊重的愉悦过程。

（一）从课堂学习做起

作为教师，要努力创设多种教学方式引导儿童积极参与互动学习，改变“一言堂”，让儿童在互动分享的课堂里学会对话交流，学会接纳与反思。互动分享的课堂里既要有儿童个体的独立思考、探究，也要有群体的交流分享。这种相互讨论、倾听、补充、调整、修正、欣赏、完善的学习过程，为儿童发展提供了重要的契机。教师要鼓励儿童敢讲话，会讲话，善提问，敢追问，学会与同伴对话交流分享；鼓

课上学生小组讨论

励儿童用自己原生态的语言诠释对数学概念的理解；鼓励儿童充分表达，注重儿童“讲数学”，把自己的思考说出来。学习中要创造民主、平等交流的氛围，帮助儿童学会分享。激发儿童思维的火花，让儿童在争辩中获得正确认识，深化知识的理解，激活儿童的思维。让儿童的语言、思维、动作在交流分享中获得更丰富的体验，使“一言堂”的数学课堂变成师生互动交流的“群言堂”。课堂教学以问题引领儿童，让儿童在思考、展示、交流中分享自己的想法，从而解决问题。课堂上要让儿童有话可说，有问题可质疑。巧妙地设问、适时地追问、恰到好处的“煽风点火”，环环相扣的问题搅动儿童的思维，让思考在对话中调整，在追问中丰富，在反思中深刻，使思维品质得到良好的发展。儿童在对话交流的互动中分享同伴的经验，调整反思自我的思考，体验着从一个思维平台向另一个思维平台的跳跃。

（二）从训练儿童的表达能力做起

在课堂教学的过程中，我们往往看到只有那么几个儿童举手，一些儿童在参与小组合作讨论时发言很有价值，等到全班交流时却没有了声音，也有一些儿童表达不够清楚。为此，教师就要调动所有儿童的参与欲望，培养儿童敢说的勇气，把一些能够容易表达或简单的问题让不爱发言、学习比较困难的儿童来回答，并给予他们肯定与鼓励，使他们能够有表现自我和获得成功的机会。为了培养儿童的语言表达能力，教师要为儿童提供充分讨论的时间和空间，使儿童敢说、会说，要鼓励礼貌用语；要为儿童创设一个相对宽松的环境，鼓励儿童独立思考，鼓励讨论和辩论。在这样的氛围中，思维才会碰撞、补充和完善，学习才会更有生命活力。

因此，我们鼓励儿童互动交流，学会表达。教师要引导儿童虚心倾听同伴的发言，允许有不同见解和“想不通”，特别要认真思考和自己想法不完全一致的意见，善于吸取其正确的部分，补充或修正自己的认识。在发表意见时，要以理服人，使交流的内容不断的深入。教师要及时纠正发言不普遍的现象，并随时进行课堂调控。当个别儿童胆小或自卑，羞于启齿时，要教育他们大胆地说出自己的想法，激励他们不要怕说错，暴露缺点有利于进步；当个别儿童过分好胜，唯恐自己落在他人后面，以至还没有经过认真的思考，就抢先发表意见时，教师则要教育他们学会考虑和尊重他人，并且只有自己做好准备，才能有高质量的发言。儿童通过交流，才能达到互相学习、互相帮助、共同进步、共同提高的目的，在合作交流中求得认识的统一和思维的发展，真正感受合作的价值、分享的愉悦，为未来走入成年社会奠定良好的合作分享的基础。

会合作、会分享是人应具备的重要素养与能力，它是人生的一种境界，是人成功的重要基础。它会促进同伴之间的互惠共赢，它会带给人们温暖幸福的感受，它是激发人们不断前行的重要力量。

八、乐于阅读的习惯

阅读是未来公民的核心素养。一个人的智力启蒙、道德养成、素质培养，以及创新能力的发展，都离不开阅读。有人认为阅读是语文学习的事，其实数学学习同样需要培养儿童的数学阅读能力，这对学生的数学学习和全面成长有着重要的意义。

(一)唤起学生的阅读兴趣

为调动学生的阅读兴趣，教师要采用多种方式激发学生的阅读热情。数学阅读一般有以下几种形式：故事类，故事中穿插数学知识或习题，有启发性，激发学生的好奇心和探究。问题集，是数学问题解答集，直截了当，数学问题相对深入，对数学有兴趣的同学帮助较大。漫画类，漫画形式，新的阅读方式，附赠数学游戏卡片，这些都是同学们喜欢的形式。绘本类，故事很有趣，用数学知识解决生活中的问题，但有些故事离我们的生活有点远，绘画很精美。

数学故事、数学图画书等的补充介入，构成了充满童趣的属于学生的魅力课堂，学生在“有温度”“有亲切感”的环境中获得对数学学习的美好体验。

（二）提供适合的阅读方法

如何更好地引导小学生进行数学阅读，教师应该教给学生一些好的阅读方法，促进学生有效地阅读，提高阅读的效率。

看：在数学阅读中，要引导学生专注地看。一看封面，包括书名、作者等，想一想书中可能叙述的内容。二看文字，从中获得大量的信息，回答自己的疑问或积累学习的经验。三看插图，文章中的插图会代替许多文字，教师要引导学生从插图中找到数学信息，指导学生有顺序地看插图，用简单语言进行图解。学生在读书过程中，学会前后联系、比较，融会贯通，形成自己的知识网络。

读：要指导学生仔仔细细地读，要找出题中关键词、重点处，对于易混淆的题目更要增加阅读遍数，要指导学生在重点处进行标注，对不懂的地方画上问号等。

思：通过阅读主要内容，思考自己知道了什么，学会了什么，受到了哪些启发？思考问题时应逐步渗透联想、假设、转化等数学思想，不断提高思考问题的质量和速度。与此同时，教师要为学生提供有思考价值的问题，创设大胆想象的氛围。同时也要知道还有哪不明白，怎样通过向别人请教进行进一步理解，提高自己的数学素养。

（三）把阅读引进课堂

国际教育评估项目测评时主要聚焦阅读、数学、科学等关键领域素养。其中，阅读作为基本素养，是任何学科的学习都离不开的。从某种意义上看，儿童的学习是始于阅读的，数学教育亦是如此。然而，我们平时的课堂，关注学生的数学阅读还尚显不足。对于解决问题的呈现，一般是比较短的文字（或者再配上情境图）。教师重视分析讲解，为学生独立阅读和理解问题提供的机会也尚显不足。

数学课堂教学中，教师要为学生留下与文本对话的时间和空间，给予学生阅读、理解、转化的契机，在儿童基本素养培育上迈出了探寻的步伐。教师要结合教材内容进行分析、筛选，为不同年级的学生提供相应的阅读内容，将数学阅读与数学教学结合起来；将知识技能、思想方法的习得与情感、态度、价值观的培育融合起来，润物无声。

(四)适当进行评价

数学阅读能力的培养不仅仅在课外，更应该在课内进行，使学生养成随时阅读的习惯，例如课前预习的读，课上重点教学内容的读，课后阅读延伸知识，体会数学文化，课内外有机结合提升学生的阅读能力。在数学教学中，我们还能把数学绘本或数学故事中的情境作为引入，激发学生学习的兴趣，也可以把其中的内容移入课堂教学各个环节中，让学生的数学学习生动有趣，引人入胜。

为促进学生的阅读，教师要适时开展系列活动。例如：读书推荐会、读书小博士的评比等，通过各种评比活动，让学生爱上阅读，并逐渐形成习惯。同时教师还可以引导家长和学生共读一本书，提升家庭阅读的氛围。

苏霍姆林斯基说过，“学会学习首先要学会阅读，一个阅读能力不好的学生就是一个潜在的差生，若在小学里没有教会迅速地阅读，日后学习中就会遇到无法克服的困难”。丰富的数学阅读可让学生充分感受到数学学习的乐趣，使其养成“边阅读、边思考”的阅读习惯，促使学生数学素养的提升。

一个人一旦有了阅读的习惯，那么一个丰富多彩的世界将在面前展开，任你遨游。阅读会开启人们对未知世界的再认识。阅读是未来公民必备的核心素养，一个人的智力启蒙、道德养成、素质培养，以及创新能力的发展，都离不开阅读。

在培养学生形成良好的学习习惯的过程中，我有以下两点深刻的感受。

第一，身教重于言教。我想说，学生良好学习习惯的培养千万不可低估教师的“潜移默化”的影响。教师的言行对学生有着不可抗拒的力量。

要求学生做到的，我自己一定首先做到。要求学生要尊重他人，养成认真倾听别人讲话的好习惯，那么，我在和学生谈话的时候，就双目注视着他们，全身心地倾听他们的心声；要求学生要养成做事踏实认真的好习惯，我就从自己做起，办事一丝不苟，踏踏实实；要求学生养成善于总结、注重积累的好习惯，我就留心观察，把所思、所想、所悟珍藏于自己创刊的《教海拾贝》中；要求学生养成遵守时间、爱惜时间，高效率地做事的好习惯，我就守时守信，抓紧时间做事，不敢怠慢课堂上的一分一秒。清楚地记得，一个风雪交加的早晨，天还未亮，我已抱着上幼儿园的女儿等候在车站。十分钟过去了，二十分钟过去了，半个小时过去了……仍不见汽车的影子。我立即返回家中，骑上自行车带着孩子，在风雪中艰难地骑了十几站，把孩子送到幼儿园，又疾驰在通往锦绣街小学的路上。上课的铃声响了，我微笑地站在了讲台上。外面，风仍然在疯狂地吼着，雪仍然在不知疲倦地下着……

在和学生朝夕相处的学习生活中，让我们从点点滴滴做起，从不经意的小事上做起，以一位教师优秀人格的魅力去打动学生，以良好的行为习惯去影响学生。切记，教师的一言一行都是教育。

第二，好习惯的培养要持之以恒。常言道：习惯成自然。良好的习惯一旦形成，就会成为一种定型性的行为，就会变成人的一种自觉需要。要达到“习惯成自然”的境界需要教师和学生持之以恒的坚持。“勿以善小而不为，勿以恶小而为之”，在培养好习惯的过程中必须注意从一点一滴的小事做起，持之以恒地“聚沙成塔，集腋成裘”。

我还想说：千万别忘了给孩子们一个终生享用的良好学习习惯，并让这个“资本”不断地增值，让孩子们在整个一生中都去享受它的利息吧！

1. 培养学生良好的学习习惯，习惯是方法的自动化，好习惯受益终生。

2. 学生良好的学习习惯的养成需要环境熏陶、适度训练、有意识地监督和循序渐进。

3. 学生良好的学习习惯还有很多，需要教师从细节入手，从小事情着眼。细节决定成败，习惯中蕴含着智慧。

我的数学课堂

课堂是师生成长的重要场所，是师生交往的重要历程。我认为：

课堂是交流，交流需要真诚。

课堂是生活，生活需要真实。

课堂是生命，生命需要真爱。

——吴正宪

多年来，我努力创建学生喜欢的“好吃又有营养”的数学课堂，在教学实践探索中形成了实现数学教育目标、体现儿童数学教育本质的特色课堂。

与学生真诚交流

真情流淌的生命课堂

孩子的课堂需要真爱，生命的课堂需要呵护。教师要友善面对每一位学生，用爱唤醒每一位学生的情感，用真情诠释每一节课堂，让课堂因为真情而幸福，让课堂因为尊重而温暖。课堂不是单纯的知识传授，更要孕育情感，培育人格，教师和学生在课堂里一起经历生命成长的过程，让真情在课堂中自然流淌。

经验对接的主体课堂

教师要从学生已有的经验出发，关注并利用学生的学习和生活经验，用亲身的体验去感知数学知识的发生、发展，使学生学会用数学的语言解读已有的生活经验，激发学生主体的深度参与，帮助学生积累数学活动经验，感悟数学的思想方法。

思维碰撞的智慧课堂

教师要善于制造和激发思维矛盾。让学生在“问题串”中思考质疑，在“思维碰撞”中升华智慧，在解决矛盾的过程中充分感受智力活动的快乐；让学生的思维在跌宕中升华，让课堂教学充满智慧。

机智敏锐的灵动课堂

课堂教学是一个动态生成的过程，课堂里经常会发生一些意想不到的事情，这些“意外”甚至不在老师的预料之中。教师要用专业的智慧巧妙地处理，机智地捕捉到那些“稍纵即逝”的思维火花，把学生的探索引向深入，使课堂呈现出灵动的生命状态。

纵横联通的简洁课堂

数学是有结构的、有系统的，数学知识是有内在联系的。教师要以哲学视角审视数学、审视课堂；要善于引导学生沟通知识间的内在联系，将知识点连成知识链，构建成知识网，形成脉络清晰的立体知识模块；在不断完善学生认知结构的同时，让学生获得认识事物的普遍方法。

以做启思的实践课堂

学生的思维是在活动中发生的，并随着活动的深入而得到发展。教师要善于创造以数学思维为核心的脑力活动和动手操作活动有机结合的情境，引导学生在活动中积累经验，提升观察、猜测、验证、推理及概括的数学能力。

追本溯源的寻根课堂

数学是有源的，课堂是有根的，教师要善于引导学生溯本寻源，弄清知识的来龙去脉，整体感悟数学知识结构。教师的任务不仅是告诉学生真理，更重要的是引导学生探求真理。数学教学不仅要让学生知道结论，更要引导学生追本溯源去寻根，去追问数学的本质，让学生看到显性知识背后的思想和方法，使学生对数学本质的认识更深刻。

充满魅力的生活课堂

教育即生活，生活就是学生学习的空间。生活中充满了问题，问题中充满了魅力。数学教学不仅要满足学生求知的需要，还要满足学生心理与认知发展的需要。让学生在“充满魅力的生活课堂”中感受师生交流的真情，体验数学的魅力，增进对数学的理解和应用数学的信心，让学生对数学学习充满期待。

这八种课堂是紧紧围绕“创造儿童喜爱的数学教育”这个核心开发出来的。我认为，课堂教学是师生生命重要的交往历程，课堂上不仅有知识的交流，还有情感、态度、价值观等多方面的交流。课堂是师生用心对话、真情互动、教学相长的过程，所以课堂是鲜活的、有生命力的场所。课堂要让儿童拥有对数学学习的良好感受和丰富难忘的数学活动体验，经历刻骨铭心的数学学习过程，创设符合学生年龄特点的活动，满足学生发展的需求，使学生体验到学习数学的快乐。现在就请大家一起走进我与儿童的数学课堂，感受数学学习的快乐。

一、给学生自主学习的机会

——《分数的初步认识》

(一)创设情境

上课伊始，学生在熟悉的生活中开始了知识的学习。“有 4 个桃子，平均分给 2 个人，每人得到几个?”“啪——啪”学生用两下整齐的掌声回答了问题。“有 2 个桃子，平均分给 2 个人，每人得到几个?”“啪”吴老师不紧不慢地说：“只有一个桃子，平均分给 2 个人，每人得到几个?”同学们你看看我，我看看你，面面相觑。突然有几个同学用右手尖点了一下左手心，“半个”。还有的同学两手心相对并不合上，表示“半个”。熟悉的生活一下子吸引了学生的注意，同学们不由自主地说：“半个”。吴老师继续说：“对，半个。半个该怎么写呢？能用你喜欢的方法来表示一个桃子的一半吗?”教室里立刻热闹起来，有的同学接过老师手中的粉笔，跑到黑板前画图、写汉字。吴老师认真地看着同学们的板书，他们用不同的方式表示着自己心中的“一半”。

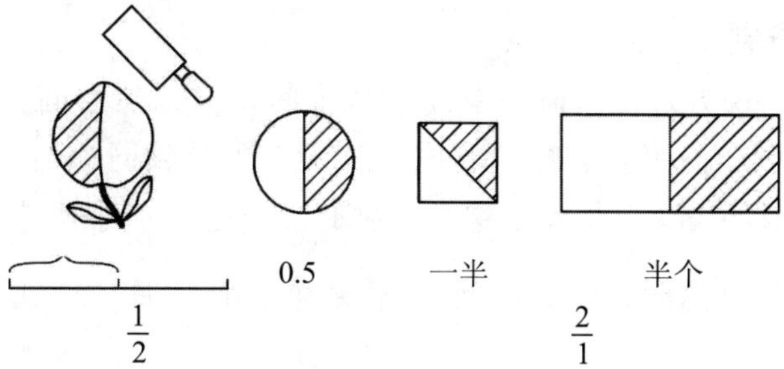

接着，吴老师请这些同学一一介绍自己的表示方法，解释每种表示方法的含义。吴老师的视线停在了“$\frac{2}{1}$”“$\frac{1}{2}$”前面，疑惑不解地问这两位同学：“这是什么意思?”

两位同学分别说出："这是二分之一，表示把一个桃子平均分成两份。每份是相等的。""你们在哪里见过二分之一？"写"$\frac{1}{2}$"的同学想了想回答说："我在一本数学书上见过。"写$\frac{2}{1}$的同学则很自豪地说："我没有见过，是我自己想的。"吴老师笑着说："挺好嘛，自己创造的。"伴着老师的声声赞许，同学们感受到了创造的快乐。

吴老师示意大家坐下，不紧不慢地说："同学们，你们用自己喜欢的方式表示了桃子的一半，说明你们很有办法。不过，我向大家介绍一种更科学、更简便的表示方法。当把一个桃子平均分成两份，表示这样的一份时，可以像这位同学一样用这个数'$\frac{1}{2}$'来表示。"她边说边走到黑板前，用红粉笔框住了"$\frac{1}{2}$"。"你们知道这个数叫什么名字吗？"同学们不敢肯定地回答："分数。"吴老师边出课题边肯定大家的答案："对啦，叫作分数。"接着，吴老师又一次回到"$\frac{1}{2}$"前面，给同学们引荐这位数的大家族中的新朋友——分数。同学们在吴老师的带领下自然而然地进入了新知识的学习。

（吴老师创设情境，从平均分入手，让学生感受分东西的结果不是整数时，曾经学过的1、2、3、4……这些数不能表示了。为了满足人们表达的需求，需要一种新的数：分数。吴老师紧紧抓住学生学习分数的生活经验——一半，充分读懂儿童的前认知，为探索和指导做了铺垫。）

（二）指导探索

吴老师举起一块大月饼，请一个同学从中间切开，然后问："这个同学是怎么分的月饼？"待同学们明确了"平均分"后，吴老师带领同学们边比画边说："把一个月饼平均分成两份，每份就是这个月饼的二分之一。"小伙伴之间互相讲述着自己对"$\frac{1}{2}$"的理解。这时，吴老师问："你还能在这块月饼中找到另外一个二分之一吗？"一个同学很快跑到前面，在月饼的另一半写上了"$\frac{1}{2}$"。在吴老师的示范下，同学们又很快掌握了"$\frac{1}{2}$"的读法、写法，并知道了这个分数表示的含义。

这时，吴老师看着一开始到黑板上表示“一半”的同学们，用商量的口吻说：“我想和你们商量一下，刚才你们画的图、线段和文字都表示把这个物体平均分成两份，表示这样的一份。如果你认为‘$\frac{1}{2}$’这个分数能表示你的意思，就可以擦掉你写的；如果你认为你的表现方法更好，也可以保留意见。”很多同学纷纷跑上去擦掉自己画的图、文字、线段。只有一位同学坚持认为自己画的图更好，执意不擦。吴老师尊重了他的意见，并把这幅桃子图框起来保留在黑板上。

大屏幕上出现了各种彩色图形，同学们兴奋地议论着，丰富了对“$\frac{1}{2}$”的认识。

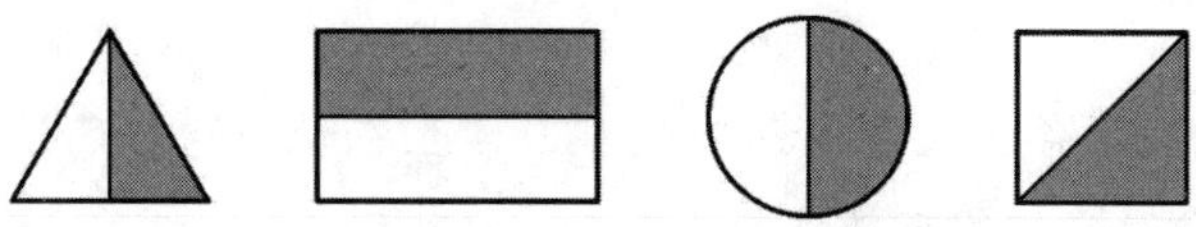

认识了“$\frac{1}{2}$”这个分数后，吴老师请同学们用不同形状的纸片折出它的二分之一。突然有一位同学高高举起了他手中的圆形纸片喊了起来：“老师，这是不是四分之一？”他将圆形纸片分别对折了两次(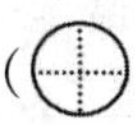)，吴老师为学生主动勇敢地尝试而高兴：“你为什么说它是四分之一呢？”学生没能正面回答，只是轻轻说了一句：“我猜的！”此时此刻这位学生似乎感到了一种支持，胆子也大了起来。“我把一个圆对折，再对折，就平均分成了四份……”这位学生还没把话讲完，底下的同学们已经喊起来了“每份一定是这个圆的四分之一。”急性子的孩子已经开始动手折起来了，不同的折法在学生的手尖上产生。

“老师，我还能折出八分之一呢！”“老师，我折出了十六分之一！”“老师，我也

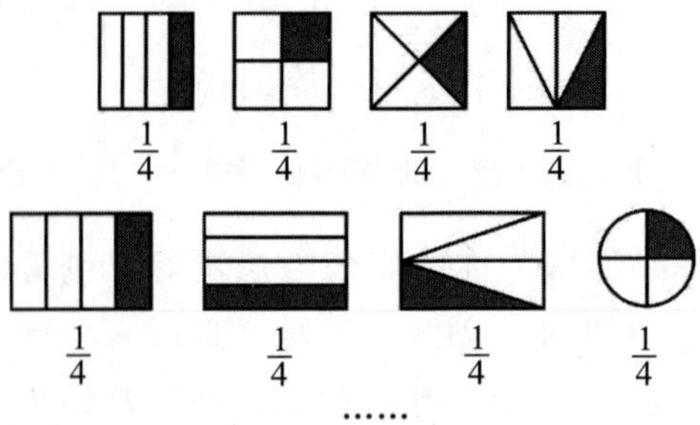

行!”……有的学生居然跑到讲台前面来向全班展示他们的“杰作”。吴老师随机应变，将作品公布于众：

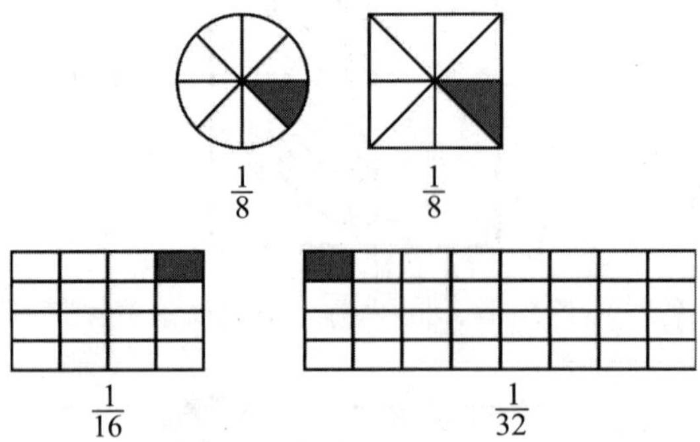

（吴老师给学生准备了大量的面积模型，学生在动手操作的过程中感受部分和整体的关系以及分数单位的重要性。）

“老师，两个三分之一是多少?”“是六分之二。”“不对!”“是六分之一。”“是三分之二。”……同学们的学习行为冲击了吴老师事先安排好的教学程序，谁说小孩子不会创造地学习，只要给他们空间，他们就能“海阔凭鱼跃，天高任鸟飞!”

下面的活动更精彩了。银幕上出现了一个智慧人，眨着双眼向小朋友们提出一个问题，请大家判断：“把一个圆分成两份，每份一定是这个圆的二分之一。对吗?”话音刚落，全班同学已经分成两个阵营，有举“√”的，有举“×”的。面对学生的不同答案，吴老师没有裁决，而让持不同意见的双方各推荐两名代表发表意见。双方代表各手持一个圆形纸片讨论着，都下定决心要把对方说服。经过讨论准备，小小辩论会开始了。

正方代表把手中的圆平均分成两份（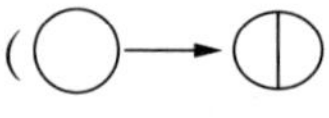），问道：“我是不是把这个圆分成了两份?”

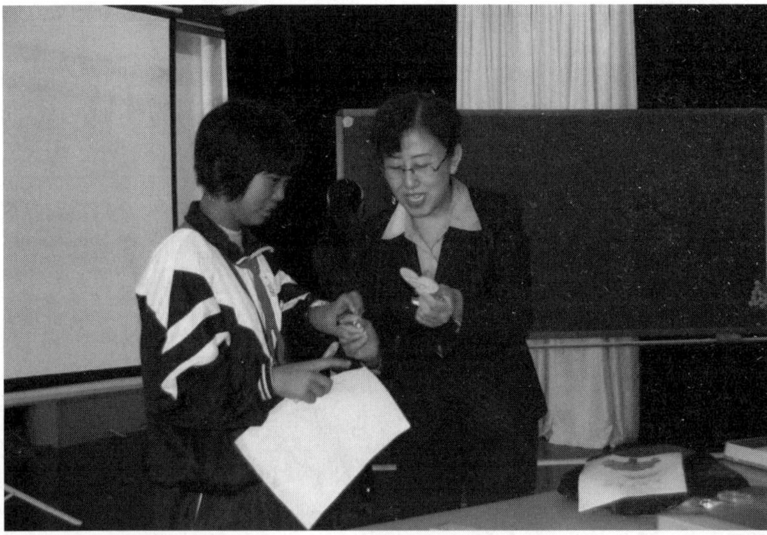

“我剪得对吗?”

反方代表点头应答：“是，是。”

正方举起其中的半个圆，问：“这份是不是这个圆的二分之一?”

反方：“是，是啊。”

正方当仁不让：“既然是二分之一，为什么不同意这种说法?”

此时，反方同学虽然口称“是，是”，心里却很不服气，该是他们反驳的时候了。只见，反方一个代表顺手从圆形纸片上撕下一块纸片(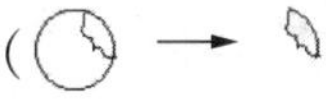)，高举着分得的两部分大声问：“这是分成两份吗?”

正方连忙回答：“是。”

反方接着把小小的一份“”举在面前，用挑战的口吻问道：“这是圆的二分之一吗?”

正方的底气已经不那么足了，小声地说：“不是。”

这时反方代表咄咄逼人地质问：“既然不是二分之一，为什么你要同意这种说法呢?”

正方服气地点了点头，不好意思地站到了反方的队伍中。

一场别开生面的辩论会到此告一段落。吴老师紧紧握着反方同学的手："祝贺你们，是你们精彩的发言给大家留下了深刻的印象。"这时吴老师并没有忘记身边的正方同学，仍然深情地握了他们的手："谢谢你们，正是因为你们问题的出现，才给咱们全班带来一次有意义的讨论！"吴老师彬彬有礼地向他们深深鞠了一躬，说："谢谢！"学生笑了。别小看了这一次握手、一声感谢，它使成功者体会到快乐，使暂时失败者找回了面子。这是吴老师对学生的热爱与尊重，体现着吴老师以学生发展为本的教育思想。

（吴老师在教学中紧紧抓住数认识的本质：数是由计数单位和计算单位的个数累加而成的，体会度量的思想。概念的学习要有多个例证，有正例、反例和变式，这样在辨析中可以完成对概念的理解。）

小小辩论会结束了，折纸比赛又开始了。同学们边动手边讨论如何准确快捷地折出它的八分之一。同学们跃跃欲试，不由自主地站起来，举着他们的"研究成果"给大家看。

"同学们请看，像$\frac{1}{2}$、$\frac{1}{3}$、$\frac{1}{4}$、$\frac{1}{5}$、$\frac{1}{8}$这样的数都叫作分数。你还能举出几个分数来吗？"吴老师的话音刚落，同学们积极地举起手来，一个接一个地说着："$\frac{1}{7}$、$\frac{2}{2}$、$\frac{2}{10}$……"吴老师轻声问大家："我们这样说下去，能把分数说完吗？"一个小伙子迫不及待地说："我知道了，分数有无数个。""对，分数的个数是无限的。"吴老师笑着说。

接下来，是分数各部分名称的介绍。吴老师先请同学们命名。学生把分数线命名为"平均分线"，突出了分数线的本质含义，大概是受了"分母"的影响，学生把"分子"起名为"分父""分公"，体现了分母与分子的密切关系。在笑声中，同学们用自己喜欢的方法、窍门记住了分数各部分的名称。

1 ⟶ 分子
— ⟶ 分数线
3 ⟶ 分母

（三）反馈练习

练习开始了，同学们兴奋地用分数表示着下列各图的阴影部分。

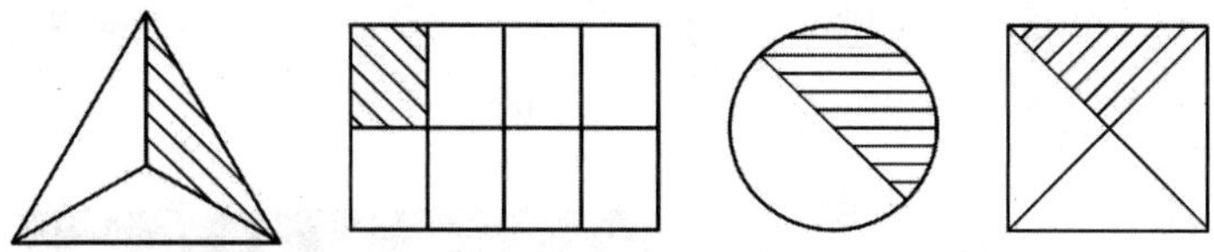

$\frac{1}{3}$　　$\frac{1}{8}$　　$\frac{1}{2}$　　$\frac{1}{4}$

接着判断练习开始了，大屏幕上出现了下面各图形，请同学们判断各图中的涂色部分能否用下面的分数表示。

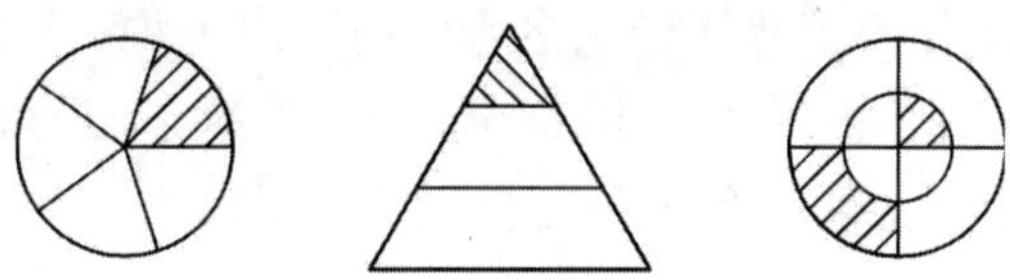

$\frac{1}{5}$　　$\frac{1}{3}$　　$\frac{1}{4}$

当同学们判断到最后一幅图形时，意见产生了分歧。同学们通过交流、争论进一步加深了对分数含义的理解。

在愉悦气氛中，同学们完成了读分数、写分数的练习。

（四）总结提高

吴老师请同学们结合生活实际，用分数说一句话。学生甲：“我家有 3 口人，我占全家人口的$\frac{1}{3}$。”学生乙：“我们组有 7 个人，我们组的人数占全班人数的$\frac{7}{50}$。”学生丙……当一个学生说到“我爸爸买了 100 个鸡蛋，打碎了一个，打碎了的正好占这些鸡蛋的$\frac{1}{100}$”时，吴老师顺手将“$\frac{1}{100}$”写到了黑板上，并特意把开始上课时坚持用画图方法表示分数的那位同学请上来，说“$\frac{1}{100}$该怎样用你喜欢的画图方法表示呢？请你试试看！”只见这位同学认真地画着，画着画着停住了，他扬起小脸说：

“老师，这种方法太麻烦了，还是分数表示好。”边说边使劲把开始画在黑板上的桃子图擦掉，这位个性极强的孩子，此时心服口服地接纳了分数这个新朋友。

最后一个练习——猜一猜。

银幕上出现了两条被遮挡起来的线段，只露出其中相等的一部分，请同学们猜猜哪条线段比较长。如图：

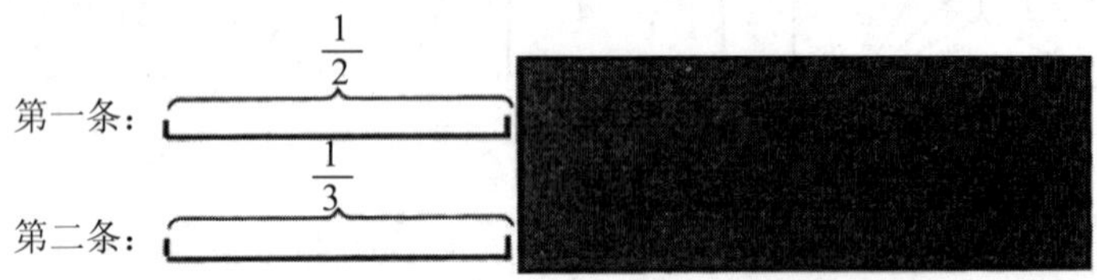

同学们互相猜测和议论着，各自申诉着自己的理由。这个谜底就要揭开了，同学们屏住了呼吸，教室里安静极了。吴老师煞有介事地说：“谁对谁错呢？请——看——这——里！”故意把话一字一字地断开，引起了孩子们的高度注意。突然，吴老师轻轻按动鼠标，遮盖在线段图上的蓝色纸片不翼而飞，两条线段赤裸裸地展现在孩子们面前：

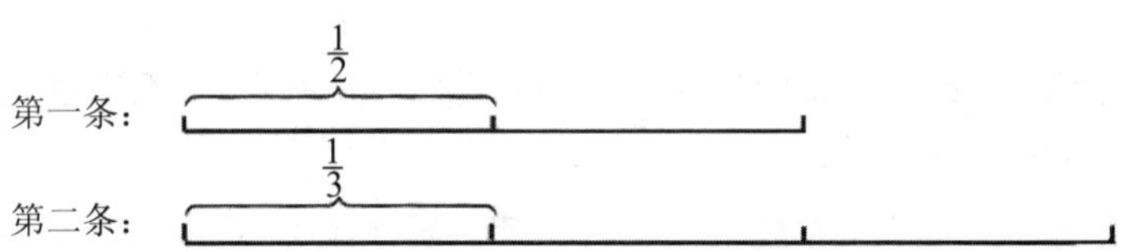

“耶——”孩子们欢呼起来，猜对了的同学高高举起小拳头，猛劲地向空中挥动。“耶——”“耶——”教室里沸腾了！

《分数的初步认识》这节课，就在同学们高昂的情绪中结束了。

（分数具有多维和多元的含义：两个维度、四个层面。即“比”的维度和“数”的维度同时入手感受分数产生的意义。分数的初步认识的学习和生活建立联系，尤其是用部分推知整体，进一步感受部分和整体的关系，进一步让学生感受分数产生的价值性的同时，也巩固了对分数的认识。在学习过程中，吴老师关注了新旧知识间的内在联系：平均分、份和分数之间的关系。）

【评析】

在小学数学教学中，从整数到分数的过渡，对于学生来说是认识上的一个飞跃。

吴老师首先借助学生熟悉的生活引出分数知识，化抽象为具体、寓枯燥于趣味，使学生体会到分数来源于生活。老师让学生用自己喜欢的方式表示“半个”，新颖独特，妙趣横生，体现了在学生原有生活经验和认知的基础上进行学习的建构主义教学理念。

学生自始至终置身于教师为其创设的发现和讨论的情境之中，兴趣盎然，积极主动地参与探讨、质疑、创造等教学活动，让学生在思考、交流、倾听、争论和发现中学习数学知识，并逐步完成对知识的理解和深化，充分发挥了学生的主体作用。

吴老师以独具匠心的设计、细腻灵活的诱导，将学生推上了自主学习的舞台，真正把学习的主动权交给了学生。她利用小组合作学习、辩论等多种形式，培养和激励学生独立思考、勇于创新、善于表达的能力。同时使学生在倾听与辩论、接纳与赞赏之中，学到与他人交流的技巧，这对于学生的综合能力和人格完善大有裨益。

吴老师以满腔的热忱、高超的教学艺术和真诚的爱心，强烈地感染着学生，紧紧地抓住了学生的心。她从不轻易否定学生的回答，总是以热情的鼓励、耐心的等待和巧妙的疏导与学生同喜同忧。在她的课上，我们不仅能感受到知识信息的传授、思维的碰撞，还有心与心、情与情真诚地交流。其独特的教学风格，炉火纯青的教学艺术，在这节课上得到了充分的体现。听吴老师的课，如同观赏精彩的演出，既让人精神愉悦，又回味无穷，难怪学生上她的课不愿下课，老师听她的课不愿离开。

（上海特级教师　顾汝佐　评）

二、在直观操作中理解数学

——《行走中的数学问题》

（一）创设情境，巧妙明晰数量关系

1.“走路”中理解数量关系

上课伊始，吴老师请一位同学从座位上走到黑板前“溜达”出镜，模拟了行走的过程。正当同学们都疑惑不解时，吴老师开口了：“你们能不能提一个有关走路中的数学问题?”问题一抛出，学生们便你一言我一语：“你要走多少分钟?”“你每分钟

走多少米?”“从家到学校的路程是多少米?”很快地让大家厘清了“速度、时间、路程”三者之间的关系，十分巧妙地从学生的生活经验中抽离出了行走问题中重要的模型——“速度×时间=路程”，为本节课继续研究“行走中的数学问题”奠定了重要的思维基础。

2.“画图”中外显思维路径

学生们对行走的问题有了一些思考，吴老师又抛出一个问题：“你是怎么求出路程是1000米的？能把你的思考过程清楚地表示出来吗?”只见一个个小脑袋低垂，认真地在纸上写下自己对问题的理解。不一会儿的时间，学生一幅幅作品出炉了，他们自己画图、列式，为新内容的进行做好了知识储备与铺垫。

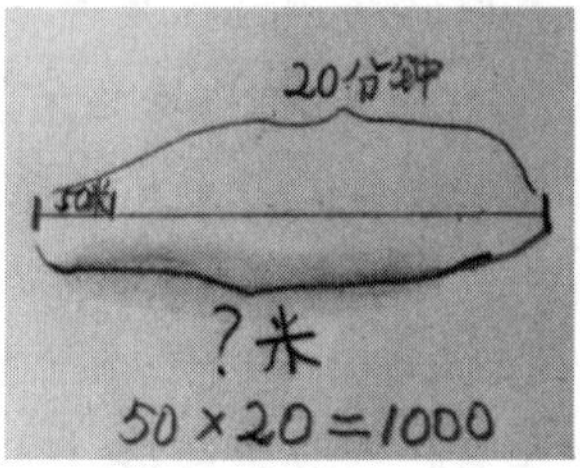

图 3-1

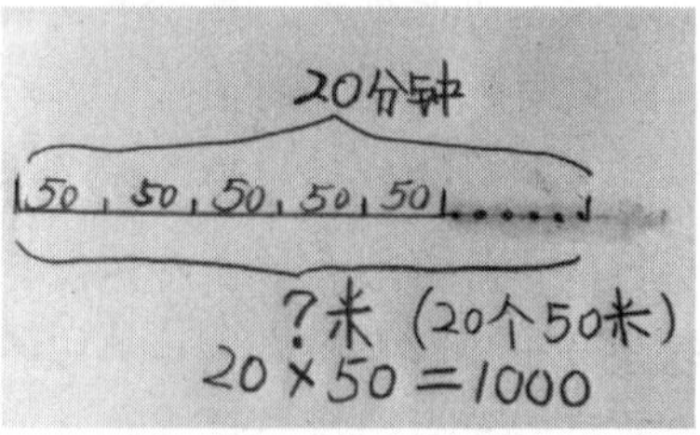

图 3-2

（吴老师巧妙地运用学生经验——“走路”活动，巧妙地引出旧知识，进一步理解速度、时间、路程三者之间的关系，把抽象的概念进行自然渗透；将数学问题返回生活，找到原型，为进一步学习行程问题提供了表象支撑；同时根据实际问题，进一步回忆解决问题的方法，通过学生自己绘图、列式，为新内容的进行做好知识储备与铺垫，激发了学生探究学习的欲望。)

(二)理解概念，激活经验

教学相遇问题，学生理解“同时、相对、相距、相遇”四个词的含义是解决问题的前提。往往在我们的课堂上经常看到教师的卖力“独白”，学生的被动“聆听”。而吴老师的课堂上却是那样的适时、生动、有趣。

【场景一】“表演”中理解四个概念

吴老师指着屏幕说：“今天，我们研究行走中的数学问题，有四个词，先请你自己读一读，然后和同学用语言或动作表示出来。”(“相对、同时、相遇、相距”在屏幕上出现。）

学生两两一组，有的伸出两只小手在比划，有的甚至离开座位在行间行走起来。紧跟着，两名同学开始了展示。他俩面对面站好后，生 1 冲着大家说：“我们俩人面对面站着就叫作相对。”（图 3-3）

图 3-3

小 A 冲着小 C 点点头说：“预备齐。”两个人同时迈步向前走，“我们俩人一起走就叫同时。”

两个学生向前走到距离很近时，看着老师说：“老师，这就叫相遇。”

吴老师将他俩分别向前轻轻一推，两个学生碰到了一起。吴老师笑着说：“怎么两个人碰了面连个招呼都不打？”

小 A 马上握住小 C 的手说道：“你好。”

小 C 恍然大悟：“我知道了，我们两个必须碰在一起才叫相遇。”（图 3-4）

两个学生又分别往后退了一步，小 A 说：“只要我们不相遇，中间还有距离就叫相距。”（图 3-5）

座位上的同学们看着生动的表演和吴老师适时的“一推”，顿时清晰了几个概念的含义。

图 3-4

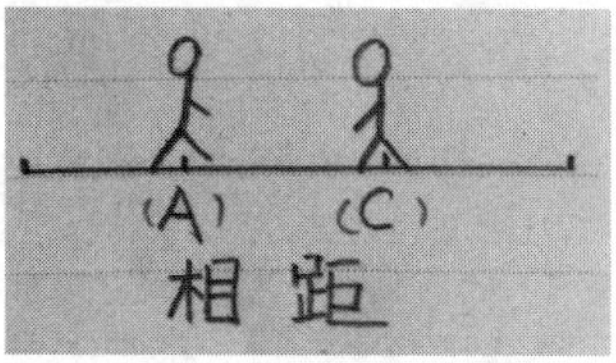

图 3-5

（学生喜欢上吴老师的课，一个最主要的原因就是有趣。在教学时她总是让学生用自己特有的方式学习数学、理解数学。这节课上，吴老师让学生现场演示，用肢体语言告诉学生“同时、相对、相距、相遇”的含义。这种形式，激活了学生的经验，将他们的经验与数学概念对接，又一次扫清了学生的思维障碍，引发学生对概念的理解与掌握，使学生的学习过程清晰而有趣。）

【场景二】"设问"中理解"相遇时间"

吴老师又给大家提出了一个新的问题："哪两个同学愿意合作，先听老师的叙述，再按要求行走。"学生的小手一下子都高高举起，两名同学得到了这个机会，喜滋滋地走到讲台前等着吴老师发话。

师：张三和李四两个人从甲、乙两地相对出发。8：00 同时出发，8：05 两个人相遇了。张三走了几分钟？

张三：5 分钟。

师：李四呢？

李四：5 分钟。

师（面向全班）：张三、李四同时走了几分钟？

（学生喊了起来："10 分钟""5 分钟"。）

师（没有急于解释，而是话锋一转）：一个人上课大约是多长时间？

生：40 分钟。

师：30 个人同时在这里上一节课，是多长时间？

生：40 分钟。

师：用不用 1200 分钟？

生：不用，不用。

师：为什么呢？

生（连连摇头）：搞错了，相遇时两个人一共行走了 5 分钟，是同时进行的。（图 3-6）

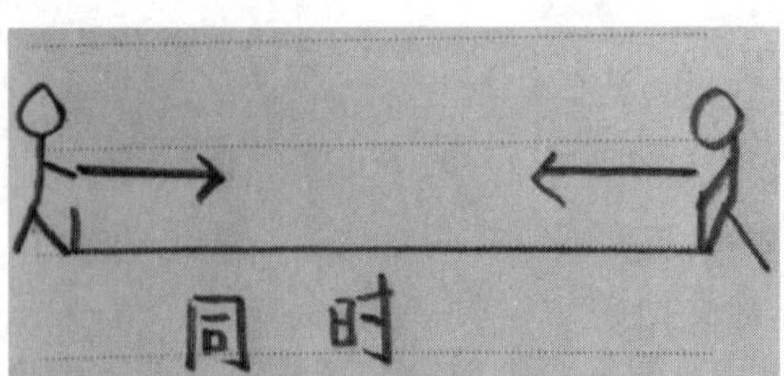

图 3-6

这个学生的意见马上得到了同学们的认可。有的学生不住地点头，有的学生拍着自己的头说："可不是吗！"这时大屏幕上"同时相对行走"的动画适时出现。

"相遇时间"是学生理解相遇问题的关键，是两个人共同行路所用的时间，学生容易受到"部分 + 部分 = 整体"的负迁移，认为相遇时两个人各用的时间之和就是所用的时间。吴老师在认真地分析学生后，将这个容易出错的问题用了一个巧妙的设问，既激活了学生的经验，又利用上课的实例诠释了他们对"同时"的理解，纠正了学生认知的偏差。学生反思的时候，不打扰他们，适时的一个"敲门"，让学生恍然大悟。吴老师用智慧启迪学生，让他们不断地思考和感悟，这不正是吴老师儿童观的体现吗？而我们往往最缺少的就是这种"沉住气"！

（以学生现场演示"同时、相对、相距、相遇"的形式，唤醒儿童的经验，将经验与概念对接，引发儿童对概念的理解与掌握，使学习过程清晰而有趣。教师针对"同时进行所用的时间"精心设问，既激活了儿童的经验，又能够利用他们上课的实例，诠释儿童对于"同时"的理解，纠正认知的偏差。）

（三）呈现问题，引发学生自主探究

1. 读懂题目，理解题意

在数学教学中，我们往往会指名读题后直入解题分析，学生的思维被禁锢，不经意地就被老师牵着走。而吴老师在处理例题时，没有急于进入问题，而是给学生读题、思考的时间，培养学生审题的能力。（出示例题：小强和小雨同时从甲、乙两地相对走来，每分钟小强走 100 米，小雨走 50 米，4 分钟后两人相遇。甲、乙两地相距多少米？）

【场景三】"模拟操作"中理解题意

首先，吴老师请学生们静静地自己读题目，待读完后要求他们不要急于做题，再读一遍。学生一边读题，一边合作演示，用桌面的一条边当作这条路，每个人各拿出一支笔，表示小强和小雨，模拟前行。在模拟的过程中，学生有了不同的理解。

这时吴老师提出问题："在哪里他们相遇了？"学生们喊道："中间""正中间"。吴老师请学生闭上眼睛思考。教室里静悄悄的，有的学生闭着眼睛想象着，有的学生举起双手比划着，学生都在以不同的方式情景再现。突然，一位学生的声音打破了教室的安静："他们的速度不同，所以走的路程不相等。"一语点醒梦中人，学生们恍然大悟。

生1：哦，小强和小雨的速度不一样。

生2：虽然行走的时间是相同的。但是他们的速度不一样，小强走的要比小雨走的多一些。

吴老师点点头：对啊，速度不同，时间相同，那路程呢？

学生齐声说：一定不相同！

（吴老师看了看刚才喊"中间"的学生，他怯生生地说："我刚刚只顾时间一样了，就认为速度也一样了。这回我明白了，时间相等，速度不相等，路程一定不相等。"）

师：同学们，出现问题是正常的，能在思考过程中纠正自己的错误那才是最大的收获！

学生通过仔细读题，配以生动的"模拟操作"，快速理解了题目，逐渐清晰了数量之间的关系。"到底在哪儿相遇"是在学生模拟操作后对数量关系理解程度的检验，更重要的是培养了学生的数感。同时，吴老师在关键处引发学生思维冲突，并适时地加以追问，层层剖析，呈现不同学生的思维过程，最终学生自己感悟出其中两个因素有至关重要的作用，使学生思维更具严谨性，考虑问题也更全面。

2. 自主探索，展示交流

教室里安静极了，学生开始独立思考，或操作演示，或画图，用自己的方式展示出解决问题的思维过程。给足思考的空间，学生就开始交流了。发言人把自己的作品呈现给大家，寻找读懂自己的"知音"。同学们面对不同的作品发出不同的质疑。

首先，呈现了第一个作品：

生1：谁把我的图（图3-7）读懂了？

在同学的解读中，生2举起了手：请问一下，400是从哪里来的？

生1：400指的是小强走的那段路，4个100是100×4就是400。

师（故意提问）：那100×4在哪儿藏着呢？

生3：藏在他的大脑里了。

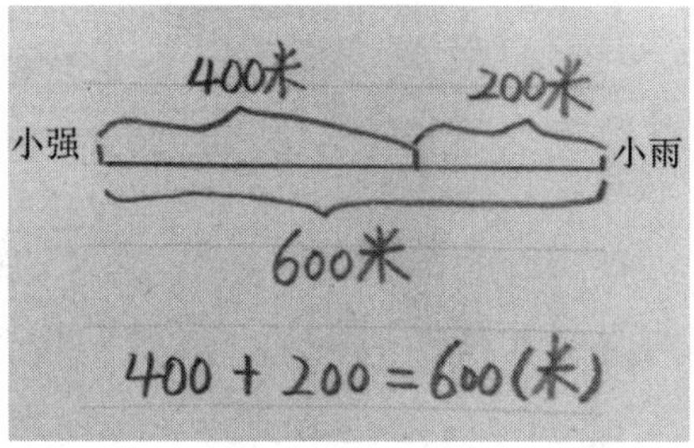

图 3-7

师：数学是大家交流的语言，你的事你知道，我的事我知道，我们怎么实现交流啊，尽管你得到600米，但是你没把它表现出来，对不对？

生4：这位同学如果能把问题标出来，不直接写600米，更能体现求的是什么。（他的话得到了大家的点头赞同。）

接着，一位男生呈现出第二个作品：

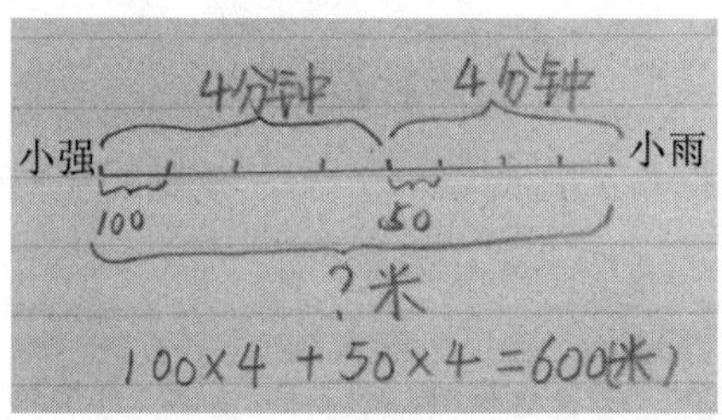

图 3-8

生1：我看懂了，小强每分钟走100米，4分钟走了400米，用4×100；小雨每分钟走50米，4分钟走了200米，用4×50。100×4+50×4=600(米)。（全班掌声。）

师：你为什么读得这么清楚呢？是谁帮了我们的忙？

生：线段图帮了我们，图中既有条件，也有问题。

师：我们用这么一个看得见的、摸得着的东西，每一步的含义一目了然，线段图的作用真大，这不就是你们的经验吗？（教师同时展示图3-7、图3-8）请同学们观察两幅图有区别吗？

生：有区别。图3-8中把1分钟走的路程表达出来了，图3-7直接写的是小强、小雨一共走了多少米，而没有把它分出来哪儿是速度，哪儿是时间。

师：没关系，这种表达也行，直接表示了小强一共行 400 米，小雨一共行 200 米。那么小强和小雨的路程合在一起应该是什么？

生：甲、乙两地相距的路程。

师：不是他们俩路程的和吗？怎么可以说是甲、乙两地的路程呢？

生：因为两个人同时出发，相对而行走了 4 分钟就相遇了，正好是全路程，所以就是所求问题。

生：我还想给图 3-8 提点小建议，你画 100 米和 50 米长短所差无几，不合适。因为它们具有 2 倍的关系。

师：你的意思是说 100 米和 50 米长度有区别，画图时需要注意这一点。除了画图外，双手也能帮助我们理解这个数量关系。同桌把手拿出来了，看看两个人怎么走？

生：小强从甲地出发，小雨从乙地出发，那么相遇之后就把这条路给走完了。

师：什么叫走完了？

生：就是把这条路全都走了一遍，没剩下一点点，他们两个碰面了。

师：所以他俩走的路程正好是全长。有一位同学画的我有些不懂，你们谁读懂了？

第三个作品急着展现在大家面前（图 3-9）：

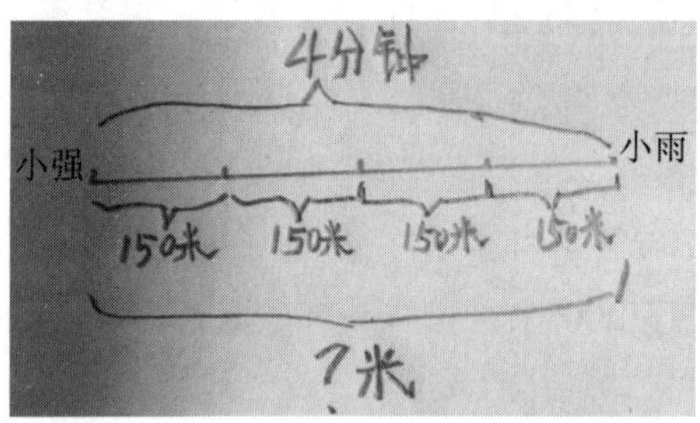

图 3-9

生 1：图中的 150 米求的是小强和小雨两个人每分钟走的路程，因为他们两个是同时出发，一共走了 4 分钟，就用他们俩每分钟一共行走的路程乘 4 分钟就得到了这条路的总路程。

生 2：小雨和小强的每分钟的和是怎么求出来的？

师：问得真好，题里边有没有 150 啊，哪儿来的呀？

生 1：小强和小雨的速度和就是 100 + 50 = 150。

生 3：你这个算式有点不清楚，如果老师没帮你分析的话，大家有可能不明白，你还需要用其他的算式列一下。

师：你的想法你知道，我们不知道啊，题里边的 150 在哪里呢？

生 1：在图里，我直接算出了两个人每分钟走 150 米，把过程浓缩了。

师：你浓缩的事通过解读，我们也明白了。那算式，怎么也能看明白呢？

生 1：我应该把 100 加 50 的和乘 4 等于 600 米，100 加 50 就是小强和小雨一分钟共走多少米，再乘他们一共走的时间就求出了路程。

师：可以吗？请你们两个人表演一下，把浓缩的过程展示出来。（指着发言的两个人）你每分钟走多少米？

生：我每分钟走 100 米，他每分钟走 50 米。一分钟走 150 米。也就是 1 个 150 米。

师：2 分钟，两个人一共走多少米？

生：300 米，也就是 2 个 150 米。依此类推，3 分钟就是 3 个 150 米，4 分钟就是 4 个 150 米。4 个 150，他们把这条路给走完了。

师：就是走了这条路的总和。

师：你看，解决一个问题不仅要自己明白，还要把你自己要表达的想法让大家看清楚，因为数学是大家交流的语言。你们有很好的经验，会画图、列式解答，今天我们把看不见、摸不着的东西用直观图表示，图和算式相互解释，我们就都看明白了。

就这样在你一言我一语中，吴老师适时的点拨，学生们读懂了“线段图”，厘清了思路。这个环节让学生独立思索解决问题，目的是让学生的思维能够外显，这时老师只是适时的等待，给予学生充分的自主时间，让他们在画图中体验、理解、感悟数量之间的关系，亲身经历知识的形成过程，在同伴之间交流、质疑、自由争辩中促进理解，感悟出数学问题解决的不同方法。每个学生之间的对话与提问，恰到好处地直指问题。对话很好地体现了生生之间的互动：思维的碰撞、观点的融合、问题的本质等。通过比较其他同伴的方法，反思自己的解决办法，能够全面地思考并进行比较。

（四）联系实际，灵活运用知识

对于新知识的巩固，吴老师十分关注与生活实际的联系。先是一道“两列火车对开”的基本练习，学生独立完成后，吴老师提出：像这样的关系只能运用到两辆火车对开，两个人对走吗？生活中会用到它吗？

这时屏幕中出示了这样一道题目：三个小组做纸花和纸鹤，第一小组每小时折50朵纸花，第二小组每小时折60朵纸花，第三小组每小时折40只纸鹤。他们总共折了3小时，一共折了多少朵纸花？学生独立思考后，吴教师请列出不同算式的学生板书，很快分了两类，并在两组算式前标注“A”“B”。

A. $(50+60+40)\times3$；$50\times3+60\times3+40\times3$；

B. $(50+60)\times3$；$50\times3+60\times3$；

【场景四】片刻，同意哪种算法的都有，而且各自都很坚持，还出现了这样的对话：

生1：请问题目求得是什么？

生2：一共折了多少朵纸花。

生1：第三组折的是什么？

生2：第三组折的是纸鹤。

生1：既然第三组折的是纸鹤，人家问的是一共折了多少朵纸花，那为什么还要把第三组加进去呢？

学生们思维充分碰撞，不断地质疑，最终明确了正确答案应该是B。但是吴老师没有放过错误资源的价值，紧接着追问：“如果A组算式正确，可以怎么修改？”

教室里静了一会儿，学生们脑洞大开，每个人的思维活跃起来，方法层出不穷，几个学生站起来给大家“支招”。

生3：把第三组的纸鹤改成纸花。

生4：把所有的纸花都改成纸鹤。

生5：把问题改成一共折了多少纸花和纸鹤？

吴老师面露难色，双手一摊：“到底是改成纸花，还是改成纸鹤呢？或者还有什么其他想法呢？”

“改成纸花！”“改成纸鹤！”班里的学生分为两大阵营。

这时下课的铃声响了。“这个问题留给同学们课下思考尝试吧!”

遗憾的叹息声此起彼伏。不知是谁喊了一句:“不要下课,接着上!”吴老师笑了,同学们也笑了。

此时,台下响起了热烈的掌声。一部分意犹未尽的学生干脆跑到吴老师的身旁,继续着刚才的争论,发表着各自不同的想法。一节兴趣盎然的数学课就在同学们热烈的争论中结束了。不!开始了……一场没有落幕的故事还在继续着,学习是一条没有终点的路……

(让儿童尝试解决习题,从学生层面,可以检测自己对于已学知识的掌握程度,能否从不同题目中抓住相遇问题的本质;从教师层面,通过改变情境,拓宽学生视野,同时可以进一步把握儿童的认知状况和生长点。他们自己举例得出模型的应用范围,这样将数学内容融入了儿童自我头脑中的知识体系。)

【评析】

我国著名教育专家张奠宙教授指出:“解决数学应用问题的本质是数学建模”。而应用问题的“数量关系”本身就是一种典型、简约、形象的数学模型。吴老师在教学《行走中的数学问题》这一课时,从学生的经验出发,利用模拟操作和线段图引导学生“在直观的基础上理解和把握具体情境中的数量关系”,“将实际问题抽象成数学模型并进行解释与应用”的过程,有效构建“应用问题”的数学模型。

一、模拟表演——在活动体验中理解问题本质

“两地”“同时”“相对”“相遇”是相遇问题的四要素,充分理解它们的含义是解决问题的关键。为帮助学生理解其本质内涵,吴老师从学生熟悉的走路情境入手,让学生现场模拟表演、用手势比划直观生动的演示方式,描述两个物体的运动过程,调动学生原有的知识和生活经验,初步感知相遇问题的特征,清晰地建立起相遇问题的直观动作模型,为建立数学模型做好准备。尤其是教师针对学生对“相遇时间”理解的偏差,用通俗的例子解释,更加深了学生对相遇问题的理解,构筑起学生的直观形象思维与抽象思维的桥梁,为建立数学模型做好准备。

二、自主探索——在分析比较中建构图形模型

相遇问题是在学生已掌握单一物体运动的速度、时间、路程及其数量关系的基础上进行教学的。本节课呈现出两种数量关系式:“两人的路程和 = 总路程”和“速

度和×时间=总路程”。由于学生生活经验少，在分析第二个数量关系上有难度，是教学中的难点。吴老师紧紧抓住“速度和”这一关键概念，用学生自己画的线段图分析，用自己的语言“大速度”描述，直观形象地理解4个(100+50)的意义，进而清晰了这种解题方法。分层次引领学生提炼出相遇模型背后所蕴含着的结构性知识，并运用形式化的数学符号刻画出这种数学结构——“速度和×时间=总路程”，构建起相遇问题的本质模型。

吴老师放手让学生运用已有的知识基础、方法策略和活动经验，利用学生各种各样的线段图理解题意，引导学生处理好文字语言、图形语言和符号语言三者之间的关系。在此基础上引导学生对几幅图进行分析、比较、优化，老师有意识地引导学生获得解决问题的策略，积累解决问题的经验，提升解决问题的能力，有效构建起相遇问题的形象图画模型。

三、拓展延伸——应用模型解决问题

数学模型使研究对象的构成要素之间的关系更加紧密，有着更高的结构性，因而比停留在经验和操作层面的零散知识更具迁移力。吴老师在课堂上询问学生今天学习的问题还可以解决哪些问题？学生的回答仅仅停留在两个物体的运动，其实这个模型可以广泛应用到两队工人修路、建桥的工程问题，也可以应用到两个小队做事的总量问题等。这样既体现了相遇问题学习的价值性，也诠释了一般性意义的模型。让学生体会到虽然情境不一样，数据不一样，但都是“换汤不换药”，提高了学生学习数学的兴趣，帮助学生体会透过现象看本质。

除此之外，吴老师在课堂上有意识地提升学生发现问题和提出问题的意识，引导学生重视审题的方法，创设的生生之间互动的氛围，注重回顾反思，让学生在平等交流中自觉地建构等环节的处理都恰到好处，既体现了问题解决的核心——模型思想，又能把问题解决的四个步骤淋漓尽致地呈现在课堂上，既体现了教师的引导作用，又做到了把儿童当作有潜力的人、发展中的人去看待，让学生经历过程，习得方法，渗透思想。整堂课教的痕迹很弱，学生学的痕迹很浓，尊重学生的认知起点和认知规律，善待学生的错误，让学生在自我争辩中，使偏差得以纠正，新、旧知识有机衔接。这也是吴老师儿童数学教育思想的精髓所在。

（北京市顺义教育研究考试中心特级教师　张秋爽　评）

三、数学在熟悉的生活中

——《平均数》

(一)创设情境，提出问题

吴老师从学生喜欢的拍球活动入手，“同学们，我们来组织一次拍球比赛，有兴趣吗?”全班同学兴趣顿时高涨起来。这时吴老师将全班同学自然分为两队，即男生队和女生队。同时宣布了比赛规则：“每人拍 5 秒，依次拍，在规定时间里拍球总数多的队为胜方。”学生听完后都跃跃欲试，这时一个男生大声说道：“这样比太慢了!”“是啊，应该怎样进行比赛呢?”吴老师也恰到好处地进行了质疑。最后，每队推荐拍得最快的 3 名代表参加比赛。

我们一起来拍球

(从熟悉的拍球比赛入手，激起了学生对解决问题的渴望，并激励学生想办法，最终从两队中各挑选 3 名同学作为代表参加比赛，渗透了抽样思想，同时也为学习平均数提供了素材。)

（二）在问题解决中理解“平均数”的统计意义

1. 感受平均数产生的需要

比赛开始，两队各派3人上场依次拍球。黑板上呈现出拍球数据记录：

男生队	女生队
4　11　9	8　4　7

宣布比赛结果：男生队拍球总数为24个，女生队拍球总数为19个。男生队胜利！

“耶！”男生高兴地喊了起来，女生则沮丧地低下了头。吴老师来到了弱者一边：“我来加入你们队，好不好？”在女队的期待中，吴老师现场拍球9个，女生队拍球的总数涨到28个。“这一次我重新宣布：女队胜利！”女同学脸上露出了微笑，男生却马上反驳道：“不公平！我们是3个人，女队是4个人，这样比赛不公平！”

吴老师不紧不慢地说：“看来人数不相等，用统计总数的方法来比较胜负的确有些不妥，难道你们就没有更合适的办法吗？”教师里鸦雀无声。吴老师继续启发：“咱们三(1)班和三(2)班人数不相等，期末考试后老师是怎么那么快地就统计出了两班成绩的高低？是什么样的数据统计让我们一目了然的呢？”

一个胖胖的小男孩似乎受到触动，站起来伸开双臂，结结巴巴地说：“把这几个数匀乎匀乎，看看得几，就能比较出来了。”“求平均分数！”又一个孩子脱口喊了出来。在轻松、愉悦的情境中，学生的经验被激活，他们一起经历了数据收集、统计及整理。用“平均数”来解决实际问题就在学生的需求中产生了，“平均数”的意义也就尽在其中。一句“匀乎匀乎”体现了学生在经验活动中对“平均数”概念朴素的理解。

2. 探索求平均数的方法

“我们怎样求出平均数呢？你能想办法试一试吗？”有的同学把大数多的部分调整给了小数，使这几个数均衡；有的学生则用计算的方法：

$$(4+11+9)\div 3=8(\text{下})$$

$$(8+4+7+9)\div 4=7(\text{下})$$

（对于平均数三个角度的理解：算法理解、概念理解、统计理解，吴老师并没有过分强化平均数的算法，而是鼓励学生用多种方法得出平均数，学生就是在“匀乎的”过程中真正参与了数据收集、整理与分析的过程，同时也为理解“平均数”的统计意义奠定了基础。)

3. 理解平均数的意义

平均数求出来了，问题讨论并没有就此停止。吴老师继续引导同学们思考：“男生队平均每人拍 8 下，8 代表什么？你怎么理解 8 这个数？”

孩子此时也发现了问题：“男队中没有一个人拍球的数量是 8 下，怎么出现 8 呢？”

“是呀，这里的 8 到底是什么意思啊？”吴老师俨然一个大朋友，与学生一起进入思考。此时的课堂很安静，吴老师在耐心地等待着……

终于，一个清秀的小女孩站起来说：“8 是这几个数的平均数。”

吴老师马上追问：“什么是平均数呀？”

生 1：“就是把大数多的部分往小数身上匀乎匀乎。”

生 2：“平均数不大不小，是靠近中间的一个数，它比最小的数大一些，比最大的数小一些，在它们中间。”

生 3：“平均数不是某个同学具体的拍球数量，它是几个同学拍球的平均数。”

生 4：“……我觉得平均数是……虚的……可是又很公平。”

有趣的平均数

此刻，吴老师借助学生的话语继续说："你们对平均数的感觉真好，正像你们所说，平均数就是把多的给少的，少的就慢慢地长高了，匀乎匀乎，匀乎以后的这个数就是这几个数的平均数，它比较好地反映了这组数据的总体水平。"

"在平时的生活中，你们见过平均数吗?"同学们很快举出例子：在体育达标中要用到平均数；在考试算平均分时要用到平均数……

（在具体的问题解决中，同学们通过亲身参与活动和讨论，在不断地质疑、交流中加深对平均数概念本质的理解；体会到平均数反映的是一组数据的整体特征；不是其中任何一个数据的具体表征；同时感受平均数与社会生活的密切联系。）

（三）联系实际，拓展应用

1."五一"期间自然博物馆门票统计图

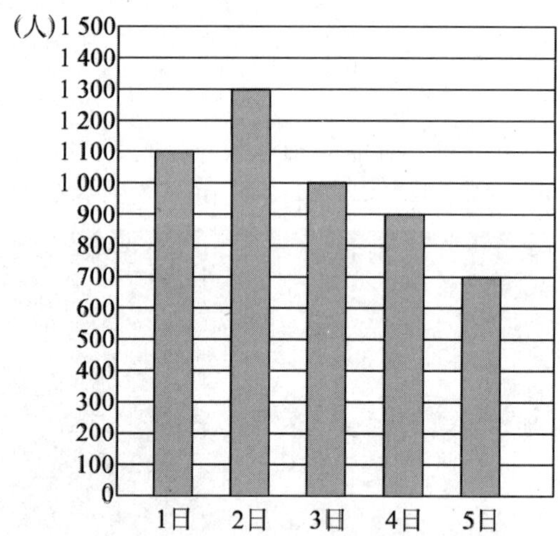

图 3-10　"五一"期间自然博物馆门票统计图

观察统计图 3-10，寻找信息。

讨论三个问题：

问题 1：请你估计一下，这 5 天中平均每天售出门票大约多少张?

学生小心翼翼地估猜着："1000 张""1100 张""900 张"……忽然一个男生响亮地报出："2000 张!"吴老师微笑着不动声色。

问题2：如何验证你自己估计的结果是否合适呢？

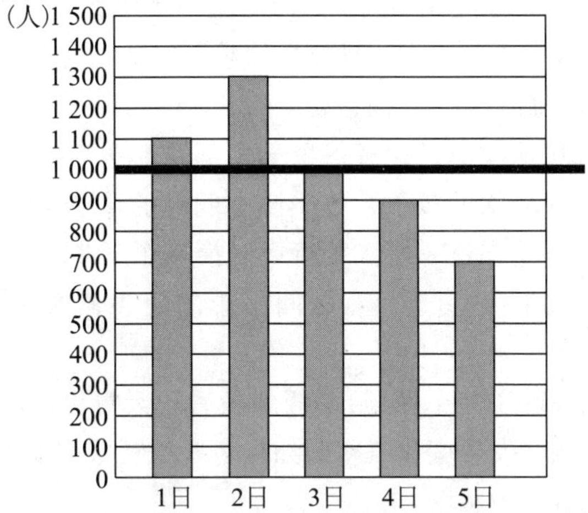

图3-11 “五一”期间自然博物馆门票统计图

“说一说，你是怎样求出平均数的？”

生1：“我把1300张中的300张移到700张上去，把1100张中的100张移到900张上去，这样每天售出的门票数量都是1000张。”

生2：“我用计算的方法(1100＋1300＋1000＋900＋700)÷5＝1000(张)。”

这时，吴老师走到估计“2000张”的小男孩面前：“我发现只有你估计2000张，你想不想问问同学们，为什么他们不估计成2000张呢？”

这时一个扎牛角辫的小女孩站起来：“自然博物馆在‘五一’期间售出门票最多的一天是1300张，最低的一天是700张，所以平均数肯定在700～1300，不可能是2000张。”

又一位同学站起来：“我看到统计图中的数据大多和1000比较接近，我就估计是1000张。”

吴老师转过身来，抚摸着小男孩的头：“听了刚才同学们的发言，你有什么感受？”憨厚的小男孩摇摇头，不好意思地说：“人家估计的都在里边，我估计到外边去了。”

一个“外边”正表现出了孩子对平均数的认识和理解，体现了孩子对自己学习的反思。吴老师笑着说：“我非常欣赏一开始一次就能估计比较准确的同学，你们用自己喜欢的方法，做出了正确判断。但我更佩服身边的这位小男孩，虽然第一次他估计到“外边”去了，但是他能在和同学们的交流中接纳别人的意见，调整自己的思路，这是一种很好的反思习惯，是一种可贵的学习方法，我们都应该向他学习。”吴老师紧紧地握住小男孩的手，小男孩感动不已。

不让一个学生尴尬地坐下，让每一个学生都抬起头来学习，这就是吴老师的人格魅力。她不但关注成功的孩子，更关注有问题的孩子，给他们耐心的等待和满怀热情的期待。而正是在这一次次等待中，换来了学生对平均数的取值范围特征的理解。课堂里有数感的渗透，有区间思想的蕴含，加深了对平均数本质的认识。

此时的吴老师又反问了一个问题：“假如最后一天售出的门票真的是2000张，那么这几个数的平均数会发生变化吗？假如再多些呢?”吴老师在此开了个“天窗”，引发同学们感受平均数的敏感性。

问题3：如果你是自然博物馆的馆长，看到这个信息，你会有什么想法？问题一出，高潮再起。

孩子们从统计图中看到参观人数逐渐下降，纷纷发表了自己的见解。

生1：“如果我是馆长，一定要提高服务质量，热情招待每一位顾客，吸引更多的顾客来参观。”

生2：“把恐龙蛋放进博物馆，把世界上最好的自然标本引进来。大家都会来看的。”

……

在孩子们的发言中，我们欣喜地看到，社会的责任感正在孩子们身上体现。吴老师的课就是这样，每一个环节都用心设计，她抓住每一个可以感染、教育孩子的时机，恰到好处地进行人文教育。同时也巧妙地凸显了平均数作为实际生活中很重要的统计量及其存在的价值。孩子们在问题讨论中不断提升了境界，发展了思维。

2. 儿童乘车免票线为什么“长个儿”了?

出示信息：

> 经过市发改委与相关部门研究决定，将北京市6岁以下儿童乘车免票标准由身高1.1米提高到1.2米。

吴老师亲切地问“看了信息，有问题吗?”

什么是儿童乘车免票线?

为什么要提高儿童乘车免票线?

为什么儿童乘车免票的标准是1.2米?

怎样制定儿童乘车免费的标准?

……

吴老师引发同学们的讨论，并适时提供帮助。

下面的讨论很有意义，孩子们一起经历收集数据的全过程，在真实的问题解决过程中理解平均数的统计意义，感受数据分析观念的价值。

孩子们兴致高昂地举起了小手：

“因为儿童长高了，标准也得随着提高。”(政策需要根据实际情况调整。)

“我们可以去调查一下儿童的身高。”(用数据说话。)

“我们调查谁? 怎么调查呢?”(渗透抽样思想。)

“数据来了，有高的、有矮的，如何处理?”(整理分析数据，并做出判断。)

> 据统计，目前我市6岁男童身高的平均值为119.3厘米，女童身高平均值为118.3厘米。

同学们根据对统计数据“119.3”与“118.3”的分析，在讨论对话中理解了“为什么把儿童乘车免票的标准定为1.2米”的道理。对“平均数”的应用意义和价值有了更深刻的理解。

吴老师赞许地点点头：“你们真了不起，既能准确理解平均数的意义，又能想到可操作的办法。其实市发改委的专家们和你们想的一样，做出这个决定时就是通过抽样调查，收集数据，参照了全市6岁儿童的平均身高，才确定了免票线1.2米的高度。看来，这平均数的作用真是不小，确定免票线的标准都要参照它。”

(吴老师精心设计的这样一个生活情境，给学生的思维碰撞搭设了平台。在争论中，学生深切地体会到在现实生活中平均数的重要价值，同时也渗透了抽样的想法，数学课堂学习也因此变得厚重而生动。)

(四)布置作业，拓展延伸

看到这两条信息，你想说点什么？

> 我国淡水资源总量为28000亿立方米，仅次于巴西、俄罗斯和加拿大，居世界第四位。

> 我国人均水资源只有2300立方米，在世界上名列第121位，是全球人均水资源最贫乏的国家之一。

……

铃声响，思未尽。作为重要的刻画数据集中趋势的统计量——平均数，就这样被学生在求知与探索中不断内化于心。不难看出学生也被这节课中的收获所激励，下课后吴老师已被学生团团围住，久久不愿离开……

【评析】

吴正宪老师执教的《平均数》一课，是一节颇有新意的好课。这节课有以下几个特点。

一、很好地体现了平均数的统计意义

《义务教育数学课程标准(2011年版)》把“数据分析观念”作为核心概念，它是理解“统计与概率”内容的基本线索。而平均数作为重要的刻画数据集中趋势的统计量，其蕴含的统计意义及数据分析观念就应放在突出地位。吴老师通过她的精心设计，把教学重点恰如其分地落实在平均数的统计意义上，为我们做了很好的示范。

课一开始，从学生喜爱的游戏入手，两组队同学比赛拍球，看哪一队获胜。她让学生自己想办法，把学习的主动权交给学生。“全体学生都参加是不行的，只派1个代表又少了，那就派3个吧!”这便是总体中的抽样，渗透了统计含义。当两队拍球的总个数算出来后，吴老师又故意参加了输的一队，一下子使总数发生了变化，同学们不服气，“这不公平!”那么，怎样才能公平呢?“考试算平均分”的经验被激活，学生想到了“匀乎匀乎”的办法。这一“匀乎”，表明了学生已从实际问题的困惑中产生了“求平均数”的需求，吴老师便水到渠成地引入了“平均数”，并和大家一起去探索求平均数的方法。吴老师通过活动的设计，让学生初步体会到平均数的产生是需要前期对数据进行调查研究的，并感受到数据背后所蕴含的信息。问题解决了，吴老师话锋一转："你们能用自己的话说说平均数到底是个怎样的数吗?"学生七嘴八舌地议论开了，有的说："平均数不大不小，是靠近中间的……"最后一个学生若有所思而又腼腆地说："……我觉得平均数是……虚的……可是又很公平。"好一个"虚"字，它勾出了平均数与原始数据之间的不同；好一个"公平"，却又隐隐约约地道出了平均数的实质。于是，吴老师因势利导地引导大家把平均数与原始数据一一比较，它既不是第一个人的拍球数，也不是第四个人的拍球数，却代表了这组四个人拍球的总体水平。此时此刻，孩子们已从心底里确认平均数的可比性。吴老师以这种"润物细无声"的教学艺术引导学生来体验平均数的统计意义(当然是初步的，但很有价值)，对三年级学生来说，做到了"不高不低、恰如其分"。

二、为学生的思维碰撞搭台

吴老师非常注意培养学生的问题意识，她不但善于抓住学生中不断生成的新问题，教师本人也善于提出挑战性的问题：为什么大家都不估计成2000张？为什么将北京市六岁以下儿童1.1米乘车免票线提高到了1.2米，而不是其他数据呢？这些具有深刻思维价值的现实情境，为学生思维碰撞搭了新的平台。争论中，学生对平均数的取值范围有了深刻的理解，还得出结论"根据全市六岁儿童的平均身高确定了乘车免票线的高度"。其次，"水资源数据调查"的作业又给学生留下了对"平均数"再认识的空间。

三、润雨无声的人文感染

教育要以促进学生的发展为本，吴老师的课着眼于促进学生的发展，才会具有如此的影响力和感染力。

吴老师总能恰到好处地找到育人的素材，如在自然博物馆的门票出售情况统计图的讨论中提出："如果你是馆长，你有什么想法?"学生们自然流淌出责任与真诚："我要提高服务质量，热情招待每一位顾客。""做好宣传，邀请边远山区同学们有机会来参观。"……课堂里的吴老师没有过多地说教，但是思想品德的教育润物细无声。

教书育人贯穿课堂始终。吴老师关注每一位学生，尤其是学习有困难的学生。她给每一个学生表达的机会，不放弃给每个学生参与的权利，对于有认知偏差的学生恰当引导，让他们在自我反思、相互学习中获得发展。

四、实实在在的学习交流

我们教师要转变角色，要做教学活动的组织者、引导者、合作者，学生是学习活动的主人。在整节课的教学中，吴老师一直在组织、在引导，她组织并参与学生游戏，引发学生思维矛盾，启发学生积极思考。她是学生的伙伴，更是他们的朋友，虽然有一个学生把平均数估计到极值以外，她仍给学生鼓励，给予肯定。教师为学生创设了一个又一个情境，一步一步引导学生始终自主积极参与整个学习过程。求平均数是有公式的，但是吴老师并没有讲公式，而是通过巧妙的教学设计，让学生通过正反例对比，实实在在地悟出其中的“对应”思想，从而从根本上来理解求平均数的方法，这比起过去的记公式、套公式，有效得多，深刻得多。我们可以看到在课堂上师生、生生的频繁互动和交流，学生畅所欲言，气氛和谐欢快，因为他们无论是说对了，还是在辩论中暂时失败了，都能得到成功的、被尊重的体验。

这是一节具有思维含量的数学课，课堂上有观察、操作、估计，有对数据的分析、整理，还有反思，在活动中学生逐步体会平均数的产生、形成过程，受到数学思想方法的熏陶，并从中获得了数学学习的积极情感，感受到数学的力量。

吴老师的这节课，可以概括成三句话：理念新、学生活、课堂实。

（北京师范大学　周玉仁　评）

四、从学生自己提出的问题开始

——《估算》

（一）提出问题

吴老师笑着问：“同学们，这节课我们继续来研究估算。关于估算，学习过程中你碰到过什么困难，或者你还有什么问题、困惑？都可以提出来，今天我们一起讨论好不好？”

同学们思考片刻，提出了自己感兴趣的问题。

1. 为什么要学习估算呢？

2. 估算有什么用处吗？

3. 估算是什么人发明创造的?

4. 有什么好的估算方法吗?

……

吴老师说:“大家提了这么多、这么好的问题,曾经有一位同学问过我这样一个问题:在什么情况下就要估一估?在什么情况下,我们就可以精确计算啊?你们遇到过这样的问题吗?”

(提出问题比解决问题更重要。吴老师放手让学生提出问题,并对学生提出的问题进行记录和整理。问题由学生提出,一方面激发了学生探究知识的兴趣,调整好学生的学习状态,另一方面也对学生进行了问题意识的培养,同时为接下来的学习做好了铺垫。特别是吴老师的“借鸡下蛋”,真可谓一举多得。)

(二)在经验积累中引入估算

屏幕呈现“青青和妈妈购物的情景”,吴老师亲切地说:“同学们,你们一定也有过和爸爸妈妈一起购物的经历,青青和妈妈购买了5种商品(屏幕出示5种商品及价格:48元、16元、23元、69元、31元)。你们认为在下列哪种情况下,使用估算比精确计算更有意义?请同学们独立思考,再做出判断。”

1. 当青青想确认200元钱是不是够用时。

2. 当销售员将每种食品的价钱输入收银机时。

3. 当青青被告知应付多少钱时。

同学们思考后,用手势表明自己的观点。多数同学选择是“1”,只有两个同学选择“3”。

只见吴老师不急不忙地对选择“3”的两位同学说:“请问这两位同学,假如你买东西的时候花了168元。收银员估了估告诉你大约就交200元吧,你交吗?”

两名同学不好意思地笑了:“不交。”

吴老师继续追问:“当青青被告诉交多少钱时,你们认为收银员应该精确计算呢,还是估算呢?”两位学生几乎是异口同声“精确计算,实际花多少钱就得告诉顾客交多少钱,不多也不少。”

吴老师笑了:“对啊,当收银员告诉顾客多少钱时一定是个很准确的数据,而当青青和妈妈要确认带200元够不够时,采用估一估的方法,知道五种商品大约花了多少钱就可以判断了。同学们，是这样吗?”大家会心地笑了。

（真实的情境是有效学习的基础。用购物过程中青青妈妈的问题“我只带了200元钱，买这5种商品够不够”和收银员的问题“我到底该怎样把这些数据输入收银机中”这样两个问题进行比较，到底哪一个用估算更合理，哪一个用精确计算合理，促进学生充分体会估算与精确计算的区别，感受估算的价值。）

（三）探究估算方法，体验估算方法多样性

吴老师紧接着呈现学生熟悉的曹冲称象的故事情境，提出问题：“这两幅画面出现时，你发现了什么?”

学生根据大象和石头放在船上时，标记与水面的位置是一样的，推理出大象和石头同样重。吴老师赞许地点点头，“那怎样求出大象的重量呢?”急性子的同学已经迫不及待：“既然相等，我们称称石头有多重，不就可以知道大象的重量了吗?”同学们异口同声地说：“对呀!”

此时，屏幕上出现曹冲称石头的画面，并出示六次称得的数据：328、346、307、377、398、352。

师："你能估计一下这头大象有多重吗?"吴老师鼓励同学们把算的过程记录下来。

学生开始静静地思考，记录自己的估算过程……

吴老师巡视指导……

1. 交流整理估算方法

在学生独立思考的基础上，吴老师引导学生交流，总结各种估算方法的不同特点。

(1)小估

师："(指着黑板上的答案)我们一起来看一看这几个同学是怎么算的。(指着第一个同学的答案：300 × 6 = 1800)这是谁写的？能够把你刚才估的方法解释一下吗?"

生1："我觉得可以把每次石头的重量看成300千克。"

师："本来都是300多千克的，他都看成是300千克，可以吗?"

众生："可以。"

师："明明每次称的结果都是300多千克，而这位同学却把这6个数都看成比它们小的300千克，这种往小里估的方法，你们给这种估法起个名字吧?"

生："往小里估。"

生："小估。"

众生笑。

吴老师顺势而导："小估就小估呗！我们把这个同学的估算方法叫作'小估'。"

吴老师用红色的粉笔在该算式上面标记"小估"。

(2)大估

几位同学的板演是无序的，吴老师在帮助提炼总结中却是有序的。吴老师跃过其他的算式，指着黑板右下角的算式问："400 × 6 = 2400 这是谁写的？你把这些数——"

生2："往大里估。"

师："你把这些数都看成多少了?"

生 2:“我把它们都看成了400千克。一共有6个,就是400×6得到2400千克。”

师:“他是往大处估了,也可以。”未等老师说完,众声已喊出:“大估。”

吴老师在400×6=2400(千克)算式上面标记“大估”。

这时,吴老师继续指着另一个算式(300+300+300+400+400+400=2100)“我们来看这是谁估的?人家要么大估,要么小估,你又小估又大估,什么意思?”

生:“大小估。”

师:“好,我们就叫它大小估。”

(3)中估

师(指着350×6=2100**)**:“这是谁写的?你是怎么想的?解释一下你的算法。”

生3:“我把每一次石头的重量看成350千克。”

师:“你为什么把这6个数都看成350千克呢?”

生 3:“328、346、307比350小,但它们接近350;377、398、352虽然都比350千克大,但也接近它。我就取了一个中间的整十数。”

师:“刚才同学们有大估的,有小估的,你既不往大估也不往小估……”

众生齐说:“中估。”

同学们会心地笑声又一次响起。

(4)四下五上估

师(指着330+350+300+380+400+350=2110**)**“你是怎么想的?”

生 4:“嗯,我是近估的。把这些数全都看成离它最近的一个整十数,然后再加起来。”

师:“你把328千克看作了330千克,把352千克看作了350千克是吗?也就是接近那个数的整十数,对吧?”

吴老师面向全班:“大家有问题吗?”同学们摇摇头。

师:“我可有个问题要问这位同学,你为什么把328千克看作330千克,而不看作320千克;把352千克看作350千克,而不看作360千克呢?在你的心目中一定已经悄悄地有了一把尺子,对吗?”

生 4:“328的个位上是8了,我就往前升一个,352个位是2,我就不要了。”

师:“那么如果遇到个位上是6呢?7、8、9呢?”

众生:“往上升。”

师：“如果是0、1、2、3、4呢？”

众生：“往下降。”

师：“如果是5呢？”

众生：“都可以。”

师：“看来，其实在同学们心中已悄悄有了标准。就是遇到个位上是0、1、2、3、4时，就(众生：下去)，遇到个位上是5、6、7、8、9时，就(众生：向前升一个。)”

师：“在刚才估算的时候，其实同学们运用了一个很好的方法，你们知道是什么吗？”

生：“四下五上估。”

生：“四舍五入估。”

师：“对，同学们说的近估，就是更接近整十数的方法估。在估的过程中用到了四舍五入的方法，以后我们还要学习它。”

(5)凑调估

吴老师(指着300×7)故作疑惑地说：“这是谁写的？为什么不是300×6，而是300×7呢？明明是6个数，你怎么整出来7个数呢？你是怎么想的？”

生5：“表面上看有6个数，但是我又把每个数取走300后，剩余的凑在了一起，像28、46、77……凑合凑合又是一个300，这样大约是7个300了。”

师：“你为什么这样估？”

生5：“我想它一定比6个300更接近准确值吧！”

吴老师带头鼓起掌。掌声、笑声响起。同学们投去钦佩的目光。

师笑着说：“哦，把多余的数凑在一起，差不多又是1个300千克了，再乘以7就是2100千克。在估算的过程中你又凑一凑，又调一调，因此整出了个与众不同的7个300千克。这个估法该叫什么啊？”

生：“凑估。”

师：“凑估，有道理！在凑的过程当中，还有了一些调整。”

不知是谁喊了一声“调估”。

师：“也有道理！这一凑一调的就使估的结果更接近准确值，看来这个与众不同的方法还很重要啊。”

于是，“凑调估”三个字跃然在黑板上。吴老师还用红色粉笔在这个算式旁边画了个闪亮的“☆”。

(6)精确计算

吴教师指着黑板上最后一个算式(328 + 346 + 307 + 377 + 398 + 352 = 2108),“这是谁写的?说说你是怎么算的?”

生6:“这6个数一个一个加起来,最后得2108千克。”

师:“你为什么这样算呢?”

生6:“这样算比他们算得要准确。”

师:“同学们有什么想法吗?”

有的同学说“这样计算虽然准确,但是算得太慢了。”还有的同学说“这样计算虽然准确,但是太麻烦。这里只需知道大象大约有多重就可以了。精确计算没必要。”

师转向这名精确计算的学生说:“听了同学们的发言,你有什么想法?”

生:“我还是觉得我的计算比他们的准确。”

师:“好,看来,你还是坚持自己的想法。没关系,到底是估算好?还是准确计算好呢?我们慢慢体会。”

紧接着,吴老师引导学生围绕“估算有什么方法?怎么估?”进行了总结。尽管黑板上的算式是无序的,但同学们能有序地说出“小估”“大估”“中估”“大小估”“四下五上估”“凑调估”。

(在交流估算方法的过程中,面对学生多样的估算方法,吴老师用儿童能听懂的话来说,根据方法的特点分别称作“小估”“大估”“中估”“四舍五入估”“凑调估”等,这些引得学生开心而笑的名字,使学生对估算策略清晰明了,并对估算产生亲切感。)

2. 在比较中反思提升

当同学们还沉浸在“大估”“小估”“中估”……这些有趣的方法名称意犹未尽时,吴老师巧妙地把学生的思维引向深入。

师:“在你们估的时候,电脑爷爷也悄悄地精确地计算出来了。他算了两次,其中只有一个是正确答案,你觉得哪个答案有可能对的,说说理由。”

电脑屏幕同时出示两个答案:

(1)20108千克　　(2)2108千克

有的同学从实际出发说理由,“大象不可能那么重”;有的同学借助大家估算的经验说理由，“从大家估算的结果看，都估成400千克，总重量都超不过2500千克，所以不可能上万千克”。

……

在讨论的过程中，学生的思维从情境化的问题解决中剥离出来，关注到对数感的体验上。学生需要抽象地运用“数量级”的相关知识解决问题，思维经历了分析、比较、抽象的过程。

师：“你们分析得很好，精确值就是2108千克。我们继续讨论，看到这个精确计算的结果，再看看你们估的结果，此时此刻的你想对刚才自己的估算结果做一点评价或思考吗?”

生1：“我估的是1800千克，我觉得我估得太少了，那些数当中有一个是398千克，我把它估成300千克了，与实际结果差的就远些了，现在我觉得应该估成400就更好了。”

师：“你很善于思考，其实你估的结果已经可以了，但是你还能在与他人的比较中发现问题，进行调整，真好。”

生2：“我估的是2110千克，我觉得我估的还挺准的，因为和答案比较接近。”

师：“你是怎么估的?”

生3：我是四下五上估的。

师：“好，真是经验之谈。”

吴老师转身问：“大估你在哪呢？你一定有话要说吧。”

生4：“我感觉我估大了，我把307千克这样的数看成400千克了，估得有些远了。如果缩小一点，可能就估得准一点。我很佩服‘凑调估’，在估算中还能调整调整，这样估比较接近准确值。”

吴老师又一次带头鼓起掌来……

师：“其实你已经很不错了，你不仅主动地反思自己结果离得远了点，更让我感动的是你还在反思中发自内心地去欣赏别人，发现同学们好的方法，这样学习进步会更快。”

师：“同学们，你们做出了很好的自我评价。那么，用精算的那两位同学你们算对了吗?”

生：“我觉得这些数一个一个加起来，算得太麻烦。再说求大象的体重，没有

“老师，我能说一说吗?”

必要精算。还是用估算的方法好。”

师：“谢谢你，你终于在讨论中接受了估算的方法。”

另一位学生很固执地坚持自己的意见：“我还是觉是精算好。”

师笑着说：“好，你就继续精算吧。”

（吴老师让学生经历估算的二次交流和反思，实在妙不可言。在这个反思的过程当中，学生充分体会不同的策略有不同的价值，同时主动去积累一些估算经验，合理地、灵活地根据目的调整，把握取值范围。）

（四）在问题解决中感悟、体验估算的价值

1. 在问题解决中体会估算的价值

问题一：350 名同学要外出参观，有 7 辆车，每辆车 56 个座位，估一估够不够坐?

同学们思考之后围绕这道题展开了讨论。

有的同学把 56 个座位看成 50 去估；也有的同学把 56 个座位看成 60 去估；还有的

同学把56个座位看成55去估。吴老师顺势引导同学们一起思考："这么多估算的方法，对于解决租车这个问题，你们认为小估好一点，还是大估好一点呢？说出理由。"

生："小估好，因为小估成50个座位都够了，按实际的56来计算就更够了。"

师："为什么不选择大估呢？"

生："本来每辆车只有56个座位，你估成60个了，万一人来的多了，就有可能不够。"

师："'万一'这词挺好，你们看，本来是56个座位，你估成60个座位了，那4个座位实际存在吗？"

生："不存在。"

师："1辆车多估了4个座位，7辆车就多算了28个座位，误差就会增大。这位同学的分析有道理，他考虑到'万一'的情况，在这种情况下往小估还是比较保险。其实学数学的人，需要养成一种严谨的思维，要考虑到'万一'的情况。所以，在这种情况下解决问题，你们说小估好还是大估好？"

生："小估好，小估保险。"

（吴老师抓住"更够了"和"万一"让学生体会到要恰当选择和使用估算的方法。乘车是生活中的具体问题，学生经历解决这一现实的、富有挑战性的问题，将学到的估算方法内化，有机会将数学知识传递转化成数学智慧的启迪。）

问题二：

车重986千克，这辆车可以过桥吗？

吴老师和同学们一起进行着热烈的讨论。“每箱看成 300 千克，这辆车运的货大约是 1800 千克，然后再算上 1800 加 986，约等于 2800 千克。可以过桥”“小估不保险。把 285 千克看作 200 千克能过去了。但是如果遇到万一的情况可就不保险了。”……经过讨论，同学们一致认为在这样的情况下解决问题还是大估比较保险。

我们都来估一估

2. 在估算方法的比较中积累经验

吴老师把学生的思考继续引向深入，问：“刚才估座位你们说小估保险，现在估过桥问题你们又说大估好。到底大估好，还是小估好？再遇到第三种情况怎么办？我也糊涂了。”

生 1：“大估、小估都好。但要看用在什么地方。该用大估就大估，该用小估就小估。”

生 2：“那可要看情况了，不同的情况采取不同的估算方法。”

师：“是啊，你们说得真好，我们总结了这么多估算的方法，确实要看具体情况而定用什么样的估算方法。学到这儿，我们算悟出了点味道。”

（五）课堂小结

课的结尾，吴老师带着同学们一起“回头看”，回顾刚才的经历，总结这节课的收获。同学们的收获是真实的、生动的、丰富的。

生1：我认为今天学了估算，解决问题变简单了。

生2：估算真神奇，能把一个复杂的数估成多种不同的数，方法不同，但估的结果都差不多。而且又能变得很快速。

生3：我知道什么时候需要用到估算，该大估的时候就大估，该小估的时候就小估，选择合理的方法。

生4：我觉得估算能解决我们生活中的实际问题，而且我们都得灵活巧用。

……

此时，一直坚持用精算的那位同学突然站了起来，抢着表明观点：“估算有好处，但是也不能什么事都估算啊。我觉得一些人命关天的事，还是精算比较好。”

师：“可爱的精同学，你说得真对，我赞同你的观点。像关乎人命的大事当然是一就是一，是二就是二，该精还得精。但有时候不需要准确计算，估一估就可以了，何必去精算呢？你同意我的意见吗？（该生点点头）什么时候该精算，什么时候该估算，自己要学会选择和调整，解决问题的经验需要慢慢地积累。”

……

（课的结尾真可谓画龙点睛。在交流收获的过程中，同学们进一步认识到解决问题需要学会选择方法和调整策略，经验需要慢慢积累。同时对于“估算”也有了更深刻的认识，这认识不仅有知识层面的，还有方法的、思维方式的，课堂上时时迸发出智慧的火花。）

【评析】

一、有效教学的根本——我们带着问题一起来研究

培养学生的估算意识、估算能力以及灵活地选择合理的估算方法解决问题是《义务教育数学课程标准（2011年版）》提出的重要目标之一，落实到教学中就是要重视估算教学。然而，很多一线教师却“害怕”估算教学，常常在教学中（尤其在低年级）遇到这样的尴尬：“老师，学估算没什么用处，只是您让我们估我们就估，只在课堂上有用。”“课堂上我带着学生‘走教案’，让学生做什么学生就做什么，没有

体验与参与。”“那么多的估算方法，到底哪个对啊?”感觉估算教学与我们的美好期望相距甚远！是教师的教学有问题，还是新课程标准提出的要求太高，抑或估算就是“只在课堂上有用”？但是，为什么吴老师能将“尴尬”的估算变为“快乐”的估算？是因为吴老师非常有人格魅力，还是因为她是全国著名特级教师？这一系列问题迫使我们来思考、来追问：“估算”到底怎样教才能有效？一般说来，估算教学尴尬的首要原因是学生体验不到估算的必要性，不能自主选择何时估算、何时精确计算。教学常常是为了估算而估算，为了估算方法的多样化而多样化，将估算看作一种具体的技能来教。例如，教学中常常让学生解决这样的问题：“每个足球 78 元，买 2 个足球，请你估计 150 元够吗?”“估算 388 + 120、388 + 110 的和各是多少。”“一班学生 238 人，二班学生 158 人，399 个座位够吗?”由此，教学的现实必然是“老师让我们‘估’我们就‘估’，老师让我们精确计算我们就精确计算”。

反观吴老师的教学，她首先提出问题。

师：关于估算，在学习过程中你碰到过什么困难？你有什么问题想问吴老师？生：为什么要估算呢？当学生的问题还不充分时，吴老师又机智地借其他学生之口提出另一个重要的问题：

师：大家提了这么多、这么好的问题。曾经有一位同学向我提过这样的问题：“吴老师，在什么情况下我们就要估一估？在什么情况下，我们就可以精确计算啊?”同学们，你们遇到过这样的问题吗?

老师的提问朴实自然，这个问题既基于学生已有的学习经验，又顺应了教学的根本：真正的思维基于“问题”。正如杜威所言：真正的思维(反省思维)起源于某种疑惑、迷乱或怀疑。思维的发生不是依据普遍的原则，而是由某种事物作为诱因而发生。学生的问题真实自然：“为什么学习这个内容？有什么好的学习方法?”当学生带着这样的问题来学习，而老师的教学设计又满足了学生的这些“基本需要”时，教学必然是有“过程”的，老师与学生必然都是有体验的、真正参与的，从而也是都有收获的。正是基于这种朴素与自然，整个教学过程中师生的交流对话、思维活动如山川中的小溪流水，清新、流畅，毫无矫揉造作之势，给听课者的感觉则是一种享受。

二、探究多种估算方法——“估算”的大教育价值观

估算教学的另一核心是如何处理估算方法的多样化，即课堂教学中是否有必要

将多种估算方法一一呈现？学生可否想怎么估就怎么估？如何评价学生的多种答案？其教学价值仅仅是为了得出一个正确答案吗？

在吴老师的教学中，基于学生对“数”的感觉以及运算的理解，教师与学生共同探讨得出多种不同的估算方法：小估、大估、大小估、中估、四下五上估、凑调估。教师轻松、幽默、自然的语言，使得学生对估算的多种方法有了深刻的理解。后来我听过另一位老师的“估算”课，也许是借鉴了吴老师的估算教学，她也让学生给自己的估算方法“起名字”，但当时给听课者的感觉不是幽默而好像是搞笑。为什么呢？除了吴老师对学生发自内心的爱、吴老师与学生之间的和谐融洽的关系外，更重要的是吴老师的估算教学渗透、传递给学生的是一种大教育价值观：学习数学多有趣啊；数学学习一点儿都不难，我们自己就在创造数学（数学学习观）；别看就是简单的估算，它需要灵活运用学过的知识，数学知识之间都是有联系的（数学观）。

尤为重要的是，在吴老师的课堂上，老师引导学生对多种估算方法的“二次反思”。对多种估算方法的“二次反思”，其教育价值是培养学生的认知能力：对自己或他人认识过程的再认识，即“二次”比较分析各种估算方法的优势与不足，学会了解、监控、调节自己的思维过程，逐步学会认识自己、欣赏他人。这种“二次反思”对提升学生的思维水平、培养学生优秀的人格品质都具有重要的意义，而这一点常常为一线教师所忽视。吴老师在处理估算方法多样化时正是抓住了“多样化”的上述教育价值，所以课堂氛围幽默自然，教学效果卓有成效。而另一位老师强调的仅仅是不同的估算方法，是作为一种技能教给学生的。

因此，要做大气的小学数学教师。而“大气”就是要在多思考教学行为背后的大教育价值观，而非局限在简单的技能、技巧的运用上。幽默是一种智慧，智慧来自于真诚与善良！

三、问题情境的创设——“好问题”落在学生的“最近发展区”内

在厘清教学目标与隐性的教学价值、激发起学生学习的愿望后，设计有效的问题是实现探究性学习的必由之路。吴老师设计了这样几个情境：“青青购物”“曹冲称象”“春游租车”“安全过桥”等，这些看似平凡的情境为什么在吴老师的课堂上如此精彩？

首先，这些情境都是学生非常熟悉的。在熟悉的并能够引发思考的情境中学习，

学生感觉非常自然，能够有思维的真正投入，并且使学生体验到解决数学问题是一件非常有趣、非常有用的事情。

其次，这些情境的目的性非常明确。“青青购物”感受估算与精确计算的价值；“曹冲称象”，探究、发现各种不同的估算方法，培养学生的数感，“二次反思”提升学生的元认知水平；“春游租车”与“安全过桥”，感受不同的估算方法适合解决不同的问题，解决问题时要根据需要进行灵活选择。总之，一个目标：在估算中感受、体验“具体问题具体分析”的深刻道理。

最后，这些看似平凡的情境之所以精彩，源于老师适时的追问与反问：“为什么不是 300×6，而是 300×7 呢？你是怎么想的？把 328、346 都看成 300，那剩下的 28、46 那些数呢？此时此刻，你想对刚才自己的估算结果做一点评价或思考吗？这个同学的想法行不行？那为什么不把 285 看成 200 啊？”

由此可见，好问题必须基于学生的生活经验与学习经验，好问题必须有明确的教学目标，好问题必须能够引发学生积极的思考，即好问题必须落在学生的最近发展区内，能够给学生“跳一跳，够得到”的感觉。

纵观整节课，吴老师她尊重学生的主体地位，为学生探索新知创设条件；她尊重学生的个人感受和独特见解，敏锐地捕捉学生在课堂情境中的每一次思维灵感的闪现和稍纵即逝的教育契机，并不着痕迹地加以指导、点拨、放大。课堂中有疑问、有猜想、有惊讶、有沉思，有经历探究的刺激，有茅塞顿开的喜悦，学生的理解过程和整个精神世界得到发展与提升。

（北京教育学院　刘加霞　评）

五、搭建思维碰撞的平台

——《商不变的规律》

（一）故事设疑，激发兴趣

吴老师微笑着走上讲台，亲切地说：“同学们好！今天我给大家带来一个小故事，想听吗？”同学们异口同声地说：“想！”（多媒体课件出示一幅美丽的画面）吴老师声情并茂地给同学们讲了起来：花果山风景秀丽，气候宜人，那里住着一群猴子。有一天，猴王给小猴分桃子。猴王说："给你 6 个桃子，平均分给你们 3 只小猴吧。"小猴子听了，我只能得到 2 个桃子，连连摇头说："太少了，太少了。"猴王又说："好吧，给你 60 个桃子，平均分给你们 30 只小猴，怎么样？"小猴子得寸进尺，挠挠头皮，试探地说："大王，再多给点行不行啊？"猴王一拍桌子，显示出慷慨大度的样子："那好吧，给你 600 个桃子，平均分给你们 300 只小猴，你总该满意了吧？"小猴子觉得占了大便宜，开心地笑了。这时，猴王笑了，同学们也笑了。笑声过后要有思考，猴王和小猴，谁的笑才是聪明的一笑？为什么？

一个小小的故事、一个有趣的问题激发了同学们极大的热情，大家争先恐后地回答："猴王的笑是聪明的一笑，按照这 3 种分法，每只小猴得到的都是 2 个桃子。"吴老师疑惑地问："你是怎么知道的？"一位同学迫不及待地说："$6\div3=2$、$60\div30=2$、$600\div300=2$"。吴老师赞扬道："真聪明！"随着故事的展开，板书出现了三个除法算式：

$$6\div3=2$$
$$60\div30=2$$
$$600\div300=2$$

根据算式，学生很容易发现，被除数和除数变了，商不变。吴老师立刻加重语气追问了一句："被除数和除数发生怎样的变化，才使商始终稳稳地不变？"学生陷入思考。吴老师接着提出问题："如果仅仅是一组题，我们还看不出什么规律，让我们继续来观察。（出示图 3-12）观察这幅图，你看到了什么？"

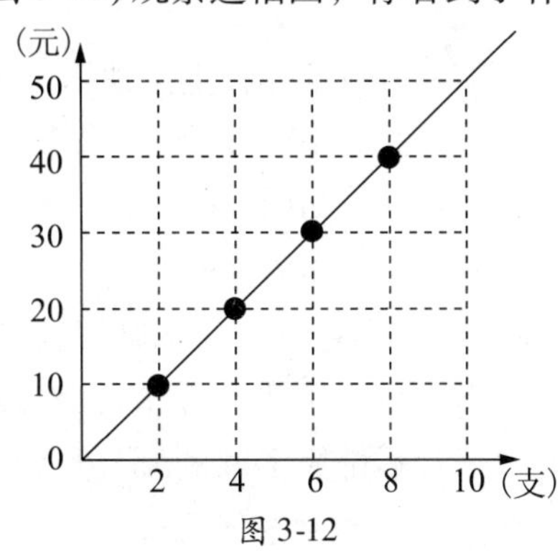

图 3-12

一个学生马上说："我看到了图里有数，横着有2，4，6，8，10，竖着有10，20，30，40，50。"另一个学生说："我看到这幅图讲的是买笔的故事，买2支笔要花10元；买4支笔要花20元；买6支笔要花30元；买8支笔要花40元；买10支笔要花50元。"

吴老师赞扬道："真好，在一幅简单的图中你们不仅看到了图里有笔的故事，还发现了重要的数据信息。有的同学能在图中看到横线上的笔的支数和竖线上的钱数有关系。能从这样的角度观察问题，你们太会观察了。"吴老师不断启发学生深入思考："对这幅图，你们还有什么问题？或还有什么新的发现吗？"

一个学生问："老师那个点是什么意思啊？"吴老师一句"问得好，谁看懂了？"教室里迅速安静下来，学生又一次陷入沉思。这时，一个学生高高举起了小手，打破了教室的安静。"我们已经知道2支笔10元，我发现那个小点就把它们连上了。"吴教师频频点头，重复着孩子的原话："好，这个小点就这样把'2支笔和10元'给连起来了。"吴老师继续追问："在'2支笔和10元之间'你还有什么新的发现？"教室再次安静下来，同学们静静地思考着……

又一个声音打破了教室的安静："2支笔10元，一支笔就是5元。""真了不起！你看到了图背后藏着的东西！"吴老师如是说。

学生们纷纷举起了手：

2支笔10元，一支笔就是5元；

4支笔20元，一支笔就是5元；

6支笔30元，一支笔就是5元；

……

吴老师带头鼓起掌来……随着讲故事黑板上出现第二组算式：

$$10 \div 2 = 5$$

$$20 \div 4 = 5$$

$$40 \div 8 = 5$$

同学们不约而同地喊了起来：商都是5。吴老师继续说："简单的一幅图，你们居然读出了这么多的内容。了不起！要是我，可能只会站在这幅图的表面看，而你们却钻到了图里面，居然发现了看不见摸不着的'5元'。真好！看着这些算式，你对'商不变'有点感觉了吗？带着你的感觉继续观察、思考。"

（吴老师引导学生在具体情境中感悟变化中藏着不变的现象，在一组组的算式中感受着商不变的现象。激发学生的探究兴趣，培养学生发现问题、提出问题及尝试解决问题的能力。生动的故事、直观的图、抽象的算式，为进一步探究规律提供了形象的支撑。）

（二）独立思考，积累感觉

“被除数、除数怎样变化，才使商稳稳地不变呢?”学生有了一些感悟后，吴老师没有马上组织交流，没有带着大家进行分析，而是引导同学们独立思考其中的奥秘。她热情地鼓励同学们选择其中的一组算式进行观察，标一标，画一画，把发现的规律表示出来。在吴老师的热情鼓励下，同学们开始了静悄悄地研究。吴老师行间巡视，“有困难的同学举手示意，我来和你们一起讨论。”教室里充满了温暖，吴老师成了学生中的一分子。

同学们静静地思考着，标注着……

（三）小组合作，交流分享

大约十分钟的工夫，吴老师组织大家以小组为单位进行汇报。

第一组先发言：“拿 6 ÷ 3 = 2 来说吧，被除数 6 乘 10，除数 3 也乘 10，就得到 60 ÷ 30，商没变也是 2。被除数 60 乘 10，除数 30 也乘 10，就得到了 600 ÷ 300，商跟原来比也没变，还是 2。”“我们也发现这一点了。”不等第一组说完，第二组抢着补充说，“还是拿 6 ÷ 3 = 2 来说，被除数和除数都乘 100，就得到了 600 ÷ 300 = 2。反着看，600 ÷ 300 被除数和除数都除以 10，就得到了 60 ÷ 30 = 2，被除数和除数都除以 100，商也不变，还是 2……”大家纷纷表示同意。

同学们热烈地讨论着、争辩着，教室里充满了研究探讨的气氛。吴老师在同学们中间走来走去，一会儿听听这个小组的讨论，一会儿又听听那个组的发言，时而点点头，时而向同学们询问点什么。那情景，俨然是一个大朋友和一群小伙伴在共同学习与探索。

吴老师说：“好极了。看来同学们在观察中发现了这两组算式中商不变的秘密。你们对商不变又有了进一步的感觉，我建议你们把这些感觉用举例子的方法表达出来。能写几组就写几组。”黑板上、练习本上出现了众多算式：

第一组　8 ÷ 4 = 2　16 ÷ 8 = 2　32 ÷ 16 = 2

第二组　21 ÷ 7 = 3　210 ÷ 70 = 3　2100 ÷ 700 = 3

……

吴老师指着黑板上的算式和学生练习本上的算式，笑着说："具有这样特征的算式你们写得完吗?"学生异口同声地说写不完，永远写不完……不知哪个小淘气喊了一句"一辈子也写不完"……

（吴老师通过若干组不同的算式引导学生观察、发现，初步感悟商不变的规律，为独立探索、抽象概括规律打好了基础。）

（四）抽象概括，发现规律

吴老师笑了，顺势而导："是啊，这么多永远也写不完的算式，你能不能试着把这一类问题里藏着的共同的规律总结出来呢?"同学们尝试着把自己发现的规律写出来……吴老师行间巡视，寻找样本……

集体讨论开始啦。

只见吴老师将五位同学的作品按顺序展示在屏幕上，引导全班同学仔细观察，对比交流。

生1：

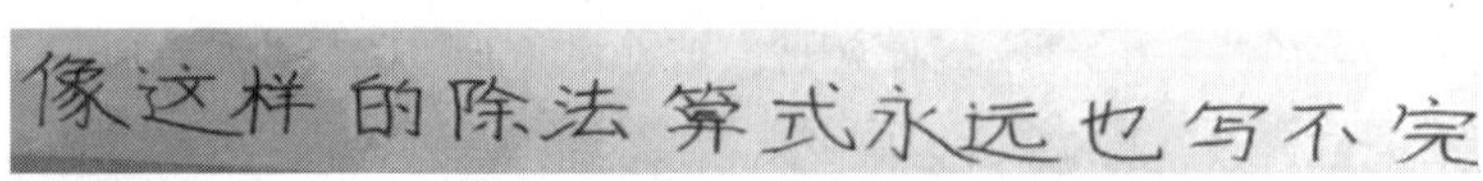
像这样的除法算式永远也写不完

生2：

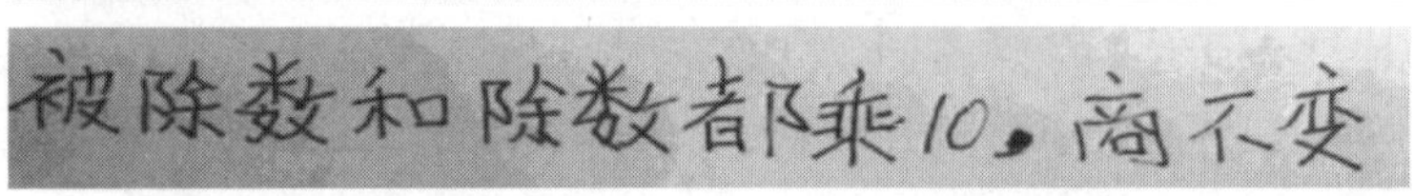
被除数和除数都乘10，商不变

生3：

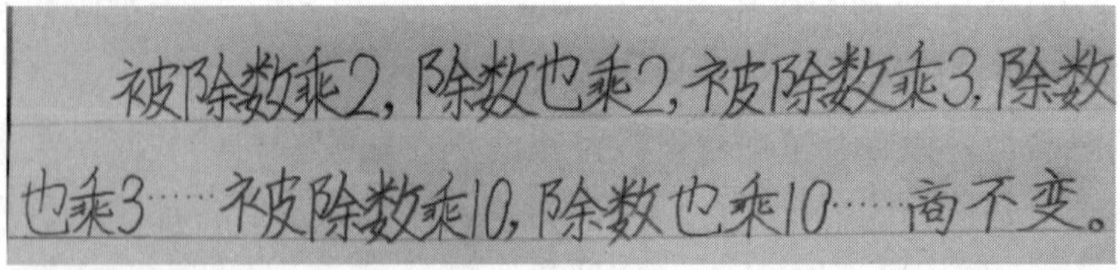
被除数乘2，除数也乘2，被除数乘3，除数也乘3……被除数乘10，除数也乘10……商不变。

生4：

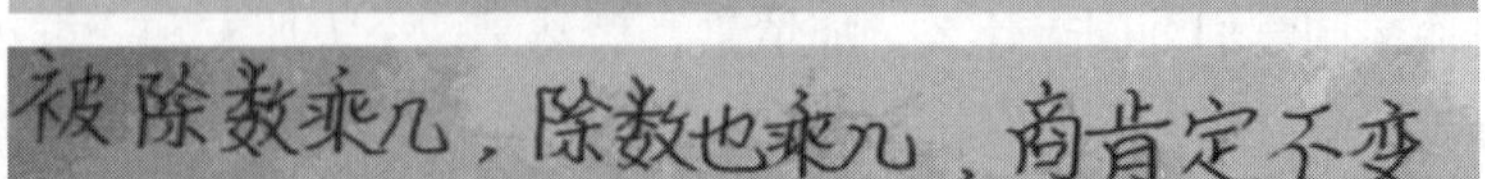
被除数乘几，除数也乘几，商肯定不变。

生5：

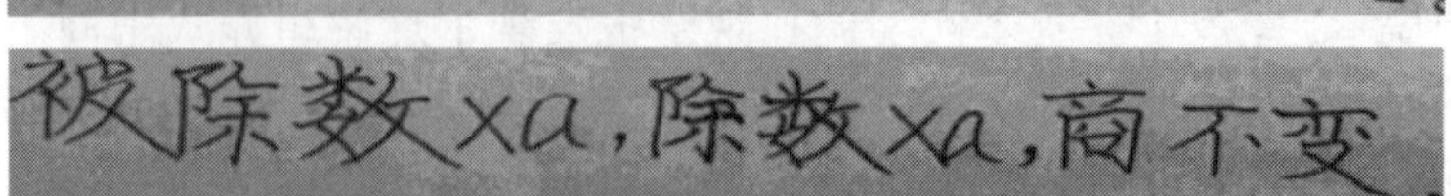
被除数×a，除数×a，商不变。

师：“下面请同学们一起讨论。”

生 1：“我认为，这样的除法算式是永远也写不完的。”同学们笑了起来。

师：“有错吗？”

生：“没错。但是他没总结规律呢。”

师：“不急。我们请大家把写出来的话先说出来，再讨论啊。”

生 2：“我认为，被除数和除数都乘 10，商不变。”

马上有学生说：“不行！”

同学们纷纷举起手来。

生 3：“我的这组算式被除数和除数都乘 3，商也是不变的啊。只说乘 10 是不够全面。我认为这样说比较好，被除数乘 2，除数也乘 2，被除数乘 3，除数也乘 3……被除数乘 10，除数也乘 10……商不变。”

吴老师笑了：“不急。还有不同的想法吗？”

生 4：“我认为只要被除数乘几，除数也跟着乘几，商就肯定不变。”

同学们连连点头，议论着“对呀，这样把我的这组算式也总结进去了。”

生 5：我写的是“被除数 $\times a$，除数 $\times a$，商不变。”

生：“这是什么意思？”

师：“问得好，不急。”

师（转向生 1）：“看了同学们的作品，你有什么感受？”

生 1（看着大屏幕，停顿了大约半分钟后，）说：“同学们比我写得好。同学们都把商不变的原因写出来了。”

师：“其实你写的也没错，这样的算式的确写不完嘛。但是，你仿佛站在了窗外去说商永远不变的结果。而其他同学却勇敢地推开了这扇窗，发现了里面的秘密，知道了到底是什么原因使得商不变。你善于欣赏别人，能从同学的作品中获得新思考、新收获。真好！”

师：“同学们看到这些作品，你还有什么想说的？”

一个小男孩（指着 2 号同学的作品）说：“2 号同学总结的不完整，他只说了乘 10 的情况，我的这组算式是把被除数和除数都乘 7 了，商也没变啊。”

师：“你的意思是说 2 号同学总结的这顶帽子有点小了，盖不住所有的算式是吗？（小男孩点头）你更欣赏谁的发现呢？为什么？”

没等这个提问题的小男孩回答，2 号同学自己抢过了话筒：“我知道了，我总结的小了。我同意 4 号同学的意见。他总结的规律能管上那些永远也写不完的算式。他的帽子做得大。”（2 号同学与同学们的交流中反思自己，接纳对方。）同学们不约而同地笑了。

吴老师笑着说：“4 号同学做的这顶帽子不大不小正合适啊，你们看，他把所有具有这样规律的算式都概括进来了。此处应该有掌声！”教室里又一次响起了掌声。

吴老师指着 5 号同学的作品：被除数 $\times a$，除数 $\times a$，商不变。问：“同学们，你们能读懂 5 号同学的意思吗？”很多同学摇摇头。

师：“这样吧，解铃还须系铃人，咱们还是一起听听 5 号同学自己的解读吧。”

生 5 娓娓道来：“我认为 a 代表的是同样的一个数，只要被除数乘 a，除数乘 a，商就不变。”

孩子们静静地观察了半分钟，由衷地发出了感叹声。纷纷举手表达自己的想法“我看懂了他的意思，这里面的 a 就是代表相同的数，被除数乘的数和除数乘的数一样，商就不变。”

一个学生把小手举得高高地说：“我给 5 号同学补充，被除数除以 a，除数除以 a，商也不变。”掌声又一次响起来。

师：“看来你们真的读懂了 a。一个简单的乘以 a，除以 a，管住了那么多的算式。数学表达就是这样的简洁。你们发现的除法算式中的这个规律就叫商不变的规律。”

吴老师又引导学生翻开课本，根据课本上对商不变的规律的表述，有学生提出“为什么要说 0 除外”的问题。“是啊，这个问题就留给你们继续思考研究。”吴老师把这个话题留给孩子们继续思考。

（在表达规律这个环节，吴老师鼓励和引导学生用多种表征进行表达，使内隐的认识外显化；并在全班交流中逐渐完善对规律的认识，发展概括、推理能力；同时帮助学生学会反思自己，接纳对方，在互动交流中形成新的思考和认识。）

（五）举例验证，质疑提高

吴老师接着追问：“我们发现的商不变的规律适合所有的除法算式吗？”孩子们

又拿起笔试了起来，从不同的角度继续验证发现的规律。经过验证，对商不变的规律心服口服。

（在验证的过程中，学生不断产生新的质疑。针对学生的质疑，吴老师并没有亲自解释，而是引起同学之间的争论，让同学自己发现、探讨，自己来解决疑问，在这种不断的提问、解答过程中，更加深了对商不变规律的进一步理解，更增加了学生之间高水平思维的沟通，让学生体会到课堂是大家学习探讨的天地，在这样的氛围里学习，学生是愉快的。）

（六）回顾反思，积累经验

这节课没有就此止步，吴老师借助课件引导学生回顾发现规律的过程：同学们从“猴王分桃子的故事”“买笔的故事”开始了探索，借助这两个故事得到两组算式，通过观察大家发现了“商不变”。对“商不变”有了感觉之后，就把感觉用举例的方式写出来，结果发现这样的式子永远也写不完，于是就开始尝试着总结这一类问题背后藏着的规律，同学们在交流中终于发现“商不变的规律”。在回顾的过程中，学生获得探索规律的一般方法，体会数学建模的过程，积累数学学习经验。

课近尾声，吴老师又呈现了这幅图（图中去掉了单位）。“你能看着这幅图讲一个‘商不变’的故事吗？”

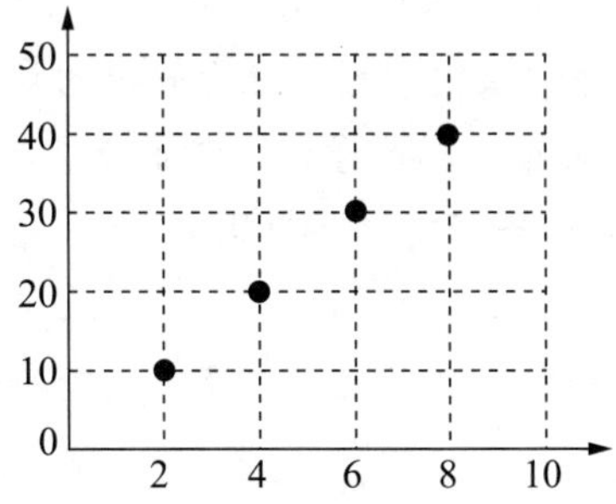

图 3-13

同学们纷纷高高举起了小手，讲着各自心中的故事，买书的故事、分苹果的故事、走路的故事……这样的故事真是讲也讲不完。学生用生活中的现象解读商不变的规律，拓展对商不变的规律的应用与解读，举一反三，触类旁通，为进一步学习积累相关经验。

【评析】

课伊始，趣已生；课继续，情更深；课已完，意未尽。这是吴正宪老师教学“商不变性质”一课的真实写照。“猴子分桃”的故事，情趣高而寓意深。生活中常见的买东西的统计图，则起到了用直观的图支撑抽象的算式的作用，自然渗透函数思想。吴老师巧妙地把一些枯燥而抽象的数学规律变为有趣而贴近儿童生活的故事情节，从而使他们始终在愉悦、和谐的课堂氛围中学习。

这节课不仅引导学生发现商不变的规律，更重要的是经历了抽象、概括的建模过程，并获得探索规律的方法和经验。

充分信任学生，把学习的主动权交给学生，是这节课的又一特色。教是为了学服务的，教师的主导作用是潜在的，而学生的主体作用是显性的。吴老师不断地为学生创设具有挑战性的问题情境。在探究“商不变规律”的奥妙时，她采用了小组合作学习，让学生自己去探索、发现和讨论，这里既有组内的合作，又有组间的竞争。争辩是思维最好的触媒。随着波澜迭起的教学设计，全体学生自始至终地主动地积极参与了学习过程，通过探索、交流、发现、辨析、整合，大家终于获得了共识。诚然，课堂是生命交流的驿站，是思维碰撞的舞台。在这节课中，知识的获得是学生思维碰撞的结果，是学生智慧的结晶。

吴老师以她高超的教学艺术，紧紧地吸引了孩子们的心，她以知促情，以情导知，她与孩子是思维共振，情感共鸣。尤其值得一提的是经常引发学生之间的争论，这不仅加深对概念、规律的理解，而且着力于学生社交思考，敢于争辩，善于表达能力的提高，同时也使学生学会倾听、接纳与评价，完善学生的人格，意义是深远的。

吴老师的课既扎实，又活跃，既教书，又育人。听她的课，是一种享受。

（北京师范大学　周玉仁　评）

六、自主构建数学模型

——《乘法分配律》

(一)发现并提出问题

上课伊始，吴老师微笑着走进课堂：“同学们，今天吴老师和大家一起学数学，我们一起看屏幕。你们看到了什么?”

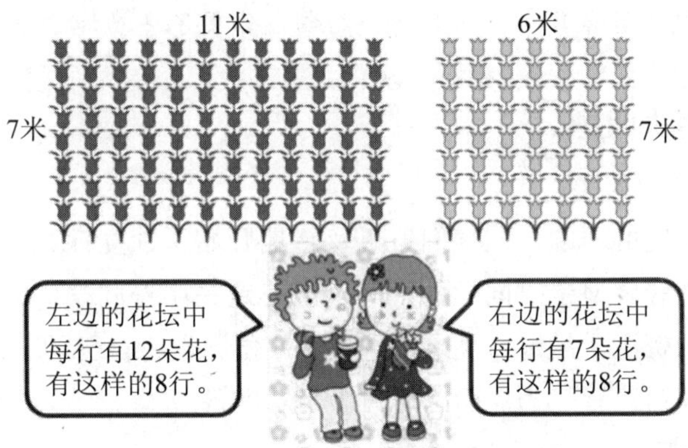

同学们提取出屏幕中的数学信息：“左边的花坛中每行有 12 朵花，有这样的 8 行。”吴老师微笑着表扬道：“真好，你不仅看到了有花，还看到了重要的数据信息。”一位学生接着说：“右边的花坛中每行有 7 朵花，有这样的 8 行。”

紧接着，吴老师提出了新的问题引发学生的思考，“如果把左、右两个花坛的花都覆盖了，你又看到了什么?”一位学生高高地举起了小手：“左边的花坛长11 米，宽 7 米，右边的花坛长 6 米，宽 7 米。”吴老师肯定着同学们的发现：“同学们都睁大了眼睛，努力地在这个情境中发现了重要的数学信息。”

新的问题产生了：“这么多的信息，你想求的是什么？你能提出什么数学问题吗?”一位学生大胆地说出了自己的问题：“我想求红花坛的面积”，另一位学生好像受到了启发一样，马上站起来说：“我想求黄花坛的面积。”吴老师问：“还有没有比他俩再勇敢点的?”此时，一位女孩声音洪亮地说：“我想求两块拼起来的面积一共有多大。”另一位男生说：“我还想求两个花坛一共有多少朵花?”吴老师说道：“面对一个情境，你们竟然能从不同的角度提出这么多的问题，同学们真能干!”然后，转身将男孩和女孩提出的问题贴在了黑板上。

学生之所以能够主动提出这么多的想研究的问题，不仅源自吴老师精心设计的生活情境，而且源自吴老师给学生们提供了充足的思考时间和空间。发现问题和提出问题的能力是创新思维的基础。在提出的众多问题中，吴老师引导学生抓住核心问题思考讨论，学生的思维已在这个过程中慢慢开始。

(问题来自情境，从生活情境中提取数学信息，让儿童经历发现问题和提出问题的过程，新知识就蕴含其中，而且情境的创设体现了多功能。)

(二)尝试解决问题

1. 独立尝试解决问题

有了真正想研究的问题，同学们迫不及待地开始了独立探索，这时的吴老师并没有闲下来，而是轻轻地走入同学们中间，用心地关注着同学们的思考过程，寻找着一会儿要研讨的资源。最终，吴老师选择了四位同学将自己的想法板书在黑板上，并巧妙地安排了书写位置，为后面的研讨做足了准备。

(学生板书如下)

$(12+7)\times 8=152$　　$12\times 8+7\times 8=152$

$(11+6)\times 7=119$　　$11\times 7+6\times 7=119$

2. 组织全班学习交流

“我求的是有多少朵花。我是这样想的……”小姑娘写完后迫不及待地解释自己的想法。吴老师打断了她：“你先别急着说你是怎么想的，让同学们来给你提问题，看他们懂不懂你的想法，好吗?”吴老师之所以“打断”，正是为了创造“生生对话”的机会，让学生在和学生交流的过程中，不断提升思维。

就这样，你一言我一语，同学们在交流的过程中借助“数形结合”弄清了四道算式的意思。在过程中吴老师适时引导、及时点评，助推了学生之间精彩的对话和深入的交流。此时，吴老师只是一位参与者，完全融入其中。

(三)独立思考，建立模型

1. 寻找感觉

在对算式充分理解后，一位女生高高地举起了小手，好像有些重要的事情要说："老师，我发现左右两边的算式结果一样。"吴老师为这位女生的发现竖起了大拇指，接着提议："结果一样，我们就可以用一个数学符号连起来。"一位学生立刻说："我来!"只见他在两个算式的中间画了个"="。吴老师为了强调，又在学生的板书的基础上将"="加重、加长，予以突出。

接下来通过师生、生生的对话交流得出了：$(11+6)\times 7=11\times 7+6\times 7$，过程同上，略。

在征求板书学生的意见后，吴老师将学生计算的过程和结果擦去，修改完善板书如下：

$(12+7)\times 8=12\times 8+7\times 8$

$(11+6)\times 7=11\times 7+6\times 7$

紧接着，吴老师指着板书引导学生观察每组中的左右算式，问："你们有点感觉了吗?"此时，有五六个学生举起了小手。一句"有点感觉了吗?"把学生带到一种真真切切的体验之中，此时学生一定会仔细观察算式去寻找自己的"感觉"。对于悟性高、数感强的学生很快能找到"感觉"，但是吴老师并没有请这几位同学说出自己的感觉，而是投入下一个问题解决中，保护了更多学生的"感觉"。让学生带着朦胧的感觉继续探究，不急于点破，不急于总结，不急于练习，等待产生更强烈的"感觉"的时机。

2. 积累感觉

吴老师出示了新的问题情境，孩子们立刻被吸引了。

这个房间，正面墙长 4 米，宽 2 米；侧面墙长 3 米，宽 2 米。吴老师问："两面墙都要贴满瓷砖，要求贴瓷砖的面积，会求吗?"同学们异口同声地说："会!"吴老师顺势说："别着急，你们别看数小了，但这一次要求可提高了，刚才解决问题只要求写出一种方法就可以了，现在你们能试着用两种不同方法求出它们的面积吗?"

学生写出了第三组算式$(4+3)\times 2=4\times 2+3\times 2$，吴老师组织同学们进行了深入的交流。

有了三组算式的经验的积累，吴老师指着板书再次追问："此时此刻，你有感觉了吗?"此时，举手的学生明显增多了。"有感觉吗?"第二次出现，再次引导学生去观察算式，不断积累"感觉"。

3. 丰富感觉

此时，一位男生直接站起来说："老师，我发现算式只要是这样的，左右两边的结果就是一样的。"吴老师并没有急于追问学生，而是顺着学生的想法，引导学生将自己的"感觉"写出来："那你们能再写出一组这样的式子吗?"吴老师让学生沉浸在自己的感觉里，"犹看算式半遮面"，让学生深刻经历着数学建模这一必要的过程。

学生再次独立尝试，吴老师行间巡视，观察着学生们的"感觉"。还不时在学生尝试的过程中及时鼓励学生："你都写了好几组了!"同时关注有困难的学生："有困难的学生向老师挥挥手""没关系，不要怕困难，我也经常遇到困难的，跟着我一起慢慢来。"吴老师引导这几位同学再一次在黑板算式前观察算式，并与之交流……温暖的话语，给了同学们不断探索的坚定的信心。最后，采访了两名同学。

$(19+81)\times 4=19\times 4+81\times 4$

$(4+6)\times 5=4\times 5+6\times 5$

吴老师手指着第一个算式问："哟，你写的算式这么大数啊！你计算了吗？你就敢用等号连起来啊!"

学生马上说：“老师，我没算。”

吴老师说：“你没算？那你就敢用等号连起来啊！”

学生非常自信地说：“你们看呀！左边是19加上81一共100个4，右边是19个4和81个4，合起来，不也是100个4吗？”

吴老师高兴地跟同学们说道：“他能借助自己的经验，用过去的知识来解读今天遇到的新问题，掌声响起来。”

吴老师接着引导学生观察另外一位同学的算式：“这个用算吗？”

同学们马上摇摇头：“不用算了。”

学生在自主写算式的过程中，已能够从乘法的意义的角度，深入体会乘法分配律的本质。已经由对乘法分配律感性的“感觉”，慢慢进入了“抽象”的过程。学生在独立思考、合作交流、主动发现的参与中，体验着自主构建模型的乐趣，发展了数学思维。

（吴老师给儿童提供了丰富的、合适的素材、充足的时间，让儿童参与模型的建构过程，这个过程是一个有体验的、缓慢的过程，不能省略和过快。而儿童的参与、体验、建构正是思维形成不可缺少的过程。）

4. 表达感觉

经历了“抽象”的过程后，同学们开始将自己的“感觉”表达出来。

师：像这样的算式，如果让你们继续写下去，还能写吗？

同学们毫不犹豫地说：能！

师：能写出多少啊？

同学们笑着说：永远也写不完。

吴老师顺势而导：那这一类的问题有没有什么共同的规律？你能够把这个共同的规律，用你自己的语言表达出来吗？

学生开始试着用自己的语言表达出这节课一直藏在心里的“感觉”，吴老师用心地寻找着一会儿交流研讨的样本。

吴老师将学生的五种想法有序地呈现出来，精彩的交流又一次开始了：

生1：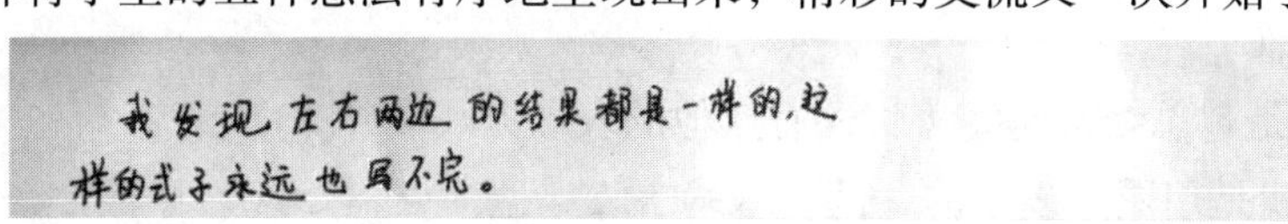
我发现左右两边的结果都是一样的，这样的式子永远也写不完。

生 2：$(3+7)\times 9 = 3\times 9 + 7\times 9$

生 3：一个数加上另一个数的和乘一个数，等于一个数乘这个数，加上第二个数乘这个数。

生 4：(□+○)×△=□×△+○×△

生 5：$(a+b)\times c = a\times c + b\times c$

师：我们一起来看一看同学们写的。

生 1：我发现左右两边的结果都是一样的，而且写不完。

师：的确，两边的结果是一样的。其他同学有什么建议吗？

一位同学站了起来：3 +5 等于 8，7 加 1 等于 8，结果也是一样的，可是式子长得样子和黑板上的式子不一样啊。

学生恍然大悟，马上明白表达中的问题所在。

生 2：我写的是(3 +7) ×9 =3 ×9 +7 ×9。

师(面向全体)：看到他写的，你们有什么想问他的吗？

生：我觉得他写的是对的，但是不能当代表，只能说明这个算式。

师：哦，你的意思是说 2 号同学总结的盖不住所有算式是吗？（这些学生点点头）

师：那什么样的算式结果是一样的呢？谁能用自己的语言把这个过程表达出来？

生 3：一个数加上另一个数的和乘一个数，等于第一个数乘这个数，加上第二个数乘这个数。

师：你们能懂他的意思吗？

生：能懂。

师：真是越总结，越完善！还有其他的表示方式吗？

生 4：我是用图形表示的，(□ + ○) × △ =□ × △ + ○ × △。

师：那这算式表示的是什么意思啊？谁能看懂？

一位学生站起来：他用□代表一个数，用○代表一个数，用△代表一个数，那就是□和○的和乘△，等于□乘△加上○乘△。

师(面向全体)：你们觉得4号的怎么样？能表示你们的意思吗？

同学们纷纷说：就是我想表达的这个意思。

师(转向前三位同学)：看到他的表达，你们三位有什么想说的吗？

生2(抢着说)：我觉得他的好，他的能包含所有的算式。

师：你的意思是他把所有具有这样的规律的算式都包含了。此处应该有掌声！(教室里又一次响起了掌声。)

生3：我也觉得他的好，因为他的简单，我的话太多，太啰嗦了。

师：这就是我们数学符号的简洁美啊！

生1(马上说)：我也觉得他的好，因为他把算式的样子表示出来了，我就写出永远写不完，没说出什么样的算式。

师：是啊。你要勇敢地推开这扇窗，发现其中的规律。多会学习的三位同学呀，能反思自己，还能接纳别人的想法，我们也得给你们鼓鼓掌。

这时，4号同学说：我觉得5号同学比我写得又简单，又清楚。

(5号同学笑了。)

在精彩的讨论后，学生归纳概括出了“乘法分配律”。

(在儿童不同的表示方法中，吴老师有层次地展示着“样本”，由“窗外人”“推开窗”，再到“构建模型”，最后“符号化”表达。每位儿童都能在黑板上找到自己的影子，儿童积极地参与进了讨论，不断抽象出数学模型，感悟数学建模的过程。)

5. 验证“感觉”

就在得出规律之后，一位个子不高的女生若有所思地举起了小手：“老师，我有个问题，这样的规律，适合所有这样的算式吗？”吴老师听到她的问题后，由衷地笑了：“你真是爱思考，太会提问了！掌声响起来，请给这位会提问的同学！是呀，同学们，咱们大家一起赶快研究研究吧！”同学们纷纷拿起笔开始验证。通过同学们亲自的举例验证，“乘法分配律”在同学们头脑中的印象不仅清晰，而且深刻。

“这样的规律，适合所有这样的算式吗？”

面对学生主动提出的问题，吴老师并不是急着回答，而是又将问题抛给了学生。一个小小的验证，无不体现着吴老师培养学生数学素养的追求。这节课上，吴老师先后让学生找找感觉、写写感觉、总结感觉、验证感觉，学生们不知不觉中跟着“感觉”经历了数学建模的全过程，最终实现了“符号化”。

(四)沟通联系，积累经验

在建立了“乘法分配律”的模型之后，吴老师并没有结束，而是采用了“沟通联系”的方式解释并应用模型，帮助学生积累解决问题的经验。

吴老师问：“同学们，你们过去见过乘法分配律吗？”学生纷纷摇头。吴老师出示课件，引导学生观察：“这里有乘法分配律吗？”

$$\begin{array}{rl} 34 & \\ \times\ 12 & \\ \hline 68 & \longleftarrow 2个34 \\ 34\ \ & \longleftarrow 10个34 \\ \hline 408 & \longleftarrow 12个34 \end{array}$$

学生们认真观察，找寻着联系，一个女生发现了在写乘法竖式时，2 个 34 再加上 10 个 34 的和，正是乘法分配律的应用。

吴老师评价："看来，那个时候，乘法分配律就已经跟我们见过面了。她能用过去的经验解释今天的问题，掌声响起来！"

最后，吴老师进一步拓展："乘法分配律还能解决什么问题呢？让我们带着这种疑问，带着这种期待，课后回到生活中去找一找，看看在哪儿能见到它的影子，好吗？"

（吴老师紧紧围绕对儿童"推理、抽象、概括、符号化"数学核心素养的培养，通过创设情境、提出问题、构建模型、解释与应用模型，让儿童经历了建模的全过程。这节课以数学建模作为主线，吴老师走进儿童的思维世界，充分与儿童对话，陪伴儿童一起思考，产生共鸣，课堂上儿童思维异常活跃，在自主建模过程中丰富了"符号化"的学习过程，发展了数学思维。）

【评析】

这节课，吴老师从实践的角度对新课标进行了解读。吴老师的很多教学行为已经超越了数学教学的本身，它体现了很多重要的数学教育思想，很多教育理念体现得非常纯熟。所以说，吴老师的数学教学实践是中国数学教育研究的重要成果，也是中国教育的宝贵财富。这节课体现了吴老师在智慧课堂上的实践和创新。

一、情感朴实

对老师们来说，要上好课，最重要的基础是热爱学生。吴老师课堂上的点点滴滴都体现出了她对学生的热爱，对数学教育事业的热爱。从她对学生亲切的态度中，我们看到了非常爱学生的吴老师，这是非常不容易的，是发自内心的喜欢学生，喜欢教育。从吴老师与学生生动的对话中，我们感受到了她的人格魅力。听过吴老师课的老师都有这样的共同感受：吴老师的课上，学生喜欢老师，喜欢数学学习，进而喜欢数学。这是数学教学重要的一个特点，也是新课标特别倡导的一个方面——要关注学生的情感体验。在这里，我们强调情感与态度实际上是强调数学教学的德育性，强调通过培养学生积极的情感体验来培育人。在这个方面，吴老师是个楷模。

二、基础扎实

本节课，数学概念清楚、基本要求明确、知识转化成能力体现到位。比如，要求学生解决问题时，老师要求学生能列综合式的尽量列综合式；老师在课堂上要求学生除了思考以外，还要亲自动手算一算；另外，非常重视学生的课堂表达，促进学生对乘法意义的理解，抓住了这节课的数学本质等。这些特点在这节课上体现得是非常充分的。

三、思维活跃

在吴老师的引导下，学生思维非常活跃。老师走进了学生的思维，充分地与学生对话，与学生产生了共鸣，学生的思维异常活跃。这节课上一个基本的特点是，教师让学生在建模的过程中发展数学思维。“乘法分配律”的学习不是老师灌输，而是学生自己建模的一个过程。在这个过程中，老师关注到了这样几点：(1)鼓励学生发现和提出问题。发现和提出问题在课程标准中是特别强调的，提出问题和发现问题的能力实际上是创新思维的基础。吴老师利用花坛的题目引导学生提出问题，学生在老师引导下提出了很多问题，教师抓住核心问题组织大家开展讨论。(2)留给学生充分的思考空间，让学生充分参与，特别是鼓励算法多样化和学生思考方法的多样化。(3)让学生充分表达，注重学生“讲数学”。数学是要“讲”的，在“讲”的过程中能促进学生对数学的理解。在这个过程中，以学生的学习作为基础，关注学生的学习过程，充分让他们“讲”数学是非常重要的。(4)关注学生解决问题和拓展应用。在这个过程中，体会一些重要的思想方法，包括推理、猜想、验证等重要的思维方法。所以，这节课以数学建模作为主线，一步一步地展开学生的思维，通过学生的表达、交流，使学生的思维得到提升，产生了思维活跃的效果。

四、文化深厚

能够上好一节课，实际上是教师在长期的教学实践中积淀了自己的教学文化。所以，我认为，我们学习吴老师，不仅是学她的一招一式，更重要的是学她如何去积累自己的教学文化，形成自己的教学个性。吴老师的教学文化体现在：(1)尊重学生。在这节课上，我们从很多的细节中看到了教师对学生的尊重。(2)教师的人格魅力。我们说，身教重于言教。在课堂上，教师要形成自己的人格魅力，通过教师的人格魅力，形成充分的有凝聚力的课堂，这样的话，教师就是数学、就是课程。用吴老师的话说，教师在40分钟的时间里要走进学生的心灵、走进学生的思维、走进学生的困惑。这是吴老师课堂教学最成功的地方。(3)关注隐性课程。任何一堂课实际上都是有两个层面的，一个层面，就是学生学习数学、学习数学知识、发展数学能力的过程；另一个层面，就是在学习数学的过程中，渗透情感、态度、价值观，培养学生人格的过程。这节课就充分体现了对学生情感、态度、价值观的关注，也就是教师对隐性课程的关注。课结束了，学生拉着吴老师久久不愿离去："吴老师，您什么时候再来，我们喜欢您！"我想，这就是对吴老师课堂教学的最好总结和褒奖。我们的数学课就是要得到学生的认可，这是课程改革的基本的方向。

课堂上，吴老师循循善诱，她的精彩"语录"，体现了她深厚的教育功底和先进的教育理念，充满着智慧的火花，是非常值得我们学习的。这里采撷部分与大家分享：

"你想求的是什么？"这句话的目的是引导学生提出问题，把"提出问题"的教学很轻松地渗透其中。

"只要方法不同就过来！"实际上是鼓励学生独立思考后产生不同的方法，在课堂上就会形成一个合作交流的良好局面。

"有没有一个方法都没有的？""有困难的学生向老师挥挥手。"像这样的话课堂上出现了好多次，它体现了对落后学生的关注。

"掌声响起来，请给这位会提问的同学！"当学生提出问题的时候，及时地给予鼓励，这样的鼓励非常到位。这是对学生提问的有效引导。我们说中国的学生不会提出问题，是因为我们课堂上没有把提出问题的要素渗透进去。今天，吴老师的教学很好地体现了这样的特点。这是课程标准的一个很重要的理念。

"给点掌声吧，真的挺好的！"这发自吴老师肺腑的话，是令学生非常感动的，这是与学生非常好的心灵的对话。

"不要怕困难，我也经常碰到困难的。"引导学生正确对待学习中遇到的困难，并鼓励他们克服困难。

"她能用过去的经验解释今天的问题，掌声响起来！"鼓励学生用自己的语言去解释数学概念。

"这一类问题有没有共同的规律，能不能用自己的语言表达出来？""能不能用一句话把这一类问题总结起来？""今天，你发现了什么？"引导学生对数学学习进行有价值的总结和提升。

……

吴老师之所以形成这样的教学艺术，我觉得，这来源于她的“读懂教材、读懂学生、读懂课堂”，通过进一步地研究教材、研究学生、研究课堂，从而形成自己对课堂的一种理解。这背后实际上还是她对学生的热爱、对数学教育事业的热爱，这是上好课的基础和来源。

（华东师范大学　孔企平　评）

七、“符号意识”在这里萌芽

——《用字母表示数》

（一）谈话激趣，引入课题

新课伊始，吴老师自然地在黑板上写上“用字母表示数”，然后转过身问学生们：“用字母表示数这样的事，在原来的学习中或者生活中你遇见过吗？”

一个男生迫不及待地说：“我见过，x 是未知数。”另外一个男生也抢着说：“我也见过，玩扑克牌的时候，‘K’代表 13。”吴老师点点头：“真好，你还记得玩扑克牌的时候见过‘K’，这个‘K’只表示 13 吗？”众生点头。随着吴老师再次追问，“用字母表示数的事情还有吗？”学生们争先恐后地说出生活中用字母表示数的例子：CCTV 表示中央电视台、KFC 表示肯德基、P 表示停车场……

（“用字母表示数”看似简单，但儿童从“具体的生活实例、具体的数和算式”过渡到“含有字母的式子”的理解与运用，是他们数学认知上的一次飞跃。吴老师巧妙运用了儿童的生活经验，让儿童自然地开始了思维的跃动。）

（二）自主探究，构建新知

1. 自主提问中，启发新思考

正在学生们寻找得不亦乐乎之时，吴老师话锋一转：“看来生活中的例子很多，但我们今天研究的用字母表示数，跟这些可有点不大一样。面对今天的课题你们想研究点什么呢？”

学生们若有所思，不过片刻就纷纷地举起了小手：“怎么用字母表示数呢？”“为什么要用字母表示数呢?”“用字母表示数能给我们带来什么好处吗?”……

看到学生们积极投入的状态，吴老师一一把问题板书在黑板上：“你们一口气提这么多问题：怎么用字母表示数？为什么要学习用字母表示数？它给我们带来怎样的好处呢？……我知道你们还有许多问题，一会儿在学习的过程中也会产生一些新问题，那我们就带着这些问题一起来研究研究。”

（在吴老师的激励下，一个个问题也被激发了出来。正是这样宽松的氛围，让儿童问出自己真正想研究的问题，也开启了去尝试解决问题的研究之旅。）

2. 互动交流中，初步感知符号意识

看着学生们跃跃欲试的样子，吴老师不慌不忙地指向小虎同学，亲切地问：“你今年几岁?”

“10 岁”!

吴老师放慢了语速说：“小虎 10 岁，你们班主任李老师比小虎大 30 岁，你们会表示李老师的年龄吗？谁愿意和我共同完成这个任务?”

一个学生自告奋勇地来到黑板前板书：10 + 30 = 40(岁)。

吴老师继续问：“假如小虎 11 岁了，李老师多大?”

学生接着写 11 + 30 = 41(岁)。

吴老师顺势追问：“假如小虎 12 岁了，李老师多大?”

学生继续书写 12 + 30 = 42(岁)，其余学生边观察边点头，表示认同。

这时，黑板上出现 3 行关系式后，吴老师停了下来问：“你们喜欢用‘10 + 30 = 40(岁)’的方式来表示李老师的年龄。那么如果只写‘10 + 30’，你们还能看懂它吗?”说着，吴老师便把每道算式后面的结果“ = 40”轻轻擦去了。学生们稍作疑惑，转瞬又高举起小手：“10 + 30 表示当小虎 10 岁时，李老师比他大 30 岁，是 40 岁。”吴老师高举起大拇指，赞赏地说：“你真了不起，不仅关注到了算式的结果，还关注到了结果背后的道理。”

随着师生对话的不断深入，黑板上逐渐出现了众多算式：

小虎年龄(岁)	李老师年龄(岁)
1	(1 + 30)
2	(2 + 30)
3	(3 + 30)

4　　　　(4 +30)

5　　　　(5 +30)

6　　　　(6 +30)

7　　　　(7 +30)

…

11　　　　(11 +30)

12　　　　(12 +30)

13　　　　(13 +30)

…

18　　　　(18 +30)

24　　　　(24 +30)

30　　　　(30 +30)

…

随着算式越来越多，吴老师故作为难地说：“小虎70岁、80岁、90岁时，李老师多大了呢？这样的式子还能写下去吗?”学生根据经验，很快写出李老师的年龄，至于这样的式子能不能写下去这个问题，学生们回答的各不相同，有的说能写到无数，有的学生说人的岁数只能写到100多岁。吴老师边听边说：“我听出来了，你的意思是说，关于年龄的问题，这样的式子还有很多，但是人的寿命是有限的，在这里不能无休止地写下去，对吧?”学生点点头，再一次为老师读懂了自己而发自内心的喜悦。

（此时的交流，吴老师把学生从教学课堂带入了生活殿堂。师生间看似随意的聊天，将学生的思考引向探寻简单算式背后的道理。）

3. 讨论比较中，感悟用字母表示数的概括与简洁

吴老师引导学生继续思考：“在这众多的式子中，你有什么重要的发现吗?”

一名男生振振有词：“我发现无论我们怎么长，无论我们几岁，李老师的年龄都比我们大30岁。”吴老师点点头，赞许地说：“你观察得很准确！像这样的式子我们还能够写出很多，今天我们第一个挑战的问题就是知道小虎的年龄，怎么表示李老师的年龄呢？这么多的式子写起来真的好麻烦，我们能不能试着用自己的方式把李老师的年龄表示出来?”学生明白了学习任务，进行独立思考，尝试着总结。

教师行间巡视，在关注每一个学生如何思考的同时，也在寻找选择集体交流时有价值的素材。

作品1：10+30=40(岁)

作品2：小虎的年龄加上李老师比他大的30岁，就是李老师的年龄。

作品3：(□+30)岁

作品4：$(a+30)$岁

作品5：学生是A岁，老师是B岁。

吴老师指着5种不同的表示方法："哪个没看懂？可以提出问题，与同学对话。"生生间的互动分享拉开了序幕。

一名男生立即站起来提问："3号作品的'□'表示是什么意思？"

3号小作者信心十足地回答："表示是小虎的年龄。"发问的小男孩满意地坐下了。

又一位同学质疑："4号的'a'表示是什么意思？""也表示小虎的年龄。"

……

就这样你一问他一答，很快学生们的困惑就被小作者一一解答了。

吴老师看到同学们对式子表达的意思没有问题了，于是顺势提出新问题："既然都看懂了，咱们就讨论一下吧。你同意哪种表示方法？不支持哪种表示方法？为什么？说出理由。"

学生们纷纷开始议论起来，一个小男孩理直气壮地说："我不同意1号写的，1号只是表达了'当小虎10岁时'李老师的年龄。如果小虎明年长了1岁，这个算式就作废了。"

吴老师顺水推舟，继续追问："你们听懂这位同学的意思了吗？"一石激起千层浪，引发更多同学对此意见的关注。

这时站起来一位急性子的同学说："我听明白了，1号同学写得不全面，黑板上的(1+30)岁、(6+30)岁、(18+30)岁、(30+30)岁等都没包括进去。"

此时1号同学意识到自己的表示方法不能包括这类事的所有情况。

吴老师接着引导学生们思考发现："我们需要把所有的情况都写全面，你觉得哪种方式表示更全面呢？"一位小女孩发表自己的看法："我最喜欢2号同学写的，他写得很全面，也很清晰。只要小虎的年龄加上李老师比他大的30岁，就一定是李老师的年龄。

比如学生 1 岁，老师的年龄是 1 + 30 = 31 岁；

比如学生 3 岁，老师的年龄是 3 + 30 = 33 岁；

比如学生 6 岁，老师的年龄是 6 + 30 = 36 岁；

比如学生 10 岁，老师的年龄是 10 + 30 = 40 岁……"

学生参与交流的积极性被调动起来了，"我觉得 2 号同学不仅表示得清楚，而且还把大家写的所有情况都'盖'上了。"高个子同学连忙发表自己的看法。吴老师面对儿童化的语言，连忙追问："你的都'盖'上了是什么意思？""就是把所有的情况都包括在里面了。"……同学们频频点头表示认同。老师继续启发引导："还有不同意见吗？"

新一轮的互动交流又启动了。"我喜欢 3 号写的(□ + 30)岁，这个式子也很全面。小虎的年龄加上 30 岁，就是李老师的年龄。而且不像 2 号要写那么多的字，太麻烦了。""他不但说出了喜欢 3 号的原因，还说出了不喜欢 2 号的理由。"吴老师笑着说。"我更喜欢 4 号写的(a + 30)岁，这个式子把所有情况都总结进去了，很全面，也很简单。"孩子们津津有味地思考着。

吴老师适时抓住契机："这话说得有力量！(a + 30)岁既清楚、简便又全面地把这一类的式子的特点都包括进去了，这就是概括。这几位同学的作品表面上看有不同，有没有共同的？"

"我认为 2 号、3 号和 4 号其实是一样的，都把这些式子表示的意思总结了，只是 4 号更简洁。"学生回答。

吴老师给予了充分肯定："好眼力，说得好。数学就是追求简洁啊，用简洁的(a + 30)岁的式子表示出这一类的式子共同拥有的规律，其中符号、字母起了重要作用。我们只要知道'a'表示小虎几岁，就可以马上求出李老师的年龄。"

（在各种表示方法的比较中，教师要让儿童一点点地去理解字母表达的简明概括性，体会到符号是一种重要的数学表达和辅助思考的工具；让儿童掌握用字母表达数量关系和变化规律的方法，从而有效地帮助儿童建立符号意识。）

4. 质疑提问中，加深对用字母表示数的认识

吴老师的亲切、包容，似乎也打开了学生思维的大门，学生的疑问又产生了，"a"表示小虎年龄，可以用 X 表示吗？"谁能帮忙解答？"吴老师略带急迫地问。"我觉得可以用'X'表示。""我觉得所有的字母都可以表示小虎的年龄。"这一问题迎刃而解。

一个一脸茫然的学生站起来问："小虎是'a'岁，他到底是几岁呀?"显然他对用$(a+30)$岁表示李老师年龄还是有点不认可。吴老师仍然不急于直接给学生答案，而是跟着学生一起皱眉说："是啊，小虎到底几岁？谁能帮忙解答这个问题?"4号作品作者立即站起来说："'a'岁表示几岁都行。"

吴老师顺势小结道："确实'a'表示什么数都行，看来有些同学用'a'表示小虎的年龄心里还不太认可，还有疑问，'a'到底是几啊？没事的，慢慢就会习惯这样的表示方法了。小虎'a'岁，'a'在这里是可以变的数，比如表示1岁、10岁、26岁、50岁……都可以。不像刚才扑克牌中的K，它只能表示13。又因为人的生命是有限的，所以a在这里表示的数是有范围的。"

吴老师话音刚落，又有同学开始质疑："5号作品中的小虎A岁，老师B岁，是什么意思啊?"5号作者说："A岁表示小虎多少岁都可以；B岁表达李老师多少岁都可以。"老师还是不急于发表自己的看法而是鼓励同学们积极思考："大家觉得怎样?有不同意见吗?"学生们开始自告奋勇："这样虽然可以表示小虎、李老师任何时候的岁数，但是我们却看不出来李老师和小虎差多少岁，我还是喜欢4号的。它能让我们知道李老师比小虎大30岁。"生生间的自问自答，在交流中澄清了自己认知的偏差。

听到学生们的讨论结果，吴老师适时进行点评："同学们讨论得真好，大家不断地提出问题，又通过讨论，慢慢清晰。我们知道'a'表示小虎的年龄，'a'是一个可以变化的数。'$a+30$'岁不仅表示李老师的年龄，还表示了李老师比小虎大30岁这样一种关系。"这个回合的讨论真是太重要了。

（面对儿童不断提出的新问题，吴老师从来不急于作答，而是耐心引导、适时总结，激发他们不断地发现、提出问题，一步步地走近用字母表示数，感受符号化思想在数学中的运用，感受数学的神奇。）

（三）巩固练习，应用拓展

1. 在情境中建模

师：每盘有4个苹果，2盘有几个苹果，怎样表示?

（一位学生到黑板上板演，其他学生在练习本上记录。）

老师也来听一听

生1：4×2。

师：3盘呢？5盘呢？21盘呢？56盘呢？79盘呢？100盘呢？1000盘呢？

生1：4×3、4×5、4×21、4×56、4×79、4×100、4×1000……

同学们快速地记录着……随着算式越来越多，有些同学开始怀疑"还要继续写下去吗？"

学生们开始交头接耳……终于有人喊出了："太多了，受不了了！"

吴老师鼓励说："受不了了，就得想办法呀！"

生1：我可以写成"$4\times x$"个。很快这个式子就遭到了质疑。

生1有板有眼地解释道："x"个盘，就有"$4\times x$"个苹果。学生们恍然大悟，一下子理解了x的含义和价值。老师满意地点头并追问：你们的感觉真好，"x"可以表示多少个盘子？学生自信地回答：1、2、3、4、5、10、100……

师：如果"$4\times x$"中的"x"不表示盘子的数量了，"x"表示正方形的数量，那么"$4\times x$"又表示什么呢？

生2："x"表示正方形的个数，"$4\times x$"就表示"x个"正方形一共有多少条边。

师：假如"x"表示小狗的只数，你能提出什么问题，又该怎样表示呢？

生3：“x”表示小狗的只数，小狗的腿数用什么表示？

众生：每只小狗4条腿，x只小狗就有“$4\times x$”条腿。

师：假如用“x”表示小汽车的辆数，你能提出什么问题，又该怎样表示呢？

……

生4：每张桌子4条腿，我用“x”表示桌子的数量，你知道“x”张桌子有多少条腿吗，又该怎样表示呢？……

师（边说边竖起大拇指）：一个简单的“$4\times x$”，竟然能表达如此丰富的内容啊。

众生：“$4\times x$”了不起！

……

（一个个生活中的小故事让学生体会到“$4\times x$”既可以表示x个正方形的总边数，也可以表示x只小狗的总腿数，还可以表示x辆小汽车车轮子的总数。从具体到抽象，儿童初步体会到符号的简洁性和概括性，用字母表示数可以表示这一类事件的共同规律，体现一般性。）

2. 在练习中理解

师：大家一起来唱数青蛙的儿歌吧。（众生拍手，有节奏地唱数）

1只青蛙，1张嘴，2只眼睛，4条腿；

2只青蛙，2张嘴，4只眼睛，8条腿；

3只青蛙，3张嘴，6只眼睛，12条腿；

4只青蛙，4张嘴，8只眼睛，16条腿；

5只青蛙，5张嘴，10只眼睛，20条腿……

学生自言自语地说个没完。终于有人喊道：“又受不了了！太多了！”

在同学们的问题中，屏幕上清晰可见学生作品显示：

生1：(N)只青蛙(N)张嘴，(N)只眼睛，(N)条腿；

生2：(N)只青蛙(N)张嘴，(B)只眼睛，(C)条腿；

生3：(A)只青蛙(A)张嘴，($2\times A$)只眼睛，($4\times A$)条腿；

看着这三种不同的表达方式，你怎么评价，说出理由。

下课的铃声响起……

（“用字母表示数”看似简单，但儿童从“具体的数和算式”过渡到“含有字母的式子”的理解与运用，是他们数学认知上的一次飞跃。教学中正是抓住了学生思维的生长点，不断追问，不断地引导儿童从经验入手，从具体数量的研究，转向抽象关系的研究与表达，“符号意识”在这里孕育。儿童在探索的过程中享受了成功的喜悦，感受了数学学习的价值。)

【评析】

吴老师多年来已形成一种独特的人本数学的教学风格——教得有感觉，学得有意义，创造儿童喜欢的课堂，朝向儿童发展的数学教学。《用字母表示数》一课体现了吴老师数学教学的追求与特质：重视儿童的数学交流、重视儿童的数学元认知、重视儿童的数学表征。

一、重视儿童的数学交流，培养学生的数学思维与深度理解能力

让学生的思维看得见、摸得着的一种重要方法就是数学交流——学生和老师积极讨论他们是如何着手处理各种问题的以及为什么这样做，可以帮助课堂上的每个人理解某一特定的概念或方法。这节课吴老师特别关照学生数学思维的发展，选择和使用能出现有意义交流的数学活动，促进学生深层次的理解和认知。

学生并不是天生就会讨论数学，教师需要帮助他们学会如何交流。首先要提供能促进学生分享观点、激发学生放飞思维的问题和资源。吴老师设计了年龄、青蛙数学活动，但数学交流能否促进学生进行深层次理解和认知，教师的介入非常关键，吴老师介入就是有效抽样学生表达的结果，去寻找学生不同的表达，并且把抽样出的学生想法按一定次序呈现出来。其目的是使学生能“清楚连贯地与同伴、教师交流他们的数学思维，分析和评价他人的数学思维和策略，用数学语言精确地表达数学观点”，进而帮助学生体会到数学符号是进行数学理解、交流和分析的工具，体会运用字母表示数的概括作用，在具体情境中初步感受字母的取值范围。在进一步的数学交流中，学生体会到字母不仅可以表示任意数(当然在具体问题中有时有一定限制条件)，还可以表示一种关系，使用符号可以进行一般性的运算和推理。用字母表示数，实现了数的一般化，用字母符号表示关系，实现了数学关系的一般化。数学的发展史决定了数学教育也必然经历一个逐渐符号化的过程，吴老师就是通过问题解决过程的数学交流让学生获得符号意识的体验。

学生是学习的主体，教学要以学生承担学习责任为指引。吴老师积极创设一种相互信任、相互尊重的课堂气氛，支持学生为数学学习而承担责任。学生在学习过程中要面对挑战，因此要在学习中逐渐增加责任感，积极参加课堂讨论并进行相互

间的交流，尽管参与课堂讨论并非易事，但吴老师一直在鼓励和引导学生倾听、理解、询问和解释自己和他人的观点。通过这样的讨论，学生明晰了用字母表示数的简洁性，用字母符号可以表达数量与关系。吴老师在教学过程中的鹰架角色，给学生提供滋养探索、推理、逻辑分析、抽象概括能力的课堂环境，让学生更主动承担学习责任，体现了数学本身所具有的应用性功能。

二、重视儿童的数学元认知，培养学生学习的监控与调节能力

美国教育家加罗弗罗指出，“如果我们希望学生成为数学的主动学习者和行动者，而不仅仅是对数学事实和步骤的了解者，那么我们必须设计好数学使之有助于发展学生的元认知”。吴老师是具有元认知意识与能力的数学教师，不仅对教什么、怎么教心中有数，对学生的学习过程能够积极地进行计划和调控，使学生的学习过程不断得以优化，同时还能为学生元认知能力的形成和发展提供有效的指导和示范。吴老师的课堂是支持元认知的教学，能给学生提供元认知体验，发展学生的元认知意识。

一是让学生清晰地了解数学学习任务，监控元认知方向。数学教学中的思维监控非常重要，这种监控是由教师的主导意识和学生的自控意识双向构成的，教师的主导意识必须唤起学生内在的自控意识(元认知意识)，才能取得良好的教学效果。吴老师上课伊始就在黑板上写出题目，让学生清晰地了解数学学习任务，可以让学生开始学习时就明确解决的特定问题，进入监控自己认知学习方向的状态，有目标意识。二是帮助学生反思他们的表达内容，调节元认知策略。关于元认知的研究表明，为了达到最佳的学习效果，需要采用额外的教学步骤——帮助学生反思他们的做法，调节元认知策略和培养学生的自我监控意识。吴老师在这节课中，无论是用字母表示年龄，还是用字母表示青蛙嘴、眼睛、腿的数量，都设计了让学生反思他们表达内容的讨论环节，通过学生数学思维的交流可以极大地促进学生对自己学习的评价，可以不断修改原来的思维方法和认知策略，从其他角度对自己认知的途径和结果重新审视和思考。三是帮助学生学会富有成效地互动，促进元认知体验。课堂上所有互动的目的都是为了提高每个学生的思维，以及对自己与他人理解的监控，因此老师要让学生有机会去解释。吴老师从问题提出到问题解决都在促进学生元认知的体验，这节课解决的三个问题，都体现了帮助学生学会富有成效的互动，促进元认知体验。

表面看这节课非常简单朴素，但却关注了学生学会提出相关问题和评价学习结果的能力，关注了学生学习中的自我评价、自我监控的意识和习惯，关注了学生之

间、师生之间数学元认知知识的共享，因此课堂朴素背后实现的是培养学生的数学思维品质，发展学生的元认知能力。

三、重视儿童的数学表征，培养学生的概括与抽象能力

表征既是数学的一部分，又是理解数学的一个教学手段。数学表征有助于学生理解概念、关系或关联，以及解决问题过程所使用的数学知识。吴老师重视学生的数学表征，基于所学内容运用情境、符号与言语的形式进行表征，帮助孩子达成数学知识的理解和他人沟通以及推理的目的，着眼于学生的概括与抽象能力培养。

一是把学生的数学表征当作数学学习活动的重要资源，利用学生的各种表征组织交流，从不同的视角促进学生对数学的理解。吴老师抽样出学生的数学表征有文字形式的表征，也有抽象符号形式的表征，使学生体会到同一个情境，有多种不同形式的表征，同时帮助学生进一步思考较佳的表征是什么，赋予静态的数学知识以丰富直观的背景与意义，理解字母符号表征所能够传达的抽象信息。

二是帮助学生在真实情境与抽象形式之间建立联结。任何符号的引进都需经过“符号初步意义的获得、符号成为沟通工具、符号成为解题工具”三个阶段。从吴老师的课堂中可以发现，符号初步意义的获得阶段吴老师侧重引发学生通过年龄这个真实的情境与字母对应，符号成为沟通工具阶段吴老师侧重让学生用共识的字母记录出来，在理解了用字母表示数的意义后，再让学生用字母符号来解决青蛙的数量问题。在这个过程中，吴老师不断引导学生察觉情境中的数学要素，用数学的简洁语言进行抽象表达。

（东北师范大学教育学部博士　孙兴华　评）

八、从课堂里生长出来的“问题链”

——《小数除法》

（一）情境引入，提出问题

吴老师和同学们分享了如下一个情景，并对学生提出了要求。

“我说一件事儿，你们把你认为重要的内容记录下来。同时请一位学生到黑板

前进行记录。

西北大学四位同学毕业了。四个人一起聚会吃饭。李刚同学说：“我先付吧。”给了服务员 100 元，服务员找了 3 元。他们四个人打算 AA 制付费。你能提个问题吗？”

（吴老师借助真实的 AA 制付费的问题情境，学生边听信息边记录着信息中重要的内容。在这一过程中锻炼了孩子们的信息提取能力。并且这个情景很符合小数除法的本质，就是需要进行平均分。）

生异口同声地问道：“每个人应该给李刚多少钱？”

吴老师在行间巡视，选取学生的摘取信息的作品进行展示：

学生 1： 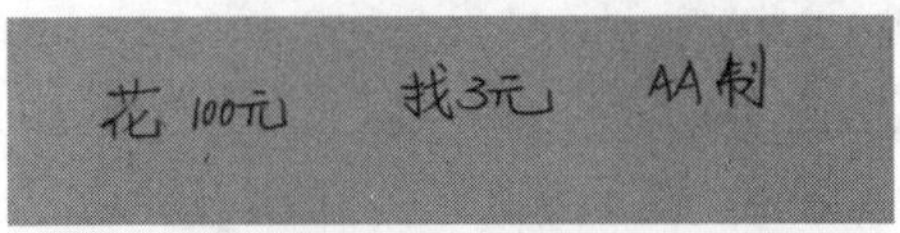

学生 2： 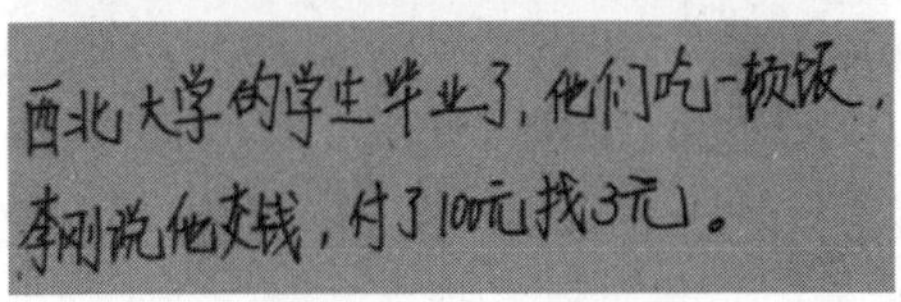

师： 你们觉得第一个方法好一点还是第二个方法好一点。

生： 第一个方法好一点，把重要的事情提出来就可以了。

师： 在丰富的生活中，我们学习用数学的眼光，解决问题最重要的信息……（吴老师一边做着形象的往外提的动作，一边等待着）

生齐声回答： 提出来。

男生大声说： 是提炼出来。

吴老师说：100 元，找 3 元，AA 制。这些重要的信息记住了吗？

（吴老师在和学生回忆提取信息的过程中、比较提取信息的简洁性中，再次把这些重要的信息加深印象。更在其中让学生体会到用数学的眼光观察这个丰富的世界。核心素养就在其中一点点融入。）

师： 这个问题能自己解决吧。看看每个人应花多少钱？

课堂上，学生们开始思考、尝试。吴老师行间巡视，为后继学习的展开寻找有价值的素材。

众生几乎同样的算式：

97 ÷ 4 = 24(元)……1(元)(这正是学生的前概念)

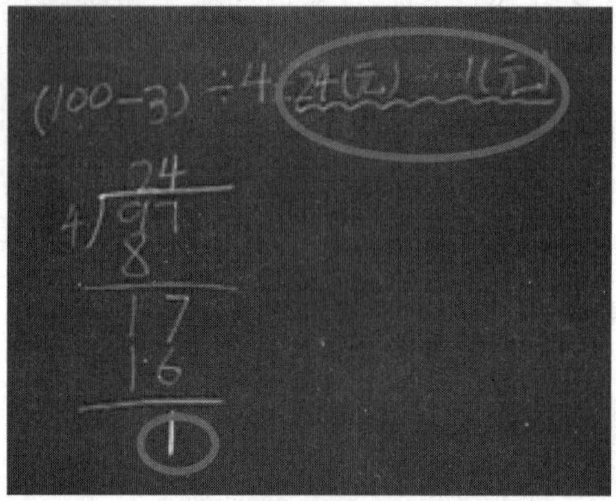

(这时吴老师和孩子扮演起了其中的两名同学。)

师：你应该给多少钱？

生：24 元。

师：24 元，我亏了。

生：(迅速改正)25 元。

师：25 元，你亏了。看来，这些钱数是在？

生：(异口同声)24 到 25 中间。

吴老师肯定地说："这个感觉挺好，钱数既不是整 24 元，也不是整 25 元，是在它们之间。"

(在与学生角色扮演的情景中，培养了学生的数感。这个钱数既不是 24 元又不是 25 元，是在它们之间的一个数。确定了这个数的范围。)

吴老师启发学生说："我们学习的有余数除法到这儿就结束了，今天我们遇到了新问题。问题在哪儿呢？"

生 1：就是比 24 元多一些。

生 2：(疑惑地问)这个数好像不准确啊。

生 3：就是余下 1 元，没法办。

生 4：(急切地)我们就是要算每个人到底付多少钱呀？

吴老师以同样急切的口吻重复着孩子们的话语："是啊，每个人到底多少钱呀？"

众生皱眉、无语，教室里安静下来。学生的争论，静下来的无声状态，正是学生思考的状态。有时无语、安静恰恰是学生深度思考的重要时机。

师：问得好，每个人到底多少钱呢？这就是这节课我们要好好研究的问题。余下1元，按照过去学过的有余数除法，计算到这就结束了。现在你们的老经验遇到了新问题，大家都在追问“一个人到底付多少钱啊？”你们有什么办法自己解决这1元钱吗？

［“聚餐AA制付费”这样的真实生活情境，孩子们熟悉的不能再熟悉了，而它又的的确确是一个现实的问题。吴老师用这样一个真实的生活情境引起学生的真问题、真需求、真思考，自然而然地从原来学过的有余数的整数除法，过渡到新需求、新问题(1个人到底付多少钱？)的小数除法。］

(二)在问题解决中，感悟“算理”

1. 在“分1元”的过程中，感悟“分”的“道理”。

师：刚才在“写除法算式”的过程中你们有什么困惑？遇到了什么困难？

(学生着急地说出自己的困惑。)

生1：这1元平均分成四份，根本分不了了。

师：分不了了是什么意思？

生2：只余下1元，要平均分给4个人，每个人没法分到整1元了。

生3：就是余下的1元钱不好办了，如果让其中一个人付，其他3个人就少了。真不知道这1元钱该怎么分了。谁来帮帮我？

师：余下的这1元钱该怎么分呢？你们能想想办法吗？不想自己试试吗？

吴老师为学生提供了元、角、分的学具。全体学生尝试解决问题，吴老师行间巡视，为后继的讨论寻找有价值的素材。

汇报开始：(吴老师在实物投影上按顺序呈现出学生作品)

生1：

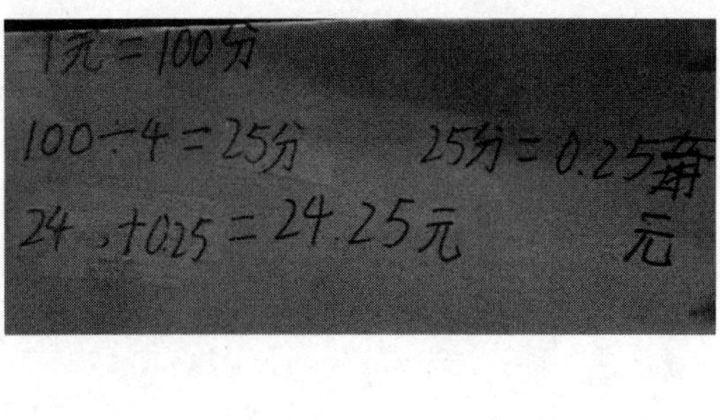

生 2：

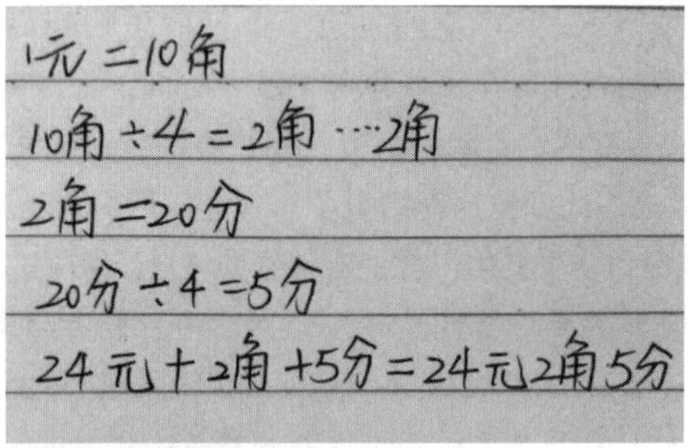

生 3：（用直观的图解释分的过程）

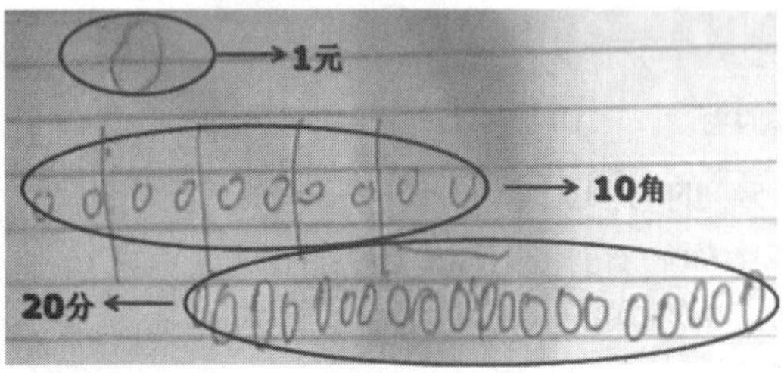

生 4：（生 4 利用文字表达出“继续分”）

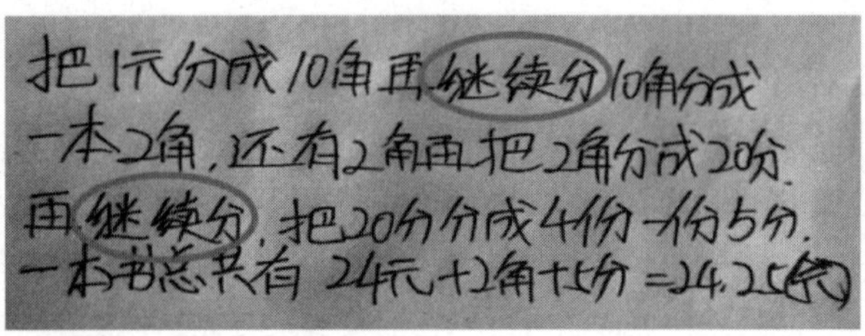

学生观察后，互动交流开始了。老师鼓励孩子们互相提问。

生甲：我想问生 3 同学，你画的这个大的圆表示什么？

生 3：这个大圆表示 1 元。

生甲（继续提问）：10 个小圆又表示什么？

生 3：10 个小圆就是 10 角。

师欲言又止：生 3 是把 1 元换成了……

众生：10 角。

师：有问题吗？

生乙(站了起来)：可是10角分给4个人，可是还是分不完啊。

生3欲解释，吴老师拦住了“不急，其他同学能读懂生3的意思吗?”

生丙：我看出来了，一个人分担2角，4个人就分走了8角，还剩2角又不够分了。生3又把2角换成了20分，20分(平均)给4个人，每人分到5分。终于分完了。所以一个人需要付的是24元2角5分。

(上述讨论涉及了小数运算的道理。)

生丙说完了，紧紧盯着吴老师，似乎刚才讲的这一切都要从老师这里得到结论。此时的吴老师巧妙地一转身，“这个问题不是我问的。”生丙醒悟过来，主动转向生3自信地问了一句“我讲的是你的意思吗?”生3满意地点点头，“是的”。

吴老师顺水推舟：这里展示的作品，哪位同学的作业与生3图画的意思有些相似呢?

众生：生2的算式和生3分钱的过程是一样的。

师：这个过程值得分享。你们看这两位同学都是把1元换成了10角，谁愿意借助黑板上的元、角、分，一边回顾刚才分的过程，一边分一分。(吴老师请了一位还没有机会表达的同学做补充发言，黑板上逐步出现如下图。)

(整个的教学环节一直在围绕着整数除法来谈小数除法，围绕着学生在解决问题中出现的困惑而展开。出现1元怎样分？又多出2角，怎样分？始终围绕着孩子们提出的问题展开，产生“分”的需要，感悟“分”的过程，理解“分”的道理。在不断提出的问题链中，感悟到除法就是不断地“平均分”。)

生丁：我认为生1的方法简单。1元平均分成4份，不够分了。(众生喊“死棋了”。)生1又把1元换成100分，(众生喊“又活了”。)直接把100分平均分成4份，每份就是24元25分。

师：你们真有办法，不管你们是把 1 元变成 100 分，再去分；还是把 1 元变成 10 角，再去分、继续分；还是用直观的图来表示分的过程；是你们自己解决了“一个人到底付多少钱”的问题。佩服！

众生脸上洋溢着灿烂的微笑。

师：（不紧不慢又“扎了一针”）还有问题吗？

生戊：我还是想问问生 3，你为什么不把 1 元换成 100 分，却换成 10 角啊？

生 3：我想试试。

吴老师抓住了“试试”同学，追问：你们觉得这样的“试试”有道理吗？

众生若有所思。有人高高地举起了手。吴老师一句“不急”，又一次给了孩子们思考问题的机会。

师：还有问题吗？

众生齐刷刷：没有了。

吴老师话锋一转，又抛出了一个新问题：你们真的没有问题了吗？我可还有问题呢。我想问问生 1 同学，1 元等于 100 分，这事我们大家都知道，可是你怎么就能想到把 1 元变成了 100 分呢？

生 1：您看 1 元平均分成 4 份不够分了，就得想办法呗。

师：你想的办法真好，我明白了。（吴老师始终引领着孩子们从头到尾地想问题，使学习暂时有困难的学生有机会跟上大家学习的步伐。）

在老师的启发下，又一位同学站了起来，模仿着老师发问：我想问问生 3“1 元等于 10 角，这事我们大家都知道，可是你是怎么想到把 1 元换成 10 角的？”

……

（吴老师借助 AA 制付钱这个真实的问题情境，在学生一个一个的问题链中，用原来的旧知识旧经验，就这样把这余下的“1 元钱怎么继续分”的问题解决了。在不断换钱的过程中，孩子们直观形象地理解了小数除法计算的道理。）

一波未平一波又起，问题链就这样在问题的解决中生长起来，越问越有意思，越问越有深度。

“新问题”来了。不知哪位学生似乎有些“情绪”地提出又一个新问题：“咱们大家倒是解决了一个人付多少钱的问题，那以后是不是总得这样分呀、换呀，太麻烦了吧。”

“这个话问得好！”吴老师高兴地说：“那么大家有什么好办法呢？”

一石激起千层浪……

“有没有简单的方法呢？”

“能不能直接用数算呢？”

“能不能也像过去学习的除法，把这个分的过程合在一个算式里呢？”

学生的思维又一次被激活……

2. 在竖式中再次体会“分”的过程，感悟小数除法的“算理”。

师：（请一名同学到黑板前试着记录分的过程）到底怎样用一个算式来表示“分”的过程呢？这位同学一边记录，大家一边思考，随时提出问题。

（再次提醒同学们边观察、边思考、边提出问题。）

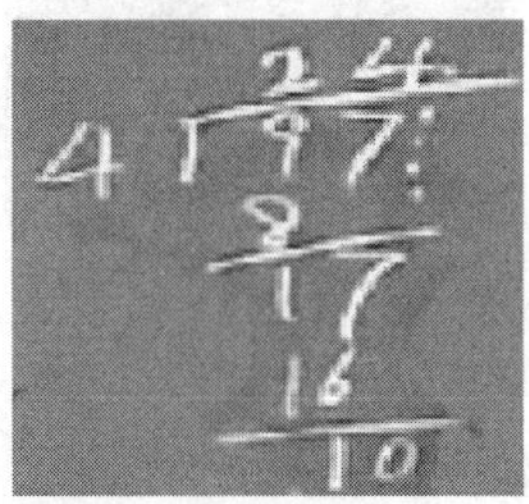

随着这位同学的板书，互动的对话又开始了。

生 1：余下的明明是“1”元，怎么在这里是“10”呢？

书写生：1 元不够分了，刚才我们不是把这 1 元换成了“10 角”了吗？这里的 10 就是 10 角啊。

生 1：噢，我看懂了，这样又可以继续分。

书写生：每个人分 2 角，4 个人就分走了 8 角，又剩下 2 角，又不够分了，怎么办呢？谁看懂我算式的意思了？

生 2：你把 2 角换成了 20 分，再接着分呗。每个人又分了 5 分，正好分完。

书写生：对啦！

生 3：每个人就付 24 元 2 角 5 分。

师：同学们看懂了吗？这样记录分的过程怎么样？

众生：真简单！

师：还有问题吗？

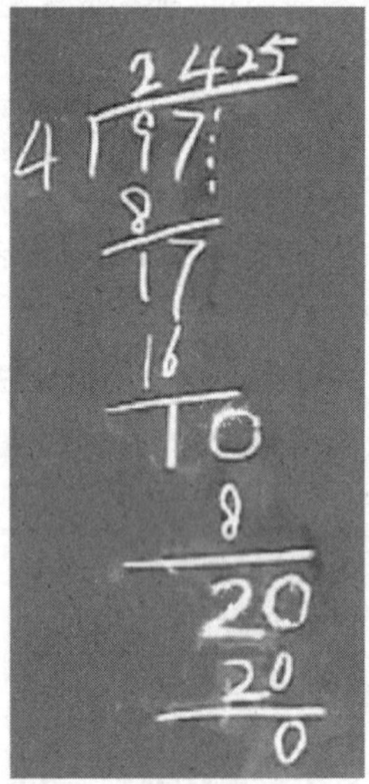

众生：没有了。

（“能不能用一个式子简单地表达算的过程”，问题链中又生长出新问题。是啊，以后遇到这种情况我们都是这么一次次地分吗？能不能在一个式子里把它记录下来？

学生们自然从对计算的“合理性”走向计算的“简洁性”。运算能力的培育就在一个个对问题的追问中，就在一步一步地问题解决过程中。而学生获得数学学习动力的重要因素正是来自他们对数学问题持之以恒的思考和追问。当原认知与新知识发生冲突时，正是问题的生成时，思维在这里被激活，学习在此时才真正发生。）

师：（又一次煽风点火）真的没有问题啦？

此时，有个别学生举起了手。吴老师又一句“不急”，给了更多同学再思考的机会，等待更多同学的觉悟。结合分的过程理解竖式的书写过程，片刻的沉默之后，又有学生提出问题，新问题直逼小数除法的本质。

生 4：好像有点不对头啊，商是 2425 元啊。

吴老师示意“书写生”回应：“我算的结果不是 2425 元，就是 24 元 2 角 5 分啊。”吴老师顺水推舟：“人家的心里算的结果就是 24 元 2 角 5 分嘛。”

生 5：可是你心里的事，我们大家却看不出来啊。

吴老师将了一军：是啊，你的事你知道，我们不知道啊。数学是大家共同交流的语言，怎么让大家一目了然呢？你们就没办法了吗？

一位同学突然从位子上走到黑板前，在“2425”中间点上一个圆圆的“小数点”即“24. 25”。

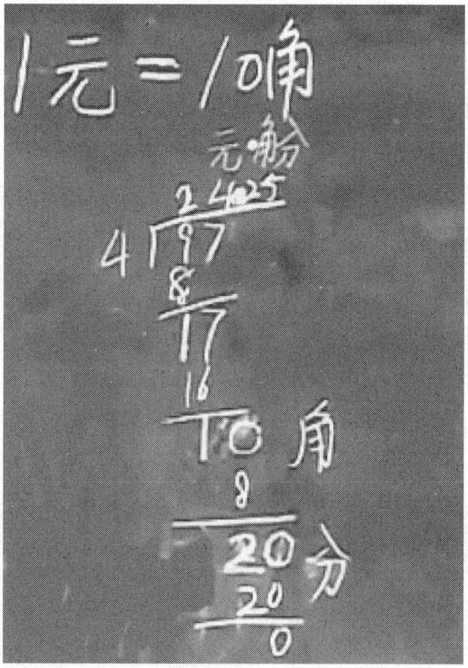

生 6：为什么要在中间点上这个小数点？

师：问得真好。

该生：小数点的左边是 24 元，右边是 2 角 5 分，它把元和角、分给切分开了。所以中间得加这个小数点，我们就不会看混了。

师：这个小数点非要写上吗？不写不行吗？

众生：不行，如果不写就看成了 2425 元了。

师：（凝望着小数点，自言自语）小数点啊小数点，当我们需要你的时候，你就来啦。你往这儿一站，（吴老师以自己为参照）这边就是元，那边就是角和分，你让我们大家一目了然。

师：（继续发问）对这个竖式还有问题吗？（众生摇头）

吴老师关键时刻又抛出了一个关键问题，把学生们的思考引向小数除法的本质。即竖式中的“1”为什么变成“10”啦？竖式中的“2”为什么变成“20”啦？1是1，10是10，1和10是有误差的啊。同理2和20也是有误差的啊。是什么让“10”“20”就可以这样理直气壮地往那里一站？而且站的那么有底气、那么有力量？

一石激起千层浪！学生们的思维又一次激荡起来……

“又是小数点！”“还是小数点！”

师：是啊，小小的小数点就像定海神针，它轻轻地往这里一站，不仅左边和右边的“辈分”清清楚楚，定了位。而且还把这个“误差”给扳平啦！（转身面向同学们）：你们就不想对小数点说点什么吗？

同学们你一言，我一语：

“小数点真厉害，你来了元、角、分就分得清清楚楚！”

“小数点别看你小，你的作用可不小！”

“小数点没有你还真麻烦啊！”

……

（吴老师引导学生们在对话、质疑、交流的过程中，体会着“小数点”在小数除法中不可替代的重要作用，非他莫属！这正是触及了小数除法的本质。）

（三）逐步抽象，建立模型

出示：97 ÷ 4　　51 ÷ 2

（学生独立解答，一名学生在黑板上板书。）

师：商的这个小数点一定要写吗？

众生齐：一定要写。

师：你们为什么这么坚定地说一定要写？

生1：不写小数点，就变成255，容易混乱。

生2：如果不写就改变了商的结果。

吴老师提出了新要求：你能用讲故事的方式，解释一下“51 ÷ 2”竖式的意思吗？

生3：我用51元买了2个皮球，每个皮球是25元，余了1元。这1元，给这个皮球不成，给那个皮球不成。不够分了，我就要把1元换成10角，每个皮球再分5

角。结果是25元5角。

师：能用小数表示结果吗？

生3：每个皮球25.5元。

生4：我用51元买了2个文具盒……

师：咱们不花钱讲买东西的故事了，换个内容好吗？

生5：我把51米的绳子平均分给2个伐木工人，每人得到多少米的绳子？我把51个苹果平均分给2个幼儿班，每班得到多少个苹果？

……

师：（吴老师擦掉了黑板上的“元、角、分”“米、分米、厘米”。不经意中又抛出新问题）不分东西了，只能分“51”。

生6：“51”是什么？

众生：是数啊。

师：是51个……

众生：“一”。

师：你们就来讲分51个“一”的故事吧。

生7：51个“一”怎么分啊？

师：是啊，谁能讲分“数”的故事呢？

生8：把51个“一”，平均分成2份，每份是25个“一”，余一个“1”。不够分了，就把1个“一”换成了10个“0.1”，每份分到5个“0.1”，结果是25.5。

师：有道理吗？

生：（众生点头）。

生9：就是把剩下的“1”切开。

师：这个词用得好，切成几份？（吴老师顺水推舟）

众生齐：切成10份，“1”就变成10个“0.1”，又够分了，结果是25.5。

师：这个小数点一定要点吗？

生10：没有小数点，就不知道这个5是5个“一”呢，还是5个“0.1”呢。

师：有了这个定海神针，就知道每个数站在什么位置上了。此时，我们大家该给小数点……

众生：敬礼！记功！

掌声响起……

（借助真实的情境，学生在不断地发现和提出问题中，自然而然地生出了一个有联系的“问题链”。同学们理解了当有余数的时候就可以继续分下去。“51÷2”的故事已经跳出了“元、角、分”“米、分米、厘米”的模型，最终落到了数学的本质——分“计数单位”。这是一个由具体到抽象，再由抽象到具体的认知过程。学生充分感受到了小数除法的本质。孩子们兴奋地要向小数点致敬，要给小数点记功。这些源自孩子内心真实的感受，来自他们体验到了在不断提出问题、解决问题中真实的学习过程。）

（四）“问题链”在这里继续延伸

生1：（一位同学若有所思，举起了手）老师，如果还有余数没分完怎么办啊？

吴老师又一次把“球”踢给了大家：是啊，又出现了新余数怎么办？

众生：接着分呗。

生1：如果还没分完怎么办？

众生：接着分呗。

生1：如果还没分完怎么办？

与学生一起探讨

众生：接着分呗。

生 2：会不会永远也分不完呢？

生 3：老师，这样会不会出现“螺旋小数”啊？

吴老师笑着说：“是啊，你的问题值得思考。说不定在后面的学习中，我们真会遇到‘螺旋小数’呢。”（吴老师亲切地借用了孩子们口中的“螺旋小数”。）

吴老师请同学们为这节课起个名字，同学们异口同声地说：“这节课就叫‘分、分、分’呗。”

师：下课。

生 4：老师，我还有一个问题，如果遇到除数不是 2，是 0.2 该怎么计算啊？

没等吴老师反应过来，一位学生站了起来：0.2 要是 2 多好呀！

师：我也这么想过。那就变成 2 吧。

生 5：不行，那样商可就该变了。

……

吴老师又一次宣布下课。几个学生围了过来继续讨论，竟然有人提出了能不能根据商不变的规律来计算。

令我们难忘的是一位小姑娘走到吴老师身边轻轻地说：“我舍不得您……”在场

的每一位老师同样被感动着。

同学们带着思考、带着问题、带着留恋，依依不舍地离开了课堂……

（从有余数的整数除法因需求转变成更精准的小数除法，孩子们问题不断、思考不断。他们在不断发现新问题、提出新问题、解决新问题中感受到分下去、继续分下去的极限思想。生动易理解的儿童语言，深入浅出地讲解，让孩子们比较深刻地理解了小数除法的本质。课堂上，吴老师自然而然地进入了儿童的话语系统，陪伴着孩子们从头到尾地思考，顺应孩子的思维而导，与孩子的情绪自然合拍。

质朴、简洁且温暖的课堂，令孩子们不舍，令老师们留恋……这正是吴老师的人格魅力所产生的强大磁场。一节课的结束，带给孩子们的不是终止，而是对于小数除法的再思考、再追问……对数学学习的再向往、再期待……）

【评析】

吴老师执教的这节《小数除法》，内涵十分丰富，对我们理解运算能力、把握小数除法的数学本质，检视自身的教学能力，都提供了可资借鉴的重要参照，为教师走进孩子的世界点明了可遵循的努力方向。本文拟从三个方面，具体探讨我们应该从吴老师那里学些什么。

一、如何把握运算能力的内涵

运算是人们日常生活中应用最多的数学知识，也是整个小学数学体系中占比最多的内容。过去，小学数学就叫算术，今天，小学数学虽然已拓展为一个比算术更为辽阔的领域，但运算能力仍然是小学数学的一个核心概念，是小学数学的重中之重。那么，这个运算能力，是否还是过去的那个算术？这个重中之“重”重在哪里？

之所以一开始就这样提问，是因为，当运算能力重新出现在人们的视野时，恍惚间让人觉得过去的那个算术又回来了，原本追求“对、快、准”就很得心应手，这下子，又可以向重复训练、机械记忆、精讲多练等要效率了。反映在课堂教学研究领域，一些大型的课堂教学展示活动，有时连一节以运算能力为主题的课例都没有，不是因为不重要，而是觉得人人耳熟能详，再把运算能力作为课例，恐难于出新。

问题是，真的耳熟能详了吗？

为回答这个问题，我们先简单回顾一下吴老师这节课的大致过程，看看在她的课堂里孕育生发的是一种什么样的运算能力。

这节课一开始的《格林童话》，是一本学生喜爱的读物，另外，学生在二年级就已经了解了除法的意义，有了平均分的经验，知道了平均分的结果可能正好分完(整除)，也可能有剩余。这些都是学生已有的生活经验和知识积累，也是他们喜欢这节课的源泉和教师开展教学活动的依据与出发点。吴老师一直主张数学应该“好吃又有营养”，其中的“好吃”与否，就与这些“已有的生活经验和知识积累”有关。

接下来，“买四本格林童话”这件平平常常的事，却被已知的 97 ÷ 4 所余下的那个数卡住了，原本可以“有剩余”的除法，在这里已经行不通，但不把这个余数平均分了，又解决不了问题。于是，伴随着还能不能继续分、究竟该怎么分等新问题的产生，学生原有的生活经验和已有的除法知识积累，顺理成章地成了寻找新算法的生长点，逐步融入“必须继续分”的过程当中。

在解决“究竟该怎么分?”的整个过程中，我们看到的情况是：一直在黑板前、课桌旁忙活的是学生，吴老师多半是站在一边观察，但时不时说出这样一些短语：“把你的困惑说出来”“你想知道什么”“问……接着问……”“说呀……接着说……”“不急，停下来想一想”话不多，也不复杂，但眼看着，从分“钱”开始，伴随着“为什么是这样”“还可以怎么想”渐渐的，“钱”的概念淡去了，分“钱”开始转化为分“数”，特殊开始转化为一般，具体开始变得抽象，在孩子们手里，并不那么简单的“小数除法”开始呼之欲出。

循着这样的过程，最后，学生不仅把 97 ÷ 4 除尽了，也会算如 51 ÷ 2 这样的问题了，甚至大体上搞明白：51 ÷ 0.2 的道理就在于“0.2 变成 2 就好了”。同时，他们也在“继续分”的过程中，体会到了小数点的奥秘。

更多的细节在课堂实录中都可以看到，上面仅记述了这节课的大致过程，目的是说明，这样一个过程，就是今天培养运算能力所必需的教学生态。

在《义务教育数学课程标准(2011 年版)》中，作为核心概念提出的运算能力主要是指“能够根据法则和运算律正确地进行运算的能力。培养运算能力要有助于学生理解运算的算理，寻求合理简洁的运算途径解决问题。”其中值得特别关注的，是关于“理解算理、寻找算法”的要求。这里的“寻找”是一个前所未有的新提法，即这个运算能力中的运算不是现成的，而是需要经由学生的发现得到。所以，今天的运算能力，已经改变了以往单纯追求“又对、又快”的传统面貌，作为“算法多样化的”升级版，为学生的探索、发现提供了一片沃土。

但在现实当中，运算能力的这一重大变化，尚未引起普遍关注，更谈不上耳熟能详，本来其中已经包括了实实在在的创新要求，但人们脑海里的，还是原来那个难于出新的印象。正是从这个角度，吴老师的这节课，对当前理解运算能力的内涵，有着特别重要的意义。从现实中的问题(书的单价)到数学中的问题(97÷4)；从有余数的除法到小数除法(余数必须继续分)，这个从头到尾引导学生寻找解决问题答案的完整过程所反映的，就是改革新常态之下，运算能力教学应有的直观教学生态。这节课以清楚的节奏，始终聚焦于引导学生对余数的一分再分，在一个探索、发现的过程中呈现出标准所期待的运算能力的内涵。比起那些理论著述中关于运算能力的晦涩表述，吴老师在这节课上的教学把握，更有助于我们开展运算教学时借鉴。

二、如何把握小数除法的数学本质

教学形态或多或少可以模仿，而对教学内容的理解，在某种程度上，才是这个以“寻找”为主旋律的课堂里的“定海神针”。

在这节课之前，学生已经认识了小数，这节课的小数除法，重点在运算，而小数的本质恰与运算有关。

长期以来，对“分数、小数和百分数是一个数还是三个不同的数”就多有争论，我们甚至见过某人大代表要求澄清这是三个不同的数的来信。其实答案十分清楚，在有理数轴上，这三个数属同一个点，所以这三个数毫无疑问是同一个数。但是，数本身还有另一个重要的功能——表示，之所以有一个和三个之争，就是由同一个数的不同表示引起的。例如，要反映整体与部分之间的关系时，往往要用分数；要在不同客体间对同一对象进行比较时，显然百分数更容易一目了然，这时候的分数和百分数更像是一个模型；而小数则是运算的结果(如97和4都不是小数，结果生生除出一个小数24.25来)，而这个结果又成了能简洁表示一个大数的基础(科学计数法)。所以分数、小数、百分数是一个数的三种表示，各安其所，缺一不可。

再回到小数，在可度量、有单位的情况下，所有的小数都可以转化为整数，基于此，小数运算的算理就是整数运算的算理。唯一需要关注的是抽象的小数除法，一旦除不尽时，就要模拟有单位的具体情况，把角换成分，把米换成分米，把1换成10个0.1，等等。于是小数除法最本质的内容出现了：把明明没有单位的数硬要按有单位的数那样去除，明明1除不了2，为了“必须继续分”就要把1当成10以保持运算的可持续性。所以，小数除法的本质就在于如何记录把余数1放大十倍后造成的误差，而这个记录就是小数点。一般说来，小数除法，是整数除法的自然延续，小数点是基于等式性质的特殊标记，是运算的结果。如 1.25 元中的小数点与运算无关，仅是标示出客观存在的单位，而 $51 \div 2 = 25.5$ 的小数点则是运算的产物，生活中的小数和数学中的小数，有时候还不是一回事。这就是了解小数数学性质的意义所在。

上面说到的内容，几乎都没有在吴老师的课堂话语体系里出现，但我们已经清清楚楚看到的是：一向不做什么激情演讲的吴老师，面对“分不完也要分”的情况出现时，是充满自信地往讲台中间一站，并大声说出四个字“定海神针”！她以自己为“特殊标记”，推动学生“接着说”、继续算。学生的计算每向前一步，她都会大声问：谁在我的左边？谁在我的右边？引导学生以课堂中间的老师为参照，把“除不尽”一步步除下去。于是，具象的教师代表了抽象的数位区隔，这个画面，切中要害，抓住本质，小数除法的算理以这种形式展现，实在是太美了。

我们相信，虽然吴老师没说什么是本质，也没提这经验那思想，小数点是每当遇到除不尽又必须除下去时的“定海神针”这一点，对学生的影响必定是深远的，不仅今后遇到“除不尽也要除”的情况时，“左边、右边”的声音，一定会在他们的耳边不断响起，而且他们也会有足够的自信，去面对未来更多的挑战。

伴随着运算过程发现的小数点，道出了小数除法的本质，除了有用，这也是一道丰富的数学营养餐，学生通过自己的尝试发现了：只要有算理在，总会在看不见路的地方，蹚出一条“继续算下去”的路来，由此产生的自信，自会转化为这道数学营养餐的美味。

不过我们也知道，虽有营养但不好吃的数学菜谱里也少不了小数点，不知多少学生，在与小数点不知所云的机械操作中迷失了自我，甚至被小数点搞的与数学日渐疏离。

吴老师在这节课的教学实践中证明，小数点不是哪个数学家的天才发明，想让有营养的数学同样能够好吃，离不开教师对数学本质的把握，因为这是引导学生探索的基础。只有在解决问题的尝试中，才有可能揭示小数点的来龙去脉，发现小数点在把余数除尽过程中的作用，也才有可能体会到，无论是站在那里的吴老师，还是点在两个数字之间的小圆点，都是在提醒数位的变化，都是等式性质派来的权威代表。把这些想清楚了，小数点才真正成了学生数学菜谱里的一道美味。

我们每每感叹吴老师对数学本质的把握能力，许多长篇累牍也说不清道不明的事，她有办法通过自己的轻轻一站，使学生豁然开朗。我们也深知，做到这些，对她而言，也绝不会是一蹴而就，离不开经年的磨砺与思考。所以，吴老师理解与把握小数除法数学本质的思路与实践的确值得深思与回味。

三、如何走进学生的世界

在这节课快结束时，出现了一个让人感动的场景，一个学生在课堂上轻轻地对吴老师说："我们舍不得您。"看到这里，作为旁观者，我们的内心也感到很温暖。显然，与孩子只见过这一次的吴老师，比我们更容易走进孩子们的世界。

她是怎么做到这一点的？

好像在这节课上，也看不到什么特别之处。如果一定要找原因的话，她好像很少站在讲台中央，也很少固定在一个位置太久，常常是站在侧面、后面或穿行在学生中间；她好像没有什么咬文嚼字的高谈阔论，也没有"你今天想到了哪些数学问题"一类的生硬提问；她好像经常请学生上台展示，而且往往一来就是一小帮，他们不仅互相提携，有时也相互质疑；她好像通常会站在学生的身后，在学生信心略显不足时，轻轻地推一把；那些不太发言的同学，好像更会被她注意，一个微笑、一句鼓励、一声赞美，常令这些孩子一下子自信地挺直了腰板；她好像 PPT 用的不多，即使用，好像也看不到那些花哨的效果……但这些，我们好像也做得到啊，所以原因应该不仅仅在这里。

"教不严，师之惰"，教师行管束之责，一直是我们的传统。但凡管，必然是居高临下，于是管束在不知不觉中异化为一种无形的压力，长此以往，无论如何引导，教师是课堂里的绝对权威这一点，就难于有太大的改观。课程改革下不去的"深水区"，教育领域的陈年积弊，都多多少少与此有关。

反观吴老师，她身上一个与众不同或与生俱来的征象是：对她来说，学生先于老师的存在。一直以来，她都把学生看作应该对自然和生命敬畏而面对的平等对象，从来没有简单地把学生置于自己的预期和目的之下，从来不对他们居高临下地高谈阔论，而总是努力让自己能够沉浸在学生的绚烂光华中。

这是一种难得的平等观念，虽然不容易学得来，但我们在内心一定要想清楚的是：无论是小数除法的运算法则，还是小数点的数学本质，我们对林林总总的数学掌握得再多、再熟，都没有教师自己改变角色、改变姿态、改变位置，从绝对权威的位置上走下来，进入孩子的世界，成为他们良性发展道路上的伙伴和朋友重要。彻底抛弃居高临下，远离高压手段，以发自内心的平等姿态去面对学生，才能最终使课程、教学成为一种良性的环境力量，激发学生的主导本能和自主工作本能无拘无束地展开，才能让学生下课了，仍然对你恋恋不舍。

（中央民族大学教授孙晓天，北京市顺义区教育研究考试中心教级教师　张秋爽　评）

大家眼中的“我”

——温暖·智慧·坚守

追随吴正宪老师的脚步，回顾吴正宪成长的历程，她之所以受到人们的认可与尊重，源于她美好的人品和健全的人格。她善良、诚恳、谦和、宽容；与人们相处，她平易近人，乐于助人，用热情温暖他人；干起工作，她踏踏实实，尽心尽力，她用智慧和勇气追寻教育的真谛，坚守着自己的教育理想。她的真诚、友善打动着身边的人们，与吴正宪共事的人都会被她的真情所感染。正如她的徒弟们所说：作为导师，她是令人尊敬的；作为朋友，她是平凡而普通的，是可以信任和依赖的。现在我们就一起走进大家眼中的吴老师。

——工作站的团员们

一、吴正宪儿童教育之本

——热爱

东北师范大学　马云鹏

我是2000年认识吴正宪老师的，那时她已经是全国很有名气的特级教师。当时，东北师大教育科学学院受教育部委托举办全国新课程国家级骨干教师培训班，为期一年(其中在东北师大集中培训三个月)，吴老师被推荐为培训班的学员。由于我从事小学数学教育专业的教学与研究，对吴老师早有耳闻。但在这三个月的集中培训过程中，我对吴老师有了更深入的了解。她丰富的小学数学教育实践，无论到哪里上课都受到学生的爱戴；她谦虚大度，对每一个人都是那样热情；她具有对小学数学教育事业的不懈追求以及对小学数学课堂教学一丝不苟的探索精神，感动着、影响着周围的每一个人，包括同班的学员、上课的学生、听课的老师，以及为这个培训班上课的教授们。三个月的集中培训结束时，我们也从这些学员身上学到了更多的小学数学教育第一线的活生生的教育案例，从像吴老师这样的一批学员中学到了许许多多小学数学教育的经验与方法。我与他们中的许多人至今都还保持着联系，他们是我从事小学数学教育研究的同行，也是共同探索小学数学教育改革问题的朋友。

从那时起，我就一直想有机会给吴老师写点什么，说一说她的教学风格、她的教育理念、她对学生的热爱、她对数学教育的执着等。今天正好有这样的一个机会。书中的许多话似乎也是我这10年来想对吴老师的数学教育说的话，读起来十分亲切生动。本书生动地将吴老师的数学教育思想描述了出来，并进行理论概括与总结，把吴老师的教育思想和实践展示出来。似乎我要说的许多话在这本书中都有了。我还是很珍惜这样一个机会，来说一说我对吴正宪老师儿童数学教育的理解。用“吴正宪老师数学教育之本”来概括我所写的东西也许太大，但这是我这些年一直思考的一个问题。孩子们爱上吴老师的课、同事们愿意同吴老师合作、年轻老师们渴望和吴老师交朋友、专家们将吴老师的教学作为案例写出来讲给学生，如果能把这些原因找出来，可能就是吴老师数学教育之魂吧。

第一，热爱儿童是吴老师数学教育充满活力的不竭动力。

“一切为了儿童”已经成为时髦的口号，但真正做到一切为了儿童并不容易，吴老师做到了。她是发自内心地热爱儿童，是用自己的教学行动热爱每一个儿童，使每一个儿童都在她的课堂上得到满足，使每一个儿童都能在学习过程中有所收获。吴老师相信：“爱的核心是尊重，尊重儿童是更高层次的热爱、教育和保护。”这种对每一个儿童的爱体现在她的每一节课堂教学中，体现在她每一个教学活动中。这本书中的许多案例向我们展示了吴老师是如何把这个爱的教育融入具体教学实践之中的。

“那是一次大规模的教学研讨会，容纳 1000 多人的礼堂座无虚席。上课前细心的吴老师看到有个学生老在门口走动，就悄悄地问班里的其他同学：‘他是谁呀?’几位学生几乎异口同声地说：‘他是差生。’‘老师没选他来上课，是他自己跑来的。’一个学生又补充说。吴老师的心猛地一颤：小小的年纪就被‘差生’的帽子扣在头上，还不让他与同学一起来上课，这无意的举动已经伤害了孩子幼小的心灵。顶着‘差生’帽子的漫漫人生路，以后他该怎么走啊！想到这里，吴老师走过去亲切地问：‘孩子，你怎么了，有什么事吗?’他小声地说：‘老师没选我来上课，我也想和同学们一起上课。’听到这话吴老师连忙说：‘我就是今天来上课的吴老师，请你和同学们一起来上课好吗?’吴老师牵着孩子的手一起走向讲台。吴老师知道这是一棵受了伤的小苗，在课堂上给了他特别的关照，多次请他回答问题。孩子第一次感到在众人面前‘自己也能行’！后来这个孩子的数学老师受到了感动，这个孩子学习的热情也被唤起，原来被认为是‘差生’的孩子也取得了较好的数学成绩。”

吴老师就是用这样的方式表达她对每一个儿童的关注、对每一个儿童的爱。她的每一节数学课都充满激情，都关注每一个儿童的表现。她的热情与激情使得每一个儿童都全身心地投入数学学习活动之中。无论是学习好的学生，还是学习上暂时有困难的学生，他们都会在课堂中得到满足、有所收获、对数学学习产生兴趣和乐趣。这样的数学教学来自吴老师对儿童的尊重、对儿童的信任、对儿童的热爱。她在课堂上首先关注的是儿童的感受，是儿童对数学的理解，用吴老师的话说就是：“要想让学生喜欢数学，最重要的是让学生先听懂数学、学会数学。只有听懂了、学会了，才可能喜欢上数学。”吴老师正是把她对儿童充满激情的爱化为教育活动的不竭动力，几十年来用她的每一节充满活力的课、每一个充满激情的教研活动诠释着这一教育理念。

第二，热爱教育事业是吴老师数学教育一直追求的神圣责任。

著名教育家夸美纽斯说过：“教师是太阳底下最光辉美丽的职业。”教师这一职业之所以伟大就在于教师肩负着培养教育下一代的崇高使命。从吴正宪老师的教育生涯中，我们看到了一位教师对教育事业的热爱、对教育这一神圣责任的不懈追求。吴老师几十年来认认真真地上好每一节课、全身心地投入组织好每一次教研活动、创造性地带领自己的团队研究小学数学教学问题，体现了她对教育事业的热爱、对教师这一职业的神圣责任。在一名优秀的小学数学教师的诸多品质中，也许责任是最重要的。对教育事业的责任、对教育对象——儿童的责任、对同伴专业成长的责任，从吴老师的每一节课、每一个活动、每一个项目中都可以看到对这些神圣责任的追求。

吴老师在她的数学课堂上不仅传授知识技能，更重视把学生看作完整的人，对学生的整体发展负责、对学生的一生负责。“她根据数学学科的特点努力以数学的理性精神影响学生，为学生的后续发展积蓄力量。她的数学教育教人做真人，让学生懂得去伪存真；她的数学教育教人守规则，让学生懂得自律；她的数学教育教人敢承担，让学生懂得责任；她的数学教育教人不怕困难，让学生拥有意志；她的数学教育教人会自省，让学生懂得反思。”这种教育理念远远超出了数学教学本身，完全是出于她对学生成长的责任，出于把数学教育作为促进学生健康成长的一个载体。在这样的理念支配下，她所追求的就不只是课堂教学中的一招一式，而是在为学生成长负责这样一个大目标下处理数学教学中的问题。这样的理念支配着吴老师在具体的课堂教学中所做的决策和选择。

从一位家长的信中可以看到吴老师是如何对每一个学生负责任的，“当初的陈晖是一个胆小的陈晖，从来不敢发言，整天躲在旮旯里，在班里有他没他都一样。今天的陈晖已然是一个阳光的、充满自信的、幸福的陈晖，是您给陈晖带来了幸福，能够做您的学生真是太幸运了……上学获取知识固然重要，但比知识更重要的是要有完善的人格。您总是用赏识的眼光去发现学生的优点，鼓励他们，无限量地调动学生的潜能。给我印象最深的是陈晖的数学基础很差，和同学差距很大，可是您从不放弃对他耐心的帮助。给学生讲课后，您不忘把陈晖叫到讲台前，不厌其烦地给他补课，对她点点滴滴的进步您总是抱以掌声说：真棒！每当陈晖遇到困难时候，您依然鼓励他勇于面对困难、分析问题、相信自己。”

2008 年 6 月，“吴正宪小学数学教师工作站”的成立，为吴老师教育思想的凝练和推广，为一支有活力、有思考的教师团队的成长搭建了一个平台。吴老师为工作站所做的努力、对建立教师专业发展团队所做的贡献更显示出其对青年教师成长的关心以及对我国数学教育事业发展的责任。现在，当你打开“吴正宪小学数学教师工作站”的网页，你会看到她和她带领的团队在小学数学教学研究中开展的创造性的活动，看到许许多多小学数学教师从吴老师和她团队的研究活动中所得到的收获和感想。借助现代化的传媒手段，吴老师的数学教育思想和实践正在从一点扩大到一个圆（她的团队），进而到一个平面，影响全国越来越多的小学教师。

第三，热爱数学是吴老师数学教育永不满足的智慧源泉。

数学是抽象的，有时学习数学又是枯燥的，许多人对数学望而生畏。而数学又是有用的，每一个人的生活和学习都离不开数学。好的数学教学可以使学生产生兴趣，进而不懈地探索数学的奥秘；而不好的数学教学可能把学生扼杀在学习数学的初期阶段。从这个意义上说，小学数学教育作为学生学习数学的启蒙阶段就显得十分重要。让每一个学生对数学产生兴趣、让学生感受到数学的价值和学习数学的乐趣，这对于小学数学教师来说既是挑战也是一份责任。吴老师在自己的教学实践中不断地探寻数学教学的方法，不断研究数学与数学教育的规律，总结出让学生学习“好吃又有营养的数学教育”这样通俗又富于哲理的教育理念，更生动地体现了小学数学教育的价值。

数学的抽象性和严谨性特征决定了学习数学和研究数学必然需要智慧、需要思考。而数学教育的任务正是在于，教育者要将抽象的、枯燥的数学演绎成学生感兴趣、学生可以接受又不失数学本质和数学价值的形式。数学教师应当用有效的方式启发与引导学生探索数学的奥秘，并在探索和学习的过程中对数学产生兴趣，学到有用的东西。吴老师在多年的实践探索中总结出的“为儿童提供好吃又有营养的数学教育”的理念贯穿于她数学教育活动的全过程之中，体现了吴老师的教育智慧，蕴含了她对数学和数学教育价值的理解与探索。“读懂学生、读懂数学、读懂教材、读懂课堂，努力找到实现数学教学目标和体现儿童数学教育本质要求的课堂形式”是对吴老师数学教育本质的生动描述。

《吴正宪与儿童数学教育》是吴老师为中国儿童数学教育领域做出的贡献，小学数学教学与教育研究工作者将从这本书中学到许多有价值的东西。相信会有更多的小学数学教育实践者在小学数学教育改革的实践中不断探索前行，推动我国小学数学教育事业的发展与繁荣。

2015 年 10 月

二、回归儿童

——走向生态的儿童数学教育

北京教育学院　杨文荣

我曾经解读过吴正宪，但真要读懂吴正宪又不是一件容易的事情。吴正宪的课堂教学像磁石一样，磁力来自哪里？吴正宪对待教育事业的热情像火一样，动力何在？即将付梓的《吴正宪与儿童数学教育》从理论与实践相结合的角度，回答了这两个问题，使我们对吴正宪及其儿童数学教育有了更加深刻的认识。这种认识，对于推进教育科学发展、促进课堂和教学改革都具有重要的理论价值和实践意义。

吴正宪是儿童数学教育家，从教 40 多年来，无论是教学还是教研工作，她都从未离开过教学实践。邓小平说：“一个新的科学理论的提出都是总结、概括实践经验的结果。”吴正宪具有丰富的儿童数学教育实践经验，这些实践经验为构建儿童数学教育理论体系奠定了坚实的基础。吴正宪的儿童数学教育理论体系内涵十分丰富，包括儿童数学教育思想和儿童数学教学艺术等。《吴正宪与儿童数学教育》一书充分体现了吴正宪数学教育理论体系的本质。

我们究竟应该怎样全面地认识吴正宪呢？对于这个问题，吴正宪是这样回答的：“教师工作是我生命中的重要经历。我在年复一年、日复一日地付出、奉献，我也在年复一年、日复一日地收获。我收获了孩子们的那份真诚与渴望；收获了老师们的那份热情与期待；收获了社会的认可与尊重。同时，我也在探索教育教学改革的道路上获取了自身成长过程中的成功和快乐，实现了个人生命价值与教师职业生命价值的和谐统一。”短短的几句话体现了吴正宪的一种追求、一种境界、一种精神、一种责任。弄清这几句话的真实含义是读懂吴正宪的突破口。我认为这段话有这样几层意思：一是以为学生、教师和社会发展奉献一切的人生观，她时刻想着孩子们的渴望、想着老师们的期待、想着社会发展的要求与责任。二是以个人生命价值与教师职业生命价值的和谐统一为取向的价值观。她视教师工作为自己生命的重要经历，这是一种境界。在工作中，她把做人与做事统一起来，她说："做教师首先是做人，不管走到哪里，一个人的师品、人品最重要，做人就要做真人，做正直的人，做对国家、事业有用的人。做教师，首先要有敬业精神和奉献精神，把自己对学生的爱、对事业的爱化为自觉的行动。作为教师，高尚的师德最重要。"在社会存在严重的浮躁和功利思想的情况下，向吴正宪学习，树立正确的价值观尤为重要。三是探索教育教学规律，走教育改革、创新之路。爱因斯坦说："追求真理比占有真理更加难能可贵。"在 40 多年的教育生涯中，吴正宪始终在探索教育教学规律，并使自己的工作不断地创新。这种勇于改革、不断创新的探索精神是值得学习的。

解读吴正宪及其儿童数学教育理论体系使我们更全面地了解《吴正宪与儿童数学教育》一书的实质，我们在学习这本著作时应注意以下几点。

第一，把握整体，抓住核心，从哲学上认识《吴正宪与儿童数学教育》的实质。

研究《吴正宪与儿童数学教育》不能片面地研究某一个方面，而应该把握整体，抓住核心的内容。所谓整体是指把握"吴正宪儿童数学教育理论体系"，核心是指吴正宪儿童数学教育思想，这样才能从哲学高度学到本质的东西。

吴正宪儿童数学教育理论体系包括儿童数学教育思想和教学艺术实践两部分内容。在儿童数学教育思想方面，吴正宪的基本观点是：儿童是活生生的人、儿童是发展中的人。这就是吴正宪的儿童观。吴正宪儿童观的特点是：儿童是人、儿童是独立的自由主体、儿童是在发展成长中的人。以人的方式理解儿童，强调儿童的主体地位，发挥儿童的积极性、主动性，让儿童有尊严地生活，这是吴正宪儿童数学教育思想的一大亮点，也是吴正宪教学成功的根本原因。乌申斯基说："如果教育学习要全面地去教育人，那么它就必须首先全面地去了解人。"认识儿童、了解儿童，这是教育儿童的起点。苏霍姆林斯基说："没有对儿童的了解，就没有学校，就没有教育……"吴正宪的教育实践又一次诠释了这一论断的科学性。

除了前边谈到的儿童观之外，本书还论述了吴正宪的儿童数学教育观。其基本观点是：传授知识、启迪智慧、完善人格。这三者互相联系，构成了一个完整的目标体系。在这个目标体系中，每一项内容都有其特定的内涵。随着课程和教学改革的不断深入发展，每一项内容都有新的生长点，这在书中已有详细的论述。在数学教育中，强调传授知识的同时要启迪智慧、完善人格，使师生得到全面发展，这充分体现了儿童数学教育的价值，也符合教育发展的规律。

《吴正宪与儿童数学教育》一书的内容是十分丰富的，儿童观和儿童数学教育观只是其中两个方面的重要内容，其中创新是一条主线。她创造性地提出学生创新精神四部曲：(1)唤起创新意识——使学生想创造。(2)培养创新精神——使学生敢创造。(3)提高创新能力——使学生会创造。(4)体验创新快乐——使学生爱创造。“想”“敢”“会”“爱”四部曲，揭示了培养儿童创新精神的规律。这对我们培养国民的创新意识、建设创新型国家具有极为重要的意义。

本书的灵魂是教学实践的指导思想。我们在方法论和从哲学高度全面地进行研究是十分必要的，因为只有从哲学高度才能认识该书的本质。

第二，回归儿童，走向生态的儿童数学教育。

回归儿童、走向生态的儿童数学教育是吴正宪儿童数学教育的重要特点。把儿童的心灵从成人的束缚中解放出来，回归儿童很有必要。生态是指生物在一定的自然环境下生存和发展的状态，教育生态学是研究教育活动中生命体与自然环境之间相互关系的学问。吴正宪老师提出“好吃”“有营养”的数学课堂教学，即“生命课堂”“主体课堂”“智慧课堂”“灵动课堂”等八类课堂教学，充分体现了生态儿童数学教育的特点。这种教学使儿童处于生命的状态。滕守尧说：“儿童的生命状态，是指儿童那种活泼、自由、奔放、充满想象和情趣的状态。”走向生态的数学教育、使儿童处于生命状态是一种新的教学模式，也是吴老师教学成功的关键，值得我们认真学习。

第三，在儿童数学教育中学习教学艺术关键在于促进“真、善、美合一”。

“神乎其技”是吴正宪的教学艺术。她在教学实践中所表现的“真情流淌”“经验对接”“思维碰撞”“机智敏锐”“纵横联通”“以做启思”等，都是她教学艺术的结晶。吴正宪的教学艺术特点是情思结合、知情交融、情感与形象一体化。吴正宪的教学磁力来自教学艺术，来自超凡的人格魅力和学识魅力。吴老师上课学生爱听、教师想听的原因就在这里。其实在生活中也是这样，吴老师是一个追求真的人、一个追求善的人、一个追求美的人、一个追求“真、善、美合一”的人。

在“真、善、美合一”思想的指导下，吴老师把人性美与数学美真正地融合起来，这成为她的教学特色和艺术品牌。

2015 年 10 月

三、唤醒教育的诗情

——追踪吴正宪的课堂

《人民教育》记者　刘然

美丽的“陷阱”　美丽的诗

对于一个搞艺术的人来说，作品代表一切。听过吴正宪的课的人会说，对于一个教师而言，课堂代表一切。

久久不肯离去的情愫

吴正宪是小学数学特级教师，仅仅40分钟的时间，她就有本事让学生对数学课着迷，把上课当作享受而不愿下课。

那是在长春的一次课上，为了下课的事，学生与校长发生了“争执”。

那天上的是五年级“解决问题”，在课堂上，学生们也许是有生以来第一次体验到了欲罢不能的学习冲动，强烈的求知欲就像加了柴的火焰越烧越旺。到了下课时间，吴老师几次和学生商量：“可以下课了吧？”每一次，学生都毫不犹豫地拒绝：“不行，坚决不能下课！”

眼看吴老师下不了课，校长灵机一动，赶忙到传达室找出一个铁铃铛，一直把铃声摇到了教室里，这是郑重提醒学生——下课了。谁料，学生们听到铃声后急了。整堂课用的都是普通话的学生，这时变成了东北腔：“你咋整的，干啥呀你！”甚至有些学生站起来责问校长为什么要下课！

好学者不为罪。校长只好让了步：“好好好，就再上5分钟。”

终于下课了。谁知学生们又提出了一个新的请求：希望吴老师再给他们上一节语文课！——这个看似无理的请求，恰好是对吴老师课堂最好的评价。不只是学生“沉迷”于吴老师的课堂“不能自拔”，就是教师们也以错过听她的课为憾事。

说起来这也算是佳话了。吴老师到杭州做课。会场里来了位年轻人，但她来不是为了听课。她听过去的同事说：“北京来了一位特级教师讲课，我们大家都去听，不如你也来吧，趁机聚一聚。”于是她就抱着聊会儿天的目的来了。然而，吴老师的第一句话“老师们，朋友们……”就把她吸引住了。那格外亲切、诚恳、新鲜的话语，像有魔力似的一个劲儿地往心里钻，她竟然听进去了，竟然被感动了。下课了，她呆坐在那里，看到激动不已的老师们团团围住吴老师问这问那，她才回过神来。她奋力挤到吴老师的身边，拉着吴老师的手说：“我本来是教师，干得没劲，就改行做服装去了。今天听了您的课和报告，我突然觉得自己一定要重返教育战线！”

一堂课竟然有这样的力量！

没有教过数学，没有领略过数学教学趣味的教师，听了吴老师的课后，往往脱口而出：“陷阱，一个美丽的陷阱！”他们感慨：“真后悔自己当初没有选择教数学。”

的确，吴正宪的数学课，就是一个个美丽的“陷阱”，是一首首美丽的诗，学生听了不由自主地“深陷”其中；教师听了也不禁流连忘返，把能上出这样的课作为自己的梦想和追求。

我们期待更多的这样美丽的“陷阱”，我们渴望走进这样美丽的诗意世界。

为了学生持久的学习激情

20 多年前，吴正宪接手了一个五年级新班。原班老师介绍情况时告诉她：这班学生对数学课毫无兴趣，上课不爱发言，有的连作业都不完成，尤其是小李……话语间流露出几分无奈。假期里吴正宪在与学生的接触中，听到了他们不喜欢数学课的种种理由：“一提起数学课就头痛，一些干巴巴的数字符号和枯燥的公式算理上课听不懂，索性不听。”“上数学课除了老师没完没了地讲，就是我们没完没了地做题，实在没意思。”……学生的反映，实际上是当时数学课堂中普遍存在的问题。

9 月 1 日开学了，学生们走进教室，面前的一切令他们眼睛一亮：讲台上摆满了大大小小的立体图形，贴在黑板上的花花绿绿的几何图案，还有列在黑板上的许许多多有趣的问题：“认识我吗——伟大的 0”“你知道阿基米德检验金冠的故事吗”“数学家索菲愿意做你的朋友”“车轮为什么制成圆的”……这些紧紧吸引住学生的视线，给了他们数学课堂耳目一新的感觉，随之一种久违了的新鲜感油然而生。学生们七嘴八舌地议论开了。

他们哪里知道，吴老师事先精心导演的这一幕“走进美妙的数学世界”，是要在他们头脑里撒下一粒火种，以点燃他们封存已久的智慧火把。从那一刻起，他们就在吴老师的带领下走进了数学乐园，燃烧起求知的兴趣之火。而那个被老师重点提到的小李，竟然在六年级毕业考试中取得了 95 分的好成绩。为什么会有这样的转变？让我们听听小李的说法：“我是一个提起数学就头疼的人，但从吴老师接班的第一节课就开始喜欢上了数学，从此数学就像有吸引力一样把我紧紧地吸住了。”

“兴趣是最好的老师。”这已是老生常谈。但是又有多少教师对此有深刻的领会呢？我们不是经常发现，有些教师在教学论文里说要激发学生的学习热情，却又在课堂上用实实在在的行为浇灭学生求知的激情吗？

吴老师的高明之处，就是善于琢磨这些老生常谈背后的深意，并善于把自己独到的理解转化为教学行为。她深深地知道，要让学生对学习充满热情，不能仅凭一次两次的活泼热闹，而是要在整个日常教学过程中，设计具有挑战性的教学情境，以不断地激发学生的学习欲望。苏霍姆林斯基说：“兴趣并不在于认识一眼就能看到的东西，而在于认识深藏的奥秘。”吴老师的教学就是想方设法地让学生兴致盎然地去探究“深藏的奥秘”。比如她从教学内容本身寻找趣味，揣摩儿童心理，挖掘课程资源，把在广阔的数学世界中捕捉到的有趣的史料和故事引入课堂，让学生在解决问题的过程中感受数学的魅力，感悟数学思想，体会数学方法。她的课堂由此从充满趣味迈向了具有丰富内涵的境界。

一个教师之所以成功，就在于他有能力让学生对学习保持持久的激情。

寻找生活与教学的结合点

数学对于儿童来说是抽象的、陌生的，但生活对于儿童而言则是形象的、熟悉的。如果儿童能从生活中寻找数学模型，沟通数学与生活的关系，枯燥单调的数学公式就会变得鲜活起来，就会一下子拉近儿童与数学的关系。吴老师的课就是尽可能地寻找数学与生活的结合点，并把它们黏合得天衣无缝。因此，在吴老师的课堂里，学生会有一种鲜明的感受：数学离我们并不远，数学就在我们身边，我们就生活在数学之中。

吴老师在执教“用字母表示数”一课中安排的如下练习，旨在用学生的生活经验促进数学思考，引领学生在问题解决中体验“用字母表示数”的简洁与概括，激发学习需求，体会学习该知识的意义与价值。

师：每盘有4个苹果，2盘有几个苹果，怎样表示？（一位学生到黑板上板演，其他学生在作业本上记录。）

生1：4×2。

师：3盘呢？5盘呢？21盘呢？56盘呢？79盘呢？100盘呢？1000盘呢？

生1：4×3；4×5；4×21；4×56；4×79；4×100；4×1000；……

同学们快速地记录着……随着算式越来越多，有些人开始怀疑“还要继续写下去吗？”

众生交头接耳……终于有人喊出了“太多了，受不了了！”

师：“受不了了”，就得想办法呀！

生3：我可以写成“4×x”个。

生4：“4×x”是什么意思？

生3：有“x”个盘，就有“4×x”个苹果。

（众生顿悟，刚刚学习的“用字母表示数”在这派上了用场。）

师：你们的感觉真好！“x”可以表示多少？

生：1、2、3、4、5、10、100……

师：$4\times x$ 表示什么？

……

师：假如用“x”表示小狗的只数，你能提出什么问题，又该怎样表示呢？

……

师：假如用“x”表示小汽车的辆数，你能提出什么问题，又该怎样表示呢？

……

学生开始尝试着自主提出问题，有问有答。

生 1：每张桌子 4 条腿，我用“x”表示桌子的数量，你知道“x”张桌子有多少条腿吗，又该怎样表示呢？

……

生 2：一个正方形有 4 条边，请猜猜“$4\times x$”表示的是什么？

……

吴老师引导学生在一个个问题解决中，体会“用字母表示数”的简介和概括，帮助学生将真实问题情境与抽象形式之间建立联结。从苹果情境中抽象出“$4\times x$”，进而让学生体会到“$4\times x$”还可以表示 x 只狗的总腿数；可以表示 x 辆小汽车车轮子的总数；还可以表示 x 个正方形的总边数……大千世界里这么多与“4”有关联的问题居然都可以用“$4\times x$”表达，妙哉！学生在不断的联想中沟通，在沟通中建立数学模型，促进了数学思考，提升了应用意识。在问题解决中进一步将“用字母表示数”的多样化情境中提炼共同的本质联系，进而理解字母表示数的意义与价值。

自新课程实验以来，很少有教师不知道教学要与学生的生活相联，但问题是如何相联。有的人以为，与生活相联，就是要把生活情境原原本本地搬到课堂上，比如教材里面出现了超市，老师上课时就要自备或让学生准备很多超市里的物品，以模拟超市购物；如果例题里出现了水果，老师或学生就把水果带进课堂；等等。第一次这么用，学生感到新鲜，但每次都这么与生活相联，还能引起学生的好奇吗？无怪乎有人批评这样的课有生活味而没有学科味。有专家早已指出，教学世界和生活世界是不能混同的。生活世界中的事物、问题，有许多是不能或者没必要搬进课堂的。如果要把生活情境搬移到课堂中来，就必须先赋予这一情境以教学意义，毕竟所谓与生活相联，是为了给教学注入活力，最终是要为教学服务的。

对于吴老师的课堂，我们既感觉到了生活的气息，同时，教学世界与生活世界又分得很清楚，生活情境的引入，都服从于课堂教学行进的逻辑，从而成为教学世界的一部分。“用字母表示数”对于孩子来讲是比较抽象的，吴老师把这个过程拉长、放慢，旨在让学生自己亲自体验，获得真实的感受后而顿悟。教师一句“受不了了，就得想办法呀！”激发起学生寻求用更简洁的方法表示越来越多盘苹果个数的热情与需求，从而理解“用字母表示数”的意义和价值。实属妙哉！特别是教师让学生自己提问题，互相质疑，是在培养学生的自主参与意识，是为了激发学生内在的学习动力，获得对数学本质更深刻的解读。教师选择加入，参与互动是为了加深学生对“用字母表示数”意义更深刻的理解，从而激发起学生学习的热情。吴老师与学生一连串的追问：“假如用 x 表示小狗的只数呢？”“假如用 x 表示小汽车的辆数呢？”“假如用 x 表示桌子的数量呢？”……将生活问题数学化，抽象出数学的模型。我想一个不加改造的原生态的生活情境，是难以有如此明显而丰富的教学意义指向的。

一个教师之所以专业，就在于他既深知教学的活力来自充满火热生命气息的生活世界，但同时又善于改造生活原生态为我所用，使生活情境具备清晰而丰富的教育意义。

思维的波澜让课堂如此美丽

学生思维是否活跃和活跃到何种程度，是评价一堂课成功与否的重要标尺。因此，教师必须善于点燃学生思维的火花。

亚里士多德说：“思维自疑问和惊奇开始。”听吴正宪的课，不仅是学生，就是其他旁观者，也会被她创造的一个个悬念所吸引，不自觉地投入思考的愉悦之中，看似枯燥的数学知识，就不再是教师灌输给学生，而是学生自己体悟到、探索到。不信你就听听她的课。

刚刚认识了小括号可以改变原有运算顺序的规则后，突然有一位同学提出：“我认为小括号没有什么了不起的，没有它的存在照样可以解决实际问题。”一边说一边还走到黑板前把“$12\times(4+3)$”式子改写成了“$12\times4+12\times3$”，一脸不服气的样子：“反正我不喜欢小括号。”

如果体会不到小括号的作用，这节课岂不是白学了？吴老师思考着如何把这个问题引向深处。突然，她看到了讲台上摆放的同学们为灾区捐的书，灵机一动，一个教学思路产生了。她不慌不忙地提出一个问题："王红同学积极支援灾区，她有92本课外读物，自己留下32本后，把剩下的送给5个小朋友，平均每个小朋友得到几本？请列综合算式解答。"吴正宪特意请那位同学来板演并讲解。过了一会儿，那位同学不好意思地说："我在算式中画了一个小括号，表示先求92与32的差，最后再除以5。"吴正宪故意问："这个小括号有什么了不起，不写它不是也可以解决问题吗?""这个小括号非写不可，不然就得先算32÷5这步了，不符合题目要求。"那位同学着急地说。一位同学抢过话头问："你现在是不是和大家一样也喜欢小括号了?""小括号挺好的。"那位同学感慨地说。

让我们再走进一节课。课上，学生4人一组围桌而坐。桌面上摆放着水杯、可乐瓶、圆形纸片、刻度尺、绳子和剪刀。吴老师说："龙潭湖公园有一个圆形花坛，为了保护花草，准备沿花坛围一圈篱笆，需要多长的篱笆呢？你们能帮助解决这个问题吗？请用手中的工具，小组合作探索圆周长的计算方法。"话音刚落，学生们就忙开了。他们兴致勃勃地设想着各种方法，全心投入问题的探索之中。

过了一会儿，小组代表开始发言。A组抢先说："我们小组是把圆形纸片立起来放在刻度尺上滚动一圈，就测出了它的周长。"

吴老师肯定了他们积极动手、动脑参与学习，但同时提出："如果有一个很大的圆形水池，要求它的周长，能用你们小组的方法把水池立起来放在刻度尺上滚动一圈吗?""是啊，行吗?"A组的同学陷入了沉思。

接着B组代表的一位同学有几分得意地向大家推荐自己小组的做法："我们研究了一个好方法。先用绳子在水池周围绕一圈，再量一量绳子的长度，不就是水池的周长了吗?"

"好！好！这的确是个不错的方法。"吴老师称赞道，这话在B组同学的脸上洒下了一片阳光。

停顿片刻，吴老师拿出了一端系有小球的线绳，在空中旋转了一圈，又旋转了一圈(如图4-1)，问："小球走过的痕迹形成了一个圆，要想求这个圆的周长，还能用你们的办法吗?"同学们摇摇头，再次陷入沉思。

"我们又发现了一种求圆周长的方法。"一个兴奋的声音从教室里掠过，C组的同学发言了："将这张圆形的纸对折3次(如图4-2)，这样圆的周长就被平均分成了8段，我们测量出每条线段的长度是2厘米，8段是16厘米，也就是圆的周长。"

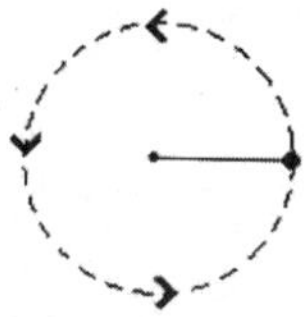

图 4-1

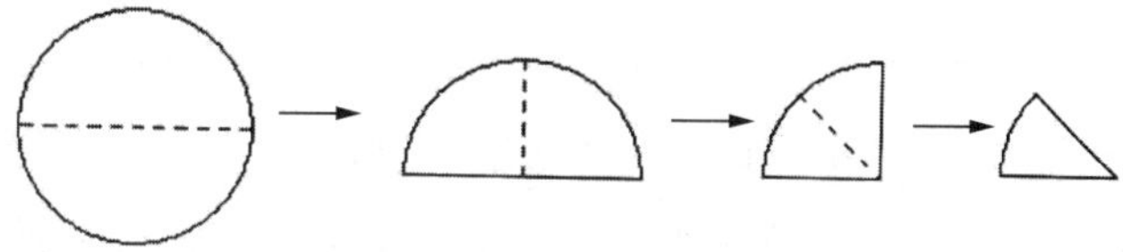

图 4-2

“很有创意，”吴老师竖起大拇指，“你们用折纸的方法求出这个圆的周长，很了不起。但是用滚动的方法、绳绕的方法以及折纸的方法只能求出某些圆的周长，都有局限性。我们能不能探索一条求圆周长的普遍规律呢？”

学生的思维又活跃起来，把对圆周长的探索推向了一个新的高潮。

经过一番思考，学生们提出了这样一个问题：“是什么决定了圆周长的长短？圆的周长到底与什么有关系？”观察、操作、实验，同学们终于发现圆的周长是它直径的 3 倍多一些。

规律找到了，同学们沉浸在成功的喜悦之中……

“多想再上您的课”

如果一堂课可以用一条河流来作比喻的话，那么，它的无限风光，不在笔直的河床平静流淌，而在曲折不平处奋力向前。一堂课只有那些一波未平一波又起的思维波澜，才让我们欣赏到教学的魅力。吴老师就善于创造绚丽的思维波澜景观。她总是恰到好处地打破学生的思维平衡，使学生原有的认识、经验受到挑战，形成适当的失衡，从而促使学生去探索、去创造，以寻找到新的答案。如此循环往复，就使得学生的思维一步步深化，一步步逼近真理，一次比一次飞溅起更高的思维浪花。

一个教师之所以深刻，就在于他善于搅动学生思维的涟漪，把课堂的温度建立在思维的深度上。

用心灵读懂心灵

走进吴正宪创设的一个个美丽的“陷阱”，我们固然折服于她精湛的教学艺术，然而更让我们感动的，是那扑面而来的浓浓的人文气息。一位语文教师听了吴正宪的课后，说了一句意味深长的话：“语文课强调人文性和工具性的融合，但是这节数学课体现出的人文性，比我们平时的语文课还要好。”

吴老师课堂的人文性，来自她对学生的理解和尊重，对生命个体的关注与激励，对每一个学生一生发展的关照与促进。

任何艺术都需要情感的投入，教学艺术更不例外。在吴正宪的课堂上，滚动着澎湃的激情，也汇集着期待的深情，还荡漾着师生情感交融的真情。而这一切都是从读懂学生、走进孩子心灵开始的。吴正宪说：“我一直在努力读懂他们，真诚地和他们站在一条战线上，友善地走进他们的心灵，努力把自己的生命和孩子们的生命融合在一起，使它迸发出情感与智慧的火花。”

吴正宪是用心读懂学生的。她还清楚地记得多年前的那一天。

一个漫天飞舞着雪花的早晨，上课铃响了，教室里还有几个座位空着。不一会儿，“报告”“报告”，一群“战将”余兴未消地回到课堂。就在吴正宪回身板书的一瞬间，一个冰冷的雪球扔进了一位同学的脖子里，随着“哎呀”一声大叫，教室里爆发出一阵哄笑。吴正宪气愤地瞪了他们一眼，真想把这几个“肇事者”轰出门外，但是在她与学生的目光碰撞的一刹那，她看到了孩子们眼睛里传递着的那种企盼与渴望。吴正宪不由得抬眼望望窗外，纷纷扬扬的雪花织成密密的银白色帷幕，她的心一下子平静了，她忽然理解了孩子们。

“其实，我和你们一样也非常喜欢在这银白的世界里堆雪人、打雪仗。中午我们一起去天坛公园打雪仗好不好?”“好!”同学们欢呼雀跃起来。过后孩子们竟然定下心来上课了。这是理解发生的奇效。

古老的天坛公园，银装素裹的纯洁世界，飞扬着吴老师和学生们的一串串笑声，留下了吴老师和孩子们追逐嬉闹的足迹。孩子们对吴老师敞开了心扉，他们告诉吴老师：“真的很喜欢您。”

理解学生，读懂学生，“做孩子们的朋友，不仅仅表现在玩中，更重要的是在课堂生活中与孩子们共鸣，和谐交往。”

一个教师之所以高贵，就在于他不仅仅是用技巧而是用心灵对待自己的事业。

解开人生的“哥德巴赫猜想”

吴正宪老师珍藏着两封信。这两封信是她的两个学生写的，发出的是他们心灵深处的声音。

与英国小朋友一起上课

吴老师：

您好！今天我在家休息整理自己的影集，翻到了一张五年级与您的合影，您还记得这张照片吗？是那天放学后咱俩在校园门口的合影。看着这张照片，又一次想

起您，想起我的童年往事……

您知道吗，刚转进您班里的时候我特别不自信，那时在家里爸爸说的最多的就是“你看看别人家的孩子多么强，考试成绩多么优秀”；“你看看别人家的孩子又是多么的聪明，多给家长争气”。每每听到这些话语，让我心里很不舒服。白天我上课没精神，注意力不集中，作业也是应付，学习没有兴趣，回家更是没意思。特别是在同伴面前总觉得自己是差生，抬不起头来，失去了自信。就这样，让我慢慢的对学习产生了一种抵触的情绪，学习成绩越来越差，也不愿意和同学交流。吴老师，其实我本来是愿意与同学们在一起有说有笑的孩子，不知那时怎么了。

记得刚刚转进您的班里，我上课时一言不发，不敢举手，生怕说错让您和新同学笑话。您好像看出了我的心思，和我进行了一次长谈，您了解了我的现状，鼓励我大胆发言，错了没关系。我印象最深的两句话是“没事陈晖，老师也会出错的。你看错着错着就对了，聊着聊着就会了。”那一刻，我笑得特别开心。

我还记得，那天放学后，您还与爸爸进行了交流。您们谈了什么，我不知道，只是感觉那段时间爸爸开始变了。他不再用这些话刺激我，脸上有了笑容。

吴老师，那段时间您经常给我“开小灶”，帮我把落下的数学知识一点一点地补上。我基础比较差，您就从头一点点地给我讲起，从不急躁，讲得非常的细致，不仅帮助我找到适合我的学习方法，同时还不断地鼓励我，很快我融入到与您真诚友好的交流中。您给我单独一个人讲课时也跟在讲台上给大家讲课一样投入，非常认真，每讲完一小节还问我懂不懂，有没有不明白的地方。讲完课后还给我留了份“特殊作业”，并帮我画出了这次回家要看的书的重点。您耐心地辅导着我，不让我掉队，我也没有让老师失望，几个月之后，我就顺利地跟上了大家。

吴老师在我最开始跟不上大家的时候，是您在一次次耐心的辅导；在我取得一点点小的进步时，是您一句句的“你太棒了，陈晖!”在鼓励着我，就这样又找回了自信和快乐。

时间很快过去了，就要小学毕业了。当时的我不知道怎么去感谢您，又怕以后升中学了没机会见到您，我便提出要和您照张相。下了课，您和我一同走到校门口的小花园里，跟我合了影。10 多年后再见到您时，您竟然清晰地记得当年在校门口花园中跟我合影时的情景，真的让我非常的意外，您真的是在用心去爱每一个学生啊!

吴老师我想对您说，在我成长的过程中能遇到您我是多么幸运啊，您教会我的不仅仅是知识，更告诉了我做人的道理，一个人不要被暂时的困难吓到，要勇敢面对，善于反思，是您给了我勇气和自信，让我对未来充满期待……

吴老师，谢谢您!

学生陈晖

下面是另一位学生的来信。

吴老师

您好:

童年的许多事情都记不起来了，可是我怎么也忘不了五年级春游的那一幕。一天的游玩，同学们显得有些疲惫，大家懒洋洋地站在那里，等待着接我们的汽车。车子一到，我仗着自己身高力大捷足先登，直奔窗口的座位，抢占了一个“有利地形”。这里既能看见车外的风景，又可以舒舒服服地休息一下。我正满心欢喜地坐在座位上为自己的快捷行动而得意扬扬时，突然和您的目光碰在一起，那目光像中午的太阳照在我的脸上。只看见您站在车厢里什么也没讲，只是一手扶着腰部一手拉着咱班的“小不点儿”请她坐下。我突然想起这几天您正忍受着腰疼坚持上课，大家劝您别来了，您却说和同学们在一起特别开心。我本来就发热的脸此时变得滚烫，刚才得意的目光在与您目光交织的一瞬间早已土崩瓦解。我为自己的自私感到愧疚与不安，我赶紧把体弱多病的张松岑同学拉到座位上。这时我偷偷回头看了您一眼，您美丽的脸上露出了满意的笑容，那温柔的目光似春风拂过我不安的心田。您用行动告诉我“做事首先要想着别人”。

吴正宪从来不认为，一个数学老师的任务仅仅是教给学生知识和科学思想。她说："作为一个老师，他的职责不仅仅是传道授业，你教数学就不仅是教给学生'1+1=2'，最重要的是教给孩子如何做人。"上面的两封信，为她的这句话做了最好的注解。

一个教师之所以伟大，就在于他的教学执着于自己的学科，又超越自己的学科，从而进入关联着灵魂的教育境界。这就是吴老师为什么能成为孩子们喜欢老师的"哥德巴赫猜想"的秘密。

四、她创造了孩子们喜欢的数学课堂

——评特级教师吴正宪的教学艺术

北京师范大学　周玉仁

从我认识吴正宪老师以来，先后听过她不下20节的数学课，从20世纪80年代的"数学归纳组合法"的实验课，直到近年来她当了北京市教研部小学数学室主任以来的"新课标"研究课。这些课记录了她探索—成熟—创造的真实历程，也给我留下了深刻而又难忘的印象。

吴正宪是一个重感情、充满人情味的老师。课堂上，她不仅用数学的真谛来拨亮孩子们的心灵，更是用她对孩子的爱心和真情来感染他们，用自己人格的魅力来塑造他们。她的课，知情交融，师生互动，她的课，充满了童趣、乐趣；课伊始，趣已生，课继续，情更深，课已完，意未尽。40分钟的数学课，像磁铁那样把每一个孩子的心紧紧地吸在一起，把时空有限的课堂变为人人参与、个个思考的无限空间。

（一）善于创设问题情境

"创设贴近儿童生活的情境"，目前已为广大数学教师所接受。但是，情境不应只是绚丽多彩的动态画面，必须暗含着数学问题。问题是数学的心脏。儿童学习数学的本质是一种发现问题、探索问题、提炼出数学模型，利用已有的知识经验解决问题的过程。数学问题可以来自数学外部（即现实的生活实际），也可以来自数学内部；数学问题可以是学生自发探究生成的，也可以是教师事前有目的地预设的；数学问题可以出现在课始，也可以出现在课中、课尾……所有的问题情境只要能产生儿童认知的"不平衡"，引起他们的思维冲突，就能激起他们的好奇心、求知欲，就会出现发展，就会使教学过程始终在动态平衡中前进，就能达到有效学习。

"老师，别忘记我！"

吴老师善于把一些枯燥的数学内容，根据小学生的年龄特征，变成情趣浓而意味深的故事，让学生去品味。在"商不变性质"课上，一开始她就给大家讲述了"猴王分桃"的故事：花果山上风景秀丽，气候宜人。一天，猴王给小猴们分桃子。猴王说："给你6个桃子平均分给3只小猴吃。"小猴听了连连摇头说："太少了，太少了！"猴王又说："好！给你60个桃子，平均分给30个小猴，怎么样？"小猴子还得寸进尺，试探地说："大王，再多给点行吗？"猴王一拍桌子，显得很慷慨大度的样子说："那好吧！给你600个桃子平均分给300只小猴，你总满意了吧！"小猴子高兴地笑了，猴王也笑了。听完故事，班上的孩子们也情不自禁地笑了。此时此刻，吴老师意味深长地问大家："你们说，谁是聪明的一笑？为什么？"抓住契机，恰到好处地引导学生自己去"发现"商不变性质的奥秘。

数学，对小学生来说，是自己对生活经验中数学现象的一种"解读"。如果在教学中能够密切联系他们的生活实际，利用他们喜闻乐见的素材唤起其原有的经验，学起来必然亲切、实在、有趣、易懂。在一次"年、月、日"的课上，当吴老师知道学生对这一内容并不陌生时，就提出了挑战性的问题：“你们能结合自己的生活经验，说一说一年有多长？一个月有多长吗？”(说实话，正在听课的我都替孩子们捏了一把汗：“他们能回答上来吗？”)可是，孩子们思索了一下，就缓缓地举起手来，一个接一个地说：“我今年过生日，到明年再过生日正好是一年。”“今年元旦到明年元旦，中间正好是一年。”还有的说：“爸爸这个月领工资，到下次再领工资正好是一个月。”多好的“解读”！“时间”是抽象的，它看不见、摸不着、抓不住。由于吴老师别具一格地让学生利用他们自己的贴身经验活生生地把它“物化”出来，让孩子们自己去感受、去体验，他们才真正感到“年、月、日”就在自己的生活周围。“你们已经了解了年、月、日那么多知识，那么还想知道些什么?”吴老师又试探性地提出了另一个问题。孩子们可毫不客气地说：“我想知道大月、小月是谁规定的。”“二月的天数为什么这样少呢?”……一连串问题又激起了大家探索新知的愿望，而吴老师则根据学生的反馈信息，有的放矢地找准了新知的切入口，调整自己的教学设计，把问题再一次设在学生的最近发展区内。这就是特级教师既能灵活地驾驭教材，又能深入地了解自己的教育对象进行成功教学的深厚功底。

学问，学问，就是学着“提问”。世界著名的物理学家、诺贝尔奖获得者李政道先生说过：“学习知识，目的要做学问，不要做学答。”提出一个问题往往比回答一个问题有价值得多。教学中，吴老师非常注意培养学生的问题意识，她不但善于捕捉学生中不断生成的焦点问题，而且自己还不时地向学生提出挑战性的问题。在她的课堂里，有疑问，有沉思，有比喻，有赞许，有笑声，还有争辩。争辩是思维最好的触媒剂。我看到过学生对“商不变性质”中的“被除数和除数之间的变化是同扩同缩还是同增同减”问题的争论，也看到围绕一个学生说的“把一个圆分成两份，每份就是这个圆的二分之一”的命题时，全班分成正反两方争得面红耳赤的情景，还见到学生面对这样的画面“小明身高130厘米，跳进平均水深120厘米的小河中去游泳，有危险吗?”大家各抒己见辩得不可开交的场面……展现的一个个的现实情境，提出的一个个的挑战性的问题，为孩子们的思维碰撞搭起了新的平台，课堂充满了生命的活力，这活力有时来自探索过程中山穷水尽的困惑，更有时来自柳暗花明的惊喜。每个学生都在积极思考并参与到学习的全过程之中，通过交流、启迪、辨析、整合，问题解决了，大家有了共识。值得一提的是，在争论和交流的同时也使学生学会倾听、接纳与评析，这对完善学生的人格、意义是十分深邃的。

(二)注重学生对知识的体验和探索

从建构主义的观点看，儿童是主动地建构他们自己的知识和对事物做出理解的，不是被动地去接受知识的。数学是科学思维的工具，它是相当抽象的。在数学教学中，应该鼓励儿童根据自己已有的经验(知识)去经历学习过程，用他们自己理解的方式去探索和重建数学知识，这就是实现“再创造”。因此，一个好的数学教师，总是把一些概念、规律纳入“待解决的问题”情境之中，给学生留下足够的思维空间，引导他们自己去“再创造”。下面，我们不妨再来分析一下吴老师“求平均数”的教学案例。

平均数是一个统计值。新课标指明，应把平均数的统计意义放在突出的地位，而这恰恰是过去多少年来教学中被忽视的。那么，吴老师又是怎样来教学的呢？课一开始，从学生喜欢的游戏入手。两组同学比赛拍球，看哪一组赢。怎么比呢？她让学生自己想办法，把学习的主动权还给学生。“全体学生都参加是不行的，只派一个代表又少了，那就派四个代表吧！”(这是总体中的随机抽样)并当场根据每一个代表的拍球数做出统计。不一会儿，男生组发现本组的总数超过了女生组，高兴得欢呼起来。吴老师便自告奋勇地也参加比赛，并把她的拍球数加入女生组之中，顿时女生组的总数明显增多。孩子们很不服气，喊道：“这不公平！”(男 4 人，女 5 人)。那么，怎样才能公平呢？男生说：“给我们组也加 1 人。”如果不允许加人呢？矛盾激化了……有个学生站起来用手比画着说：“把每组几个人拍球的个数匀乎匀乎……”这一“匀乎”，表明了孩子们已从实际问题的困惑中产生了“求平均数”的迫切需求，吴老师便水到渠成地引入了“平均数”，并和大家一起去探索求平均数的方法。问题解决了，全班都松了一口气，吴老师又话锋一转：“你们能用自己的话说说平均数到底是个怎样的数？”学生七嘴八舌地议论开了，有的说：“平均数不大不小，是靠近中间的……”最后一个学生若有所思而又腼腆地说：“……我觉得平均数是……虚的……可是又很公平。”好一个“虚”字，它勾出了平均数与原始数据之间的不同；好一个“公平”，却又隐隐约约地道出了平均数的实质。于是，吴老师因势利导地引导大家把平均数与原始数据一一比较，它既不是第一个人的拍球数，也不是第五个人的拍球数，却代表了这组五个人拍球的总体水平。此时此刻，学生已从心底里确认平均数的可比性了。吴老师以这种“润物细无声”的教学艺术引导学生来体验平均数的统计意义(当然是初步的，但是很有价值)，对三年级学生来说，做到了“不高不低、恰如其分”。

另外，求平均数是有公式的，吴老师并没有把重点放在讲公式上，而是采用巧妙的教学设计，让学生通过正反例的对比，实实在在地悟出了其中的“对应”思想，从而从根本上来理解和凸显出求平均数的方法，这比起过去的记公式、套公式，有效得多、深刻得多。

听完课，我不禁从心底里叹服，“这才是一节真正的数学课!”有观察、操作、估计、分析、交流，还有反思，在活动中使学生逐步体会数学知识的产生、形成过程，受到数学思想方法的熏陶，并从中又使学生获得了数学学习的积极情感，感受到数学的力量。从这节课中，也让我看到吴老师是如何一步一步地把新课标中的新理念创造性地转化成为自己的教学行为的。我想，在成功的背后，不知她又度过了多少个不眠之夜啊!

(三)尊重学生，信任学生

充分信任学生、尊重学生，把学习的主动权交给学生，这是吴老师课堂教学的又一特色。

教是为学服务的。在吴老师的课中，教师的指导作用是潜在而深远的，学生的主体作用是显在而巨大的。记得在我看到的“分数的初步认识”课上，考虑到教学重点是最初的“$\frac{1}{2}$”的认识，吴老师让孩子们结合自己的生活经验，表示出自己所发现的生活中的一半。有的孩子用“一半”两字表示，有的画一个圆并把它分成两半，有的画了一个桃子，旁边还有一把刀把桃分成两等份……各人都用自己喜欢的方式加以展示。此时，吴老师在黑板上写出“$\frac{1}{2}$”这个分数并加以说明“这就是你们生活中见到的一半”，指出：现在你们对自己表示的方法，愿意擦的可以擦，愿意保留的也可以保留(因为“数学化”必须有一个认识的过程)。结果有两个孩子不愿意擦去，老师有意识地把他们画的用红笔圈起来，以示对孩子们自己的创造加以尊重。随着教学过程的深入，$\frac{1}{3}$、$\frac{1}{4}$……的出现，其中一个学生把自己的图画也擦去了，只剩下那个画桃子的男生仍然喜欢用自己的图画来表示。吴老师耐心地等待着他……出示了$\frac{1}{100}$，这个男生画着画着放下了笔说：“不画了，画图实在太麻烦了！”此时，吴老师握着他的手微笑着说：“感谢你，你终于接受了这个分数。”这一片断，反映了这个学生完成对分数初步认识的真实过程，此时他从内心深处真正地接受了这一看似抽象而又十分简洁明了的数学符号，感受到数学的美和数学的力量。

吴老师尊重每一个学生的发现，她允许学生用不同的速度去探索和获取知识，允许学生用自己喜欢的方法去学数学，她从不轻易否定学生的选择和判断，也从不强迫学生去认同。正如有的学生说：“我们最喜欢上数学课，上课时想说就说，说错了也没关系。”因为他们无论是说对了，还是在辩论中暂时失败了，都能得到成功的、被尊重的体验。

吴老师总是这样，以热情的鼓励、殷勤的期待、巧妙的疏导与学生思维共振，情感共鸣。她不仅用数学的真谛拨亮学生的心灵，更用她对学生的爱心和真情来感染他们，用自己人格的魅力来塑造他们。她的课充满了童趣、乐趣；课伊始，趣已生，课继续，情更浓，课已完，意未尽。40分钟的数学课，像磁铁那样把每一个孩子的心紧紧地吸在一起；她的课堂充满了生命的活力。吴老师在先进的教育思想的指导下，以自己独特的教学风格，把学生推到自主学习的舞台上，使他们真正成为学习的小主人。

“吴老师的课常讲常新，与时俱进，这是为什么？”不少听过吴老师课的同志都有这样的问题。我想用我的认识来回答：她走的是一条“勤奋好学、求新务实、挑战自我、追求完美”的人生之路。今天，吴老师已人到中年，作为一个老教育工作者的我，衷心地祝愿她并相信她，在今后的人生道路上，一定会始终保持清醒的头脑，抓紧分分秒秒，迈着坚定的步伐，实践加反思，积累加升华，在数学教育理论和实践这个领域内写出更新更美的篇章，为小学教育事业的改革与发展做出更大的贡献。

2004年8月

五、成功源于健全的人格

——记我的朋友吴正宪老师

中国科学院心理研究所　张梅玲

我的朋友吴正宪应该说是同龄人中的成功者。1970 年的盛夏，年仅 16 岁的她就匆匆地踏上了教育的征程。35 年的教学生涯使这位自称“先天不足”的小老师逐步走向成熟。

这是学生的舞台！

她现在是全国著名的数学特级教师，北京市教育科学研究院基础教育研究中心小学数学教研室主任。她在全国各地上示范课，专题讲座，深受广大教师和小学生的欢迎，2001 年《吴正宪与小学数学》出版——这正是吴正宪 30 年教学生涯的总结。她从一个“经验型”的教师转向“科研型”，她不是只管“传道、授业、解惑”的“平面教师”，而是一位充满情和爱，不仅给予学生智慧，还能给予他们力量的“立体教师”。30 年的教学生涯，吴正宪已步入中年，如果说青春意味着希望、力量……那么，中年就意味着成熟、收获……处于成熟中的她，正处在向着人生道路上更高境界攀登的时刻，吴正宪以她真诚的爱、诚挚的情，用心写下了《吴正宪与小学数学》这本充满情意和哲理的著作。这本书不仅仅记下了她令人折服的教学艺术，而且展示了她教学中所充满的教与学过程中的哲理。这是吴正宪走向教学成熟的一个成功的里程碑。我始终在思考这样一个问题：她的成功源于何方？她是不是仅仅具有高超的教学艺术和教学能力？不，不是。吴正宪的成功不仅仅来自她高超的教学艺术和能力，更源于她健全的人格。正如 20 世纪最伟大的科学家爱因斯坦所提出的：“一个人智力上的成功依赖于人格上的伟大。”

吴正宪的人格魅力，可以概括为三个字：“情”“勤”“创”。

吴正宪的“情”，不仅表现在对同事、对朋友、对学生的真诚和热情，不仅在于她外表的微笑，更主要地体现在她对学生的理解和尊重中，对平凡的小学教师工作的那份深厚的情意中。“一切为了孩子”是她教育思想的核心，“做孩子喜欢的老师”是她几十年来努力追求的目标。在 30 多年的教学生涯中，她也曾经彷徨过、犹豫过、迷茫过，但她始终没有放弃过努力，没有放弃过追求，因为她始终没有放弃过自己心中所追求的梦。她不仅在自己内心深处总是藏着许许多多甜甜的美好的梦，而且更重视在她那平凡的三尺讲台上，用她的心去拥抱她的事业，用她的爱去浇灌课堂，用她的情去绘画自己的风采。她总是以一颗平常人的心踏踏实实地做着平常的事。正是这种朴实的情，务实的行，让孩子们喜欢她，让朋友们愿意接近她，让领导信任她。这种交往中和谐的人际关系，是她用对别人的理解和尊重换来的，这种互协、互促、互助的人际交往同样让她也感觉到人间的真善美，给了她不断向前的力量，使她永葆其职业的青春。

吴正宪的“勤”来自她对工作的高度责任心，她不仅勤动脑，而且更重视勤学习、勤动手、勤实践。早在 20 世纪 80 年代初，她就在导师刘梦湘的指导下开始了“小学数学归纳法、组合法”实验。这项实验十分重视知识的内在联系、思维的训练和学生实践能力的培养。20 世纪 90 年代，她又探索着课堂教学中知、情有机结合的教学风格，开创了自己独特的教学风格。她的课堂教学中经常会出现“白开水变成茅台酒”而使孩子们兴奋得不愿下课这样的一种情境。在新世纪的曙光照亮大地之际，她又热情地投入数学新课程标准的实验。她的“勤”也反映在她十分重视自身的苦练和积累上。她很清楚自己是一位“先天不足”“后天营养不良”的教师。因此，她对自己约法三章，“一敢于吃别人不愿吃的苦头，二乐于花别人不愿花的时间，三敢于下别人不愿下的苦功。”就在那个“读书无用”的“文化大革命”年代，她白天拼命地工作，晚上发愤地读书。她通读了范文澜的《中国通史》，亲手抄写了《唐诗三百首》，做了1～12册全套数学教材中的练习题，遇到数学奥林匹克竞赛辅导中的高难度题目，她一张张草稿纸核算，草稿纸摞起来比写字台还要高。她不仅勤读苦算，而且十分勤快地动手整理和撰写文章，自己精心整理了《小题库》《难题辨析》《思维训练》《趣味数学》《教海拾贝》等学习笔记。由此不难看出，她的成功不在于先天的聪明，而确确实实来自她后天的勤快。真可谓：“一滴汗水，一分收获。”

吴正宪的“创”，首先表现在她永不满足现状，而总是给自己确立新的目标，有新的追求。就是在她的课堂教学艺术日趋成熟、深受广大教师和学生喜欢，并且已经先后担任了区、市小学数学教研室主任时，面对新课程标准“三位一体”目标的要求，她还思考着如何进一步改进自己的课堂设计，在更大限度内体现学生的自主性、探索性。2003年她设计并亲自实践的“统计初步知识——平均数”“可能性”等课堂教学已在中国教育台播出，受到专家认可和广大师生的喜爱。可以说使她在课堂教学的深度和广度上更上了一层楼。正是她这种业务上孜孜不倦的追求使她身上总散发着生命的活力、青春的美。

其次是她十分重视教学的反思。在探索的路上勤于反思是成功的必备条件，也是创新行为的基础。她的不少课的内容在全国各地上过多次，但每到一地，她总会根据当地学校、学生的实际情况进行调整，总是会根据时代的要求加以调整、修改、完善自己原来的教学设计。如“分数的初步认识”，就我见过的几次课来讲，每一次总会有新的变化。这种课后和工作后的及时反思的习惯，确实是她与时俱进的保证，也是她能取得成功的前提。

最后吴正宪的“创”还反映在她特别虚心地向大家学习上，她十分重视发现周围同事们、朋友们身上的闪光点。从20世纪70年代末她虚心向马芯兰老师学习到今天她向自己的徒弟们学习，她这种“三人行，必有我师”的观念确实使她能集别人之长处于自己身上，让自己变得更聪明、更能干、更成功。

奋斗是成功的基础，成功是奋斗的结果。我相信吴正宪在这条人生之路上始终会保持清醒的头脑，抓住今天的每一分、每一秒，创造出美好的明天，用自己务实的人生步伐来编写自己平凡的人生日记。

2003年4月

六、教学的磁场及其产生

——试析吴正宪老师的课堂教学风格

中央民族大学孙晓天　北京小学长阳分校武维民

每每听吴老师的课，我的脑海里经常会出现这样的问题：为什么课堂里的学生总是那样活跃，而吴老师却没有多少激情演说？为什么只是初次见面，学生却对吴老师恋恋不舍？为什么稚气未脱的孩子，会在课堂中流露出专注眼神？为什么连成人都闻之色变的数学，却在吴老师的课堂上成为一种享受？……即使是听课的老师，吴老师的课堂好像也是一个磁场：高度聚焦、共同循环，教师、学生、教材、数学、生活、成长、今天、未来……你中有我，我中有你，融为一体。

我多么喜欢您

那么，这是一个怎样的磁场？又是怎么形成的？值得我们仔细品味。

我们知道，磁场离不开磁石，在吴老师的课堂上，当然她就是磁石。问题是，凡磁石必有两极，吴老师这块磁石是通过哪“两极”，建立起“高度聚焦、共同循环、共图共进，融为一体”的磁场呢？

我们认为，吴老师这块磁石的两极，是历经几十年的研磨、历练逐步形成的，其中一极为“大善、大爱”的学生观，另一极为“好吃又有营养”的数学观。正是这两极的相互作用，合力形成了吴老师教学风格的磁场。

（一）“大善、大爱”的学生观

人人都了解什么是善和爱，但是教育领域的善和爱好像格局有点小。例如，孩子一上学，就被抛进了成人预先设定的目标和预期，并用强劲的爱，弱化了他们弱小生命中本应生机勃勃的活力，使他们一点点变成了学习的机器，失去了自然的生命力。

教师都知道爱孩子，都有盼学生成才的强烈愿望，但这种爱和愿望要成为孩子的幸运，就必须进入“大善、大爱”的格局：教师要自己改变角色、改变姿态、改变位置，从居高临下的位置上走下来，进入孩子的世界，成为他们良性发展道路上的伙伴和朋友。

吴老师身上清晰地展现出了这个含义，对她来说，学生先于先生的存在。一直以来，她都把学生看作应该对自然和生命敬畏而面对的平等对象，从来没有简单地把学生置于自己的预期和目的之下，从来不对他们居高临下的高谈阔论，而总是努力让自己能够沉浸在学生的绚烂光华中。她特别关注学习有困难的、胆怯的、内向的学生，往往是一个微笑、一个抚摸、一句鼓励、一声赞美、一次对话，就使这些学生自信地挺直了腰板。

这是一种难得的平等观念。正是由于她以发自内心的平等姿态去面对学生，所以才能宽容课堂上学生的胡思乱想和参差不齐，才能为作为教学内容的数学找到支点，才能使课程、教学成为一种良性的环境力量，激发学生的主导本能和自主工作本能无拘无束的展开，才能让学生下课了，仍然对她恋恋不舍。

对此，周玉仁老师是这样评价的：“她的课，知情交融，师生互动；她的课，充满了童趣、乐趣。课伊始，趣已生；课继续，情更深；课已完，情未尽……”

教师仅仅有一般意义上的爱和善还不够，必须有“大爱、大善”。大概是由于传统力量的裹挟吧，现实当中，把“大爱、大善”挂在嘴边说说可以，要做到，实在是太难太难了。课程改革下不去的“深水区”，教育领域的陈年积弊，都多多少少与此有关。因此，吴老师这种“大爱、大善”的学生观，就特别值得推崇和珍惜。

(二)“好吃又有营养”的数学观

“好吃又有营养”一说，出自吴老师本人，一路走来，已经成为她教师生涯秉持的基本理念。

人人都了解的好吃和营养，在生活中却是极难平衡。想想，成人为了营养，牺牲了多少口味，吞下了多少粗、苦；孩子为了好吃，牺牲了多少营养，被洋快餐催出了多少小胖墩儿。生活尚如此，数学的好吃和营养就更难把握了，谁能和孩子们讲清楚数学有哪些“营养”？说课本上那些密密麻麻小蝌蚪般的数字和字母“好吃”？连我们自己都觉得没自信。那吴老师是怎么做的呢？

吴老师尊重儿童的认知规律，了解他们的心理需求，善于从儿童的视角出发，思考和设计教学活动。她根据多年积累的经验，把教学的重心，布局在引导学生从周围熟悉的生活和感兴趣的现象中，抽丝剥茧，追根溯源，一点点把“枯燥、冰冷”的数学“引”出来的过程当中。

吴老师课堂里“教”的色彩很淡，可在她一句句“接着问”的启动下，“为什么”很多。课堂上，一个接一个的“为什么”，引起了好奇、带来了思考，不仅使学生摆脱了被动接受带来的压抑感，而且营造出使他们处于积极状态的学习氛围。所以，在她的课堂上，学生的参与感都会相当旺盛，他们从“为什么”当中产生的好奇，伴随着接踵而来的、新的“为什么”，会一步步上升为一种对未知的渴求。于是，一段尝试和探索的历程就在自然平和的氛围中展开了，直到终于找到了一个新的算法，或发现了一个图形新的特征，或知晓了一个概念背后的奥秘。这些传统意义上常常让人望而却步的算法、特征、概念，不经意间，都散发出了“好吃”的味道。

吴老师诸多教学方略当中，善于鼓励学生质疑问难，非常在意学生不断提出问题和解决问题。因为，在一个充盈着问题的课堂里，留给学生思考和动手的“空间”很大，“商量”的气氛很浓，允许学生用不同的速度和路径去探索和获取知识，用自己喜欢的方式和方法去学习数学。慢慢地，由“为什么”引起的思考、动手、探索，以及在此基础上形成的喜欢，就使抽象的数学演变成了好吃的营养了。

当然，吴老师的教学特色还很多，如吴老师的那些问题都是从哪里来的？吴老师她对数学本质的把握是靠什么形成的？等等，这些都与“好吃又有营养”有关，限于篇幅，就不在这里一一展开了。如果用最简单的词汇概括吴老师的教学风格，我们的选择是：自然。是“大善、大爱”的学生观和“好吃又有营养”的数学观，奠定了吴老师的“自然”的底气。

如果想学习吴老师的“自然”，那就让我们从琢磨吴老师教学磁场的“两极”开始吧。

2017 年 4 月

七、永远在花季

——我眼中的吴正宪老师

成都市武侯区教科院李镇西

对吴正宪老师，在很长一段时间里，我只知其名而不识其人。

很多年前，有一套《教育家成长丛书》，我忝列作者队伍。我对小学不熟，对小学数学教育更是门外汉，所以除了李吉林等著名的小学语文特级教师，我对小学数学界的其他名师真的知道得很少。知道“吴正宪”这个名字，只是因为教育部师范教育司组织编写的《教育家成长丛书》中有一本《吴正宪与小学数学》，仅此而已。

但认识吴老师后的三次见面，让我对她有了真切的了解，并因此油然而生敬意。

（一）相聚在锡林浩特大草原

认识吴正宪老师，缘于 2010 年暑假，我们一起参加由北京教科院班主任杂志社组织的到内蒙古锡林浩特讲学活动。在机场见面后，因为教育，我们一见如故，滔滔不绝地聊了起来。

她说特别喜欢读我的书：“我觉得我俩有很多共同的东西，那就是我们都讲教育的人性，人情！这也是你书中最能打动我的地方。”

我说：“这是教育最根本的东西，也是常识。只是现在这常识被人忘记了。”她说：“‘文化大革命’时，教育讲人情可不行，我就是因为讲人情，‘文化大革命’时被批判呢！”我吃了一惊，吴老师比我长四岁，‘文化大革命’时也不大呀，怎么就当老师了，而且还被批判？我问吴老师：“‘文化大革命’时你就工作了？”她笑了：“是呀，我参加工作很早的。那时候教育不能讲人情。”

一说到我们共同的理念，我们的话就更多了。我们开心地聊着：教育的爱与责任、人情、人性、人道……她说：“我们虽然是第一次见面，但其实我们早就认识了，因为我们有共同的教育理念。我们的心早已相通。”

到了锡林浩特，第一天我和吴老师分别在两个地方做专题报告。傍晚，我们一起来到九曲湾，领略夕阳西下的美景。在草原，我们放飞心灵，笑声融入绚丽的晚霞。在蒙古包，我们引吭高歌。吴老师身披哈达载歌载舞，绽放出了特别美丽的笑容。在这一刻，我发现了吴老师之所以成为具有全国影响的著名特级教师的原因：童心！她的笑容如孩童般纯净，她的品质如孩童般纯正。因为有一颗永远的童心，吴老师爱孩子，爱教育，于是成了一代名师。就这么简单。

优雅而美丽，真诚而朴实，博学而谦逊，睿智而纯真，这就是短短时间内，吴正宪老师给我留下的印象。

（二）相聚在课堂

第二次见到吴正宪老师，是在 2011 年 12 月冬天的哈尔滨，又是由北京教科院班主任杂志社组织的教师研修活动，我有幸现场听了吴老师一节数学课。我至今都忘不了下课前的那一幕——

“吴老师，我会做梦都想着你的数学课。”小姑娘一边说，一边擦眼泪。“小姑娘，老师也会在梦中梦见你的！”吴老师走过去拥抱着小姑娘，又加了一句：“谢谢你喜欢我。”

那一刻，我的眼圈也湿润了。这是怎样的一堂数学课，能让孩子如此喜欢，以致流泪？让我们一起走进吴老师的课堂，分享吴老师和孩子们在一起学习交流的幸福吧。我愿意把我听课过程中几个触动我心灵的片段和当时的感悟写下来，与朋友们分享。

“嗯，这才是真实的你们！”

上课伊始，吴老师首先抱歉地说：“今天是周末，你们应该在家里玩的时间，可是却被老师通知到学校上课。”说到这里，吴老师似乎是随意问了一句：“同学们，是上课好，还是玩儿好？”

孩子们异口同声响亮地回答：“上课好！”

吴老师一愣："是实话吗?"

没有人说话，片刻之后有个别同学嗫嚅道："是……是……"

"都不喜欢玩?"吴老师问。

孩子们沉默了。

吴老师笑着说："我想你们现在在想，老师脑子里喜欢什么样的学生呢？当然喜欢爱学习的学生了，老师喜欢上课的学生，所以你们就这样讲，是吗?"

孩子们又开始异口同声："嗯，是的。"

吴老师问："有没有喜欢玩的？请举手。"

一个孩子举起了手，然后两个、三个、五个……渐渐越来越多的人举起了手。

"嗯，这才是真实的你们!"吴老师说，"喜欢玩就喜欢玩嘛！上课好不好，这件事不能说得太早。40 分钟以后(吴老师看了看手腕上的表)，我真想听听你们对这节数学课发自内心的感受。好吗?"

我看过不少名师上公开课，一上来要么是一厢情愿地给孩子"放松"，不停地说"不要紧张"呀，"做深呼吸"呀，"看看下面的老师"呀，"有没有信心啊"，等等；要么是一个劲儿地给学生套近乎："我知道某某学校的孩子最聪明!""我相信你们今天表现会非常棒!""我给大家唱一支歌好不好"……我不评论这样做法的是非，我只想说，相比之下，我更欣赏吴老师的这种非常真诚、真实而自然的开头。

吴老师就周末上课给孩子们表达的歉意，是真诚的，因为在她看来，孩子要到学校上课便耽误了孩子们玩的时间。这是她发自内心对孩子的歉意。她通过"玩好还是上课好"的简单调查，让孩子们展示了真实的本性：先是说假话迎合他们以为能够迎合的老师——这也是孩子们另一种意义上的真实，然后又勇敢地表达了喜欢玩的真实想法。"嗯，这才是真实的你们!"在这里，吴老师已经不仅仅是对"真实"的表扬，也是对"真实"的呼唤。吴老师用这句话给孩子们一个明确的导向，一定不要揣摩并迎合老师的想法，而要大胆地展示自己真实的想法。吴老师已经为希望这堂课出现应有的真实对话情景做了铺垫，对孩子们巧妙地进行了"启蒙"——真实最美。

"40 分钟后，我真想听听你们对这节数学课发自内心的感受。"吴老师这真诚的话，其实是把这堂课的评价权提前交给了孩子。这是一种挑战，吴老师以此给自己立了一个标杆——这堂课一定要让孩子们满意；同时，吴老师也给孩子们展示了一种自信——我一定能够让你们满意的!

“我这话问得不好啊！”

这堂课吴老师讲的是《重叠》。吴老师从孩子们一年级刚进校排队说起，她以班上一个叫“宇博”的同学为例：“假如宇博同学站的位置无论从前面数还是从后面数都是第五个，请问他这一列有多少人？”

孩子们出现了三个答案，有的说“10 人”，有的说“11 人”，有的说“9 人”。

针对“11 人”的说法，吴老师试图启发引导算错了的同学：“当宇博从前从后数都是第五个的时候，他在一个什么位置？”

学生答不上来，教室里出现了短暂的沉默。

“我这话问得不好啊！”吴老师很抱歉地说，然后思量着遣词：“你能不能试着把排除的事画一画呢？”随着学生的边画，边圈，边连续追问：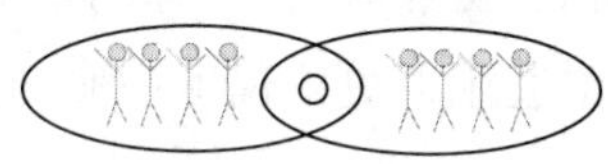
“嗯……就是，他可以是第五个，可他也在前五个人当中啊，所以我们还可以把前五个人看作一个……”吴老师话说一半停下了，期待着孩子们。

下面有一个女孩说：“团队。”

“团队？哎，这个同学用的这个词儿好！”吴老师及时表扬，“我们可以把它看作一个团队，一个小组，前五个人有他，后五个人也有他，所以我们要……”吴老师再次把答案留给孩子们。

“减一！”孩子们大声说。

“你们看，错着错着就对了，聊着聊着就会了。”吴老师微笑着说。师生交流的气氛很放松，很舒服。

面对回答不上问题的学生，一般优秀的老师往往是启发或等待，但吴老师却想到自己：会不会是自己提问的方式或者用语不恰当呢？这是一种站在儿童角度思考的结果，不，我这样说还不太准确，应该说，这是吴老师所拥有的人道主义情怀非常自然的流露，自然到近乎本能，因为吴老师未必有一个严密而清晰的思维过程：孩子为什么答不上来？是他的原因，还是我的原因？嗯，我想想，应该是我的原因；我的什么原因呢？哦，是我提问的方式不对，我的用语不对……没有，我可以断定吴老师没想那么多。因为一个卓越的教师，总能在不经意处体现出对孩子的尊重，因而意识到自己的不足。

意识到也可以不说，不动声色地矫正就可以了，但吴老师却要说出来，并且还公开给学生道歉："我这话问得不好啊！"这份真诚、这份坦诚，就是大师胸怀。这种胸襟的展露，对学生本身就是一种教育与感染。

接下来，吴老师寻求更恰当的词，但她没有直接换一个词了事，而是耐心引导学生来找这个词："我们还可以把前五个人看作一个……"在这里，吴老师特意停顿了一下，这里的停顿是一种期待，甚至是一种信任。果然，总有孩子不会辜负吴老师的信任，一个女孩找到了这个词："团队。"吴老师及时予以表扬："这个同学用的这个词儿真好！"

其实，不就是换个词吗？由老师直接说出来还可以节省时间呢！但是，留点空白，留点时间，让孩子来填补，这已经不是一种教学技巧，甚至还不能仅仅说是教学艺术，更体现了一种真正把孩子放在心上的教育思想。

"我可以暂时把它擦掉吗？"

吴老师要板书，可是因为刚才学生上来板书，黑板空间不够了。她说："和大家商量一件事，刚才画图的同学画得很漂亮，列算式的同学也写得很好，可是吴老师要继续写黑板，我可以暂时把它擦掉吗？"

同学们说："可以。"

吴老师说："得让书写的主人回答啊。"

那两位板书的学生说："可以。"

"好，谢谢你的支持！"

看似微不足道的一个细节，让我怦然心动。在这堂课中，吴老师类似的商量不止一次。比如，当站在黑板前的几个孩子挡住了同学们看黑板时，吴老师对他们说："我和你们商量一件事，你们可以坐在地板上吗？后面的同学看不见。"这里，吴老师既有对这几个同学的尊重，还有对全班其他同学的尊重，因为她心中始终装着每一个孩子。

吴老师和同学们商量的语气里没有一丝半点做作，我看到的是她从心底流淌出来的——对孩子的尊重。对孩子的爱，真的已经深入吴老师骨髓了。而爱的表达，常常是非常自然的言语与不经意的细节。

“有时候停30秒再发言，可能更精彩!”

“又是这个圈圈来到我们课堂，把我们的矛盾解决了。那么看着这个圈圈，我们该怎样求出报名数学组和语文组一共有多少人呢?”

孩子们的小手一下子又举起来了，还有同学站了起来想要老师点自己的名字。

“别着急，其实有时候停30秒再发言，可能更精彩。现在不需要讨论，每个同学独立思考。看着这个图你用什么样的算式就可以解读它呢? 静静地，每个人都要思考。”

教室里沉默了。

我们有老师上公开课，最盼望的就是学生发言积极，或者说，最担心的就是课堂上没学生发言。在一些老师眼里，所谓学生“配合”的好不好，就是看“举手率”高不高。似乎只有学生叽叽喳喳地发言，这样的公开课才有“观赏性”。于是，课堂上小手如林成了高潮迭起的标志，成为一些老师上公开课的主要追求。

但是，当这种“高潮”来临的时候，吴老师却说：“别着急，其实有时候停30秒再发言，可能更精彩！现在不需要讨论，每个同学独立思考。”这是一种清醒的真教学。我说是“真教学”，是因为吴老师的目的不是让学生举手表演给听课老师看，而是着眼于学生思维的深度。所以，面对争相发言的“热闹”，吴老师却呼唤“沉默”。对于小学生来说，轻率地(甚至是从众地)发言，大脑却可能处于静止状态；而当学生思考所呈现出沉默时，每一个大脑正在燃烧。

吴老师曾经说：“教育要有爱，但这里的‘爱’应该是‘真爱’。所谓‘真爱’，就不仅仅是表扬和激励，还包括思维的帮助，学习的严厉，智慧的启迪。”而在这里吴老师给跃跃欲试争取发言的孩子们“泼冷水”，让他们“停30秒再发言”，就是一种“思维的帮助，学习的延伸，智慧的启迪”。

这堂课上，吴老师不止一次对急着发言的孩子说：“别急，要学会倾听，倾听里面可有学问了!”吴老师关于“静静地思考”的提醒，关于“学会倾听”的忠告，都不过是源于她一个朴素的理念：课是为孩子上的，不是为听课老师上的。有没有“观赏性”不重要，重要的是孩子的大脑是否真正转动起来。

“有问题才好呢!”

一个女孩上去数，数出了12个人，因为她重复数了其中两个人。

吴老师说：“嗯，看来是有问题。有问题才好呢！你重新数数，一共多少人?”有学生还要数。吴老师继续说：“问题就出现在这儿。这到底是咋回事儿啊？我们一起看着算式，看着图，一起来解决小姑娘心中的疑团。”

……

学生之间的讨论中，一个小姑娘问另一个小姑娘：“你为什么要减去一个2呢?”吴：“我也想问，数学组7个人，语文组5个人，一共12个人，你为什么要减二呢?”另一个小女孩说：“因为有两个人既参加了语文组又参加了数学组，多出了两个人。”吴老师引导学生追问：“7在哪里？5在哪里？2又在哪里?”

……

刚才一个没弄清楚的高个子男生终于弄明白了，说：“噢，因为数学组已经算了他们两个了，语文组就不能再算了。”

全班掌声响起。

吴老师问那大男生：“还12吗?”

“不12了。”男生说。

“可以擦掉了?”

“可以，因为是错的。”

吴老师由衷地说：“我特别喜欢阳光大男孩！其实呀，老师也经常出错，出错很正常。只要通过交流，把它改过去，就是——”

全班同学一起说：“就是好孩子!”

吴老师说：“好样的！我们再次把掌声给阳光男孩！好不好?”

掌声再起。

限于篇幅，我记录的这个课堂片段可能在细节上有缺漏，但我只想轮廓式地展示一种真实的课堂气氛。所谓“真实”就是学生出错和教师引导下的纠错。

我听过不少“完美无缺”的公开课，教师的每一句话都是印刷体，因为是事前背熟了的教案。学生的回答也滴水不漏，因为课前在老师的“指导”下“准备充分”。这样的课，从教学技术的角度看，无懈可击，但没有生命。说到底，这样的课，与其说源于错误的教学观，不如说源于错误的学生观。因为教师上课的时候，眼里没有学生，只有评委。他不是给孩子上的，是给评委上的。不是着眼于学生的发展，而是孜孜以求获得“一等奖”。

吴老师说过：“有益的数学学习，是一个不断试错的教学过程。课堂正是因为错误而精彩，因为错误而美丽。”之所以把课堂看成“试错”的过程，是因为吴老师把课堂看成是学生成长的空间。吴老师这堂课，正是“因为错误而精彩，因为错误而美丽”。

小女孩出错了，吴老师说：“嗯，看来是有问题。”但话锋马上一转，“有问题才好呢!”注意，这里不是廉价的表扬，而是引导孩子以问题为突破口深入思考，而且吴老师不仅仅让小女孩一个人思考，她教给全班同学的解决方法并号召：“我们一起看着算式，看着图，一起来解决小姑娘心中的疑团!”

对那个高个子男孩的引导也非常有趣。我这里说的是“有趣”，是因为那过程真的很有意思，同样是因为限于篇幅，我无法用文字详细描述，但我可以大略说说，就是吴老师没有自己出马纠正那孩子的错误，而是“挑动群众斗群众”——“教唆”已经明白了的孩子不断“质问”还执迷不悟的男孩，如此唇枪舌剑，几个回合下来，高个子男孩真诚地说：“我错了。”于是，掌声响起。

这里，我特别感动吴老师两句话。一句是：“其实，老师也经常出错，出错很正常。”将心比心，平等交流，让孩子不怕出错，并知道出错的意义——出错并纠正错误，这是通向真理的必经之路。另一句是：“只要通过交流，把它改过去，就是——”孩子们接着说：“就是好孩子!”这句话其实吴老师没说完，而有意让全班同学补充完。吴老师通过这一句没有说完话的，把自己对男孩的表扬，转化成了集体对他的鼓励。这也是一种教育智慧。

“你挺会对话的嘛!”

许多人都举手要求发言。吴老师看了一下，说：“我请这个小家伙，你还没发过言呢!”

这是一个瘦弱的小男孩。吴老师亲切地问他：“5 是数学组的吗?”

小男孩怯怯地回答：“是的。”

吴老师说：“请大声点，好吗？——2 是数学组的吗?”

“是的。”小男孩声音提高了一点。

吴老师继续问：“那么这两个有区别吗?”

小男孩语塞。其他同学马上举手了。

吴老师笑着对大家说：“我们静静地给他思考的空间，给他点时间不急啊”，转而回头对小男孩启发道：“你看这个2是数学组的，它还是……”

小男孩说：“语文组的。”

吴老师“不依不饶”：“可是，这个5也是数学组的，它们有什么区别吗?”

又有同学要发言了，很着急地晃动手臂。

吴老师却还是不抽他们，顽强地说：“不急，给他时间!”

男孩不说话，但在思考……

就这样，经过不断地启发与鼓励，反复地等待与追问，小男孩终于说：“这个2，就是这两个同学既参加了数学组又参加了语文组。”

“我们给这个同学掌声!”吴老师大声说。

掌声响起了。

“好，这个同学姓什么?”吴老师问大家。

“姓龚。”

“好，我把龚同学的意见写在这里。”吴老师把刚才龚同学的答案写在黑板上。

“那么，”吴老师继续问同学们，“这5个人……”

“都是数学组。”大家回答。

“‘都是’这个词好像还不准确……”吴老师又开始启发。

一个举手的女孩被抽起来，说：“这5个人单单是数学组的。”

“‘单单’？什么叫‘单单’?”吴老师继续追问。

瘦弱的龚同学主动举手了，吴老师非常兴奋：“你说。”

“单单数学组，就是只是数学组。”声音明显比刚才响亮多了。

吴老师无比兴奋：“他又说了一个词，叫什么?”

全班同学大声说：“只是。”

“好，我就把龚同学的意见记在这里。这5个人和那2个人可不一样，他们——”

全班同学心领神会，很默契地接上说：“只是数学组!”

“我们再次给龚同学掌声。”吴老师说。

全班鼓掌，长时间的。

……

吴老师请龚同学走到讲台上，对他说：“你挺会对话的嘛，就这样慢慢地就学会了和同学们怎么样啊?”

龚同学大声说：“交通!”

众大笑。

吴老师却说：“嗯，‘交通’，这词儿挺好的，一交就通嘛!”

在这堂课上，我和所有听课老师，当然也包括上课的孩子们，见证了瘦小的龚同学由自卑到自信的变化，从不敢举手到主动发言的进步。这是这堂课最大的亮点。龚同学的不发言，是一个偶然的生成性问题，因为吴老师在北京备课时不可能想到在哈尔滨的课堂上会有这么一个姓龚的同学；但从某种意义上说，这也是一个预设的问题，因为吴老师充满爱心的学生观，必然让她关注课堂上的每一个同学，一直很胆怯从不举手的龚同学必然进入她的视野，也必然成为她鼓励启发进而转化提升的对象。

30 年前，刚参加工作的我第一次上公开课，很是紧张。一位经常上公开课因而富有经验的老师告诉我：“别紧张，你多抽你班上成绩好的同学发言。一堂公开课，只要有几个发言积极分子，这堂课就被撑起来了，课堂气氛就显得很活跃。”当时我真是把这话奉为圭臬。我相信，到现在还有不少老师认为，只要有几个成绩好的学生频频举手，公开课就会“出彩”。

我越来越觉得，所谓好的教育——当然含课堂教学，其实就是一句很朴素的话：“把每个孩子放在心上!”这里我说的是“每个”而不只是那少数尖子生。这里的“放在心上”当然指教育教学的方方面面，包括“公开课”。试想，如果在公开课上，只是少数几个尖子生在表演在展示，其他学生只是陪衬只是旁观者，这样的课堂意义何在？让每一个孩子在课堂上都受到关注，都赢得尊严，都获得成长，这不需要教师多高的理论水平，只需要教育者的——良知。

吴正宪老师正是这样有良知的教育者。我注意到，在这堂课上，她多次说：“谁还没有发过言？哦，请这位同学起来说说。”“旁边那个同学还没举过手呢？你起来试试，好吗?”这位龚同学也是这样被她发现的。应该说，在公开课上，主动抽根本不举手的孩子，是有“风险”的。有的老师在公开课上可能会有意避开这样的学生，以求“平安”。因为主动抽这样的学生，可能答非所问，可能冷场，可能出洋相，可能让师生都很尴尬……但是，如何引导这样的孩子？如何唤醒他们的潜在的能力？如何让他们也成为自己精神的主人？这直接展示着教师的教育理念，也考验着教师的教育智慧。

我们看到，吴老师不但主动抽这位姓龚的小同学，而且或追问，或等待，或启发，或鼓励……这个孩子一步一步从自卑的阴影中走了出来，走到了自信的阳光下，走到了讲台上，最后甚至主动举手发言——最后，当全班同学都还没有明确答案的时候，正是这位刚才还自卑而不敢举手的孩子一锤定音：“单单数学组，就是只是数学组”，这是吴老师用信任唤醒的尊严，用期待等来的能力，用智慧点燃的思考，用爱心创造的奇迹！

“我想去北京听您的数学课！”

下课铃声响了，可孩子们都不愿意离去。吴老师问：“下课了，真的下课了。”

孩子们再次异口同声：“不想！不下课！”接着是叽叽喳喳的声音：“我最喜欢数学！”“我也是，我也是！”许多孩子一边说，一边都把手举起来。

吴老师问：“能给我们这堂课起个名字吗？”

孩子们的答案五花八门：“重叠。”“重复。”“画图课。”“圈圈课。”“既什么又什么课。”“分类问题课。”……

“谢谢同学们！我们下课了！”

可是没同学动。

吴老师说：“哎，下课不下课啊？”

全班孩子们大声说：“不下课！”

“真的不想下课啊？为什么这么喜欢数学课？或者说，你还特别想对吴老师说什么？”吴老师问。

孩子们继续七嘴八舌：“这节课太有意思了！”“特别是圈圈的时候特别有意思，我一下子就明白了！”“我觉得这堂课蛮好玩儿的！”“我觉得这节课过得太快了。”“我想转到吴老师班上去。”“老师，您讲得太好了，我们都能明白。”“这节课充满学问。”“我想天天听您的课。”“以前我不喜欢数学课，可是现在吴老师一讲，我就喜欢数学课了。”“我想去北京听您的数学课!”……

吴老师看到那位姓龚的同学又把手举了起来，便说：“你还想说什么？这个小东西，一直在举手，你出来吧，过来，到这边来。”

姓龚的小男孩勇敢大方地走到讲台前面，吴老师蹲下身子对他：“你一直想给吴老师说什么?”

“这节课很有知识。”他大声说。

“哦，是吗？你哪里感到有知识的?”蹲着的吴老师继续笑眯眯地问他。

“就是画圈这一块。”

“那今天你给学生学会了‘交通’了吗?”(吴老师特别使用了龚同学的词。)

“学会了。”(龚同学笑了，同学们也笑了。)

吴老师欣慰地摸摸他的小脑袋：“好，好孩子，学会交流很重要!”

……

吴老师饱含感情地对同学们说：“谢谢！谢谢同学们！下课了，再见!”

这时候，一位含羞的小姑娘鼓起勇气说：“吴老师，我会做梦都想着你的数学课。”话还没说完，小姑娘的眼泪就下来了。

吴老师走到她的身边俯身拥抱她：“小姑娘，老师也会在梦中梦见你的！谢谢你喜欢我!”

短短40分钟的课，究竟是什么打动了这些孩子？

当然有吴老师的教学艺术，但更重要的是，吴老师那颗爱孩子的心。这颗爱心，充满了尊重、理解、信任、宽容，这颗爱心同时又是一颗童心。爱心和童心，让这堂数学课洋溢着浓浓的人情味！

我想到多年前，我在拙著《爱心与教育》中说过的几句话：“一个真诚的教育者同时必定又是一位真诚的人道主义者。素质教育，首先是充满感情的教育。一个受孩子衷心爱戴的老师，一定是一位最富有人情味的人。只有童心能够唤醒爱心，只有爱心能够滋润童心。离开了情感，一切教育都无从谈起。”我是中学语文教师，但我从吴老师这堂小学数学课上，却感受到一种情感的魅力与美丽。

整堂课吴老师说得并不多，更多的时候是充满了孩子们笑声，还有叽叽喳喳的“争吵”，而吴老师显然很喜欢这样的叽叽喳喳的课堂氛围，并参与到这叽叽喳喳的“合唱”中。我油然想到苏联教育家阿莫纳什维利的一句话：“谁爱儿童的叽叽喳喳声，谁就愿意从事教育工作，而谁爱儿童的叽叽喳喳声已经爱得入迷，谁就能获得自己的职业的幸福。”吴老师正是这样幸福的人。

吴正宪老师现在可以说是名满天下。她所拥有的“荣誉”“头衔”数不胜数，在旁人眼中，她是“名师”，是“大师”。但可贵的是，这些称号并没有锈蚀她那颗朴素而纯净的教育心。在孩子眼中，她依然是一位博学而富有爱心的老师。当孩子们依依不舍地围着吴老师的时候，吴老师也张开她的手臂拥抱着孩子们。我又想到苏霍姆林斯基的名言：“对孩子的依恋之情，这是教育修养中起决定作用的品质。”吴老师正是拥有这样的依恋之情，因而她当之无愧地具备了“教育修养中起决定作用的品质”。

不知从什么时候起，我们的教育越来越“理性”“客观”“冷峻”，似乎越来越有一种“唯技术”的“科学倾向”——教育实践被视为“科学的技术操作”，学校被当作“人力加工厂”，把教师当作工人，学生当作加工对象，在教学过程中甚至在教学方法上，都追求一种规范、统一、精确、共性的程序和法则。在教学内容上，丰富多彩的教学内容被“科学之刀”精确地肢解、切碎，然后往学生脑袋里源源不断地注入……在这过程中，“人”失落了！

在这种背景下，吴老师这堂数学课已经超越了数学知识的传授和数学能力的培养，它所包含的人文精神——尊重、平等、自由、宽容、信任、和谐……应该说对所有学科的教学都是有意义的。苏霍姆林斯基说：“教育——这首先是人学。”陶行知说：“真教育是心心相印的活动。”两位教育大师不约而同地把教育指向了人的心灵。

（三）相聚在西湖河畔

第三次见到吴正宪老师，是今年暑假在杭州西湖边，又是北京教科院班主任杂志社组织的交流活动。难得这么休闲的日子，我们品茶聊天。抬头便是无边的湖水，和湖面上田田的荷叶；缕缕清香飘来，我们所聊的教育也变得芬芳起来。

我对数学教育是外行，就吴老师所提“儿童数学教育”这个概念向她请教。吴老师说：“我开始当老师时只有16岁。当时虽然对教师这个职业并没有很深的认识，但是我对待工作非常认真。在当时只单纯追求高分的背景下，学生们虽然得到了高分，但缺乏学习的热情，对学习没有兴趣。课堂上我发现很多学生目光呆滞，语言

吴老师与先生骑车畅游西湖

贫乏，一点也感觉不到他们对数学学习的热爱。面对这样的情况，我经常想，学生们为什么不爱学呢？其中的症结是什么？思考过后我发现，我们的教学太缺乏儿童视角了，不管是教材的编写还是课堂教学，都很少考虑怎样让儿童喜欢数学，于是我从关注儿童开始，这就是我提出的儿童数学教育的萌芽。”

“那我可不可以这样理解，你不仅从教师的角度，还要从儿童视角来思考数学教育的？”我问。

吴老师不假思索地说：“是的。但我不仅仅是这样思考，我是个想明白了就会去做的人，我开始对教材进行改革。在马芯兰老师教育经验的影响下，我根据知识的内在联系和学生的认知规律，重新编排教材，组合成‘六条龙’的小学数学知识体系，并在 1987 年通过了十个单位有关专家鉴定。此后，‘读懂儿童，读懂数学，读懂教材’就成了我努力的方向。我在‘三读懂’基础上确立了儿童数学教育的三维目标，即‘传递知识，启迪智慧，完善人格’。在三维目标的基础上，又提出了明确的儿童数学教学理念，即让儿童在‘好吃’中享受有‘营养’的数学学习。这也是我直到今天都在追求的目标。”

我忍不住赞叹：“好吃，有营养，太好啦！”

我说：“不光是数学教育，其他学科的教育，包括整个教育，不都应该‘好吃又有营养’吗?”

我给吴老师说了我对“什么是好课堂”的理解：“所谓‘好课堂’，就是‘有趣’加‘有效’。有趣，是手段；有效，是目的。如果只是有趣而没有效，课堂就成了看小沈阳，搞笑而已。但如果课堂无趣，只追求所谓有效，一味地灌输，这样的课学生不爱听，也很难达到真正的有效。有趣，就是能够吸引学生，让学生在课堂上兴趣盎然，心情愉悦，如沐春风，觉得时间过得很快，下课后盼着第二天再听这位老师的课。有效，就是教师完成了教学任务，而学生们有成果——无论知识的，能力的，情感的，思想的，总之有收获。”

“这里的‘有趣’，就是您说的‘好吃’；而‘有效’，就是您说的‘有营养’。”我说。

吴老师表示赞赏，说：“我教小学数学，你教中学语文，但不同学科的教学都有相同之处，教书育人是咱的根啊。”

我为自己和吴老师对教育有着共同的理解而开心。吴老师的教育有着鲜明的“儿童视角”，不但因为她有着纯正的教育心，而且还有一颗儿童的心。

在淅淅沥沥的小雨中，我们一起骑自行车游西湖。风驰电掣般地狂奔中，吴老师的裙子在风中飘逸着，她爽朗的笑声传得很远很远。朋友说：“简直就是16岁的花季嘛!”

60岁的吴老师俨然还有着16岁花季的青春，这正是她教育生命依然蓬勃的原因。

2015年9月

八、人生两大乐事：“读书”与“教书”

——访谈吴正宪老师

中国教育报记者　张贵勇

约访吴正宪用了一年多时间，因为她实在太忙。

在过去一年的时间里，她深入北京边远地区学校进行调研指导，总结提升基层学校校本教研的经验；她承担着北京市教委“名师同步课堂”的备课、录课任务；还忙着到远郊区县“吴正宪小学数学教师工作站”指导工作；她时刻关注着农村教师和初登讲台的年轻教师的专业成长……但忙碌中，她始终保持着饱满的情绪、快乐积极的心态，用她自己的话说，就是在享受一名教师所特有的职业幸福。

等到坐下来采访吴正宪，见她房间的书桌上、角落里有不少的书：史宁中教授的《数学思想概论——数学中的演绎推理》、郑毓信教授的《数学教育哲学的理论与实践》、马云鹏教授主编的《课程与教学论》……聊起自己的专业进步，她更多地归功于阅读与阅读后的积极实践。她激情满怀地开始每一天的教师生活，在阅读与教育实践中她总是快乐而充实。在她的成长中我们看到：

读书，让她发现了数学教学的哲理与门道，并学会用艺术的形式表达科学的内容。

读书，让她静心走进儿童世界并与之心相近、情相连。

读书，让她恪守理想始终如一，脚踏实地，厚积薄发，一步一个脚印地前行。

吴正宪这样说：“对我而言，职业生涯中最幸福的两件事，一是教书，二是读书。”

“读书——让我发现数学的哲理与门道”

在学生时代，吴正宪就有“小老师”的绰号。

绰号来自吴正宪的成长经历。20世纪60年代末期刚上初中的吴正宪就曾经登上讲台，为全区上过数学观摩课《二元一次方程组解应用题》。听课的一位专家断言：“这孩子是做教师的料”。1970年，16岁的她成为一名小学老师。她至今还记得刚工作的第一天，穿着一件黄色毛衣，上面刺着“心求通而自奋也”——那是妈妈为她刺绣的格言。用以时刻激励自己“奋发向上，不用扬鞭自奋蹄”。

为了教好每一堂课，“小老师”吴正宪白天努力工作，晚上发愤读书。受家庭的影响，她从小就喜欢看书，尤其酷爱文史类和名著。她读过范文澜的《中国通史》。当时文学名著少得可怜，找到一本后，她像找到宝贝一样爱不释手。她的哥哥也爱读书，《红楼梦》及《家》《春》《秋》等名著，成了他们工作之余的阅读物。在那“读书无用论”作为主流社会风气的年代里，许多年轻人无所事事，他们却关在家里悄悄地在书海里徘徊，享受着读书的快乐，营造着家庭读书的氛围。古典诗词她也喜欢，当初亲手抄写的《唐诗三百首》，至今还珍藏在她的书柜中，为她十几年的语文教学奠定了较好的基础。

1980 年 7 月，吴正宪结束了北京第一师范学校两年的培训学习，来到了崇文区锦绣街小学教书。因为教师紧缺，她做班主任既教语文又教数学。虽然有了近十年教语文的功底，但改教数学还是第一次。她蹒跚摸索，不知所措。于是那个暑假，她从研读教材入手，找来 1 ~ 12 册教材，用了整整一个假期，把全套教材所有的例题、思考题及有代表性的练习题全部做了一遍。她不断地查阅大量的参考资料，并根据数学知识的内在联系整理出知识网络图，写下了几十万字的学习笔记。至今 20 多本写满密密麻麻学习体会笔记本和教学随笔还珍藏在她的书柜中，两次乔迁新居，她忍痛割爱淘汰了不少书籍，但那些发黄的笔记本一直与她紧紧相随……

吴正宪说：“记不清多少个夜晚，我在灯下认真演算数学题。遇到高难度题目，我就一张张草稿纸地演算，草稿纸摞起来比写字台还要高。”她还认认真真撰写了《教学有感》《小学数学系统整理》《值得回味的课》《趣味数学趣谈》《教海拾贝》等专业学习笔记，不断提高着自己的数学专业素养。“不学习、不研究，我就觉得底气不足，课堂上就发虚。虽然我没在高等学府系统学过教育理论，但我知道，本领不是天生的，学习的路径是多渠道的，于是我不懈地努力，抓紧一切机会学习。我拜书本为师，拜高人为师，拜哥哥为师。做教师的哥哥成了我的家庭教师，他帮我系统讲解数理化等有关知识，弥补我未读大学的知识空白。我深知自身专业成长的道路上无捷径，必须脚踏实地，用心读书，善于学习，不断积累，才能厚积薄发。”

凡是去过吴正宪家的老师，印象最深刻的就是她家书桌上摆满的一摞摞书籍，书柜里整齐地放着一本本书籍、学习笔记和教学光盘。

在吴正宪看来，真正让自己的数学教学独树一帜的，得益于“哲学类”与“儿童心理学”类的书籍阅读。

1983 年，针对学校题海战术、作业堆积如山、学生负担沉重的现状，吴正宪苦苦思寻对策。20 世纪 80 年代初期，她走进马芯兰老师的课堂，一心想学习马老师的教学方法，也想让自己班级的学生“四年完成六年的数学教学任务，提前两年参加统考成绩名列前茅”。她曾经在上学年就把下学年的教材刻印成讲义，提前发给学生学习，结果欲速则不达，教学效果不理想。恩师刘梦湘告诫她，学习马芯兰教学法不是表层的照葫芦画瓢，要学习她的“真经”。教学改革不是简单地提速，重新组合教材必须重视知识本身的内在联系和学生认知规律这两个基本点，并建议她多读读哲学类书籍。从那以后，吴正宪首先细读了《矛盾论》《实践论》等经典哲学理论书籍，一条清晰的思路开始在眼前展开。

“数学的最高境界是哲学。数学与哲学之间有着密切的关系，不可分割。其实，支撑我数学教学改革的是基本的哲学观。”吴正宪认为，数学是一门解决问题的具体科学，哲学则是系统化的世界观和方法论。哲学以数学等具体科学为基础，而哲学又为数学等具体科学的发展提供正确的指导。她说：“在数学教学中善于沟通二者的联系，有利于培养学生思维的批判性，使思维更加深刻，这对学生认识世界具有十分重要的意义。”因此在教学中她注意把哲学原理应用到数学教学中，帮助学生解开数学学习中难解的结。

例如，按照辩证唯物主义对立统一的规律，她打乱教材安排的顺序，将数学教材中一对对“易混”且“互相矛盾”的概念安排在同一节课里学习，用比较的方法、对比的手段揭示概念内涵。在数学研究的对象中，充满了矛盾的对立面。如“正比例与反比例”“因数与倍数”“乘法与除法”“无限和有限”“偶然和必然”等有关知识概念，她就把这些内容组合在一起进行编排学习，引导学生用“对立统一”的观点观察分析事物的两个方面，体会数学中一对对概念的“互相依存”关系，从而更加深刻地认识数学概念的本质。苏联教育家乌申斯基说：“比较是一切理解和思想的基础。我们正是通过比较来认识世界上一切东西的。比较方法在人类认识活动中起着重要的作用。”又例如在几何教学中她遵循唯物辩证主义“变中有不变，不变中有变”“透过现象看本质”的基本观点，在引导学生学习“推导面积公式、体积公式”的过程中，充分发挥学生学习的主动性，放手让学生操作，通过“割、补、拼、平移、旋转”等方法把陌生的图形转化为已学过的熟悉图形，再根据图形之间的内在联系推导出新图形的面积或体积计算公式。在教学中引导学生学会“在变化的图形现象中抓住面积、体积不变的实质”，感悟辩证唯物主义“透过现象看本质”的基本思维方法，从而培养学生思维的深刻性。再例如，面对着小学生的年龄小、对于较复杂问题的分析往往抓不住主要问题、不知从何入手的特点，她就在引导学生学习解决问题(应用题教学)时抓住主要矛盾，通过画图分析、语言提炼等直观手段，将思维过程外显化。突出主要矛盾，淡化次要矛盾，使其在错综复杂的关系中找到解决问题的"题眼"。学生在一个个难题中，经过观察、思考、推理、抽象，最终问题解决，常常有"柳暗花明又一村"之感。由于吴正宪在教学中艺术地处理了"主要矛盾"与"次要矛盾"的关系，所以学生在这样的学习中获得的不仅仅是一种结果，而是一种思考问题的方法和策略，一种问题解决后的成功与自信的美好感受。

时光追溯到20世纪80年代初期，那时候的吴正宪就已经在北京著名特级教师刘梦湘和马芯兰老师的悉心指导下，依据数学知识本身固有的内在联系，依据逻辑辩证法，提出了"六条龙教学法"。她从改革教材入手，将小学数学知识组合成六个有联系的知识系统，并以"减轻过重负担，提高教学质量，坚持全面育人"为目标，以"辩证法"为指导，对小学数学的"教法、学法、考法"进行了全方位改革，当时被称为"小学数学归纳组合法的实验"。这项数学教学改革实验在教育界产生了很大影响。该实验在1986年通过了中央教科所、北京师范大学、中国科学院儿童心理研究所及北京市教育局教研室等十个单位的专家鉴定，并获北京首届教育教学成果奖。当年的《光明日报》《北京晚报》《北京广播电台》进行了报道。

吴正宪在教学中引导学生在数学王国中感受数学严谨的科学美、辩证的哲理美、绝妙的逻辑美、简洁的形式美……更重要的是，她在让学生获得数学知识的同时，提高了学生解决实际问题的能力，让学生受到辩证唯物主义科学思维的启蒙，使学生的思考之根伸向理性思维的土壤。从这个意义上来讲，学生获得的不仅仅是知识技能，而是拥有了发现和提出问题的乐趣及辩证思维的方法。的确，在数学中充满着辩证法。数学用特殊的符号语言、简明的数学公式，明确地表达出各种辩证的关系和转化。数学还是思维的体操，这种思维操练，确实能够增强思维本领，提高科学抽象能力、逻辑推理能力和辩证思维能力。

吴正宪说：我喜欢读张景中院士的《数学与哲学》，他用通俗易懂的语言解读着"数学与哲学"的关系；以"望远镜与显微镜"寓意了"模糊的哲学与精确的数学"的内涵……

我喜欢读郑毓信教授的《数学教育哲学的理论与实践》，书中一方面从理论高度对数学课程改革、数学教育的国际比较研究等一些重大数学教育问题做出了具体分析，充分发挥了数学教育哲学的实践功能；另一方面又以相关实践为背景对数学教育哲学的各个基本问题做出了更为深入的思考，从而进一步促进了数学教育哲学的理论建设。

我喜欢读周根龙教授的《数学教育哲学讲座》，使我对“数学哲学”有了新的认识。正如周教授所说，数学哲学不应仅考虑其“内在问题”，而应把数学放在人类思想和人类历史的大背景中来考虑。数学哲学就是在反思并解释数学的本质。

读书让吴正宪发现数学的哲理与门道……她正是在这样的背景下开启并进行着小学数学教学的实践……

“读书——让我与孩子心相近、情相连”

20 世纪 90 年代初期，吴正宪应内蒙古海拉尔教育局的邀请，为当地教师上示范课。一上课，吴正宪就热情地向学生们打招呼：“同学们好!”下面的学生个个端坐着，脸上没有任何表情，也没有一个学生吭气儿。她又问：“哪位同学知道什么叫‘相遇’吗?”(该课教学内容是“相遇问题”)还是没人回答。“不想说，你们自己就用手比一比也行。”学生依然呆呆地望着她。

面对冷场，吴正宪用儿童的话语系统拉近了与学生的距离，又创设了学生活动的情景让学生体会什么是“相遇”、什么是“同时”等有关重要概念。学生们的情绪渐渐高涨起来，从开始的一言不发，到争着表现，争着发表自己的见解。下课了，孩子们拉着吴老师的手，久久不愿意离去……那情、那景，至今都让人挥之不去。

下课后，海拉尔教育局局长高良彦说：“这班孩子是全地区公认的最差班，我们就是想看看来自首都的教师面对这样的学生如何施教。”现场听了课的老师们被感动着，他们发自内心地说：“看来没有教不好的学生，只有不会调动积极性的教师啊。”

小学数学著名评论家宋淑持专家(原上海《小学数学教师编辑部》编辑)这样评价吴正宪：“吴老师的课不仅仅是用理智在上，同时投入了她的感情，课堂上倾注了她的喜爱、兴趣、同情和幽默，学生受到了感染，产生了情感共鸣。这种情感的交流与共鸣是教学活动化平淡为神奇的催化剂，她对学生情绪的了解与调动，使干巴巴的课堂变得妙趣横生，丰富多彩。”

吴老师的课堂不止一次、两次出现“学生不愿下课”的情景，学生常常是集体呼吁“不许下课!”还有的学生说“一辈子也不会忘记这节课”。是什么使学生如此喜爱吴老师的数学课，以至于到了“迷恋”的程度？我作为记者带着困惑与期待又一次走进吴老师，揭开了这个“谜”。

1986年深冬，一个风雪交加的下午，吴正宪第一次听到著名儿童心理学专家张梅玲教授的“数学学习与儿童心理学”的专题报告。她第一次听到“心理健康、心理体验、新型师生关系、人文精神”等新名词时，她被打动了！她开始反思，“教了十几年的书，我怎么就没想到孩子们的喜怒哀乐会与学习数学连在一起呢?”报告结束后，她主动向张梅玲教授提出问题请教。慢慢地与张老师有了更多的交流和往来，她向张老师借书读，张老师慷慨解囊，把自己编著的《儿童数学思维的发展》和珍藏的高等师范院校教材《学与教的心理学》、钟启泉编译的《现代教学论发展》统统都给了吴正宪，她如获至宝，一头扎进了书海中……

在后来的日子里，她又认真阅读了山内光哉编著的《学习与教学心理学》、林崇德的《智力发展与数学学习》、巴班斯基的《教学教育过程最优化问答》、苏霍姆林斯基的《给教师的建议》等书籍。为她日后的儿童教育与教学研究奠定了重要的基础。在阅读教育心理类书籍的过程中，吴正宪渐渐理解并懂得，每一个儿童都是活生生的人，都是发展中的人。他们有情感、有个性、有独立的人格。教师对学生的爱最重要的是尊重！教师要用心地读懂儿童，真诚地和他们交朋友，友善地走进他们的心灵，站在儿童的角度去思考问题，努力把自己的生命和儿童的生命融在一起。儿童的课堂教学应该是一种师生情感交融、理智碰撞的互动过程。教师要充分发挥主导作用，关注儿童的情感体验，注重儿童个性品质的培养，保护好好奇心、自信心这颗创造性思维的火种，激发儿童情感、理智、人格全面成长的主体能动性。

于是，在窗外飘雪的课堂，吴正宪不会压制学生渴望打雪仗的冲动，而是满足学生的需求，亲自带领学生享受大自然恩赐的快乐，然后再专心致志地学习……于是，面对学习有困难的学生，她不会另眼相待，而是满腔热情，为学习困难学生创造体验成功的机会，帮他们找回自信、自尊，让他们有尊严地生活在集体中……于是，面对枯燥的数学公式，她把数学与生活有机结合，满足学生天然具有的好奇心，体会数学的应用价值，引领学生爱上数学。例如，揭示“三角形具有稳定性”时，她没有照本宣科，而是把一把快散架的椅子摆在学生们面前，让学生自己思考研究“怎样修理才能使椅子牢固?”自然将“三角形稳定性”的知识派上了用场。又如学习“比和比例”知识，她带学生到操场，指着高高的旗杆提出“旗杆有多高，你有办法测量吗?”激发起学生解决问题的兴趣和智慧。在问题解决中，她从来不包办代替，而是充分相信学生，开发学生的潜能，满足学生的探究需求。她让学生自己设计活动方案，通过调查研究、收集数据、分析数学信息、发现数学规律、获得数学结论。如学生自己进行“春游方案设计”“购物统计调研”“实地测量”等活动，让学生体验数学在生活中的重要价值，不断积累学生的活动经验，开阔学生的数学视野，提升学生的数学素养。

在吴正宪看来，儿童学习是一种探索性的试误过程，只有主动积极地参与教学过程获得直观体验，才能正确理解内化所学的内容。

“如果教师只是一架会传授知识的机器，那么学生就会远离你，师生之间的情感就是一片空白，课堂必然失去生命活力。”吴正宪说，每位教师都应该学习一点儿心理学，多了解一些心理学知识，这对教学有重要的促进作用，不盲目教书，而是真心育人。事实上，她的眼里的确没有差生，她尊重和信任每一个学生，全身心地去关心每一个学生。在学生面前，她展示的是一个真实而鲜活的自我，满怀真情地倾听学生的心声，帮助他们消除心理上的障碍，充分尊重并理解他们，建立了平等、友好、民主的师生关系。“读懂儿童”这其实也是教师应该具有的重要的基本功。

2008 年，吴正宪提出了符合儿童认知需要和心理特点的“好吃又有营养”的数学教育理念，即强调数学教师应该坚持向儿童提供符合其心理特征和能力水平的数学教育，促进儿童终身持续发展所需要的基础知识、基本技能、基本数学思想、基本数学活动经验以及科学的探究态度和解决实际问题的创新能力的全面发展。同时，教师要提供符合儿童特点和发展规律的教学手段和方式，实现“营养”又“好吃”的双重价值追求，使儿童真心爱上数学，实现“乐学、爱学、学会、会学”的良性循环。最终落实 20 世纪 90 年代末期吴正宪就提出的“传授知识，启迪智慧，完善人格”的全面育人目标。《吴正宪创设儿童喜爱的数学课堂实践研究》分别荣获北京市政府基础教育教学成果一等奖，教育部首届课程改革成果一等奖。

吴正宪经常会收到来自全国各地老师们的邮件，特别是边远山村地区教师的来信。一位教师信中这样写道：“今天您在我们班上课，在您的课堂里，所有的学生一个个都变得越来越活跃，越来越积极主动。一位‘窝里窝囊’的学生在我的课堂上从来不敢发一次言，在您的课堂上却被激活了，您让我重新认识了我的学生。引起我的很多思考和反思……”

因为懂儿童心理，吴老师让儿童爱上了学习，激发出来儿童自身的活力与潜力，让他们充分感受着数学学习的乐趣与价值。凡是上过吴老师课的学生们都不愿意下课，有的学生感叹，“吴老师懂我们，上她的课，比玩儿还快乐”。北京光明小学的一位四年级的学生听了吴老师的课后表示，“如果我要是当国家总理，就要把吴老师的课延长到两小时，不，n 小时！”

因为懂得儿童心理，吴老师深受儿童的喜爱，她已成为孩子们一生中的一位重要朋友。每年 9 月 10 日教师节她都会接到一批又一批毕业生们邀请，共度节日。毕业生们常常回忆起当年儿时与吴老师在一起学习交流的快乐时光，这些“大孩子们”陶醉于在老师身边成长的幸福中……

因为懂得儿童心理，吴正宪赢得了全国各地许多热爱教育工作的老师们的喜爱与信任，老师们纷纷求教她，希望成为她的徒弟加朋友，在探索教育教学规律的路上一起前行……

用心地读懂儿童，专业地读懂教材，智慧地读懂数学，多年的阅读积累与实践探索，使得吴正宪找到了创造儿童喜爱的教学教育的途径，形成了自己独特的教学观，创造了“爱的课堂，快乐的课堂，智慧的课堂，充满生命活力的课堂”，也使她的数学课堂荡漾着浓浓的人文情怀……

吴老师说：

“我喜欢读张梅玲教授的《儿童数学思维的发展》，她根据儿童心理学的原理分析和阐述了儿童思维的发展规律，让我从一个新的视角来读懂儿童的思维活动。尤其是这些年来，张梅玲教授在国内外学术刊物上发表《一项促进儿童数学思维发展的实验》等学术论文，对我影响至深，她为我研究儿童数学教育打开了一扇特别的窗……

“我喜欢读林崇德教授的《智力发展与数学学习》，这本书成了我当初进行‘小学数学归纳组合法实验’，研究儿童数学学习的重要依据。他运用心理学的原理，以通俗易懂的语言解读着‘智力发展’与‘数学学习’的关系，让我受益匪浅。

“我喜欢读张兴华老师《儿童学习心理与小学数学教学》，这是张老师在多年的教学实践中用儿童心理学原理指导小学教学实践的重要经验。他深厚的学术内涵、深入浅出的阐释，具体生动的案例，使‘阳春白雪’的心理学专业术语变成了‘下里巴人’都能接受的大众理论。《儿童学习心理与小学数学教学》为我们打开了一扇通往儿童数学学习世界的窗，引领我们走近儿童心理、探究儿童数学学习的规律。”

引领更多教师走上阅读之路

1994 年初秋，吴征宪结束了 25 年的小学教师生活，来到北京崇文区教育教学研究中心，成了一名教研员。2002 年因工作需要，调入北京教育科学研究院基础教育教学研究中心任小学数学研究室主任。

作为一名研究者、服务者，吴正宪以自己对于教师同行的热爱和促进教师专业发展的有效服务，在成就许许多多中青年教师职业追求过程中，也拓展了自己的学习历程。

而此时，她的阅读也上了一个新台阶。

与做一线教师时相比，教研员的服务平台大了许多，研究时间充裕了许多，工作内容变换了许多，压力也随之增加了许多。但是不变的就是终身学习的目标。她更加发愤地读书、学习、思考、研究。她深知不读书、不研究就没有指导基层教师的资本；不读书、不研究就没有为基层教师服务的底气。她很清醒地认识到：此时的她又多了一份责任，不仅自己要读书，还要带动基层教师一起读书，共同营造读书的教师研修文化。吴正宪注意了解一线教师的心理动态及其关心的教育教学问题。她订阅了教育教学期刊、多类杂志和报纸。浏览教育期刊时，读到精彩的文章，她总是将之圈圈画画，折页、贴条、批注，或者剪下来做成集，这样“一下子就抓住了重点”。每天晚上睡觉前，她习惯于把当天的报纸、杂志收集到一起，在台灯下一一翻阅研读。读完一张便扔到床边，不知不觉一两个小时过去了，地上堆积了厚厚的一层报纸，“像一座小山”。她养成了每晚休息前必看当天报纸杂志的好习惯，也由此获得了大量的时事新闻及教育信息。这样的她才能不仅脚踏实地地低头干活儿，还能抬头看路，保持头脑清醒。

阅读教育书籍，吴正宪注重理论素养的提升，如教育学、心理学、哲学及优秀教师成长方面的书籍，同时也格外注意研读各类专家著作，如史宁中、王策三、钟启泉、周玉仁、张梅玲、叶澜、马云鹏等编著的书籍，她常放在写字台上，随时翻阅。阅读时，她常把自己置于书中，与作者对话，与自己对话。有时还与教师们就书中的某一观点或某一教法进行研讨。她对数学教育本质的理解愈加深入。

更让我们感动的是，吴正宪将多年的阅读体会与教学实践结合在一起，引领影响周边的年轻教师实现专业发展。“作为一名教研员，首先要有资源意识，要把教师和学生作为重要的研修资源。”吴正宪说，教师之间进行同伴研修，例如同读一本书，共同交流学习体会；同上一节数学课，同研讨数学教育价值的判断。她所领导的团队建立了人人平等、民主和谐、资源互补、相互学习、共同分享的研修文化，使个体的教学经验升华为群体的专业资源，从而有效地增强教师团队的教学专业能力。

吴正宪常说：“作为研究者，探索教育教学的规律是我的历史使命；作为教研员，满足教师专业发展需求，帮助教师解决在教学实践中遇到的问题，是我的责任。”其实，不论是探索教育教学的规律，还是帮助教师解决教学中真实存在的问题，都离不开教育理论的指导，也需要对教学实践的深入分析。而实现的途径无疑还要靠阅读。作为教研员，吴正宪除了帮助指导年轻教师上好课，还给予他们大量的专业指导。而她最看重的就是帮助年轻教师养成阅读与反思的习惯。她常说：“在专业发展上不能偷懒，要敢于吃别人不愿吃的苦，要舍得花别人不肯花的时间，要肯下别人不愿下的功夫，要认真研读别人未曾读过的书。”每次到远郊区县上课，她总是向教师们推荐一些经典的教育书籍。在“吴正宪小学教师工作站网站”上，我们每学期都可以看到向团员们推荐的书籍名称。工作站也定期召开团员的“读书会”，共同畅谈读书心得体会。

2012 年，吴正宪又荣获国务院全国“两基先进个人”称号。而今，虽然她获得了不少的奖项和荣誉，但是吴正宪的身影常常出现在农村和偏远地区。她的办公室在基层、在学校、在课堂。她工作的大部分时间是和教师们、徒弟们交流着如何上好一堂课、如何让学生喜欢数学、如何实现教师自身的专业发展。“吴正宪小学数学教师工作站”聚集了来自北京市 16 个区县的 72 名市区骨干教师及教研员，这些团员们在做好本职工作的基础上主动为北京山区教育服务，形成了一个“$1+8+n$”的教师研修机制。目前很多外省市的地区也强烈要求成立“吴正宪团队工作分站”。不论总站还是分站，每期研读一本教育书籍，写一篇读后感言，组织一次读书沙龙，是站里老师雷打不动的功课。东北师范大学原校长史宁中曾如此评价吴正宪：“吴老师几十年坚持在教学中注重研究，在研究中不忘教学，理论与实践相互促进。特别是近年来成立了专门的研究团队，共同反思和研究，为教师的专业发展探索了一种行之有效的新模式”。

2014 年 1 月

九、对话从心开始

——团员们有话要说

北京市海淀区中关村第二小学李兰瑛

学生的内心世界是极其丰富的，也是多变的，而且学生不是在任何时候、任何情况下都能把心灵的窗口向教师敞开的，所以要洞察学生的内心世界，并不是一件容易的事情。在我们的教学中，经常会出现教师言之谆谆，学生却听之藐藐；教师苦口婆心，学生却无动于衷。这是因为教师与学生的心向不一致所致，师生之间没有产生积极有效的“心理效应”。教师只有合理运用“心理效应”这根调控杠杆，才能激励学生学习，才能促使学生积极地思考，从而提高课堂教育教学效率。吴老师就能恰到好处、时时处处地将心理学中的“心理效应”与教育教学有机融合，使师生间的情感和教学效果达到很高的境界。我们在与吴老师深入的交谈中，愈发地感受到她对教育心理学理论运用得恰到好处，她用自己的教育实践向我们展示了丰富且有实效的教育方法。她让高深莫测的心理学理论不再遥远，不再乏味。她用自己的教育教学诠释了心理学理念，实现了心理学理论与教学实践的有效结合。让我们再一次走进吴老师，在这里感悟她丰富多彩的教育人生。

（一）让“平等互尊”的桥架在学生的心田

教师在课堂上，往往更偏爱那些聪明伶俐、回答问题流畅、善于表达的学生，给予他们的表扬也会自然地流露。而对一些反应迟缓、思考问题较慢、经常答错的学生，或是暂时思考不全面、导致出现问题的学生，则置之不理。长此以往，这些学生就会丧失提出问题、解决问题的积极性、主动性。作为教师，如果不及时调整这种偏爱心理，就会产生“马太效应”，纵观我们的教育教学，不同程度地受到“马太效应”的影响，导致一些教育的失误。

所谓“马太效应”，就是“凡有的，还要加给他，叫他有余；凡没有的，连他所有的也要夺去。”美国著名哲学家罗帕特·默顿发现了这种现象，即荣誉越多的科学家，授予他的荣誉就越多；而对那些默默无闻的科学家，对其做出的成绩往往不予承认，他于1973年把这种现象命名为“马太效应”。

在吴老师的课堂里，我们常常看到这样的场面：

在课堂教学中每次争论结束后，吴老师都会真诚地祝贺获胜者：“祝贺你们，是你们精彩的发言给大家留下了深刻的印象。”学生的脸上洋溢着体验成功的快乐。这时吴老师并没有忘记身边的暂时“败下阵”来的同学，仍然深情地对他们说：“谢谢你们，正是因为你们的问题出现，才给全班带来一次有意义的讨论！你们勇敢面对自己的问题，愿意与大家共同分享，善于倾听并接纳同伴的意见，修正自己，这是很好的学习态度。”老师彬彬有礼地向他们深深鞠了一躬，“谢谢!”同学们笑了。别小看了这一声感谢，它使成功者体会到快乐，使暂时失败者找回了面子，这无不体现着吴老师对学生的热爱与尊重，体现着吴老师以学生发展为本的教育思路。如果不去理会这些暂时的“失败者”，有可能使这些学生，产生自卑心理或是抵触情绪，成为永久的失败者。吴老师在她的教育教学工作中切实做到了客观、公正、平等，不偏袒、不歧视任何一名学生，力争把“爱”的阳光洒在每个学生的心田。

作为一名教师，心里必须清楚，对于教师心目中的一些好学生来说，爱“过剩”的时候，就会贬值，他们对表扬就会变得麻木不仁，认为一切都是理所当然。这种优越的社会心理环境会使他们在成长中变得非常脆弱，经不起挫折。而对另外一些学生仅仅因为分数不高，就会长期处在被教师遗忘的角落，这种人为造成的恶劣的心理环境，将会使他们情绪偏激、行为带有触发性和冲动性，这样势必导致学生个性的畸形发展，引发学生的心理障碍。

（二）让“学困生”重新张开放飞的翅膀

平时，我们每一位教师都要对学生充满信心，寄予厚望，教师真诚的期待会对学生产生巨大影响，能给学生的成长指出正确的方向，具有教育感化作用。教师以激励的方式诱发学生产生学习的内部动机，把教师的教育、教学要求内化为自己的兴趣和自觉行动，这样便会使学生主动积极地去获得生动、活泼、长足的发展。学生在探求知识的过程中，难免会遇到各种各样的困难、迷茫，挫败的感觉会成为他们前进的障碍，使他们产生郁闷、急躁等不良情绪，对学习丧失信心，甚至开始厌学。这时教师一个亲切的微笑、一句鼓励的话语、一个期望的眼神，都能带给学生无穷的动力。当然，期望要产生效果，需要一个复杂而长期的动态过程，只有教师在具体工作中充满信心、坚持不懈，对学生的期望才能转化为巨大的力量。

吴老师所教过的留级生小 A，小时候得过大脑炎，妈妈说他脑子有毛病，不是学习的料，故此他失去了学习的信心。吴老师就想办法为他创造有可能成功的机会。在学习“乘数是三位数的乘法”前，吴老师花了整整一周的时间耐心地给他补“乘数是两位数的乘法”的知识，从算法到算理。上课了，吴老师板书了“311 × 12 = ?”，小 A 主动举手，并很快完成了此题，吴老师借此机会让全班同学向他提问，结果小 A 有条有理地对答，同学们掌声响起。小 A 第一次在同学面前感受到“我也是正常的学生，我能学会数学”，第一次体会到受到大家尊重和欣赏的快乐。从此小 A 变了，变得爱学习，爱思考了。由此让我们深深地感到：自信心对一个人的成长来说至关重要。教师要精心创设育人环境，充分利用心理效应的有利方面，慷慨地把重新跃起、再获成功的机遇还给每一名学生，在心中视他们为“即将绽开的花朵”。一旦学生对教师的期望做出反应，把教师的期望内化为自己的期望，那么，他们就会真正地“绽开”。

在吴老师的教学生涯中，“学困生”永远被列入“保密名单”之中，他从来不以考分论英雄。在吴老师的心中，每个学生都是好学生。她从不歧视弱者，而是满腔热情地期待……她的学生不仅喜欢数学，而且成绩能迅速提高，奥秘是什么呢？

1. 来自吴老师的信任

心理学研究表明，信任、期待的情感，可以使人产生一种“意向效应”，给人一种“器重”的暗示，能增强人的自信。“学困生”尤其需要这种信任，教师的信任是对“学困生”人格的尊重，它会变成一股无形的力量，促其不断努力，取得进步。

2. 来自吴老师的赞扬

现代医学证明，充满感情的赞扬对人的大脑的两半球神经细胞萎缩和虚弱能起治疗作用。最能鼓舞“学困生”自信心的莫过于成功。教师必须为他们提供可能成功的情境，尽可能地多发现其“闪光点”，对他们的微小进步、点滴成绩予以认可和接受，并给予表扬、奖励，这样，给“学困生”以积极的心理体验，促使他们自信自强，乐观向上，充分释放内在潜能，进一步追求新的成功，形成良性循环，从而不断改善自我，提高自我。

3. 来自吴老师的真爱

现实生活中，人们往往对好的学生倍加宠爱，对“学困生”却是挑剔多于宽容，鄙薄多于尊重，训诫多于照顾。实践证明，没有爱，教育者是不可能使自己的要求转化为学生的自觉需要的。对“学困生”们吴老师施以爱心，用自己火热的心去温暖学生的心，在学困生的心灵上架起一座感情的桥梁，给其带来欢悦和力量，使他们重新扬起生活的风帆。这样，今天的“丑小鸭”就一定能变成明天的“白天鹅”。

吴老师以上的做法正是“期望效应”的体现，“期望效应”的由来源于一个真实的故事。有一次，心理学家罗森塔尔到一所小学做调查，他们在一至六年级各选三个班的儿童进行煞有介事的“预测未来发展的测验”，然后实验者将认为有“优异发展可能”的学生名单通知教师。其实，这个名单并不是根据测验结果确定的，而是随机抽取的。它是以“权威性的谎言”暗示教师，从而调动了教师对名单上的学生的某种期待心理。8 个月后，再次测验的结果发现，名单上的学生的成绩普遍提高，教师也给了他们良好的品行评语。这个实验取得了奇迹般的效果，人们把这种通过教师对学生心理的潜移默化的影响，从而使学生取得教师所期望的进步的现象，称为“罗森塔尔”效应，也叫“期望效应”。它告诉我们，真诚的期待和不懈的努力，终会结出预期的果实。

有些事情之所以不去做，是认为不可能。其实，有许多不可能，只存在于人的想象之中。因为你认为不可能，所以连试都不去试，因为不去试，所以永远地不可能。很多事之所以能办到，是因为你相信能办到，说你行，你就行，说你不行，你就不行。生命成长的过程是不断自我提升的过程，你给自己如何定位，你就真的会成为那样的人。吴老师的教育实践给了我们最好的诠释。

教育实践也表明：如果教师喜爱某些学生，对他们会抱有较高期望，经过一段时间，学生感受到教师的关怀、爱护和鼓励，常常以积极的态度对待教师、对待学习以及对待自己的行为，学生更加自尊、自信、自爱、自强，诱发出一种积极向上的激情，这些学生常常会取得教师所期望的进步。相反，那些受到教师忽视、歧视的学生，久而久之会从教师的言谈、举止、表情中感受到教师的“偏心”，也会以消极的态度对待教师，对待自己的学习，不理会或拒绝听从教师的要求，这些学生常常会一天天变坏。尽管有些例外，但大趋势却是如此，这也给我们每位教师敲响了警钟。

(三)把“空白”留给学生

中国绘画讲究“疏可走马，密不透风。”“疏可走马”指的就是“布白。”有了“空白”才能产生美感。在书法作品中，一幅画如能适当地留下不着色彩的空白，会收到“恰是未曾着墨处，烟波浩渺满目前”的艺术效果。诗歌语言的跳跃，电影艺术的空镜头，也都能收到“此时无声胜有声”的艺术感染力。课堂教学中由于教师留下“空白”，出现学生学习效果提高的现象，叫作“空白效应”。心理学原理告诉我们，教学中留下“空白”有以下好处：从心理卫生角度看，“教学空白”可以使学生从中得到积极休息，以消除学生心理和生理的疲劳，避免“分心”现象。从记忆原理看，“教学空白”使学生较少受到前摄抑制和后摄抑制的影响，学习内容容易记忆。从创造和想象原理来看，留下“教学空白”的课更容易使学生荡起想象的浪花，激起好奇的涟漪，留下创造的思维空间。

“你一定行！”

吴老师经常说：“在我们的教学中，无论是教师精心设计的情境，还是意味深长的言犹未尽，或是独具匠心的无中生有，都为师生的课堂互动创设了很好的空白，会产生积极的教学效果。因为是空白，就有多种填充的可能，不同的生活经验，不同的思维方式都会填充出不同的世界；因为是空白，不同的学生就会有不同的感受体验；因为是空白，学生的个性体验有了呈现、发展的空间和领地；因为是空白，课堂教学就会变得流动不居，不会是一潭死水，各种情感体验在一起碰撞交流，极易激发学生的创造性思维与感悟，生成新的智慧。”

例如：吴老师在讲解平移和旋转这节课时，当同学们初步感受到什么是旋转和平移后，就请同学们先闭上眼睛静静地想一想什么是平移运动、什么是旋转运动，然后让他们站起身来用自己的动作表现出来，在活动中同学们进一步体会了平移与旋转运动方式的特点。

在头脑中静静地想一想，留给学生想象的空间，是对概念的重新诠释和再次解读，对于学生沉淀知识和内化能力起着至关重要的作用。

因此教师要善于“留白”，在表达方面“留白”，针对某些问题，教师不妨先不说出自己的观点，让学生去想、去说，让学生有表达自己意见的机会。在实践方面“留白”，给学生一个锻炼和实践的机会，提高学生的动手能力。在思考方面“留白”，教师应给学生思考分析的机会，让学生独立地思考、判断和面对，学生的分析能力就会逐渐提高。在批评方面“留白”，批评之后，留有学生自己去思考、自己去责备的时间。这样学生就不会有一种被穷追不舍之感，反抗心理就会锐减。我们明白“空白效应”的神力后，在使用时要注意掌握时段，并不是留下任何“空白”都能起到效应的。也就是说，“留白”是一门艺术，不是一件简单、随意的事。一要掌握火候，二要精心设计，找到引与发的必然联系，并在点拨之后，使学生有联想，有垂直思考与平面思考的交叉点，然后以“发问”“激趣”等方式激起学生的思维，从而使之上下联系，左右贯通，新旧融合，用所思、所虑、所获填补思维空白点，获取预期的效果。

在课堂教学中，教师可以在下面几个环节中留出“空白”，让学生去探索、思考。

在寻找新旧知识的衔接点时留“空白”。

在提问后留“空白”。

当学生对知识认识模糊时留“空白”。

在概括结论之前留“空白”。

在出现错误之后留“空白”。

……

只有充分相信学生的内在潜力，留给学生充足的时间和宽松的空间，让他们去自行探究，才能激发他们的创造潜力。

(四)让“海潮”激活学生思维，掀起想象的浪花

兴趣是最好的老师，有兴趣才有渴求，有渴求才会主动积极。在学生的智力劳动中，摆在第一位的不是接受别人的思想，而是要让学生自己有思想。

案例：“圆锥的认识”教学片断

吴老师执教“圆锥的认识”这节课的引入环节时，用一张厚纸遮住圆柱体。

师：同学们请你们大胆地想象，当圆柱体的上底面慢慢地缩小到圆心时，这个圆柱体将变成一个怎样的物体？谁能试着描述一下？

(一石激起千层浪，学生们立刻活跃起来。)

生1：下面大大的，上面尖尖的。

生2：下面是圆形，上面是一个顶点。

生3：下面是圆形的，上面是尖尖的，旁边是一个曲面，从上到下慢慢变大。

师：你们能在本子上把这个物体的形状试着画下来吗？(叫一生到黑板上画。)

生：(在黑板上画出一个圆锥体。)

师：现在看一看，老师能不能把这个圆柱体变成你们说的或画的那样？

(师随着慢慢揭开遮在圆柱体上面的纸，露出一个圆锥体。)

生(惊奇)：哇！(然后一起鼓掌。)

师：像你们说的或画的那样吗？

生：像。

师：这个物体叫圆锥体。这节课老师就和同学们一起来研究圆锥体的有关知识。

(师边说边板书：圆锥的认识)

只有在活跃的课堂气氛中，学生才能积极地参与教学中的思维活动。在学生说出或画出这个物体的形状时，无形中发展了学生的空间观念。吴老师独辟蹊径，巧妙地将学生喜闻乐见的“魔术”引入课堂，激发学生的兴趣，扣住了学生的心弦，学生在惊讶中不知不觉步入这节课所学习的“圆锥体”，主动参与到研究圆锥体特征的状态之中。这一别出心裁的设计，使学生在较短的时间内产生学习数学的欲望与内在的动力，收到了事半功倍的教学效果。

海水因天体的引力而涌起，引力大则潮大，引力小则潮小，引力过弱则潮无，这就是通常所说的“海潮现象”。课堂教学要达到的理想效果应当是“课伊始、兴已浓；课正行，兴愈浓；课已毕，兴犹浓”，要达到这样的效果，就要牢牢抓住学生的注意力，激发学生学习的兴趣，用教师精湛的教学技艺吸引学生，使学生形成思维的狂潮，也就是产生“海潮效应”。

用第斯多惠的话说：“一个坏的教师奉献真理，一个好的教师则教人发现真理。”所以，我们的教育不宜过多传输所谓“定论”思想来钝化学生尚属稚嫩却四处延伸的思维触角，而要着眼于帮助他们树立多思路、多角度、多元化的认识事物及其思维方式和思维艺术，尽可能地帮助他们扩大人生的视野、探索的方位和认识的领域。正如成尚荣先生所说：“要让孩子们的思维任意遨游，在属于自己的世界里尽情勾画涂抹。不要让孩子们富于幻想和充满好奇心的天性在学习中消磨殆尽。”

（五）让学生走到温暖的阳光下

法国作家拉封丹曾写过这样的一则寓言：北风和南风比威力，看谁能把行人身上的大衣脱掉。北风首先来一个冷风凛凛、寒冷刺骨，结果行人为了抵御北风的侵袭，便把大衣裹得紧紧的。南风则徐徐吹动，顿时风和日丽，行人如沐春风，暖意上身，于是宽衣解带，继而脱掉大衣。这场比赛以南风获胜而告终。南风之所以获胜，就是因为它顺应了人们的内在需要，使人的行为变为自觉。心理学家将这种以启发自我反省、满足自我需要而产生的心理效应称作为“南风效应”。

在吴老师教育教学生涯的长河中，随处都可以捕捉到“南风效应”。下面的这封信就是一位好学生向吴老师吐露的心声。

吴老师：

您好！还记得那个阳光灿烂的早晨吗？全校同学云集在操场，广播里传来佟校长激动人心的讲话：“我向大家报告一个好消息，六年级徐庚、何苗等同学以勤奋拼搏的精神和集体的智慧，团结合作，又一次取得了全区数学奥林匹克竞赛团体总分第一名的优秀成绩，再一次为锦绣街小学赢得了荣誉。”雷鸣般的掌声久久不息。我站在那里泪水像断了线的珠子，一个劲地往下落。数学小组活动的一幕幕又出现在眼前：我和鲍岩都是您命名的数学小星，成绩总是不相上下。不知从什么时候起，我心中升起了妒火，看到他成绩比我高时，我就狠狠地瞪上一眼，心中愤愤不平。我曾经鼓动几个小哥们一起向您告鲍岩的假状……这一切都没逃脱您犀利的目光。然而，您没有当众揭露我。放学后，我被留下，心想：等待我的一定是严厉的批评。出乎意料，您给我讲了一个《枪与子弹》的故事。"枪与子弹抢功，互相排斥，最后只能两败俱伤，只有团结才能取得胜利。"我沉默了很久，或许从中明白了什么。您拍着我的肩膀："一个人的品格比分数更重要!"正因为有了这次长谈，使我多了一份人生的感悟，才有了数学决赛前夕，我背着小腿骨折的鲍岩参加数学训练，并替他抄笔记的一幕。吴老师您给予我的不仅仅是数学的头脑，智慧的力量，从您的身上我学会了怎样真诚地欣赏别人，学习别人的长处，我懂得了该怎样做人。

孩子真诚的话语，令人感动，启人深思，成长中的孩子需要教育，而成功的教育在于师生间的相互信赖，相互尊重。孩子们出现问题的时候，他们迫切想得到的是理解、宽容和帮助，绝不可粗暴的批评，更不可以示众惩罚。

平时，我们一定在为脱掉学生身上"某件大衣"而狠吹"北风"，但是，刺骨寒冷的"北风"只会激起他们的对立情绪和逆反心理，既不利于规范其言行，也不利于维护其身心。北风固然凶猛，可结果却事与愿违；南风虽然徐徐，却能达到预期目标。正如魏书生先生所言：当学生犯错误时，应先避开问题的实质，把学生从犯错误的阴影中带出来，走到温暖的"阳光"下，给学生一个愉悦的心境，和风习习吹掉他们自我保护的大衣，然后耐心细致地进行说服教育，何愁学生不向你敞开心扉呢?

有一则经典的人生悟语：一把坚实的大锁挂在门上，一根铁杆费了九牛二虎之力，还是无法将它撬开。钥匙来了，他瘦小的身子钻进锁孔，只轻轻一转，大锁就"啪"的一声打开了。铁杆奇怪地问："为什么我费了那么大力气也打不开，而你却轻而易举地就把它打开了呢?"钥匙说："因为我最了解它的心。"每个人的心，都像上了锁的大门，任你再粗的铁杆也撬不开。唯有关怀，才能把自己变成一把细腻的钥匙，进入学生的心中，了解学生。

教师在开展班级工作时，要特别注意消解学生的心理防范。学生有本能的自我保护意识，他一旦明白你找他谈话是为了教育他，他的心灵就会整个封闭起来，进行紧张的心理防范。在学生犯了错误的时候，班主任严厉地说："放学后到我办公室来!"学生往往会非常紧张，想好应对措施，教师的语言很难透过他本能的"护身符"，深入其心灵。因此，教育者应采用和风细雨"南风式"的教育方法，消除被教育者的对立情绪，创造心理相容的条件，从而开启学生的心理围城，让他们敞开心扉，与教师"心有灵犀一点通"，从而达到教育目的，收到更好的教学效果。

教育的最高境界是用一种生命的精神去浸润感化许多生命，用一个智慧的生命开启许多智慧的生命。“人是教育的产物”，但教育的最终目的是为了把每一个儿童都培养成为一个独特的“人”。这“人”的厚重一撇上应该载着高尚的情感，凝重的一捺上应该载着丰富的智慧。每一个教育者都应站在儿童生命成长的高度，用爱和智慧合撑起“尊重”的理性之伞、“呵护”的情感之伞，让儿童的生命自由地呼吸、舒展地生长。

多年来，吴老师始终把学生看作友善的朋友，把课堂当作教师和学生互相交流的温馨港湾。吴老师常说：“要想让学生喜欢教师，教师奉献给学生的一定是一个真实的自我，鲜活的自我。如果教师只是一架会传授知识的机器，那么学生就会远离你，师生之间的情感就会一片苍白，课堂教学必然会失去活力。要做一名受欢迎的教师，就要走进孩子们的心灵，满怀真情地倾听他们的心声，帮助他们消除心理上的障碍，充分地尊重和理解他们，真正读懂青少年心理这本书，从而建立平等、民主、友好、和谐的师生关系。师生关系对学生成长的重要意义，丝毫不亚于空气对人的价值。”

2010 年 6 月

十、简单使她如此美丽

——团员有感而发

北京小学长阳分校　武维民

如果让我们用一个词形容吴正宪老师，我想很多人会想到“美丽”，吴老师的美内外兼修，优雅大气。和学生一起时，她展现的是童真的美，和同事在一起时她展现的是平和的美，和老师们在一起时她展现的是欣赏、期待的美……从成为吴正宪小学数学教师工作站成员的第一天开始，我就被这种美所包围和感染，吴老师给予我们的不仅是精湛的业务、高尚的师德，也教会了我们如何在坚定与豁达中享受数学带给自己的幸福与快乐，在简单与朴素中享受作为一名数学教师的宁静与追求。

数学教师要简简单单做人

经常有人问，为什么学生会那么喜欢吴老师？我说吴老师有一颗简单的一如孩童般纯净的内心，所以她的心与孩子的心相通，她能读懂学生的需求，她能给予学生需要的尊重，她能点燃学生内心的希望……所以孩子们视她为真诚的朋友。

每一次聆听吴老师的谈话，几乎都不会缺少一个主题：做一名优秀的数学教师首先要学会做人。只有人格高尚的人，才能成为业务精湛的人，才能成为优秀的数学教师。从吴老师身上我们又何尝体会不出这一做人的道理呢？吴老师在30多年的执教过程中，受到了那么多老师的崇拜，那么多学生的喜爱，那么多家长的信任，不仅由于自身精湛的业务，更由于吴老师身上所散发的不可抗拒的人格魅力。在吴老师的执教生涯中，不知道多少次走进边远山区支教，用自己对教育的热爱送去爱的春潮。不知道帮助指导过多少位在业务上还很青涩的数学教师，用期待在年轻老师心中播下用心做数学的种子。即使看到了家庭有困难的学生，吴老师也会伸出援助之手，在孩子幼小的心灵中播撒爱的阳光。

吴老师不止一次地对我说要简单做人，不要为繁杂的人际关系所困扰。自己认准的目标要坚定地走下去，保持内心的一份宁静，这样才能全身心地投入自己喜欢的数学之中。尽量使自己的人际关系简单，这样才能在宁静中享受数学的快乐，才不至于让复杂的人际关系影响我们对数学的热爱。当我深深地记住这些话并在日常中去规范自己行为的时候，我渐渐体会简单的妙用，它使自己的心境平静和快乐，当自己把数学作为一种兴趣的时候，生活中多了些别人体会不到的幸福。在数学课堂中，为学生的有创意的想法而兴奋；在阅读书籍中，为作者的精辟见解感到新鲜；

在聆听专家的讲座时，为自己学到的新观点而激动；在与同伴交流中，为他人的智慧而喝彩。正是这种简单，我体会到作为一名数学教师的快乐，享受着数学带给自己的新鲜与平静。

回味吴老师的话，简单不是缺乏思考与无原则，不是肤浅与逃避。简单是坚持，不被复杂的人和事所迷惑、干扰，一心一意地怀着一颗赤诚之心不断地在数学研究中努力。简单是豁达，对周围的人和事持有宽容之心，使自己和他人能在一个相对宽松的环境中全身心地投入工作中，享受数学的美妙。简单是一种境界，一种全身心投入其中又全身心享受其中的快乐。

数学教师要简简单单做事

吴老师告诉我要简单做事，不要让功利成为自己做事的目标，要踏踏实实、脚踏实地，有目标但不急功近利，集中心思在自己所热爱的工作中，享受简单带给自己的快乐。

记得在北京市小学数学骨干教师课题研究的中期汇报会上，我作为代表宣读自己的中期研究成果。在上台之前，我还是信心满满，心里想做了不少事，吴老师和专家们肯定要表扬我。当我用这种美滋滋的心情介绍自己查阅了多少篇文献，搜集了多少位特级教师的经验，自己做了教师以及学生的问卷后，吴老师作为专家组成员第一个发言，连续几个问题让我直发懵：“你课题研究的价值是什么？你做的这些前期工作的目的是什么？这些工作对你自己的教学和学生的发展的意义在哪儿?”会后，她语重心长地对我说：“我们的课题研究一定要扎根在自己的教学实践中，不能华而不实，哗众取宠，要踏踏实实地做自己的研究。作为一名小学数学教师，做任何事首先想到的是学生，在教学中我们首先要激发学生学习的兴趣，使他们爱学数学。其次培养学生学好数学的信心，使学生敢学数学。再次要培养学生良好的学习数学的习惯，使学生会学数学。最后要教给学生学习数学的方法，培养学生的能力，为学生学好数学打好基础。”

吴老师的一席话让我清醒了，也使我沉浸在深深的思考中，思考我的课题研究的症结，思考今后的做事原则。在思考中我渐渐地清晰了，自己前期做的工作太表面化了，其实想达到的目的是给别人看，看我做了多少事，看我收集了多少资料……唯独没考虑的是怎么为自己的教学实际服务，怎么为自己的课堂教学服务，怎么为学生的发展服务。在思考的基础上，我调整了研究思路——让课题研究着地。我把之前搜集的一些资料进行了认真的梳理，从中提取有用的信息，与自己的教学实践结合，从实践中发现真的问题，找到有效的运用方法，做学生追踪，做案例分析，做学生调研……功夫没有白费，我最终的研究成果在北京市小学数学骨干教师研修毕业典礼上作为优秀研究成果在大会进行交流，受到专家的好评。当然也得到了吴老师由衷的祝贺。

这件事使我找到了自己今后做事的标准：简单务实。别用复杂的形式标榜自己、展示自己。做事不能急功近利，要踏踏实实，脚踏实地，认真走好每一步，才能在不断努力中走向成功。

吴老师是一本书，一本简单的而又有着丰富内涵的书，一本永远使人受益终身的好书。从吴老师身上我们学到了淡定和从容，学到了坚定与追求，学到了豁达与宽容。回味吴老师的三个简单：简单做人就是真诚、简单做事就是专注、简单上课就是朴实。

简单是一种境界，它超越了世俗，超越了名利，使我们能轻轻松松地在数学的海洋中徜徉，融入数学，享受数学。简单是一种追求，它使我们心无杂念地在数学的道路上坚定的前行并乐在其中。

2011 年 6 月

十一、张永“大”了，吴老师“小”了

——一位山区教师的心声

密云太师屯镇中心小学　张　永

2012 年 4 月 19 日，吴正宪老师带领团员到京郊密云的东邵渠小学开展教学研讨活动。作为吴老师的工作站的成员代表，我向大家介绍了农村教师的专业成长情况。当在我的 PPT 中出现我曾经参与教研活动发言的一张照片时，坐在下面的一位老师随口说了这样一句话，“张永变‘大’了，吴老师‘小’了。”

照片中的我很突出，高高大大，正在发言交流，照片中的吴老师在这里却实实在在的成了一个配角，和我比起来显得有些瘦小。吴老师抬着头，目光专注地看着

张永变“大”了！

我，目光中充满着期待。

听到了这位老师的这句话，吴老师马上起身，笑盈盈地对我说：“张永，你听到了吗？老师们是在赞许你呢！他们所有的老师都希望你成长得更快些，变得越来越强大，我也愿意通过我的努力，让张永和张永一样的山村教师尽快成长起来，不论从修养上还是业务上都变得越来越强大。”此时，台下响起了热烈的掌声。老师们幽默的话语，吴老师殷切的期盼，让发言中的我想起了很多很多，一幕幕让此时的我内心更加波澜壮阔。

照片中的我“大”了，老师们的话一直装在心头，也让我想起了几年来在吴老师小学数学教师工作站中一点一滴的成长经历，那一句一句的话虽朴实，却着实影响了我。

我当主持人

照片上的我看得出很自信，充满阳光。其实，能像现在这样大方地站在舞台上，还得从我第一次主持说起。2008 年 9 月，在吴老师工作站成立初始。我接到了吴老师打给我的电话，电话那端传来了她亲切的话语：“张永，咱们工作站已经成立了，大家的个人规划也都设计完了，马上我们就要开一个个人成长规划交流会，这次的规划交流会就由你来主持，你看，你愿意吗?”说心里话，接到这个电话还真是挺意外的，“吴老师，我没主持过，并且谁也不认识，干不好吧，再说，那么多优秀老师呢!”话还没有全说完，吴老师便急切地说：“没事，我看你行，锻炼锻炼吧，你就准备吧，有事就问我。”就这样我接下了吴老师布置的任务，但是这个过程的难处只有我知道，从来没怎么参与过市里的研讨活动，也没像样的发过言，更别说主持了，当时真的是硬着头皮准备。唯一能够安慰自己的是，吴老师把这么重的任务交给我，那是信任咱呢，得好好干。我和吴老师不断地沟通，我在筹备中长能力，开眼界。

主持那天，虽然算不上完美，也有一点磕磕绊绊，紧张的手心里直出汗，但是还是比较顺利地完成了吴老师交给的任务。一段时间后，我碰到吴老师问起她，放着那么多现成可用的人不用，在工作站第一次的大活动干吗非要我主持呀，弄不好多丢人呀！吴老师听了之后哈哈大笑：“你那天不是主持得挺好吗？我倒觉得我们数学老师不仅仅是一个会上课的老师，也更应该成为一个专业的数学主持。你的课堂不就是在主持学生讨论数学问题吗？再有，你总觉得自己不行，但事实证明你是能做好的，只是少了那么一点自信。虽然你在山区工作，但一点不比别人差，说出你的想法，多历练自己，弄不好大家也会帮你。”

时间过得好快，到现在我越来越能明白吴老师的良苦用心。她想帮我，想通过一次任务的准备增强我的信心，让我这个山村老师不再自卑。也在告诉我，只要努力，肯于付出，面对问题的时候就不再是问题了。从密云的山村小学到北京市区 150 多公里，我从那次主持过后，忽然觉得我和市区的老师比起来，也仅仅是物理间的距离，他们能干好的事，我也行。

做个透明的人，人就不累了

和吴老师接触过的人都会被她那春风扑面的热情所感染，和她在一起不觉得累。和吴老师在一起的日子里，她不仅仅关注我个人业务的成长，也常常和我聊天，谈工作、谈生活。记得有一次，吴老师问我：“最近工作怎么样？累吗?”她这一问好像打开了我思维的闸门，我一股脑把工作中的烦、累，人际关系的复杂都说了出来。吴老师始终默不作声，认真地倾听我的抱怨和牢骚，沉默了一阵之后，她对我说："其实就干工作本身来说，只要人勤奋，不懒惰是不累人的。人之所以觉得累，那是因为心累。心累，才会让人感觉到真正的累。要想不累，人应该变得透明些，简单些，透明了，简单了，就不累了。"说实话，对于当时的我来说，不太明白吴老师的话。在后来的工作生活中，我才慢慢悟到了吴老师话的含义。"做个透明的人"也成了我和人交往时对自己的要求。

我常在想，一个教师的成长除了要精通自己的业务之外，更要学会处理好各种各样的关系。吴老师常说，我们最终追求的是什么？我们每个人通过自己的努力为孩子们创设快乐的课堂，同时自己也能够幸福快乐地享受高品位的教师职业生活，才是一名教师成功和快乐所在。如今想起，这几年的我已经很少去埋怨了，换来的是更多的阳光和乐观。

马的精神是什么

我和吴老师都属马，吴老师大我两轮，整整 24 岁。闲来无事的时候我和吴老师说过，您这匹老马带着我这个小马一起干活。吴老师也说，我们是有缘人，两匹马走到一起，共同研究点事是多好呀！

自从知道我和吴老师都属马以后，我从心里觉得和吴老师越发得亲近了。她也常和我说起，做人就应该像马一样。马善良、忠诚、重情感，同时马也是吃苦耐劳、刚毅、坚强、智慧的化身。

2010 年 6 月 18 日是我们工作站结站，也是向大家汇报工作的日子。作为工作站的代表，我参与了工作站工作的汇报。作为工作站成员，要向大家汇报一段我的工作情况。我的这段发言，要求不能超过 5 分钟。说心里话，面对这 5 分钟的发言，我并没有太在意。只有 5 分钟，简单说说自己的进步，不就行了吗？可是，正是准备这 5 分钟的发言的整个过程，我再一次明白了什么叫精益求精。也明白了不论事情大小，都应该认真去对待。准备的过程，我也更明白了吴老师所说的人就应该有马一样的精神。

准备前期，我已经把我的发言稿发给了吴老师，很快，她便给了我回复，逐字逐句地给我的发言稿进行了批注。说实话，看到吴老师回复给我的发言稿我有些吃惊，她也太较真了吧，连一个问号和句号的使用，都要改。很快，吴老师给我来了电话，告诉我在6月17日之前，必须要电话和她说说，她要亲自听听发言的情况。吴老师太忙了，打了几次电话，她不是在开会，就是在主持研讨活动。我当时想，就这样一个短短的小发言，让别人听听不就行了吗，这么多的事，还真要一个一个的过呀！16日的下午，我接到了吴老师的电话，电话那端的吴老师上来就说：“张永，真对不起，都好几次了你也没说成，刚才我已经在现场把其他老师的发言都听完了，你离市区比较远，我没叫你。马上我还有点事要做，今天晚上8点后，你给我打电话，我一定听，你看好吗?”还真的是挨个的都听呀，此时，我没有别的想法了，正好我在单位值班，我又独自一字一句认真地准备起发言稿来。晚上8点，我把电话打给吴老师，电话那端环境比较嘈杂，“张永，我还在往家赶的路上，现在周围人多声音大，稍后我到家后打给你。”快到晚上9点的时候，我接到了吴老师的电话，吴老师终于到家了，那端的吴老师，说话还有些微微带喘，看来她还没来得及休息一下。我便开始了我的电话中的发言，正说着的时候，电话那端传来了别人的说话声。吴老师打断我：“张永，你不在学校值班吗，那就再晚些好吗，韩老师过来跟我确定会议的一些情况，太晚了她回家不方便，就先耽误你点时间吧，你看可以吗?”就这样我在晚上10点以后才正式和吴老师开始了交流，电话那端吴老师不时地给我肯定，并且也一再嘱咐我，你就是一个普通的农村教师，你就把你自己最原生态的质朴拿出来，你就像和我聊天一样说就可以，不用说那些官话，踏踏实实的挺好。就这样，边说边改，我们边聊，等我说完就已经接近晚上11点了。不知道电话那端的吴老师是不是才开始休息。

就这样一个短短5分钟的发言，让我感受到了许多，吴老师就像一匹坚毅的马，干什么事情总是那么执着，总是那么认真。从这件事情以后，我更加懂得吴老师这匹“马”了，也更加明白吴老师常和我说起的马的精神了。

和吴老师接触的日子中，我在吴老师整个团队给我搭建的平台锻炼成长；我和吴老师学习交往，学习做人。“张永‘大’了，吴老师‘小’了”这句话的背后究竟凝结了什么？每次重温这句话，都让我感慨，也激发我奋进。

2012年6月

后 记

2005年由教育部师范教育司组织编写的《吴正宪与小学数学》一书在北京师范大学出版社出版，十年间，多次重印。今时受中国教育报刊社人民教育家研究院之邀重新再版，更名为《吴正宪与儿童数学教育》。

当我重读这本著作时，仍有一种感动在心头，原书中叙述了1970年至2005年以来我教育生涯中的故事，记录了从一位“平面教师”成为一名“立体教师”的心路历程。如今又一次修订，我把它作为再反思、再研究、再提升的重要过程。我不敢怠慢，不断地自问“这十年间，对小学数学教学到底又有了哪些新思考，新实践?”一些关键词语几乎同时跳跃在眼前……鲜明、清晰，甚至挥之不去。头脑中不断地检索着十年来影响我的关键人物和关键事件。

2005年至2015年的十年，我对儿童数学教育又有了一些思考与实践，鲜明地提出了“为儿童创设好吃又有营养的数学教育”的双重教育价值取向，凸显了从“数学教学走向数学教育”的主张，更加坚定了“教书育人”的信念。在本书再版之际，我愿意把十年的思考与实践融入其中，与大家分享讨论。

如果说《吴正宪与小学数学》是对我2005年以前的小学数学教育实践研究的记录，那么《吴正宪与儿童数学教育》则是对我2005年之后的儿童数学教育实践研究的再解读。十多年来，我一直没有放弃对儿童数学教育的研究实践，真情犹在，追求永恒。正是这份责任与情怀，促我不断反思研究，且帮我打开了一扇又一扇儿童数学教育之窗；正是这份责任与情怀，使经历了“四十而不惑”“五十知天命”“六十而耳顺”的我，仍然怀着一颗简单纯净且温暖的心，有滋有味地行走在探索儿童数学教育的路途上。正是这份责任与情怀，让我逐步走向职业生涯中的“收获期”“成熟期”，逐步丰富和完善了成长中的四个重要发展阶段。在此期间党和国家给了我太多的荣誉和肯定：享受国务院特殊津贴专家、全国模范教师、北京政府授予的“人民教师奖”。我主持的研究课题分别荣获国家级教学成果一等奖、北京市政府颁发的教学成果一等奖。今回首，倍感欣慰和幸福。

如果说在成长过程中有了一些进步，我永远不会忘记与我真诚相待的每一位，是大家给予我的帮助支持。我庆幸，在人生的旅途中能与可爱的孩子们相遇，是他们给了我课堂灵感、实践智慧和职业幸福；我庆幸，在人生的旅途中能与可爱的工作站的团员们相遇，是他们给了我同伴分享、专业启迪和职业情谊；我庆幸，在人生的旅途中能与尊敬的专家、领导们相遇，是他们给了我真诚帮助、鼎力相扶和高端引领。尤其是在修订此书期间，特级教师武维民、张秋爽及北京小学长阳分校的雷宇、孙雪娜、吴桂菊、王洋奉献了智慧和辛苦，房山教师进修学校姚颖、高冬梅老师做了大量文字校对的工作，在此表示深深的谢意。

《吴正宪与儿童数学教育》如果能给大家带来一些对儿童数学教育的思考和讨论，这将是我的期盼。

吴正宪